JN412215

동양철학의 지혜와 한국인의 삶

철학과 술수의 만남

● 지은이
박순욱 박순주 송영대 이시우 이시윤 정경숙 김윤수 박태옥
선우훈만 성명자 양정숙 이근철 이미경 이정란 고영택 류호기
송지나 이미영 현경용

동양철학의 지혜와 한국인의 삶

초판 1쇄 발행일 2013년 2월 15일

지은이 | 박태옥 외
편 집 | 이찬희
발행인 | 최원필
발행처 | 심산출판사
주 소 | 서울시 은평구 불광동 219-7 예은 101호
전 화 | 02-357-0633
팩시밀리 | 02-357-0631
E-mail | simsan@korea.com
등록번호 | 제1-2114호(1996년 11월 28일)

ISBN 978-89-94844-22-0 93150

* 책값은 뒤표지에 표시되어 있습니다.

동양철학의 지혜와 한국인의 삶

철학과 술수의 만남

박태옥 외 지음

심산

● 간행사

유난히 춥고 눈이 많았던 겨울도 기울어 이제 그 안에 깃든 봄을 보게 됩니다. 새로운 생명의 약동을 꿈꾸면서 송인창 교수님의 제자들이 모여 정년기념 논문집을 발간하게 되었습니다. 그동안 교수님의 지도로 대전대학교 대학원 철학과 동양철학 전공 학생들(이하 대동회)은 좋은 인연을 만들고 그 인연을 아름답게 가꾸어 왔습니다. 대학원 철학과 개설 이후 약 25년의 시간이 흘렀지만, 교수님께서 강조하신 '자강불식(自彊不息)'의 가르침은 변함없이 저희 대동회 회원들의 신조가 되어 왔습니다. 이렇게 오늘 저희를 있게 하신 송인창 교수님의 정년을 축하드리며, 교수님의 평소 가르침을 제대로 따르지 못한 부끄러움이 넘쳐 나지만 용기를 내어 제자들의 감사하는 마음을 이 책에 담았습니다.

그동안 송 교수님의 지도로 많은 석사와 박사가 배출되었고, 현재 학위논문 지도를 받는 제자들도 다수입니다. 매년 여름방학과 겨울방학 기간에 정기적으로 열린 세미나는 발표자에게는 학위논문을 쓰기 전 검증을 받고 발전하게 하는 원동력이 되었고, 참가자에게는 다양한 지식을 습득할 수 있는 소중한 경험의 장으로 자리매김하였습니다. 또한 학업뿐만 아니라 인간적인 유대감으로도 결속되어 졸업 후에도 좋은 관계를 유지하고 있습니다. 이런 모든 배경에는 늘 변함없는 모습으로 인간다운 올바른 삶과 학문의 엄정한 성취를 강조하신 송 교수님의 지도가 있었기에 가능했습니다.

이 정년기념 논문집 제2권은 대동회 회원 여러분의 옥고를 주제에 따라 3부로 나누어 엮어 보았습니다. 제1부는 동양철학의 지혜, 제2부는 한국철학과 종교, 제3부는 동양문화와 술수학으로 이루어져 있습니다. 교수님께서 평소에 지도하신 바대로 실용적이고 현실적인 철학의 다양한 면면을 담고자 노력하였습니다. 이를 계기로 더욱더 학업에 정진하고 활발한 연구활동을 계속해 나가길 기대해 봅니다.

이 책의 발간을 위해 대동회 회원 여러분과 뜻있는 선생님들이 후원해 주셨습니다. 고맙고 소중한 그분들의 후원이 책의 발간은 물론 우리 대동회 회원들의 아름다운 학연을 더욱 빛나게 해 준 것 같습니다. 그 학연을 만들어 주신 송 교수님께 축하와 감사의 인사를 올립니다. 아울러 꾸준한 연구와 저술 활동, 그리고 사회 활동을 통해 늘 저희의 귀감이 되어 주시길 기원합니다.

2013년 2월

박태옥 올림

목차

| 제1부 |

동양철학의 지혜

추연(鄒衍)의 음양오행설(陰陽五行說)에 관한 연구*

| 박순욱 |

1. 서론

음양오행설(陰陽五行說)은 고대로부터 인간이 오랜 기간 동안 자연에 대한 관찰과 경험의 집적을 통하여 우주와 자연의 질서를 이해하기 위한 원리체계로 이해되고 발전해 왔다. 음양오행설은 본래 음양설(陰陽說)과 오행설(五行說)로서 각기 별개의 의미로 독립적으로 발전해 오다가 전국시대 중·말엽에 이르러 하나의 사상체계로 융합되었다. 이러한 음양설과 오행설을 융합하여 이론적이고 체계적으로 음양오행설을 성립시킨 대표적인 학자가 전국시대 말기의 대표적 음양가(陰陽家)로 알려진 추연(鄒衍)이다.

추연은 음양오행설, 특히 목(木)·화(火)·토(土)·금(金)·수(水) 오행

* 이 논문은 2013년 2월 취득 예정인 석사학위논문을 축약·정리한 것임.

의 상승(相勝) 이론을 통하여 자연과 인간세계의 운행질서를 이해하고, 이로써 역사 변화를 예측하고 그 추이를 파악하고자 시도하였던 실험적 인물이다. 그는 음양의 기(氣)와 오행에서 발생하는 덕(德)의 소식(消息) 이론으로 사물과 역사의 변화 이치를 설명하였는데, 이러한 사상을 대표하는 그의 학설이 오덕종시설(五德終始說)이다. 이 오덕종시설은 이후 진한시대(秦漢時代) 사상계를 휩쓸었다고 해도 과언이 아니다.

『사기(史記)』「역서(曆書)」의 기록에 의하면 추연은 "오덕(五德)이 전이되는 법칙을 명찰하고, 소식(消息)을 구분하는 학설을 퍼뜨려 제후들에게 알려지게 되었다."[1]고 하였고, 「맹자순경열전(孟子荀卿列傳)」의 내용에 의하면 맹자보다 약간 늦게 등장하여 활동하였다.[2] 추연은 제나라 출신으로 특히 제나라의 직하에서 활동하여 명성을 얻게 되었고, 이후 전국시대 제후들의 후대를 받았으며 그의 학설은 파급 효과가 대단하였던 것으로 알려져 있다. 그러나 『추자(鄒子)』와 『추자종시(鄒子終始)』등의 저서가 있었다고 하지만 현재는 전해지지 않으며, 그의 생몰연대는 대략 기원전 345～275년경으로 추정된다. 그는 음양의 소식(消息)을 깊이 관찰함으로써 왕권이 오행상승설의 구조에 따라 교제된다는 오덕종시설을 제시하게 된다.

지금까지 음양오행설에 대한 연구는 많지만 음양오행설을 성립시킨 대표적 음양가인 추연에 관한 연구서나 자료는 극히 드물다. 추연에 관한 단독 연구서는 고인이 된 중국 왕몽구 교수의 『추연유설고(鄒衍遺說考)』[3] 단 한편이고, 국내에서는 음양오행설과 관련하여 추연의 오행사상에 대해 단편적으로 언급하고 있는 논문들이 있을 뿐이다. 이렇듯 참고할 수

1) 『史記』, 「曆書」. "是時獨有鄒衍, 明於五德之傳, 而散消息之分, 以顯諸侯."

2) 『史記』, 「孟子荀卿列傳」. "其次騶衍, 後孟子."

3) 王夢鷗, 『鄒衍遺說考』, 臺灣, 常務印書館, 1966.

있는 연구 자료가 부족하고, 무엇보다 추연의 저작물이 전해지지 않는다는 난점이 있지만 필자는 동아시아의 정신과 사상에 깊은 영향을 미친 음양오행설을 체계적으로 이론화한 추연의 음양오행설을 연구하는 것은 매우 의미 있는 일이라고 생각하였다. 이는 음양오행설의 이론적 토대에 대한 고찰이자 역사변화의 추이에 따라 미래를 예측한다는 오덕종시설의 근거에 대한 연구이기도 하기 때문이다.

2. 추연 음양오행설의 구조와 내용

1) 추연 이전의 음양오행설

『시경』이나 『서경(書經)』에서 보이는 '음(陰)'과 '양(陽)'은 원래 자연계의 극히 기본적인 현상을 표현하였던 글자에 불과하다. '오행' 역시 오행을 언급한 최초의 문헌인 『서경』「홍범(洪範)」에 의하면 물(水)·불(火)·나무(木)·쇠(金)·흙(土) 다섯 가지 기본 물질을 가리키는 것이었다. 그러나 단순하게 사용되었던 '음양'과 '오행'은 점차 사물의 속성 자체를 나타내는 하나의 개념으로 변하였고, 그 적용범위도 자연세계 전체로 확대되었다.[4] 즉 고대의 원시적 자연현상의 의미였던 음양개념이 기원을 달리하면서 점차 계절의 변화와 같은 자연현상에도 적용되었고, 더하여 인간의 덕목이나 왕조의 교체와 같은 인간사회 내부의 일도 설명하는 등의 변화를 거치게 되었다.

---

4) 戰國時代에 이르면서 음양의 인식에 대한 발전을 보게 된다. 내용은 더욱 풍부해지고, 概括性이 더욱 강해졌으며 運用은 매우 광범위해져서 이 시대의 저술 중에 이미 음양을 이용하여 운석, 지진의 발생과 日月星辰의 운행 등을 서술하고 있다.

음양 관념의 기원에 대하여 오늘날까지도 의견이 분분하지만 일반적으로 알려진 몇 가지 기원설은 『주역(周易)』 기원설,[5] 성기기원설(性器起源說),[6] 자연취상설(自然取象說)[7] 등이다. 허신(許愼)의 『설문해자(說文解字)』에서 '음(陰)'과 '양(陽)'의 자의(字意)를 찾아보면 부부(阜部)에서 "음(陰)은 어둡다는 뜻으로 강의 남쪽, 산의 북쪽이다. 양(陽)은 햇볕이 밝게 비치는 높은 곳을 가리킨다."[8]고 하였다. 이것은 해가 땅 위에 있는 모습으로 일출의 의미, 해의 광채, 따뜻하다, 앞쪽이나 표면 혹은 남쪽이라는 뜻으로 되어 있다. 이렇듯 음양의 원시적 의미는 '양'은 산(山)의 햇빛이 비추어지는 곳으로, '음'은 햇빛이 비치는 반대편 그늘진 곳이란 자연현상의 개념에서 비롯되었다.

『시경』·『서경』·『주역』등의 고대 문헌을 중심으로 '음'이나 '양'이 나오는 부분을 살펴보면, 일광(日光)의 향배(向背) 등 자연, 또는 그러한 자연현상의 개념에서 음양 관념이 비롯되었음을 알 수 있다. 또 『좌전』·『국어』에서는 일종의 '기(氣)'의 의미로 발전 변화되고 있음을 볼 수 있는데, 이러한 '음'과 '양'의 원시 자연적 의미가 서로 연속된 '음양'이란 하나의 명사가 되고 대대적인 성질을 가리키게 된 것은 『노자(老子)』와 『장자(莊子)』로부터다.

---

5) 음양 관념이 『주역』에서 기원한다는 설로서, 『장자』「천하」편의 "역(易)은 음양을 말한 것이다."라는 구절을 언급한다. 현대의 학자들 중에도 이 견해를 지지하는 사람이 많다. 그들은 爻象인 '—'는 陽을, '--'는 陰으로 하여 여기에 음양 관념이 포함되어 있다고 한다.

6) 음양 관념이 인간 남녀의 생식기 숭배에서 기원했다는 견해이다. 『주역』「계사전」의 "乾은 고요할 때 오므라들고 움직일 때 곧바르다. 坤은 고요할 때 닫히고 움직일 때 열린다(夫乾 其靜也專 其動也直. 夫坤 其靜也翕 其動也闢)." 참조.

7) 자연 취상설은 예를 들어 낮에 해가 비취는 부분은 양이고, 그 반대편 그늘진 곳이 음이라는 순수 자연 현상에 대한 관찰에서 기원한 것으로 보는 견해다.

8) 『說文解字』. "陰 闇也 水之南 山之北也, 陽 高明也."

한편 오행 관념의 시원(始原)에 대하여 일반적으로 원시자연숭배, 생산과 생활경험, 치수(治水)투쟁, 상나라 시대의 사방(四方)관념, 상나라 사람의 귀복(龜卜), 고대의 점성술 등의 설이 있다.[9] 중국 상고시대의 문헌 중에서 가장 먼저 오행을 말한 것은 『상서(書經)』 속의 「감서(甘誓)」와 「홍범(洪範)」에서이다. 「홍범」의 특징은 오행이 더 이상 신(神)의 모습으로 나타나지 않고 다섯 가지 물질적 공능으로 나타난다는 것이다. 원래 오행은 조상들의 생활과 밀접한 자연물이었으나 자연숭배 단계에서 신격화되어 오랜 기간 변천단계를 거치다가 기자시대에 이르러 「홍범」을 기점으로 철학사유의 단계로 진입하였다.[10] 이러한 오행관념은 서주(西周) 말년 혼란한 사회적 상황으로 말미암아 많은 사상가들이 출현하게 됨으로써 더욱 발전하게 되었다.

전국시기에 사상, 문화, 학술상의 활발한 분위기로 인하여 오행관념은 점차 사회생활의 각 방면으로 확대 발전하였다. 진한(秦漢)시대로 진입한 이후에 '오행'의 오기(五氣)는 진일보하여 이기(二氣)로 발전하는 양상을 보게 된다. 진한(秦漢)시기는 오행체계 또한 새로운 발전을 보이는데 한대 유학자 동중서(董仲舒)에 의하면 오행은 음양의 두 기(氣)에서 생겨나니 오행은 음양이라는 두 기(氣)의 물질적 형질이 된다. 그리하여 인체, 심리, 생리기능을 오행과 대응시키는 데까지 발전을 보게 된다.[11] 즉 오행은 음양을 내포하고 음양은 오행을 통하여 나타난다.

「홍범」의 오행설이 수 · 화 · 목 · 금 · 토 다섯 가지 물질의 고유한 성질

---

9) 유소홍, 『오행 그 신비를 벗긴다』, 송인창 외 역, 국학자료원, 2006, 27쪽.

10) 고힐강 역시 현존하는 자료들에 의하면 음양설은 『주역』에서 기원하며, 오행설은 『상서』 「홍범」에서 기원한다고 보았다. 顧頡剛, 『中國 古代의 方士와 儒生』, 이부오 옮김, 온누리출판사, 1991, 29쪽.

11) 『春秋繁露』, 「人副天數第五十六」. "天以終歲之數 成人之身 故小節 三百六十六 副日數也."

과 공능을 설명하였다면, 춘추시대의 주(周)나라 태사 사백(史伯)은 진일보하여 어떤 특수한 것 속에서 세계의 무한한 다양성의 통일을 찾으려 하였다.[12] 「홍범」이 수를 선두(水→火→木→金→土 순으로 진행)로 하였다면, 사백(史伯)은 토를 중점적으로 강조하였다. 『관자(管子)』「추언(樞言)」편에서 "무릇 세상의 만물은 음양이 발생하여 서로 뒤섞이고 화합하며 나타난다."[13]고 하였고, 『관자』「수지(水地)」편에서는 "수가 만물의 근원"이라 하였다.[14] 이 밖에 『좌전』의 「양공」편 27년조에 "하늘이 다섯 가지 재료를 내시어 백성들이 함께 사용하니 하나라도 버려서는 안 된다."라고 하였다.[15] 『국어』「정어(鄭語)」에서는 주(周)나라의 성쇠를 묻는 정(鄭)나라 환공의 질문에 사백(史伯)이 답하는 내용 중에 "고로 선왕이 이로써 토와 더불어 금·목·수·화를 섞어서 백물을 이루니, 이는 오미(五味)로써 맛을 고르게 맞추자는 것이다."[16]라고 하여 오행의 특성에 관한 '오미(五味)'라는 표현을 볼 수 있다.

전국시기의 문화와 학술상 활발한 분위기로 인해 오행학설은 점차 사회생활의 각 방면으로 확대 발전하게 되어 사람들은 경험에 근거하거나 모양을 보고 유형을 취하는 '관상취류(觀相取類)'의 방법으로 파악하여 오행의 체계를 세워 나갔다.

이후 한대에 이르러 『백호통(白虎通)』「오행편」은 오행생극(五行生剋) 원리를 상세히 해석하여 오행의 휴왕설(休旺說)을 제기하여 왕조교체와 역사 발전의 순환규율로 간주했다. 또한 윤리화 도덕화된 오행관계를 군

12) 『國語』, 「鄭語」. "故先王以土 與金木水火雜 以成百物, 是和五味調."
13) 『管子』, 「樞言」. "凡萬物 陰陽兩生而參視."
14) 『管子』, 「水地」. "水, 具材也"
15) 『左傳』, 「襄公 二十七年」. "天生五材 民井用之 廢一不可."
16) 『國語』, 「鄭語」. "故先王以土 與金木水火雜 以成百物, 是和五味調."

존신비(君尊臣卑), 부존처비(夫尊妻卑)의 등급관계로 진일보 발전시켰다. 동중서는 오행을 자연과 인사(人事)의 대응에서 도덕의식의 구조와 연결시켜 충효도덕(忠孝道德)의 의미를 부여하였고, 동한(東漢)의 참위신학은 동중서의 오행이론을 진일보 발전시키게 된다.

2) 추연 음양오행설의 구조

오행관념의 운용은 만물을 구성하는 다섯 가지 원소의 상호 연관, 즉 이른바 상생(相生)과 상승(相勝)의 상호연관을 통해서 정치와 사회, 인생 그리고 자연의 각 방면에서 일어나는 현상의 변화를 설명하는 데 집중된다.

추연은 쉽게 경험되는 사물들을 주의 깊게 관찰하였고 여기서 어떤 패턴을 발견하고 이를 인사(人事)와 왕권교체에 대입하였던 것으로 보인다. 중국인들은 고대로부터 음양의 원리를 이용하여 자연재해의 원인 및 국가 멸망의 관계를 추정하였는데, 추연 역시 이러한 역사경험에서 영감을 받아 수많은 역사 사건을 자연계의 인과성 규율로 해석하였다. 추연은 오행의 순환작용을 역사에 적용하여 왕조의 교체에 대한 이론을 세웠는데, 이 이론이 오덕종시설(五德終始說)이다. 이 점에 대해 왕몽구도 추연이 음양소식의 원리를 사용하여 그 일성일쇠의 세대를 설명하였고, 그 소장원리를 기재하여 사람과 세상 사이의 현상을 나타내었다고 하였다. 주목할 만한 점은 추연의 오덕종시설이 상생과 상승의 모순율을 함유하고 있다고 본 점이다. 왕몽구는 추연의 설에서 자연에 따르는 것은 오덕상생률이고, 인사에 일어나는 것은 오덕상승률이라 보았고, 전자는 천시에 사용하고 후자는 인사에 사용한다는 점을 피력하고 있다.[17]

---

17) 王夢鷗, 『鄒衍遺說考』, 臺灣, 常務印書館, 1955, 51쪽 참고.

추연의 오덕종시설에 의하면 각각의 왕조는 오행 중 하나가 부여된다는 것이다. 하나의 왕조가 명운이 다하면 신왕조로 바뀌게 되는데 그 교체는 오행 상극(相剋)의 법칙에 따라서 순서가 정해진다는 것이다. 이러한 순환은 토(土)를 이기는 것은 목(木)이고, 목을 이기는 것은 금(金)이고, 금을 이기는 것은 화(火)이고, 화를 이기는 것은 수(水)이고, 수를 이기는 것은 다시 토라는 구조와 원리로 이루어지며, 이와 같은 원리로 왕조의 교체 역시 이루어진다는 것이다. 이처럼 오행의 상극 구조는 '토극수(土剋水) · 수극화(水剋火) · 화극금(火剋金) · 금극목(金剋木) · 목극토(木剋土)'의 형태이며, 상승(相勝) 작용으로도 일컬어진다.[18]

『좌전』「소공」 31년의 기록에 의하면, 진나라에서 신해일(辛亥日)에 일식이 생겼는데, 그날 밤에 조간자(趙簡子)가 꿈에서 작은 남자아이가 발가벗고 음악에 맞춰 춤을 추는 꿈을 꾸고 사묵(史墨)에게 해몽을 요청하자 사묵은 일식(日蝕)의 원인을 설명하면서 "화(火)는 금(金)을 이기기 때문에 오나라가 이기지 못하는 것입니다."[19]라고 하였다. 또한 애공(哀公) 9년(B.C. 486)의 기록에서도 "진(晋)나라의 조앙(趙鞅)이 정나라를 구원하는 일로 점을 치니 '수가 화로 나아가는' 형세를 만났다. 사묵이 말하기를 '영(盈: 조앙의 姓)은 수명(水名)에 해당되고, 자(子: 송나라의 姓)는 수위(水位)에 해당됩니다. 명(名)과 위(位)는 필적하는 것이기 때문에 범하는 것은 좋지 않습니다. 염제(炎帝)는 화(火)를 제사하는 책임자였고, (제

18) 추연 생전에는 土 · 木 · 金 · 火 4덕은 헤아릴 수 있었지만 '火'를 이기고 나타날 '水' 德이 누가 되는지는 알지 못하였다. 후에 진시황이 비록 '水' 德을 썼지만 짧은 임금의 자리도 마치지 못하였다. 추연은 五帝의 德이 정해지면 周를 이어 황제가 될 수 있는 자는 마땅히 '水' 德의 왕에 귀속된다고 보았다. 그러나 '水' 德은 오행의 방위상에 있어서 북쪽이므로 연나라 소왕이 장차 운을 받아서 일어날 수 있음을 암시하였다. 王夢鷗, 『鄒衍遺說考』, 臺灣, 常務印書館, 1955, 142쪽 참조.

19) 『左傳』, 「昭公 三十一年」. "火勝金, 故弗克."

나라 姓인) 강성(姜姓)은 그 후예입니다. 수(水)는 화를 이기므로 강(姜)을 공벌하는 것은 가합니다.'라고 하였다."[20]라고 하여 오행상승관념이 나타나 있다.

이와 같이 추연 시대의 왕조 교체는 이전 왕조를 이기고 새로운 왕조가 창건됨으로써 이루어졌기 때문에 앞 왕조의 덕이 이기지 못하는 덕에 따른다는 오행상승설로써 오덕종시가 이루어지게 되었다. 이처럼 추연이 오행상승이론을 구성한 것에는 일정한 의도가 개입되어 있다고 볼 수 있다. 오행상승설을 통하여 통일을 일구어 낼 만한 세력과 능력 및 덕성을 갖춘 제후에게 역성혁명을 통해 천하를 통일할 수 있는 정당성을 공급하고자 한 것이고, 한편으로는 천하를 통일한 이후의 황제의 전횡이나 자의적인 행동을 제한하고 안정된 통치시스템을 구축하고자 한 것[21]이라고 볼 수 있는 것이다.

후대로 갈수록 오행설에 대한 설명은 더욱 그 면모를 새롭게 탈바꿈해 가게 된다. 『백호통의(白虎通義)』「오행」편에서는 오행의 상생에 대해 구체적으로 "목은 화를 낳고, 화는 토를 낳으며, 토는 금을 낳고, 금은 수를 낳고, 수는 목을 낳는다."[22]고 하였고, 소길(蕭吉)의 『오행대의(五行大義)』「논상생(論相生)」편에서는 "나무가 불을 낳는 것은 나무의 특성이 온화하고 따뜻하며 불의 그 가운데 잠복하고 있어서, 부싯돌을 비비면 불이 나기 때문에 나무가 불을 낳는다고 하는 것이다. 불이 흙을 낳는 것은 불이 열 때문에 나무를 태울 수 있기 때문으로, 나무가 타서 재가 되며, 재가 곧

20) 『左傳』, 「哀公 九年」. "晉趙鞅卜救鄭, '遇水適火'. 史墨曰, '盈, 水名也; 子, 水位也. 名位敵, 不可干也. 炎帝爲火師, 姜姓其後也. 水勝火, 伐姜則可.'"

21) 박동인, 「추연의 오행상승설과 상생설의 구조와 함의」, 철학연구회, 『철학연구』, 84집, 2009, 83쪽.

22) 『白虎通義』, 「五行」. "木生火, 火生土, 土生金, 金生水, 水生木."

흙이 되는 것이다. 그러므로 불이 흙을 낳는다고 하는 것이다."[23]라고 하였다. 이처럼 오덕종시설은 진한의 교체기를 거쳐 전한(前漢)의 정치적 안정기가 오면서 목 → 화 → 토 → 금 → 수로 차례차례 생성해 간다는, 정권 선양(禪讓)의 형태를 취하는 상생설(相生說)로 변화했다.

3) 추연 음양오행설의 내용

추연은 음양오행설, 특히 토 ← 목 ← 금 ← 화 ← 수 오행의 상승(相勝) 이론을 통하여 자연과 인간세계의 운행질서를 이해하고, 이로써 역사 변화를 예측하고 그 추이를 파악하여 정치에 접목하였다. 토 ← 목 ← 금 ← 화 ← 수의 상승원리로 다섯 가지 덕(德)에 의해 시대가 구분되고, 이 다섯 개의 시대가 순환하며 교체된다는 것이 그의 지론이다 추연의 오덕종시설은 동중서에 의해 유학의 정치적, 도덕적 이념에 적극적으로 수용하게 된다. 동중서가 인(仁)·의(義)·예(禮)·지(智)·신(信) 오상(五常)을 천도(天道)에 근거를 두고 그것을 음양오행과 연결한 이유가 바로 여기에 있다. 추연의 오덕종시설은 한대 유학뿐만 아니라 당(唐)·송대(宋代)에 이르기까지 그 영향력이 계속 이어져 유학 이념의 이론적 설명 수단으로 확고한 위치를 점유하였다.

그러면 추연은 왜, 어떤 의도를 가지고 오덕종시설을 주장하고 있는가. 앞에서 언급한 『사기』「맹자순경열전」의 기록처럼 추연은 "통치자들이 자신을 먼저 깨끗이 한다면 일반 백성들을 감화시킬 수 있다."고 생각했다. 그렇기 때문에 "『終始』·『大聖』 등 십여만 言의 저작을 저술"한 것이

---

23) 『五行大義』,「論相生」. "木生火者, 木性溫, 暖位其中, 鑽灼而出, 故生火. 火生土者, 火熱故能焚木, 木焚而成灰, 灰卽土也. 故火生土."

라 하였고, "그 궁극의 요지는 반드시 인의(仁義), 절검(節儉)과 군신상하, 육친에게 베푸는 일에 귀착하였는데, 그 설의 처음은 근원을 말하는 것이었다."[24]고 하였다.

추연에게 있어서 정치는 하늘의 의지에 근본을 두고 있기 때문에 정치상의 목적과 의의 또한 음양이론을 통해 분명하게 제시한다. 그중에서도 군왕의 역할의 중요성을 특별히 강조하였다. 왜냐하면 하늘은 군주를 통하여 그의 의지를 실현하기 때문이다. 그 의지란 오랜 세월 동안 나라가 잘 다스려지고 백성들이 편안하기를 바라는 것이다. 위로는 하늘의 의지를 따르게 하고 아래로는 백성을 교화하는 데 힘쓰도록 하여 백성들의 인성이 조화롭게 조성되도록 하는 것이다. 왜 인간이 하늘의 의지를 받들어 인간 세상을 조화롭게 잘 다스려 나가야 하는지를, 하늘 · 인간 · 정치 · 재이 등의 문제를 유기적으로 연관시켜 음양이론을 전개하였다는 데 큰 의의를 부여할 수 있을 것이다.

이러한 유기적 관계에서 음양의 속성은 종종 천명(天命) 혹은 천의(天意) 그리고 자연계 질서의 법칙으로도 표현되었다. 추연은 자연계의 현상과 인류사회는 필연적 인과관계가 있다고 생각하였다. 이러한 자연계의 미묘한 변화의 현상을 개괄하여 천의(天意)라고 하였다. 그리고 역사경험을 통하여 재이설(災異說)을 피력하였는데, 재해는 다스림과 밀접한 관계가 있다고 보기 때문이다. 추연은 『시경』[25]과 『서경』[26] · 『춘추(春秋)』[27] 중에 기록된 재이현상을 오행상승이론, 즉 역사의 순환이론으로 해석하

24) 각주33) 참조.

25) 『詩經』, 「大雅 」, 桑柔. "天降喪亂 滅我立王." 「小雅 · 十月之交」, "日月告凶, 不用其行, 四國無政, 不用其良."

26) 『書經』, 「多方」. "乃惟爾商後厥逸, 圖厥政不."

27) 『春秋』, 「昭公 二十一年」. "秋七月壬午朔 日有食之." 「昭公 二十三年」. "八月乙未 地震." 「昭公 二十五年」. "有鸜鵒來巢, 秋七月上辛 大雩. 季辛 又雩."

였고, 무엇 때문에 인간의 행위가 자연계의 질서를 파괴하고 재이를 불러오는지를 설명하고, 자연재해와 국가의 치란(治亂)은 상호 밀접한 관계가 있다고 보았다. 즉 추연의 판단으로 볼 때 재이는 하늘이 자신의 의지를 나타낸 것이라 할 수 있다.

추연은 오덕상승설의 궁극적인 목적을 "인의, 절검과 군신상하, 육친에게 베푸는 일"에 두고 있다.[28] 뒤에서 자세히 언급하겠지만, 사마천에 의하면 추연 학설은 유가의 덕치(德治)이념과 묵가의 절검(節儉)사상을 지향하고 있다고 한다.[29] 일반적으로 '인의'는 유가의 핵심 내용이며, '절검'은 묵자의 사상을 암시하기 때문이다. 추연이 왕 자신이 먼저 깨끗이 한다면 일반 백성들을 감화시킬 수 있다고 생각했다는 점은, 추연이 유가의 이념을 수용하고 있다는 점을 암시한다. 이 점에 대해 『염철론(鹽鐵論)』「논추(論鄒)」편의 "유술(儒術)로써 세상의 군주에게 간하였으나 받아들여지지 않자 변화종시(變化始終)의 학설을 주장하여 마침내 세상에 이름이 알려지게 되었다."[30]는 구절은 좋은 참고가 된다.

오행상승 관념은 추연의 독창적인 내용은 아니다. 그러나 상승 관념을 왕조의 성쇠와 변화에 적용한 것은 대개 왕조의 변화란 뒤에 일어나는 왕조에 의해 정복당하는 것에서 비롯되기 때문일 것이다. 추연이 살고 있었던 시대는 어느 나라가 중원의 패자가 될지 알 수 없는 상황이었다. 이런 상황에서는 무력에 의해 천하를 제패할 나라가 필요했을 것이다. 그래서 그는 '오덕(五德)'을 오행상생(五行相生)이 아닌 상승(相勝)을 통하여 '전

---

28) 『史記』, 「孟子荀卿列傳」. "然要其歸, 必止乎仁義節儉, 君臣上下六親之施, 始也濫耳."

29) 죠셉 니담은 추연의 사상이 그 당시 성행하던 도가, 묵가, 유가 등 여느 학파와는 상당히 다른 인상을 주는 음양가로 보았는데, 사마천은 추연이 仁義와 德을 중시한 점으로 보아 추연사상이 일부 儒·墨思想을 암시한 것으로 보았다. 조셉 니담, 『중국의 과학과 문명(II)』, 이석호 외 역, 을유문화사, 1986, 332쪽.

30) 『鹽鐵論』, 「論鄒第五十三」. "鄒子以儒術干世主, 不用, 以變化始終之論, 卒以顯名."

이(轉移)' 된다고 주장하였다. 추연 당시에 이미 상생설(相生說)이 유행하고 있었음에도 오덕이 상생하는 관계로 보지 않은 것은, 왕조의 교체가 역사적으로 상승의 관계에 더 적절하다고 판단했기 때문일 것이다.[31] 이와 관련하여 아사노 유이치는 결국 추연은 일종의 역성혁명사상을 고취했던 것으로 보았고, 본래 추연의 사상 자체에 대제국상을 예상하고 그 도래를 재촉하려는 의도가 담겨 있었다고 말한다.[32] 사마천의 판단대로라면, 추연은 음양오행의 상승설의 구조와 원리의 순환관계를 이용하여 당시 위정자의 부패와 타락과 인륜의 황폐함을 경고하여 혼란한 사회를 선도, 교화하려고 유가적 색채가 강한 정치사상을 오행의 상승 원리 구조로써 도출한 것으로 보인다.

3. 추연 음양오행설의 특징

1) 음양오행설의 도덕적 이해

추연의 학설은 당시 현실의 도덕적 요구에 대해 추연 나름대로의 해법을 제시한 것이라고 볼 수 있다. 즉 오행의 상생상극의 모델을 제시하여

---

31) 동중서는 相勝보다 相生의 의미를 더 강조한다. 그가 상승보다 오행의 상생에 더 관심을 가지고 있었던 이유는 바로 이미 국가 체제가 완비되고 통일의 제국을 형성한 시점에서는 평화적인 사회질서와 순리에 따른 정권 이양을 염두하고 있었기 때문일 것이다. 평화시에 相勝을 말하는 것은 곧 혁명을 의미한다. 그는 평화적이고 안정적인 체제에서는 상승보다는 상생이 더 유효하다고 판단했을 것이다. 그래서 동중서는 오행의 상생관념을 안정된 국가의 체제 정비를 위한 이론적 수단으로 활용했는지도 모른다.

32) 아사노 유이치, 『제자백가』, 김성배 역, 천지인, 2012, 230 · 236쪽.

역사의 변천을 설명함으로써 사람들이 사회 역사의 현상을 이해하고 도덕을 회복할 것을 촉구한 것이다. 앞에서 살펴본 것처럼 『사기』 「맹자순경열전」에서는 추연의 입론 계기가 "제국의 군주들이 더욱더 사치와 음란으로 흘러 덕을 존중하는 생각, 즉 『시경(詩經)』 「대아(大雅)」편에 보이는 것처럼 먼저 자신을 수양하고 일반 서민에게 미치게 하지 못하는 것을 목도"[33]한 데서 비롯된 것으로 알려져 있다. 이를 통해 알 수 있듯이 추연은 무엇보다도 군주의 자기 수양과 덕행이 치란(治亂)의 관건이라고 생각했음을 알 수 있다. 「대아(大雅)」편은 주지하다시피 왕정(王政)이 제대로 행해지는 것과 그렇지 못한 것의 자취를 읊은 시가 모음집이다. 천명을 받은 왕은 민심을 살펴 도덕적인 정치를 하여야 함에도 불구하고 당시 현실은 그렇지 못했던 것이다.

그래서 앞에서 살펴 본 것처럼 사마천은 추연 학설의 요지를 "그 귀착되는 바를 요약하면 반드시 인의와 절검을 강조하고 군신, 상하, 육친(부모형제처자) 사이에 시행해야 할 도로 끝난다."[34]라고 하였다. 니담은 사마천의 이와 같은 언급에 대해 "자연에 대한 추연의 교설이 아무리 기발한 것이라 하여도 결국 그것은 인의(仁義)와 같은 덕을 가르치는 것이 되었다고 사마천은 말한다. 뒤에 나오는 문장에서도 그는 자연계에 대한 추연의 가르침을 그것으로 봉건 군주의 흥미를 끌어서 신용을 얻어, 올바른 유교적인 선행으로 그들을 인도하기 위한 여흥에 불과한 것이라고 시사"[35]했다고 하였는데, 추연이 단순히 음양오행설로써 우주 운행의 객관법칙을 파악하는 데에 목적이 있는 것이 아니라면 적절한 분석이라고

33) 『史記』, 「孟子荀卿列傳」. "騶衍睹有國者益淫侈, 不能尙德, 若大雅整之於身, 施及黎庶矣."

34) 『史記』, 「孟子荀卿列傳」. "然要其歸, 必止乎仁義節儉, 君臣上下六親之施, 始也濫耳."

35) 조셉 니담, 『중국의 과학과 문명(II)』, 이석호 외 역, 을유문화사, 1986, 332~333쪽 참조.

하겠다. 왜냐하면 전국시대 제자백가의 사상이 다양한 관점에서 인간과 인간 삶에 대해 이론을 제시하지만, 결국은 정치에 있어서의 지도원칙을 수립하는 데에 일치된 관심을 보이고 있기 때문이다. 추연 역시 그의 직접적인 언급은 찾아볼 수 없지만 궁극적으로는 도덕적 사회의 구현에 관심을 두었을 것으로 추측해 볼 수 있다.

그렇다면 여러 가지 덕목 가운데 '인의'와 '절검', '군신, 상하, 육친(부모형제처자) 사이의 도'로 귀결되는 까닭은 무엇일까. 추연 당시의 사회상황은 극심한 혼란기였으므로 덕과 예를 통한 정치가 얼마나 현실적으로 효과가 있을지 군주를 비롯한 통치자의 입장에서는 회의적일 수 있다. 그래서 추연은 보다 강력한 오덕종시설의 체계를 수립하고, 그것을 매개로 인의의 정치를 유도하고자 한 것으로 추측해 볼 수 있다. '절검(節儉)'의 덕목 역시 추연이 구체적으로 절검을 강조한 전적을 찾을 수는 없지만, 사마천의 기록대로라면 법가적 통치모델보다는 유가적 애민정치에 가치를 두었다고 추측해 볼 수 있다. 또한 추연은 자연계의 현상과 인류사회는 필연적 인과관계가 있다고 생각하였다. 하늘은 재이를 통해 자신의 의지를 알리며, 궁극적인 천의(天意)의 목적은 인간들을 도덕적으로 인도하는 데 있다. 그렇기 때문에 '군신, 상하, 육친(부모형제처자) 사이에 시행해야 할 도'로 귀착된다고 할 수 있었던 것이다.

이상 살펴본 것처럼 추연의 음양오행설은 그 기저에 도덕적 인간의 회복이라는 염원을 담고 있으며, 그것은 한대 유학의 성립에 긍정적이든 부정적이든 많은 영향을 미쳤음을 추측하게 한다. 이런 점에서 벤자민 슈월츠가 사마천의 증언에 의존할 때 "추연의 윤리적인 가치들은 본질적으로 유가적인 것이었으며, 그가 인의, 절검 및 사회관계들에 대한 기본적인 유가의 규범들을 장려하기 위해 자신의 전 체계를 사용했고" 그것은 동중서에게서 보듯이 "상응적 우주론과 유가적 가치들 사이의 융합을 시도하는 후대의 노력에 있어서 선구자"[36]라고 평가한 점은 적절하다고 하겠다.

2) 음양오행설의 사회역사적 적용

추연에 의하면 역사의 변화는 순환적 방식으로 진행된다. 그는 인류역사를 부단히 변화하는 과정으로 생각하였지만 그 변화를 지배하는 한 가지 규율이 있다고 보았고, 그것이 바로 오덕에 의한 전이라는 것이다. 이러한 역사관은 순환론인 동시에 역사진화론과 신비주의가 뒤섞인 것이다. 이는 왕조교체를 설명하는 동시에 정치를 분류하는 내용, 즉 다섯 가지 정치의 유형을 분류하는 방식을 채용함으로써 당시까지의 정치에 대한 개괄적인 면모를 보여 주었다.[37]

추연의 음양오행설이 사회역사적으로 어떻게 적용되었는가를 살펴보기에 앞서 추연의 독특한 자연철학을 살펴보는 것이 그의 역사관을 이해하는 데 도움이 될 것으로 보인다. 추연은 중국이 세계의 81분의 1이라고 보았다. 적현신주(赤縣神州)라고 하는 중국에는 아홉 주가 있는데, 이는 작은 아홉 주일 뿐이며, 전 세계에는 중국만큼 큰 주가 아홉 개 있는데 이것이 큰 아홉 주라고 한다. 각 큰 주는 모두 작은 바다로 둘러싸여 있으며 인류와 그 밖의 동물이 모두 자유로이 다른 큰 주로 갈 수가 없다. 큰 아홉 주 외에 또 더 큰 해역으로 둘러싸인 곳이 있는데 여기가 바로 하늘과 땅이 막다른 곳이다.[38] 이러한 추연의 '대소구주설(大小九州說)'은 당시 사람들의 하늘과 땅에 대한 막연한 인식과는 상당히 달라 보인다. 즉 막연하게 하늘이나 땅의 공간성을 무한하게 인식했던 것을 벗어나 공간적 한

---

36) 벤자민 슈월츠, 『중국 고대사상의 세계』, 나성 옮김, 살림, 1996, 496쪽.

37) 유택화, 『중국 고대 정치사상』, 노승현 옮김, 예문서원, 1994, 393쪽 참조.

38) 류웨이화 외, 『직하철학』, 곽신환 역, 철학과현실사, 1995, 168쪽 참조.

계에 대해 인식하고 자연에 대해 좀 더 객관적으로 이해하였음을 보여 준다. 비록 이러한 주장이 허황되다는 비판을 받았지만 여기에는 작은 것으로써 큰 것을 유추하고, 가까운 것에서 먼 것을 추리하는 그의 인식 자세가 반영된 것이라고 볼 수 있다.

추연은 이 추리방법을 통해 인류 역사발전의 추이를 고찰하고 미래를 예측함으로써 "한 왕조가 멸망하는 것은 반드시 그것에 결함이 있기 때문이며, 그것을 대신한 사람은 그 폐단을 구하고 보충해야만 비로소 발붙일 수 있다."고 가르쳤고, 이것은 "어떤 왕조가 영원히 불변하는 것이 아니라 반드시 그 끝날 운명을 갖고 있으므로 정치는 반드시 갱신되어야 한다고 명확하게 지적한 것은 그 당시 사람의 귀와 눈을 열 수 있었다."[39]는 평가를 가능하게 했던 것이다.

앞에서도 언급한 것처럼 추연은 자연과 인사를 접목시켜 이해하는 상관론적 사고를 통해 역사의 변천규범을 확립하였는데, 이는 그의 독창적인 면모를 보여 주는 것이지만 한편으로는 추연 이후 음양가가 방술과 교섭하고 진나라 이후의 신선방술의 이론적 토대로서 작용하게 되었다. 니담은 "추연의 음양가들은 오행에 관하여 반유교적인 한대 사상의 원조였을 뿐만 아니라, 또한 연해지대의 각 나라들의 방사(方士) 자신들은 아니라 하더라도 적어도 그들과는 매우 밀접한 관계에 있었다고 할 수 있다."고 보았다.[40] 연나라, 제나라의 방사들이 그의 학설을 전수했지만 능통하지는 못했다는 『사기』의 기록에서 보듯이, 당시 방사들이 얼마나 추연의 학설의 영향을 받았는지, 또 그 학술체계가 얼마나 제대로 이해되지 못했는지 알 수 있게 한다. 그렇기 때문에 이어서 이들 방사 가운데서 괴상한

39) 유택화, 『중국 고대 정치사상』, 노승현 옮김, 예문서원, 1994, 393~394쪽.

40) 조셉 니담, 『중국의 과학과 문명(II)』, 이석호 외 역, 을유문화사, 1986, 339~341쪽 참조.

학설을 내세우고 아첨하여 윗사람들의 눈에 들려고 하는 사람들이 나왔는데 그 수를 헤아릴 수 없을 정도였다고 기록되었던 것이다.[41]

3) 음양오행설의 정치적 구현

추연이 활동한 기원전 3~4세기경은 춘추시대 패자(霸者)였던 진(晉)이 한(韓)·위(魏)·조(趙)로 삼분되고 제후국들 사이의 경쟁이 치열했던 중국 역사상 가장 급격한 변혁의 시기였다. 이 전국시대의 정치적 상황은 당시의 사회 경제적인 변화와 밀접한 관련이 있는데, 농지의 개척과 농업기술의 발전 및 화폐 사용의 확대와 상공업의 비약적인 발전에 따라 민(民)은 정치적으로도 큰 비중을 차지할 수밖에 없었다.[42]

이런 상황에서 추연은 천도와 인사가 서로 영향을 미친다고 함으로써 통치자가 천의(天意)를 두려워하고 민심을 얻기 위해 노력할 것을 촉구하였다. 추연의 주장대로 왕조가 오덕순환에 따라 유전된다면 주나라의 화덕(火德)을 계승하는 제후가 천하를 통일할 수 있을 텐데, 누가 수덕(水德)을 계승하고 수덕의 정치제도를 응용할 수 있을지 관심의 대상이 아닐 수 없었다. 통일을 목전에 둔 전국 말의 제후들은 자신들의 이익만을 좇아 천하 통일의 허상을 꿈꾸었고 추연은 그런 제후들에게 최상의 예우를 받을 수 있었던 것이다.[43]

그렇지만 한편으로는 과연 제후들이 추연의 교의를 제대로 받아들이고 실행할 수 있었을지 의문이 생긴다. 왜냐하면 니담이 "그들이 그 덕에 의

41) 『史記』, 「封禪書」. "子齊威宣之時 鄒子之徒, 論著終始五德之運, 鄒衍以陰陽主運, 顯於諸侯 而燕齊海上之方士, 傳其術, 不能通, 然則怪迂諛苟合之徒自此興, 不可勝數也."

42) 김승혜, 『유교의 뿌리를 찾아서』, 지식의 풍경, 2001, 184~187쪽 참조.

43) 유소홍, 『오행 그 신비를 벗긴다』, 송인창 외 역, 국학자료원, 2006, 158쪽 참조.

하여 통치하고 있는 것이 오행 가운데 어느 것에 해당하는지 그것을 확인하기가 어려우며, 따라서 필요한 예방책을 강구할 수가 없다. 뿐만 아니라 그들이 아무리 조심을 한다 해도 자연의 순환적 변화는 그 나름대로 속행하기 때문에 어느 왕가이든 영원히 지위를 유지할 수는 없었다."[44]라고 지적한 것과 같은 문제점 때문에 정치원칙으로서의 한계를 이미 안고 있으며, 또한 통일 이후 제국의 안정을 위한 교의로서는 미흡하기 때문이다.

추연은 음양오행의 개념을 사시의 변화와 융합시켰는데 이를 근간으로 하여 일 년을 열두 달로 나누어 각각의 정치원칙을 피력한 것이 『여씨춘추』의 「십이기(十二紀)」이다. 이 『여씨춘추』가 추연 사후인 전국 말에서 진나라 초의 작품이라고 보았을 때, 추연 사상을 근간으로 한 이 부분은 추연의 음양오행설이 정치적으로 얼마나 중요한 원칙으로 발전해 나갔는지를 알 수 있게 한다. 이 「십이기」를 보면 각각의 월에는 오행 상 그에 합당한 성수, 방위, 색, 맛, 복색 등이 정해지며 통치자는 이를 충실히 이행하여 각각의 월에 합당한 정령을 시행해야 한다. 그렇지 않으면 가뭄 · 홍수 등의 재이가 닥쳐올 것임을 경고하고 있다.[45] 특히 천하 통일을 목전에 둔 진나라의 정치원칙을 염두에 둔 것임을 감안한다면, 정치의 영역은 인사의 영역만이 아니라 천도와의 긴밀한 관련성을 가지는 것임을 강조하는 것으로 풀이할 수 있다.

이 점은 한대의 동중서에 이르러 더욱 분명하게 나타난다. 동중서는 음

---

44) 조셉 니담, 『중국의 과학과 문명(II)』, 이석호 외 역, 을유문화사, 1986, 337쪽.

45) 『呂氏春秋』, 「十二紀」. "孟春之月, 日在營室, 昏參中, 旦尾中, 其日甲乙, 其帝大皞, 其神句芒, 其蟲鱗, 其音角, 律中大蔟, 其數八, 其味酸, 其臭羶 …… 天子居青陽左个, 乘鸞路, 駕倉龍, 載青旂, 衣青衣, 服倉玉, 食麥與羊, 其器疏以達. 是月也, 以立春 …… 天子乃齊. 立春之日, 天子親帥三公九卿諸侯大夫以迎春於東郊 …… 孟春行夏令, 雨水不時, 草木蚤落, 國乃有恐. 行秋令, 則民大疫, 疾風暴雨數至, 藜莠蓬蒿並興. 行冬令, 則水潦爲敗, 雪霜大挚, 首種不入." 번역은 『呂氏春秋』, 金槿, 민음사, 1994 참조.

양오행을 통해 천인상응적 우주론을 체계화하였는데, 유가윤리 역시 음양오행론의 도식에 맞추어 소우주로서의 인간의 윤리를 강조함으로써 당시에 유행하던 음양오행론의 힘을 빌어 유학을 독존화할 수 있었던 것이다. 위의 예문에서 보는 것처럼 오행의 상생상극 관계에 따라 인간관계도 부자와 군신 간에 지켜야 할 윤리가 명확하게 있다고 하여 효자·충신의 도리를 천도와 연결된 것으로 강조하고 있는 것이다. 이러한 동중서의 사상은 한 제국의 정치를 안정시키고 통치체제를 공고히 하기 위한 목적에서 수립된 것으로, 추연의 교설이 가지는 정치적 의미가 극대화된 것으로 볼 수 있다.

한편 동중서 이후 고문경학의 창시자로 알려진 유흠은 추연의 오덕종시설을 오행상승이 아니라 오행상생의 차원에서 계승하였다. 그런데 시에송링은 추연의 오덕종시설이 오행상승만을 말한 것이기 때문에 오행상생설에 입각한 오덕종시설을 창안한 사람은 유흠이라고 보고, 상승의 관점에서 왕조 교체 형식이 '정벌'임을 의미하는 데 반해 상생이라는 것은 왕조교체 형식이 선양(禪讓)임을 암시한다고 하였다.[46] 그러나 앞에서 살펴본 것처럼 필자는 추연에게서도 오행상생설을 발견할 수 있다고 보았기 때문에 이 견해를 수용할 수 없다. 다만 오행상생설에 입각한 오덕종시설이 한대 이후 막강한 영향력을 행사했다는 데에 동의할 수 있겠다. 예를 들어 한나라의 경우 초기에는 진나라의 수덕을 이기는 토덕을 내세웠지만 분분한 논의를 거친 후 한 무제 때에 화덕으로 고쳤던 것을 보아도 알 수 있다. 또한 이 시기에 동중서는 이미 추연의 오덕종시설과 천인감응설을 결합하고 그것을 재이견고(災異譴告)로 드러내고자 했다. 이에

46) 사송령, 『음양오행이란 무엇인가』, 김홍경·신하령 공역, 연암출판사, 1995, 144~146쪽 참조.

대해 아카츠카 기요시(赤塚忠)는 전한 초에는 오행상승 관념이, 전한 말에는 오행상생 관념이 지배적이었다고 보고 이를 시대 차이에 기초한 개혁 의지의 발로로 파악하였다. 즉 "통일제국 이후 파괴적 변화의 관념을 지배층이 기대하게 된 시대"[47]라는 것이다. 통일을 염두에 둔 정치이론과 통일 이후의 통치술로서의 정치이론은 분명 차이가 있기 때문이다.

4. 결론

지금까지 추연의 음양오행설의 구조와 내용을 살펴보고 그것이 어떻게 사회역사적으로 적용되었는지, 또 그 영향은 어떤 것인지 고찰해 보았다. 먼저 그 내용을 정리하면 다음과 같다.

추연 이전의 음양론은 고대의 원시적 자연현상의 의미였으나 그 기원을 달리하면서 점차 계절의 변화와 같은 자연현상에도 적용되었고, 더하여 인간의 덕목이나 왕조의 교체와 같은 인간사회 내부의 일도 설명하는 등의 변화를 거치게 되었다. 오행론 역시 필요한 물질 재료를 의미하던 데에서 나아가 '기(氣)'의 의미로 진화하였고, 이 음양론과 오행론이 결합하여 천문(天文), 지리(地理), 역보(曆譜) 등 술수학(術數學)의 기초이론으로도 발전하게 되었다. 이러한 바탕 위에 추연은 오행의 순환작용을 역사에 적용하여 왕조의 교체에 대한 이론을 세웠는데, 이 이론이 오덕종시설(五德終始說)이다. 이 설에 의하면 각각의 왕조는 오행 중 하나가 부여된다는 것이다. 하나의 왕조가 명운이 다 하면 신왕조로 바뀌게 되는데 그 교체는 오행상극의 법칙, 즉 토 ← 목 ← 금 ← 화 ← 수의 원리에 따라서

---

47) 赤塚忠 외, 『중국사상개론』, 조성을 옮김, 이론과 실천, 1994, 351쪽.

순서가 정해진다는 것이다. 이후 오덕종시설은 진한의 교체기를 거쳐 전한(前漢)의 정치적 안정기가 오면서 목 → 화 → 토 → 금 → 수로 차례차례 생성해 간다는, 정권 선양(禪讓)의 형태를 취하는 상생설(相生說)로 변화했다.

추연의 음양오행설은 그 기저에 도덕적 인간의 회복이라는 염원을 담고 있으며, 그것은 한대 유학의 성립에 긍정적이든 부정적이든 많은 영향을 미쳤다. 즉 추연은 윤리적인 가치들, 이를테면 인의, 절검 및 사회관계들에 대한 기본적인 유가의 규범들을 장려하기 위해 자신의 음양오행설을 사용한 것으로 볼 수 있다.

추연에 의하면 역사의 변화는 순환적 방식으로 진행되지만 그 변화를 지배하는 한 가지 규율이 있다고 보았고, 그것이 바로 오덕에 의한 전이라는 것이다. 이처럼 추연은 자연과 인사를 접목시켜 이해하는 상관론적 사고를 통해 역사의 변천규범을 확립함으로써 독창적인 면모를 보여 주지만, 한편으로는 추연 이후 음양가가 방술과 교섭하고 진나라 이후의 신선방술의 이론적 토대로서 작용하게 되었다. 또한 후대에 그의 미래예측의 근거나 방법 등이 지극히 단순하고 비합리적이라는 점에서 비판의 대상이 되었다.

그럼에도 불구하고 추연의 음양오행설이 전국시대 이후 음양오행설이 다양하게 전개되고 발전하는 데 토대가 되었다는 점은 부인할 수 없을 것이다. 또한 천도(天道)와 인사(人事)가 서로 영향을 미친다고 함으로써 통치자가 천의(天意)를 두려워하고 민심을 얻기 위해 노력할 것을 촉구했다는 데에서 그 의의를 찾을 수 있을 것이다. 오늘날 우리의 정치 현실을 돌아볼 때에도 민심을 중시하고 위정자의 도덕성을 강조하는 세태는 세월의 간극을 뛰어넘어 여전히 유효하기 때문이다.

천지(天地)의 덕, 『주역(周易)』의 ‘처세관(處世觀)’*

| 박순주 |

1. 들어가는 말

오늘날 사람들은 ‘사회적 안정과 출세’를 위해서 스스로 ‘경영자’로 변신하려는 경향이 두드러진다. 이에 따라 성공학과 처세술이 인기를 끌고 있다. 이것들은 ‘자기계발’, ‘자기경영’을 요구하는데, 이에 발맞춰 ‘부자학 강의’가 인기를 끌고 있다. 성공을 위한 처세술이 많은 사람들에게 관심과 지지를 받고 있지만, 실제로 그 처세술은 지극히 개인적이어서 ‘나’만의 성공을 역설하는 경우가 많다. 더불어 잘살고자 하는 이타심이 결여된 물질적인 성공은 개인뿐만 아니라 사회적으로 도덕적 해이나 비윤리적인 문제들을 야기시킨다. 자신의 성공을 위해서는 남에게 손해를 끼쳐도 괜찮다는 의식이 만연되어 윤리와 덕을 무시하는 풍조가 늘고 있는 것

* 이 글은 2012년 석사학위 논문을 축약 재정리한 것임.

이다. 그래서 일반적으로 '그 사람 처세술이 좋아' 라고 하면 긍정적인 의미보다는 성공을 위해서 세상에 영합하는 '약삭빠른 사람', '간도 쓸개도 없는 사람' 으로 치부되는 부정적인 이미지가 강하다.

'처세술' 이라고 할 때, '술(術)' 의 의미를 살펴보면, 길, 규칙, 법칙이라는 뜻도 있지만, 주로 꾀, 계략, 수단, 방법 등의 의미로 인식된다. 따라서 처세술이 좋다는 것은 성공을 위해서는 법칙을 어기고 수단과 방법을 가리지 않고 술수를 쓰는 기회주의적 성향이 내포되어 있다. 그러나 이와 같이 술수를 써서 잘사는 것은 동양의 전통적인 가치관에 비추어 볼 때, 천도(天道)와 인도(人道)에 크게 어긋나는 것이다. 『주역』 항괘(恒卦)에서는 "사람의 따르는 바가 바름을 얻으면 사(邪)를 멀리하고, 그릇된 것을 따르면 옳음을 잃으니, 두 가지〔바름과 그릇됨〕를 다 따르는 이치는 없다." 고 하여 사람이 바름을 따름에 마땅히 전일(專一)하여야 함을 역설하고 있다.[1] 공자(B.C. 551～479)도 "바르지 않은 도를 통해 이루어지는 부귀는 부질없는 것이다."[2]라고 하면서 바르지 않은 도(道)로 얻은 성취가 헛됨을 경계했다. 이로써 살펴볼 때, 근래의 '술수' 적인 면으로 치닫는 그릇된 처세술은 마땅히 경계하고 멀리해야 한다.

『주역』 64괘는 천지의 정도(正道)를 인간 사회에 구현하는 방법을 제시하고 있다. 천지의 정도(正道)인 인덕(仁德)을 실천하는 것은 사람다운 사람으로 사는 길이고, 조화를 이루는 보합대화(保合大和)의 사회를 구현해 나가는 도이다. 『주역』은 사람답게 '함께 잘 사는 삶' 으로 조화를 이루는 정도로 처세하는 지혜를 일깨워 준다. 이러한 『주역』의 '처세관' 을 통해 나와 남을 성장발전하게 하는 바람직한 가치관을 정립하고 가장 사람다

1) 『周易』, 「隨卦」, 程子註. "人之所隨 得正則遠邪 從非則失是 无兩從之理 …… 所以戒人從正 當專一也."

2) 『論語』, 「述而」, 15장. "子曰, …… 不義而富且貴, 於我, 如浮雲."

운 삶에 대해서 재조명해 보고자 한다.

본고는 다음과 같은 문제를 중심으로 전개될 것이다. 첫째는 처세의 철학적 의미, 둘째는 천지(天地)의 마음, 인덕(仁德)의 처세관, 셋째는 인간 존재와 사덕(四德)의 구현, 넷째는 시중(時中)과 진덕수업(進德修業)을 차례로 짚어 보기로 하겠다.

2. 처세(處世)의 철학적 의미

'처세'는 도세(渡世)〔세상을 살아감〕이며, 생활〔생명을 가지고 활동함〕이다.[3] '처세'의 사전적 의미는 남과 사귀면서 세상을 살아가는 일을 가리킨다. '처세관'은 인간 세상에서 다른 사람들과 관계를 맺으며 인간의 도리를 다하는 지침이 되는 생각이나 세상살이에 대응하는 자세를 말한다. '처(處)'를 '세(世)'에서 만나는 여러 가지 일들을 해결해 나가는 능력으로 볼 수 있다. 따라서 '세(世)'도 단순히 공간적인 의미의 '세상'만이 아니라 세상에서 일어나는 온갖 일, 즉 어떤 형태로든 벌어지는 현재 상황, '바로 지금 여기'라고 볼 수 있겠다. 사람은 살아가면서 날마다 일과 마주하는데, '처세한다'는 것은 일을 한다는 것이다. 무슨 일이든지 이루어지려면 반드시 사람의 공력(功力)이 들어가야 한다.

일반적으로 '세(世)에 처(處)한다.' 라고 할 때의 '처(處)'의 의미는 '세(世)'를 따라간다는 소극적인 의미로 다가온다. 그러나 '세(世)'를 공간적인 의미보다는 해결해야 하는 '업(業)'이라고 본다면, '세(世)〔일〕를 처

3) 諸橋轍次, 『大漢和辭典』, 大修館書店, 卷九, 虍部 5획, 1061쪽 참조. "處世 : 渡世 生活(魏志夏侯玄傳)."

(處)한다'라는 말이 성립된다. 여기에서 처(處)의 의미는 더욱 드러나고 적극성을 띠게 된다. 『주역』에서 '처세'는 천지의 도를 본받은 '생생(生生)'의 역도(易道)로 행하는 '생명력 넘치는 활동'이다. 『주역』이 변역(變易)의 도를 말한 것처럼 세(世)는 한순간도 고정적인 때가 없으며 도를 따라 변화한다.[4] 그러나 변화하는 가운데에도 꼭 지켜야 할 바른 도리, 상도(常道)가 있다. 이 상도(常道)가 바로 하늘로 통하는 길이고, 사람과 사람을 이어 주는 길이고, 인류문명을 꽃피워 낸 길이기도 하다. 어떠한 상황에서도 사람다운 길을 걸으면서 정도(正道)를 지키며 격변하는 세태에서도 지혜롭게 삶을 밝혀나가는 것이『주역』의 처세이다.

3. 천지(天地)의 마음, 인덕(仁德)의 처세관

잘 알려져 있듯이 『주역』은 천지자연, 우주질서를 본받아서 인간의 삶을 도덕적으로 인도하는 경전이다. 인간 삶의 원칙은 자연의 법칙에 근거하고 있다. 『주역』이 본받은 천지(天地)의 마음은 무엇인가? 주자는 '천지는 무심이니 인(仁)은 곧 천지의 마음이다.'[5]고 했고, '사람으로서 인(仁)하지 못하면 사람의 마음이 없는 것이다'[6]라고 주장했다. 또한 정자는 '인(仁)은 천하의 바른 이치이다. 바른 이치를 잃으면 질서가 없어 화(和)하지 못한다.'[7]고 했다. 인(仁)은 천지와 사람의 마음이고 세상을 화평하게 하는 바른 이치라는 것이다. 끝없이 성장 발전해서 조화를 이루고자

4) 『周易』, 「易傳序」. "易變易也 隨時變易 以從道也"
5) 『性理大全』, 최봉수 역, 이화문화출판사, 1996, 658쪽 참조. "天地無心 仁便是天地之心"
6) 『論語』, 「八佾」, 3장, 朱子註. "游氏曰 人而不仁 則人心亡矣."
7) 『論語』, 「八佾」, 3장, 程子註. "程子曰 仁者 天下之正理 失正理則無序而不和."

하는 '낳고 낳음을 역(易)이라'[8] 하는 『주역』의 생생(生生) 철학은 천지의 마음인 인(仁)를 바탕으로 했다고 볼 수 있다. 『주역』은 천지를 법했고, 천지의 마음이 인(仁)이니, 『주역』의 도로 처세를 하고자 한다면 인(仁)의 덕을 갖추어야 한다.

'군자는 배워서 지식을 모으고 물어서 분변하며 너그러움으로 거하고 인(仁)로써 행한다.'[9]는 말처럼 인덕(仁德)의 함양과 실천을 중요시하는 『주역』의 도로 비추어 볼 때, '처세'는 주어진 운명을 소극적으로 받아들이고, 적당히 타협하며 일신(一身)의 안일을 도모하는 것이 아니다. 바른 도로 처세하는 사람은 오직 '천지운행〔易〕의 도를 따라'[10] 올곧게 자신을 세우고 지성으로 인덕을 체행해서 자신과 세상을 밝게 하고자 한다. '하늘의 도를 세움은 음과 양이요, 땅의 도를 세움은 유(柔)와 강(剛)이요, 사람의 도를 세움은 인(仁)와 의(義)이니',[11] 사람의 도인 인의(仁義)를 행하면 하늘 · 땅과 더불어 세상을 변화시키는 주체자가 되는 것이다.

처세를 잘한다는 것은 관계소통을 원만하게 하며 나와 남의 삶을 향상시키는 것이라고 할 수 있다. 따라서 『주역』의 '처세관'은 나와 너가 공생하고, 나와 세상을 보합하는 것이라고 할 수 있다. 이것은 나와 남을 분리하고 나의 이익만 우선시하는 오늘날 현대인들의 '처세술'과는 엄격하게 구분된다. 사람이 천지의 마음인 인덕을 수양하고 베푸는 것은 나와 너〔사회〕가 함께 잘살고자 하는 『주역』의 '생생(生生)의 덕'과 통한다고 볼 수 있다.

천도(天道)는 무심(無心)이지만 우주만물을 생생(生生)한다. 이러한 천

8) 『周易』, 「繫辭傳」, 上, 5장. "生生之謂易."
9) 『周易』, 「乾卦」, 文言傳. "君子學以聚之, 問以辯之, 寬以居之, 仁以行之."
10) 「易傳序」. "易 變易也隨時變易 以從道也"
11) 『周易』, 「說卦傳」, 2장. "是以立天之道曰陰與陽, 立地之道曰柔與剛, 立人之道曰仁與義"

도가 인(仁)에서 나타나므로 "인(仁)가 만물을 기르니, 만물이 모두 이루어지고, 인(仁)의 공적이 드러난다."[12]는 것이다. 건괘(乾卦)에서 선의 으뜸인 '건원(乾元)'[13]은 인(仁)인데 '천지의 가장 큰 덕'이다.

주자는 "원(元)은 생물(生物)〔물건을 낳음〕의 시작이니, 천지의 덕이 이보다 먼저 함이 없다. 그러므로 때〔계절〕에 있어서는 봄이 되고 사람에게 있어서는 인(仁)이 되어 모든 선의 으뜸이 된다."[14] "인(仁)으로써 체를 삼으면 어느 한 물건도 사랑하는 가운데 있지 않음이 없으므로 족히 사람의 우두머리가 될 수 있는 것이다."[15] 이런 맥락으로 보면 원(元)·인(仁)·선(善)은 모두 천지의 덕을 나타냄을 알 수 있다.

정자는 "사람의 마음은 천지가 물(物)을 낳는 인덕(仁德)을 지녔다. 이 마음이 있으면 사람은 모양을 갖추고 태어나고, 측은하게 여기는 마음〔仁〕은 사람의 살아가는 도이다."[16]라고 했다. 천지의 마음을 본받아 그 덕을 인간세계에 구현하는 것이 『주역』의 도이다.

천지가 만물을 화육하는 마음을 '인(仁)'이라고 한다. 측은지심과 만물을 살려 주고자 하는 마음은 사람이 본유한 인덕이며 천지의 도이다. "천지의 도는 항구하여 그치지 않는다."[17] 천지가 항상 그 자리에 있듯이 잠시도 떠나게 해서는 안 되는 것이 바로 인(仁)인 것이다. 이와 관련하여 맹자는 "인(仁)은 사람의 마음이요, 의(義)는 사람의 길이다."[18]라고 했다.

---

12) 李道平選, 『周易集解纂疏』, 中華書局, 1994. "仁育萬物 故萬物皆成 仁功著也"

13) 『周易』, 「乾卦」, 彖傳. "彖曰, 大哉乾元! 萬物資始, 乃統天"

14) 『周易』, 「乾卦」, 文言傳, 本義. "元者生物之始 天地之德莫先於此 故於時爲春 於人則爲仁而衆善之長也"

15) 『周易』, 「乾卦」, 文言傳, 本義. "以仁爲體 則无一物不在所愛之中 故足以長人"

16) 『近思錄』, 제1권, 「道體」, 42장. "心生道也 有是心 斯具是形以生 惻隱之心 人之生道也"

17) 『周易』, 「恒卦」, 程子註. "天地之所以不已 蓋有恒久之道 人能恒於可恒之道 則合天地之理"

18) 『孟子』, 「告子上」, 11장. "孟子曰, 仁人心也, 義人路也"

정자는 "마음은 곡식의 씨와 같고, 인(仁)은 그 나오는 성(性)이다."라고 했다. "인(仁)라고만 말하면, 사람들이 자신에게 간절할 줄을 모른다. 그러므로 돌이켜서 인심(人心)이라고 하였으니, 만 가지 변화에 수작하는 이 몸의 주장이 되어서 잠시라도 없어서는 안 된다."[19]는 것이다. 따라서 『주역』에 있어서 올바른 처세란 바로 천지의 마음인 인덕을 쌓고 그 덕을 펴는 것이라고 볼 수 있다.

'인(仁)' 자(字)는 인(人)과 이(二)의 회의문자로, 두 사람〔나와 너〕 사이에 있어야 할 어떤 원리를 의미한다. 인간관계는 나와 너, 나와 다른 사람과의 관계로 집약될 수 있다.[20] 『주역』의 도로 처세한다는 것은 다른 사람과의 관계를 상극관계로 여기지 않고, 대대(待對)관계, 즉, 상대방을 나의 존재근거로 보는 것이다. 『주역』은 음양 원리에 뿌리를 두고 있다. 음양은 태극으로 하나가 된다. 인간관계도 또한 이와 무관하지 않다. 나와 너로 차별화된 관계가 인덕의 처세로 화평하게 하나가 되는 것이다.

변역(變易)하는 세상에서 상도(常道)인 인(仁)을 체현하는 사람은 천도(天道)로 처세하는 것이다. 천도를 행하는 『주역』의 처세관은 인(仁)을 충적하고 인(仁)를 실천함을 통해서 구현된다. 천지간에 만물이 함께 자라되 서로 해치지 않는 것이 바로 천지의 덕이다.[21]

'말없이 만물을 낳고 기르는 천지(天地)처럼' "덕행을 쌓는 자는 묵묵하되 만사에 두루 형통하고, 말하지 않아도 남들이 믿어 주며 항상 평이한 데 거하면서 험한 것을 극복하고, 항시 간편한 것을 가지고 힘든 것을

---

19) 『孟子』, 「告子上」, 11장, 註. "仁者心之德, 程子所謂心如穀種, 仁則其生之性, 是也. 然但謂之仁, 則人不知其切於己, 故反而名之曰人心, 則可以見其爲此身酬酢萬變之主, 而不可須臾失矣."

20) 송인창, 『선진유학에 있어서의 천명사상에 관한 연구』, 1978년, 98~99쪽 참조.

21) 『中庸』, 30장. "萬物竝育而不相害, 道竝行而不相悖, 小德川流, 大德敦化, 此天地之所以爲大也,"

다스리는"[22] 것이다. 쉽고 간편하다는 것은 덕행을 쌓는 도리가 내 안에 이미 부여되어 있기 때문이다. 맹자의 다음 말은 인(仁)의 적극적인 실천을 강조하는 『주역』의 처세관과 상통한다.

> 만물의 이치는 모두 '나'라는 개체에 구비되어 있다. 나의 존재를 성찰하여 성실히 할 수 있으면 즐거움은 그것보다 큰 것이 없고, 힘써 너그럽게 행해 나가면 인(仁)을 구하는 길이 그것보다 가까운 것은 없을 것이다.[23]

『주역』에서 일관되게 전개되는 주제는 나와 관계 맺고 있는 사람에 대한 사랑과 배려, 사회의 성장과 발전을 위해서 스스로를 낮추고 봉사하는 인덕이다. 사람답게 올바른 도리를 다하면서 자신뿐만 아니라, 주변, 세상, 우주까지 바른 삶의 가치를 누리게 하는 것이 『주역』 처세관의 궁극적인 가치와 실현이다.

4. 인간존재와 사덕(四德)의 구현

계사전에서는 "역도(易道)는 자주 옮기며 변동하므로 일정하지 않다. …… 진실로 그 사람이 아니면 도는 헛되이 행하지 않는다."[24]라고 했다. 역도(易道)는 반드시 그것을 알고 행하는 사람이 있어야만 구현된다는 것

---

22) 『周易』, 「繫辭傳」, 上, 12장. "默而成之, 不言而信, 存乎德行. 德行 恒易以知險, 德行 恒簡而知阻."

23) 『孟子』, 「盡心章句上」, 4장. "孟子曰, 萬物皆備於我矣. 反身而誠, 樂莫大焉. 强恕而行, 求仁莫近焉."

24) 『周易』, 「繫辭上傳」, 8장. "易之爲書也, …… 爲道也屢遷, 變動不居, 苟非其人, 道不虛行."

이다. 주자는 "사람이 사람인 까닭은 그 리(理)가 천지의 리요, 그 기(氣)가 천지의 기이기 때문이다. …… 그 기(氣)는 천지양춘(天地陽春)의 기(氣)이며, 그 리는 천지생물(天地生物)의 심(心)이다."[25]라고 했다. 이 세상 어디든지 이치가 없는 곳이 없고, 도 없는 곳이 없고, 하늘 아닌 데가 없다.

공자는 "어진 사람은 자신이 서고자 하면 남도 서게 하며, 자신이 통달하고자 하면 남도 통달하게 한다."[26]고 했다. 나보다는 남의 성장을, 나보다는 세상의 발전을 위해서 기꺼이 도와주는 적극적인 행동이 바로 인(仁)이다. 남을 도울 줄 아는 사람은 먼저 자조(自助)하고 수기(修己)한 사람이라고 볼 수 있다. 수기(修己)하지 않으면 안인(安人)할 수 있는 천지의 마음이 열리지 않기 때문이다. '성기(成己)는 인(仁)이요, 성물(成物)은 지(知)'[27]라는 말처럼 천지의 마음인 인(仁)로 덕업을 닦으면 '자기를 이루고 남도 이룰 수 있도록 하는 지혜를 터득하게 된다'는 것이다. 스스로 덕성을 닦아서 빛나는 인생을 개척하고, 남도 그와 같은 복락을 누리도록 이끌어 주는 것이 성기성물(成己成物)하고, 수기안인(修己安人)하는[28] 『주역』의 처세이다. 그렇다면 처세의 주체인 인간이란 어떤 존재인가. 다음 두 문장은 음양의 이치와 선한 성(性)을 부여받은 인간 존재의 상관성을 단적으로 설명하고 있다.

한 번 음(陰)하고 한 번 양(陽)하는 것〔所以〕을 도(道)라 한다. 이를 이어받은

---

25) 朱熹, 『朱子語類』, 제6권. "人之所以爲人 其理則天地之理 其氣則天地之氣 …… 其氣則天地陽春之氣 其理則天地生物之心"

26) 『論語』, 「雍也」. "夫仁者, 己欲立而立人, 己欲達而達人."

27) 『中庸』, 제25장. "誠者非自成己而已也, 所以成物也, 成己仁也, 成物知也, 性之德也, 合內外之道也, 故時措之宜也."

28) 『論語』, 「憲問」, 45장. "子路問君子, 子曰, 修己以敬, 曰如斯而已乎, 曰修己以安人, 曰如斯而已乎, 曰修己以安百姓, 修己以安百姓, 堯舜, 其猶病諸."

> 것이 인간의 선(善)이요. 그 선을 성취하는 것이 인간의 본성(本性)이다.[29)]

> 맹자가 성선(性善)을 말한 것은 어디서 유래한 것인가? 공자가 『주역(周易)』 「계사전(繫辭傳)」에서 '한 번 음이 되고 한 번 양이 되는 것을 도(道)라고 하니, 이를 계승하는 것은 선(善)이고, 이를 이루는 것은 성(性)이다'라고 하였는데, 한 번 음이 되고 한 번 양이 되는 이치가 도가 되니, 이는 태극의 본체를 통합하여 말한 것이다. '이를 계승하는 것은 선(善)이다'는 바로 그 사이에서 조화가 유행하여 생육하고 부여한 것이 특별한 것이 아니라 다만 이 선(善)임을 말한다. 이른바 선(善)이란 실다운 이치로써 말한 것이니, 바로 도(道)가 바야흐로 행해지는 것이다.[30)]

인간은 천지에 맞닿아 있는 자연적인 존재로서 일음일양(一陰一陽)하는 변화 속에서 태어났기 때문에 자연의 변화에 대하여 순응할 때 가장 편안함을 느낀다. 왜냐하면 자연변화란 이기심이 아닌 공적인 마음으로 이루어지기 때문이다. 따라서 선(善)이란 자연변화의 덕인 『주역』의 인덕에 합치되고, 악이란 그 반대를 뜻한다고 할 수 있다. 그래서 정자는 '영원토록 공이 있는 것은 성선(性善)이라는 한마디'[31)]라고 하였다. 『주역』의 도로 처세한다는 것은 일음일양(一陰一陽)하는 도를 이어받은 선을 따르는 것이다. '자신의 성정대로 하면 선해질 수 있다는 것이 선이다'는 말에

---

29) 『周易』, 「繫辭傳」, 5장. "一陰一陽之謂道. 繼之者善也, 成之者性也."

30) 주돈이, 주희 주석, 『통서해』, 권정안 · 김상래 역주, 청계, 2000년, 55쪽 참조.

31) 陳淳 저, 『북계자의』, 김충열 감수, 김영민 옮김, 예문서원, 1993년,120~121쪽 참조. "孟子四端之說 是就外面可見底 以驗其中之所有 …… 有是四者之體 故四者端緒 自然發見於外 所謂 乃若其情則可以爲善 乃所謂善也 以見性不是箇含糊的物 到發來 方有四端 但未發 則未可見耳 孟子就此處 開發人 證印得本來之善 甚分明 所以程子謂有功於萬世者 性善之一言"

의거해 본다면 선을 행하는 것은 인간이 본연의 고향으로 향하는 가장 편안한 길이다. 선을 행하는 것은 어려운 일이 아니다. 왜냐하면 인간은 본래부터 인의예지의 성정을 구비하고 있기 때문이다. 다음 문장을 통해서 이에 대해 더 구체적으로 살펴볼 수 있다.

> 의서(醫書)에 손발의 마비가 불인(不仁)이라 하니, 이 말이 인(仁)를 가장 잘 형용한 것이다. 인자(仁者)는 천지와 만물을 한 몸으로 여기니 자기 아닌 것이 없다. …… 마치 손발이 불인(不仁)〔마비〕해지면 기(氣)가 관통(貫通)하지 않아 모두 자신에게 소속되지 않는 것과 같다. 그러므로 널리 은혜를 베풀고 많은 사람을 구제하는 것은 바로 성인(聖人)의 공용(功用)이다. ……[32]

하늘·땅을 닮은 사람이라면 인(仁)하기는 쉽고 불인(不仁)하기는 어려운 일이다. 진실로 인(仁)한 사람은 불인(不仁)할 수가 없는 것이다. 공자는 이와 관련해서 "진실로 인(仁)에 뜻을 두면 악함이 없다."[33]라고 하였다. 정자(程子)는 "내 마음이 크고 넓으면 모든 것이 이치가 분명해지며, 마음이 좁으면 모든 것이 이해가 잘 안 된다."[34]라고 하였다. 이는 천지와 같이 크고 넓은 마음으로 바르고 성실하게 인덕을 행해야 한다는 것이다. 천지와 같은 마음을 지니려면 천지로부터 부여받은 인덕을 깊게 보존하는 것이 중요하다.

---

32) 『近思錄』, 卷一, 「道體」편, 20장, 『論語』, 「雍也」, 程子註. "醫書言手足痿痺爲不仁, 此言最善名狀. 仁者以天地萬物爲一體, 莫非己也. 認得爲己, 何所不至? 若不有諸己, 自不與己相干. 如手足不仁, 氣已不貫, 皆不屬己. 故博施濟衆, 乃聖之功用. 仁至難言, 故止曰" 己欲立而立人, 己欲達而達人. 能近取譬, 可謂仁之方已. " 欲令如是觀仁, 可以得仁之體"

33) 『論語』, 「里仁」, 4장. "子曰, 苟志於仁矣, 無惡也."

34) 『近思錄』, 제2권, 「論學」, 104장. "心大則百物皆通 心小則百物皆病"

이루어진 본성을 보존하고 또 보존하는 것이 도의(道義)의 문이다.[35]

도의(道義)가 잘 보존되어 있는 사람은 언제나 천지의 인덕과 함께 있게 된다. 맹자는 "거(居)하는 것은 어디에 있어야 하는가? 인(仁)이 그것이요, 길은 어디에 있어야 하는가? 의(義)가 이것이다. 인(仁)에 거(居)하고 의(義)를 따른다면 대인(大人)의 일이 구비된 것이다."[36]라고 하였다. 거처하기를 인(仁)으로 하고 행하기를 의(義)로 하면 처세하는 그곳이 바로 천리(天理)에 응하고 천리(天理)를 펼치는 무대가 되는 것이다. 그러므로 군자는 집을 나가지 않고도 나라에 가르침을 이룰 수 있다는 것이다. "효(孝)는 군주를 섬기는 것이요, 제(弟)는 장관(長官)을 섬기는 것이요, 자(慈)는 여러 백성들을 부리는 것"[37]이니, 어느 곳에 거(居)〔處〕하나 천도(天道)는 선(善)에 감응하기 때문이다.『맹자』의 다음 문장을 보면 이 의미를 더 확장할 수 있다.

만일 선(善)을 좋아하면 사해(四海)의 안에서 장차 천리(千里)를 가벼이 여기고 찾아와 선을 말해 주고, 만일 선을 좋아하지 않으면 사람들이 장차 말하기를 '자만(自慢)해 함을 내 이미 안다.' 할 것이다. 자만해 하는 음성과 얼굴빛이 사람을 천리 밖에서 막는다.[38]

35)『周易』,「繫辭上傳」, 7장. "成性存存, 道義之門."

36)『孟子』,「盡心上」, 33장. "居惡在, 仁是也, 路惡在義是也, 居仁由義大人之事備矣."

37)『大學』, 9장. "所謂治國必先齊其家者, 其家不可教, 而能教人者無之, 故君子不出家而成教於國, 孝者所以事君也, 弟者所以事長也, 慈者所以使衆也."

38)『孟子』,「告子下」, 13장. "夫苟好善, 則四海之內, 皆將輕千里而來, 告之以善. 夫苟不好善, 則人將曰訑訑, 予旣已知之矣, 訑訑之聲音顔色, 距人於千里之外, 士止於千里之外, 則讒諂面諛之人, 至矣, 與讒諂面諛之人居, 國欲治, 可得乎."

『주역』의 가르침에 의거해서 보면 인간은 자기긍정〔性善〕에서 출발하여 천지의 덕을 가진 존재로서 주체성을 확립하고, 천지와 같은 인덕을 세상에 구현하는 우주적인 존재이다. 『주역』에서 인간은 운명에 굴복하는 나약한 존재가 아니라, 상황과 환경에 대한 자각을 통하여 부단하게 수덕(修德), 진덕(進德), 성덕(盛德)을 실천하는 변화와 변혁의 주체자이다. 인간은 천지 사이에 존재하는 만물 가운데 하나지만 다른 것과는 다른 특별한 지위에 있다. 삼재(三才)나 삼극(三極)은 이러한 인간의 특별한 지위를 잘 보여 준다. 『주역』의 모든 괘(卦)는 천도(天道) · 인도(人道) · 지도(地道)가 내재되어 있다. 이와 같이 인간이 천지와 더불어 삼재(三才)가 될 수 있는 근거는 무엇인가. 다음 문장은 이에 관련해서 좋은 참고가 된다.

> 『역(易)』이란 책은 넓고 크며 모두 갖추어져 천도(天道)가 있고 인도(人道)가 있고 지도(地道)가 있으니, 삼재(三才)를 겸하여 두 번 하였기 때문에 여섯이니, 여섯은 다른 것이 아니라 삼재(三才)의 도(道)이다.[39]

『주역』의 도는 천지운행의 이치이면서 천도(天道) · 지도(地道)와 어긋나지 않는다. 천지인 삼재(天地人 三才)의 도에 참여하기 위해서는 인(仁)를 실천하는 덕행과 성신(誠信)의 밑거름이 있어야 한다. 다음 계사전과 비괘(比卦)의 문장은 성신(誠信)을 근본으로 하는 덕행의 필요성을 단적으로 보여 준다.

> 신명(神明)하게 됨은 사람에 의해서이고, 묵묵히 이루어지며 말하지 않아도

39) 『周易』, 「繫辭下」, 10장. "易之爲書也, 廣大悉備, 有天道焉, 有地道焉, 有人道焉. 兼三材而兩之, 故六, 六者, 非他也, 三才之道也."

믿게 되는 것은 덕행 때문이다.[40]

> 성신(誠信)이 안에 충실하여 물건이 질장구 속에 가득 찬 것과 같은 것이다. …… 만일 성신(誠信)이 내면에 충실하면 남이 믿지 않음이 없을 것이니, 성신(誠信)이 가운데에 꽉 차 있으면 비록 다른 외인(外人)이라도 모두 감동하여 와서 따를 것이다.[41]

천지의 도를 표현한 '역도(易道)'는 천지자연처럼 무한하게 열려 있는 것 같지만 '역도(易道)'의 덕을 갖춘 군자가 아니면 절대로 그 도의 문을 열지 않는다. 그러한 이유로 객관적 대상이 되는 '세(世)'보다는 주체적으로 '처(處)'를 하는 사람에게 도를 여는 열쇠가 있다고 할 수 있다. 주자는 "괘효를 변통시킬 수 있는 것은 사람이며, 신명의 경지에 이를 수 있는 것은 그 덕 때문이다."[42]고 했다.

『주역』에서 무엇보다도 중요시 되는 것은 역시 인덕을 행함으로써 역도(易道)를 실현하는 사람이다. 정자(程子)는 "하늘은 위에, 땅은 아래에, 사람은 그 가운데 자리한다. 사람이 아니면 천지를 볼 수가 없다."[43]라고 하였다. 결국 '역도(易道)'를 실천하는 주체인 인간이 핵심인 것이다. 이러한 '역도(易道)'의 눈으로 '나와 세상'을 발전시키고, 선(善)〔仁〕으로 '능애(能愛)'하는 '처세'를 하면 '역도(易道)'를 실현하는 것이다. 건도(乾道)를 굳세게 행하는 대인은 천지 · 일월 · 사시 · 귀신과 도에 합한다.[44]

---

40) 『周易』, 「繫辭傳」, 上, 12장. "神而明之存乎其人, 默而成之, 不言而信, 存乎德行."

41) 『周易』, 「比卦」. "誠信充實於內 若物之盈滿於缶中也 缶質素之器 言若缶之盈實其中 外不加文飾 則終能來有他吉也 他非比也外也 若誠實充於內 物无不信 豈用食外以求此乎 誠信中實 雖他外 皆當感而來從 孚信比之本也"

42) 『周易』, 「繫辭傳」, 上, 12장, 「本義」. "卦爻所以變通者 在人 人之所以能神而明之者 在德"

43) 『二程遺書』, 제11권. "天位乎上 地位乎下 人位乎中 無人則無以見天地."

강건함으로 힘써 노력하는 건도(乾道)를 체행하면 천지의 덕과 함께 한다는 것이다. 이에 비해 곤체(坤體)는 지극히 유순하고 고요하다. 그러나 동(動)함이 강하므로 건(乾)에 응하여 어기지 않고, 덕이 방정하므로 물건을 낳음에 떳떳한 덕이 있다. 곤도(坤道)는 고요한 가운데 방정한 덕으로 건도(乾道)를 완성한다. 사람답게 바르게 사는 『주역』의 처세의 뿌리는 '만유(萬類)를 포함하여 용납하는' 곤덕(坤德)에 있다고 볼 수 있다. 강건(剛健)한 건도(乾道)에 유순하게 응하고 따르는 너그러운 곤덕(坤德)은 빛나고 위대하며 형통하다. 다음 문장은 이를 단적으로 보여 준다.

> 곤(坤)의 두터움이 물건을 실음은 덕(德)이 무강(無疆)에 합하며, 포용하고 너그러우며 빛나고 위대하여 만물이 다 형통하다.[45]

하늘은 만물을 낳고, 땅은 포용하여 기른다. 사람은 강건함으로 만물을 낳는 하늘의 마음과 방정(方正)함으로 만물을 기르는 땅의 마음인 체와 용을 모두 갖추고 있다. 하늘의 덕이 인(仁)라면 땅의 덕은 의(義)이고, 인(仁)이 씨 뿌리는 봄이며 시작이라면 의(義)는 거두는 가을이며 맺음이라고 할 수 있다. 인의(仁義)를 실천하는 것은 곧 천지의 도인 역도(易道)로 처세하는 것이고, 사랑과 정의를 구현하여 공정한 사회를 만드는 것이기도 하다. 인격적 본질로서의 사덕(四德)은 인의(仁義)로 집약되고, 인의(仁義)는 다시 '사람다운 삶의 기반이고 우주적인 사랑'이라고 할 수 있는 인(仁)로 귀결될 수 있다. 주자의 구체적인 설명을 통해 명료하게 알 수 있다.

---

44) 『周易』, 「乾卦」, 「文言傳」. "夫大人者, 與天地合其德, 與日月合其明, 與四時合其序, 與鬼神合其吉凶. 先天而天弗違, 後天而奉天時. 天且弗違, 而況於人乎? 況於鬼神乎?"

45) 『周易』, 「坤卦」, 彖傳. "至哉坤元, 萬物資生, 乃順承天. 坤厚載物, 德合无疆, 含弘光大, 品物咸亨."

> 『역(易)』에서는 천지가 만물을 산출하는 덕을 원(元)으로 표현한다. 천지의 마음에는 그 덕이 넷이 있다. 원형이정(元亨利貞)이 그것이다. 그런데 원(元)은 나머지 셋을 관통하지 않음이 없다. 그 천지의 마음이 운행하면 춘하추동(春夏秋冬)의 순서를 이룬다. 그런데 봄의 생기(生氣)는 나머지 세 계절에 관통하지 않음이 없다. 사람의 마음에도 그 덕이 또한 넷이 있다. 인의예지(仁義禮智)가 그것인데 인(仁)이 나머지 셋을 포함한다. 이 마음이 발용(發用)하면 애공의별(愛恭宜別)의 정(情)이 되는데 측은한 마음이 나머지 셋을 관류하지 않음이 없다. 무릇 천지가 만물을 낳는 마음은 모든 사물에 다 깃들어 있다.[46]

이와 같이 모든 덕을 포괄하는 인(仁)은 모든 덕에 관류하고 있다. 인간을 도덕적 삶으로 인도하는 제덕(諸德)은 사덕(四德)으로, 인의(仁義)로, 다시 인(仁)으로 통섭된다. 이는 마치 『주역』의 64괘 384효로 표현되는 인간사를 축약하면 팔괘(八卦)로, 사상(四象)으로, 음양(陰陽)으로, 다시 태극(太極)으로 하나되는 것과 같다고 볼 수 있다. 이와 같은 『주역』의 도로 처세하고자 한다면 천지처럼 인덕을 항상 갖추고 있어야 한다.

사람이 배우지 않고서도 할 수 있고, 생각하지 않고서도 알 수 있는 것은 인의예지(仁義禮智) 사덕(四德)을 본유하고 있기 때문이다. 사덕을 집약한 인의는 천지의 덕이다. 조기(趙岐)는 "인의(仁義)의 근본은 효제(孝悌)에 있다. 효제의 지극한 것은 신명(神明)에 통한다."[47]라고 극찬하고 있다. 효제를 지극히 행함은 인의를 지극히 행함과 같으니 바로 인의(仁義)의 도체(道體)라고 할 수 있는 천지신명과 통하는 것은 당연한 일이라

---

46) 朱熹, 『朱子大典』, 제95권, 「仁說」. "天地之心 其德有四 曰元亨利貞 而元無不通 其運行焉 則爲春夏秋冬之序 而春生之氣無所不通 故人之爲心 其德亦有四 曰仁義禮智 而仁無不包 其發用焉 則爲愛恭宜別之情 而惻隱之心無所不貫 蓋仁之爲道 乃天地生物之心 卽物而在"

47) 한문대계1, 『孟子』, 「離婁章句上」, 趙注章指. "仁義之本 在於孝悌 孝悌之至 通於神明"

고 하겠다.

"만물의 영장으로서 천지의 인덕을 온전히 부여받은 인간"[48]은 인덕을 구현하고 천지의 이치에 부응할 수 있는 존재이다. 또한 인의로 공정하고 조화로운 세상을 만들어 하늘 · 땅 · 사람을 하나의 도로 융화하고 교섭할 수 있는 존재이기도 하다. 『주역』 처세의 도는 사덕을 체행하는 사람다운 사람을 통해 완성된다고 볼 수 있겠다.

5. 시중(時中)과 진덕수업(進德修業)

『주역』은 64괘와 384효이다. 한정적이고 고착적인 것처럼 보이지만, 시(時)가 일정하지 않고 효(爻) 역시 일정한 위(位)가 없기 때문에 변화무궁한 이치가 들어 있다. 세상은 살아 움직이는 생물처럼 변화무쌍하다. 『주역』에서 시중(時中)을 얻은 결과는 모두 형통하고 길(吉)하고 크게 유익하다고 표현된다. 이것은 지극히 크고 지극히 바른 도(道)로 행동했기 때문이다. 다음 문장은 이에 관련하여 좋은 참고가 된다.

> 천지(天地)의 도(道)가 항상하고 오래하여 그치지 않음은 지극히 크고 지극히 바르기 때문이니, 바르고 큰 이치를 배우는 자가 묵묵히 알고 마음으로 통달하여야 한다.[49]

대축괘(大畜卦)에서는 덕업을 쌓으려면 비뚤어지고 사심에 가려진 마

---

48) 『禮記』, 「禮運」. "人者 其天地之德 陰陽之交 鬼神之會 五行之秀氣也."

49) 『周易』. "天地之道 常久吏不已者 至大至正也 正大之理 學者默識心通 可也"

음을 과감하게 차단하고, 경건함과 정성스러운 마음을 보존하는 내적인 수양을 해야 한다고 말한다. 크게 쌓으려면 하늘마음으로 쌓아야 한다. 하늘에 쌓으려면 바르고 선한 마음이어야 한다. 매순간 바른 도로 처세하려면 경(敬)으로써 안을 곧게 하고 의(義)로써 밖을 방정하게 해야 한다. 수덕(修德)하고 진덕(進德)을 거듭하면 성덕(成德)하여 응하기를 기다리지 않아도 응하고, 모이기를 기다리지 않아도 모이고, 따르기를 기다리지 않아도 따르게 마련이다. 이런 맥락에서 『주역』 곤괘(坤卦) 문언전(文言傳)은 경(敬)과 의(義)로 수덕(修德)하는 깊이를 말해 준다.

> 군자가 경(敬)으로써 안을 곧게 하고 의(義)로써 밖을 방정(方正)하게 하여, 경(敬)과 의(義)가 확립되면 덕이 외롭지 않으니, 곧고 방정(方正)하고 위대하다.[50] "경(敬)이 확립되어 곧아지고 의(義)가 나타나 밖이 방정(方正)해지니, 의(義)는 밖에 나타나는 것이요, 밖에 있는 것은 아니다. 경(敬)과 의(義)가 이미 확립되면 그 덕이 성대해지니, 커지기를 기약하지 않아도 커지므로 덕이 외롭지 않은 것이다."[51]

'의(義)'는 어떤 모양새가 있어서 밖으로 보이는 물체가 아니다. 다만 경(敬)을 시종여일(始終如一) 지성으로 닦으면 저절로 의(義)로 드러나는 것이다. 메아리가 소리를 따르는 것과 같다. 내면으로 '경(敬)'이 충적되면 '의(義)'는 자연스럽게 나타난다. 그래서 주경(主敬)의 철학자 동춘당[52]은

---

50) 『周易』, 「坤卦」, 「文言傳」. "直 言其正也 方 言其義也 君子主敬以直其內 守義以方其外 敬立而內直 義形而外方 義形於外 非在外也 敬義旣立 其德盛矣 不期大而大矣 德不孤也 无所用而不周 無所施而不利 孰爲疑乎"

51) 『周易』, 「坤卦」, 「文言傳」, 上, 2장, 「程傳」. "直 言其正也 方 言其義也 君子主敬以直其內 守義以方其外 敬立而內直 義形而外方 義形於外 非在外也 敬義旣立 其德盛矣 不期大而大矣 德不孤也 无所用而不周 無所施而不利 孰爲疑乎"

"'경이직내(敬以直內)'는 거울과 같고, '의이방외(義以方外)'는 비침과 같다."[53]라고 했던 것이 아닌가 생각된다. 거울에 사물을 비추면 있는 그대로 나타난다. 안이 깨끗하면 밖도 깨끗하고, 안이 바르면 밖도 바르다. 내 마음이 바쁘면 건곤(乾坤)도 바쁘고, 내 마음이 고요하면 건곤(乾坤)도 고요하다. 경(敬)은 마땅히 실현하지 않으면 안 되는 당위원리이자 삶의 자세 그 자체라고 할 수 있다.[54] 마음이 항상 경(敬)과 의(義)에 머물기 때문에 어느 때, 어느 곳에서든지 거울을 보는 것처럼 밝고 지혜롭게 시중(時中)의 처세를 할 수 있다. 시중(時中)하여 적시적소(適時適所)에 빛을 발하게 하려면 안으로 충적한 덕이 있어야 한다. 이것은 마치 만물을 살리고자 하는 마음이 가득한 천지가 고요한 가운데 덕을 베푸는 것과 같다.

하늘과 땅은 고요한 가운데 역도(易道)를 보여 주고 있다. 장자는 "사람은 흐르는 물에 자신의 모습을 비춰 보지 않고, 멈추어 있는 물을 거울로 삼는다. 오직 멈추어 있는 물만이 물(物)의 모습을 보여 줄 수 있듯이, 고요한 마음만이 모든 행동의 근거가 될 수 있다."[55]고 했다. '나'를 바룸으로 나를 둘러싼 세계를 바룰 수 있다는 것이다.

"천지가 각각 제 위치에 있고 자연의 조화가 그 가운데서 행해지는 것은 경(敬)하기 때문이다. 경(敬)하면 중단하는 일이 없다."[56] 꽃의 향기는 바람을 거스를 수 없으나 덕의 향기는 바람을 거스를 뿐만 아니라 시공을 초월하여 미치지 않는 곳이 없다.

호랑이 무늬는 밖에 있고, 사람의 무늬는 안에 있다.[57] 사람의 무늬인

---

52) 조선 후기 17세기 대표적인 예학자.

53) 『別集』, 권5, 「經筵日記」, 戊申十月十八日. "論聖人之學, 敬以直內 ,義以方外, 論賢人之學, 敬以直內譬則鏡也, 義以方外譬則照也."

54) 송인창, 『동춘당 송준길의 경사상』, 156쪽 참조.

55) 『莊子』, 「德充符」. "人莫鑑於流水, 而鑑於止水, 唯止能止衆止. 受命於地,"

56) 『近思錄』, 第四卷. "存養明道先生曰 天地設位而易行乎其中 只是敬也"

마음은 안에 있어서 볼 수 없으나 언행으로 그 마음의 무늬를 관찰할 수 있다. 입은 곧 마음의 문이니 입을 엄밀히 지키지 않으면 진기(眞氣)가 모두 새어나가고, 뜻은 곧 마음의 발이니 뜻을 엄중하게 막지 않으면 바르지 못한 길로 달리게 된다.[58] 뜻은 마음의 발인데 입을 통해 그 뜻이 나오고, 몸으로 그 뜻을 보여 주니 삼가고 삼가야 한다. 그래서 기사(幾事)는 신밀(愼密)해야 한다고 했던 것이다.[59] 특히 입은 화복이 드나드는 문이니 잘 단속해야 한다. 다음 문장은 말은 메아리와 같다는 것을 단적으로 보여 준다.

> "군자가 집에 거하여 말을 냄이 선하면 천리의 밖에서도 응하니, 하물며 가까운 자에 있어서랴. 집에 거하여 말을 냄이 선하지 못하면 천리 밖에서도 떠나가니, 하물며 가까운 자에 있어서랴."[60]

선한 말에 천리 밖에서도 응하는 것은 그림자가 형체를 따르듯이 선한 덕에 천지가 감동한다는 것이다. 선한 말과 선한 행동은 그 파장이 밝고 깨끗하기 때문에 자신을 청정하게 할 뿐만 아니라 온 세상을 청정하게 할 수 있다. 다음 문장은 이에 충분히 상응한다.

> 선(善)을 쌓은 집안은 반드시 남는 경사가 있고, 불선(不善)을 쌓은 집안은 반드시 남는 재앙이 있다. 신하가 그 임금을 시해하고, 아들이 그 아버지를 시

---

57) 히말라야 라다크족 격언.

58) 『菜根譚』, 전집, 220장. "口乃心之門. 守口不密, 洩盡眞機. 意乃心之足. 防意不嚴, 走盡邪蹊."

59) 『周易』, 「繫辭傳」, 上, 8장. "幾事不密則害成. 是以君子愼密而不出也"

60) 『周易』, 「繫辭傳」, 8장. "子曰, "君子居其室, 出其言善, 則千里之外應之, 況其邇者乎?"

해하는 것은 하루아침 하루 저녁(짧은 시간)의 변고가 아니고, 그 말미암아 온 것이 점진적인 것이니, 분변하기를 일찍이 분변하지 않은 것에서 말미암은 것이다.[61]

말과 행동은 마음의 무늬를 표현하고, 일을 변통하고 완성하는 '처세'의 중추이다. 군자는 호시(好時), 호위(好位)에도 나태하거나 경거망동을 하지 않는다. 끊임없이 배우고 묻고 분변하고 너그럽게 인(仁)을 실천하는[62] 덕행을 쌓는다. 말과 행동을 삼가며 성(誠)을 보존하고, 겸손하게 덕으로 교화하니 훌륭한 수덕(修德)이다.

『주역』의 64괘 중 유일하게 겸괘(謙卦)만이 여섯 효사(爻辭)가 모두 길(吉)하다. 주역 64괘에서 겸괘(謙卦)가 '가장 좋은 괘'라고 일컬어지는 데 주목해야 한다. 겸손은 '탁월하거나 풍요롭지만' 그것을 드러내지 않는 것이다. 지성으로 경(敬)하고 신독(愼獨)하며 천지의 덕으로 수덕(修德)해서 많은 사람이 그 덕의 감화를 받게 하고도 공을 내세우지 않는다.

"하늘의 도는 가득 찬 것을 이지러지게 하고 겸손한 자를 보태 주고, 땅의 도는 가득 찬 것을 변화시켜 겸손한 데로 흐르게 하며, 귀신은 가득 찬 것을 해치고 겸손한 자에게 복을 주고, 사람의 도는 가득 찬 것을 싫어하고 겸손한 자를 좋아하니, 겸(謙)은 높고 빛나며, 낮되 넘을 수가 없으니, 군자의 끝마침이다."[63]

---

61) 『周易』, 「坤卦」, 「文言傳」. "積善之家 必有餘慶 積不善之家 必有餘殃. 臣弑其君 子弑其父,非一朝一夕之故 其所由來者漸矣 由辯之不早辯也."

62) 『周易』, 「乾卦」, 「文言傳」. "君子學以聚之, 問以辯之, 寬以居之, 仁以行之"

63) 『周易』, 「謙卦」, 「彖傳」. "天道虧盈而益謙, 地道變盈而流謙, 鬼神害盈而福謙, 人道惡盈而好謙. 謙尊而光, 卑而不可踰, 君子之終也."

천지의 도는 가득 찬 것을 싫어한다. 『서경(書經)』에는 '꽉 찬 것은 덜어냄을 초래하고, 겸허함은 보탬을 받는다.'[64]고 했다. 천지(天地)의 덕(德)을 닦으며 살아가는 사람은 천지처럼 덕을 베풀되 누가 그런 공덕을 베푼 줄을 모르게 해야 한다. 덕을 쌓는 노력 가운데에서 가장 중요한 덕목은 겸손의 덕이다.

군자의 길은 낮은 데서 높은 데로, 가까운 데서 멀리로 간다.[65] 가까운 것은 일상생활이요, 높은 것은 자연의 법칙이다. 낮은 것과 높은 것, 가까운 것과 먼 것이 서로 통함이『주역』에서 말하는 천인합일(天人合一)이다. '가까이는 몸에서, 멀리는 사물에서'[66] 우주의 이치를 상징화하고 체계화한 것이『주역』의 '작역원리(作易原理)'이다. '가는 것이 이 물과 같구나, 밤낮을 그치지 않는도다.'[67]라고 하면서 흐르는 물을 보고 자강불식(自彊不息)하는 건도(乾道)를 가르치는 공자의 모습은 그런 의미에서 좋은 귀감이 된다.

시냇물이 밤낮없이 흘러간다는 것은 바로 성인의 마음이 한결같다는 것이다. 한결같은 하늘의 덕을 몸에 지니는 요체는 '군자는 그 홀로 있을 때도 삼가는'[68] 신독(愼獨)[69]에 있다. 『주역』의 도를 체현하기 위한 첫걸음은 '신독(愼獨)'에서 비롯되는데, 이 '신독(愼獨)'이야말로 언제 어디서나 '중화(中和)'의 삶을 누리고 하늘의 도와 합하는 길이다.

---

64) 『書經』, 「尙書」. "滿招損 謙受益"

65) 『中庸』. "君子之道 如行遠必自邇 如登高必自卑"

66) 『周易』, 「繫辭傳」, 下, 5장. "近取諸身, 遠取諸物"

67) 『論語』, 「子罕」. "子在川上曰, 逝者如斯夫, 不舍晝夜."

68) 『中庸』, 1장. "故君子愼其獨也, 喜怒哀樂之未發, 謂之中, 發而皆中節, 謂之和, 中也者, 天下之大本也, 和也者, 天下之達道也, 致中和, 天地位焉, 萬物育焉,"

69) 『大學』, 6장. "所謂誠其意者, 毋自欺也, 如惡惡臭, 如好好色, 此之謂自謙, 故君子, 必愼其獨也. 小人閒居爲不善, 無所不至, 見君子而后, 厭然揜其不善, 而著其善, 人之視己, 如見其肺肝然, 則何益矣, 此謂誠於中, 形於外, 故君子必愼. 獨也"

『주역』의 가르침은 항상 '지금 바로 여기'에 있다. 겸손하게 수신(修身)하고 수덕(修德)하며 진덕(進德)하는 자에게만 깨달음의 문을 열어 준다. 천지의 마음으로 수행이 무르익어 덕이 깊어지면 지극히 고요한 경지에 이르러 공공적적(空空寂寂)한 천지와 한마음이 될 것이다. 천지는 쉼 없이 인(仁)을 베풀어도 그 흔적을 남기지 않는다. 인덕이 충적되면 그 덕이 저절로 발현되어 다른 사람들까지 감화를 입게 한다. 정자(程子)는 "천지의 도가 상구(常久)하고 그치지 않음은 대화(大和)를 보합(保合)하기 때문이다."[70]라고 했다. 세상을 화(和)하게 할 수 있는 도(道)는 인도(仁道)이다. 상구(常久)하고 그치지 않는 천지의 인덕을 체행(體行)함으로 처세하는 것이『주역』의 도를 꽃피우는 길이다.

6. 나오는 말

천지의 덕으로 살면 나와 남의 삶을 보다 더 발전시키고, 온 천하에 인덕을 나눌 수 있다.『주역』의 처세관은 수기(修己)하고 안인(安人)해서 세상을 이롭게 하는 데 있다. 만약 수기(修己)만 하고 안인(安人)을 하지 않는다면 『주역』의 생생(生生)철학과는 거리가 멀다. "하늘의 운행이 굳세니 군자가 하늘의 덕을 본받아 스스로 힘쓰고 쉬지 않는다〔自彊不息〕."[71]는 건괘(乾卦)의 가르침이고, "지세(地勢)가 곤(坤)이니 군자가 이를 본받아 후한 덕으로 만물을 실어준다〔厚德載物〕."[72]는 곤괘(坤卦)의 가르침이

---

70) 『周易』, 「乾卦」, 彖傳, 程子註. "'保合大和乃利貞' 保謂常存 合謂常和 保合大和 是以利且貞也 天地之道常久而不已者 保合大和也"

71) 『周易』, 「乾卦」, 「大象傳」. "象曰, 天行健, 君子以自强不息."

72) 『周易』, 「坤卦」, 「大象傳」. "地勢坤, 君子以厚德載物."

다. 건곤(乾坤)의 덕을 본받아 '수고하고도 자랑하지 않으며 공을 세우고도 내세우지 않는'[73] '노겸군자(勞謙君子)'의 덕행을 실천해야 한다. 세상을 움직이는 따뜻한 힘은 바로 안인(安人)하고자 하는 마음에서 나온다고 할 수 있으며 그 힘은 사람이 본유하고 있는 사덕(四德)에서 비롯된다. 천지의 마음인 인덕을 펼치면 나를 넘어서서 우리, 세계, 우주까지 '능애(能愛)'할 수 있을 것이다. 우리 사회 전반적으로 삶이 향상되었다고 하지만 아직도 여전히 삶의 기본권마저 누리지 못하고 사는 소외된 이들이 많다. 지금이야말로 '노블레스 오블리제'[74]가 필요한 때이다. 건도(乾道)로 자강불식(自彊不息)해서 성공했으면 '무강(無疆)한 덕(德)을 베푸는 후덕재물(厚德載物)'의 곤도(坤道)로 천지의 도를 구현해야 한다. 『주역』의 처세관의 궁극적인 목적은 천지(天地)의 덕(德)인 인덕(仁德)으로 나와 이웃과 세상을 풍성하고 평온한 삶으로 인도하는 것이다.

---

73) 『周易』, 「繫辭傳」, 下, 5장. "勞謙, 君子有終, 吉 子曰, 勞而不伐, 有功而不德, 厚之至也"
74) 프랑스어, 귀족의 의무, 부, 권력, 명성을 지닌 사회지도층 (상류층)은 사회에 대한 책임과 의무를 함께 해야 함.

공자 상담사상의 철학적 탐구*

| 송영대 |

1. 문제 제기

1) 연구의 목적

오늘날 우리 사회는 풍요로운 물질과 기계문명의 혜택으로 편리한 생활을 영위하고 있다. 그러나 급속한 문명의 발전에 대처할 수 있는 새로운 규범이 정착되지 못하여 혼란을 겪게 되었다. 이는 개인적으로 정신적인 긴장과 스트레스를 유발하고, 사회적으로 대인관계의 갈등과 소외감, 타인에 대한 무관심 등의 문제점으로 표출되고 있다. 여기에서 사람들은 마음의 소통을 위한 안식처를 찾게 되고, 이런 문제를 극복하기 위한 노력의 일환으로 상담의 중요성이 강조되고 있는 것이 현실이다.

그러나 상담현장에서는 주로 서구적인 상담이론을 도입하여 서구적

---

* 이 논문은 2012년 석사학위 논문을 축약 · 정리한 것임.

상담기법을 가지고 상담에 임하고 있다. 상담이론은 서양에서 출범했지만 동양인의 심성과 기질을 가진 동양인에게는 동양적 상담 접근방법이 필요하다. 서구사상과 문화를 토대로 한 현대 상담이론들을 그대로 동양문화권의 한국인에게 적용하여 상담을 하는 것은 문화에 따라 달리 해석될 수 있는 행동을 일반적 관점에서 해석하는 우를 범할 수가 있다. 그러므로 서양의 사상과 문화에 근거하고 있는 상담이론의 문제를 논하기에 앞서 동서양의 문화배경에서 나온 사고의 차이점을 아는 것이 필요하다. 이에 상담이론이나 기법에는 상담의 바탕이 되는 인간관과 마음의 이해 등이 포함되어야 한다. 이는 내담자가 속해 있는 사회적 흐름과 문화적 배경이 상담의 효과에 지대한 영향을 미칠 수 있기 때문이다.

본고는 이러한 인식을 바탕으로 한국인의 삶과 가치관에 많은 영향을 미친 유가사상 중에서 특히 공자의 철학사상을 동양적 상담이론 및 기법으로 현대인의 삶에 맞추어 재조명하고자 한다.

2) 연구의 범위와 방법

본 연구는 문헌연구 방법으로서 『논어』를 기본 텍스트로 활용하고, 그 밖의 『공자가어』, 『효경』, 『사기』의 「공자세가」 등에 나타난 공자의 교육방법과 교육내용을 찾아보고 그것을 상담사상으로 규명하고자 한다.

『논어』는 공자의 언행을 기록한 것이다. 공자사상에 관한 연구는 철학, 정치, 교육, 윤리 등 다양한 방면에서 광범위하게 진행되어 왔지만 현대적 상담이론과 연결시킨 논의는 극히 드물다. 이 점은 공자의 상담이론체계를 연구하는 데 상당한 어려움을 준다.

이에 본고는 과학적 세계관과 기술문명이 만족시켜 줄 수 없는 도덕적 가치를 『논어』에서 찾아내어, 상담자의 전문적 자질뿐만 아니라 인간적 자질을 키움으로써, 바람직한 삶의 방향을 향해 나아가려고 하는 내담자 자신의 삶을 효과적으로 완성하는 데 일조하기를 기대한다.

2. 상담의 철학적 의미

1) 상담의 철학적 개념

인간은 질병의 고통에서 해방되려고 한다. 치료는 질병을 다스려 고친다는 뜻이다. 질병은 육체나 정신에 의하여 생기는 것만이 아니다. 서구에서는 인간의 신체가 생물학적이고 물질적인 존재라고 정의하지만 동양에서는 인간의 신체를 우주론적이고 유기체적, 즉 천지묘합적 존재로 이해했다.

서구의학이 인간생명을 물리 · 화학적 이해 위에서 이해하고자 한 측면이 있다면 동양의 의학전통은 인간생명의 도덕적 함의를 소중히 하여 왔다. 그 과정에서 신체의 측면이 부각되고, 도덕적 생명인 인(仁)은 의학윤리의 중심이 되어 인술(仁術)이라 불려지기도 한다.[1] 『논어』의 중심사유인 인을 어떻게 인술로 표현하였을까? 그 이유는 사람을 치료하는 데 있어서 무엇보다 인한 마음이 중요하다고 생각했기 때문일 것이다.

이와 같이 생명이 곧 인이라고 보는 유가철학은 수기(修己)와 아울러 치인(治人)을 강조한다. 여기에서 수양론이 중요한 철학적 주제로 등장하게 된 것이다. 공자의 극기복례나 맹자의 존심양성, 그리고 『대학』의 격물치지가 그 좋은 예가 된다고 할 수 있다. 그런 면에서 유가철학은 그 자

1) 성호준, 『논어의 종합적 고찰』, 심산문화, 2003, 399~413쪽 참조.

체가 자기치유 철학이라고도 말할 수 있을 것이다. 다시 말해 유가철학은 자신이 건강하여야 타인을 치료할 수 있다고 믿기 때문에 반드시 자기수양을 우선시한다.

그럼 '상담이란 무엇인가?'에 대해 국내 학자들의 정의를 살펴보기로 하자.

> "도움을 필요로 하는 사람(내담자)이, 전문적 훈련을 받은 사람(상담자)과의 대면에서, 생활과제의 해결과 사고, 행동 및 감정 측면의 인간적 성장을 위해 노력하는 학습과정이다."[2)]
>
> "카운슬링은 '정상적인 사람을 대상'으로 하여 태도상의 문제와 심리적 갈등의 문제에 대하여 새로운 학습을 하도록 도움을 주는 과정이다."[3)]

위의 두 예에서 볼 수 있는 것처럼 상담은 상담학의 적용 분야인 정신건강, 성격발달과 교육, 진로선택, 직업적응, 가족 및 부부, 개인적 성장욕구, 신앙 등 여러 분야의 병리적 현상뿐만 아니라 개인의 성장 욕구를 충족시키는, 이른바 '작은이론'을 추구한다. 따라서 상담은 상담자의 성숙한 인격이 그 핵심이 되어 내담자의 삶을 성숙한 방향으로 변화시키는 것을 목적으로 한다. 그러므로 상담이란 인간의 모든 삶의 문제와 고민을 내담자가 스스로 해결할 수 있도록 상담사가 도와주는 대화의 과정이다라고 말할 수 있을 것이다.

---

2) 이장호, 『상담심리학』, 박영사, 1994, 3쪽.

3) 김계현, 『상담심리학』, 학지사, 2001, 34쪽 재인용.

2) 현대의 상담이론

상담과 관련한 활동들은 오래전부터 여러 지역에서 다양한 형태로 있어 왔다. 그러나 조직적인 현대 상담의 체계는 미국에서 사회개혁시대라고 불리는 1890년대 이후, 특히 20세기 초부터 생겨났고 그래서 보편적으로 상담을 20세기 미국 문화의 산물이라고 하는 데에는 학자들 간에 별다른 이론(異論)이 없는 듯하다.[4)]

상담학은 심리학의 역사와 그 맥을 같이하고 있으며, 그 이론 또한 다양하다. 칼 로저스[5)]의 인간중심이론[6)]을 보면 기본 개념은 사람은 누구나 자기가 중심이 되면서 끊임없이 변화하는 경험의 세계 속에 존재한다고 여긴다.

이에 로저스는 수용과 존중, 감정반영을 통해서 내담자의 내재적인 치료자원을 활용하는 내담자 중심요법을 창안했다. 여기에서 인간 중심 상담이론이 나오게 된 것이고, 그것이 바로 내담자 중심의 상담이론이다. '인간중심이론'은 자기실현을 향한 인간의 경향성을 전제로 한다. 로저스는 상담자의 진실성을 중요한 요소로 보았다. 기법보다는 진실성, 공감

---

4) 설기문, 「다문화주의의 입장에서 본 상담의 토착화와 한국적 상담의 가능성」, 『학생연구』, 제21집, 동아대학교 학생생활연구소, 1993, 61쪽 참조.

5) 칼 로저스는 프로이드의 정신분석 이론이 활발하게 이루어지고 있었던 1942년도에 인본주의 심리학을 강조하였고, 정신분석 이론이 인간을 너무 세분화하여 치료함에 비인간적이고 지시적 접근이라고 비판하였다.

6) '인간중심이론'은 한 인간이 나아질 수 있는지에 관심을 갖고, 더 나은 방향으로 성장해 갈 수 있다고 보았다. 분석이나 해석이 아닌 내담자를 있는 그대로 수용해 주고 공감해 주며 솔직하게 대하면 내담자 스스로가 문제를 해결해 갈 수 있다고 보는 이론으로, 내담자를 인간적으로 신뢰하고 인간이 가지고 있는 자기실현적 속성을 강조하였고 또 그 속성이 발휘되도록 촉진하는 환경을 상담자가 조성해 주어야 한다고 강조한 이론이다.

적, 수용적인 태도를 강조하고 내담자와 신뢰관계형성에 더 많은 관심을 기울인다.

3) 공자의 상담이론

앞 장에서는 로저스의 상담이론에 대하여 간략하나마 살펴보았다. 이 이론의 태도들은 오늘날 우리 삶에 대단히 중요한 의미를 제공해 주고 큰 의의를 지니는 삶의 요소들이다.

공자는 사람들의 도덕 수준을 높이는 교육자로서의 역할 외에도 사회 환경 개선에 많은 노력을 기울였다. 그가 관심을 기울인 대상은 종교나 현학이 아니고 인생의 문제였다. 그는 인생을 알고 인간을 섬기는 것이 가장 중요하다고 생각하였다. 그래서 그의 제자가 죽음에 대해 물었을 때 "아직 생(生)조차 모르는데 어떻게 죽음을 알리오?"[7]라고 했고 귀신에 대해 물었을 때 "사람조차 섬기지 못하는 터에 어찌 귀신을 섬길 수 있겠는가?"[8]라고 했다. 이를 보면 그의 모든 관심은 사후(死後)의 세계보다는 현실과 삶의 원리를 구체적으로 실현할 수 있는 인생 문제의 해결에 있었다는 것을 알 수 있다.

『논어』는 사람이 사람답게 될 수 있는 도덕적 근거, 인도(人道)의 실현 원리로 '인'을 제시하고 있다. 이것은 인간이 자신의 본성을 올바르게 자각할 때 사회질서를 형성하고 사람으로서의 원만한 삶을 영위함은 물론, 모든 변화의 주체가 되어야 한다는 것을 의미한다고 볼 수 있다. 이 '인'은 인간관계 측면에서는 '효제'를 통하여 드러날 수 있다고 본 것이다. 천명

7) 『論語』, 「先進」. "未知生 焉知死."
8) 『論語』, 「先進」. "未能事人 焉能事鬼."

의 도덕적 실현의 최우선의 목표이며 모든 인간의 생을 영위하고 증진시킬 수 있는 '효제'는 개인과 전체를 포용하는 도리이며 조화로운 인간관계를 통한 인간 본성 회복을 가능하게 하는 유일한 덕목이라는 것이다. 그래서 효제를 사람이 사람다운 생활, 즉 도덕적 생활에 있어서 사람만이 가진 탁월성이며 '인'을 실천하는 데 있어 가장 근본이 되는 덕목으로 추론할 수 있다. 따라서 인간의 본성이 '인'이라면 그것은 '예'를 통하여 사회에서 구체적으로 실현되는 것으로 이해할 수 있다. 공자는 이처럼 인간에 관심을 두었던 철저한 인본주의의 입장이었으므로 공자의 상담철학사상이 삶의 원리를 조명하는 상담사상으로 자리매김할 수 있다고 생각한다.

이와 같이 공자의 상담은 기본적으로 인간 중심적이다. 그러므로 포괄적인 인간의 문제에 초점을 두는 것뿐만 아니라 내담자 자신인 개인에게 초점을 둔다. 『논어』에서 공자와 제자가 대화하는 장면은 후일 서양의 로저스가 말하는 인간중심이론과 유사하다. 대화와 토론들을 거쳐 문제를 해결하며 인격적으로 성장 · 발달해 가는 과정으로 현대의 상담이론에서 언급한 로저스의 상담이론과 별반 다르지 않다. 상담과정 속에서도 상담자는 내담자의 이야기를 귀로만 듣는 것에서가 아닌 눈과 귀로 듣는 '경청'에서부터 시작되는 것이다. 내담자의 이야기를 내용만을 이해하여 반응하는 것이 아니라 내담자의 감정을 주의 깊게 관찰하고 반응한다. 그렇게 하기 위해서 공자는 다음과 같이 말하였다.

> 거처할 때 공손히 하며, 일을 집행할 때 경건하게 하며, 사람을 대할 때 진심으로 하여야 한다. 이것은 비록 이적의 나라에 가더라도 버려지지 않을 것이다.[9]

---

9) 『論語』, 「子路」. "居處恭 執事敬 與人忠 雖之夷狄 不可棄也."

이 내용은 '처신을 공손히 하고 행동을 신중히 하며 사람들과 교제할 때에 성심껏 최선을 다하라.'고 하는 것이다. '비록 상대가 문화적으로 뒤떨어졌다 하더라도 그렇게 해야 하는 법이다.'라고 일러 준 것이다.

이렇듯 상담자로서의 진실한 태도는 "내담자와 더불어 탐색함이 없이 순수한 만남을 가능하게 하고 내담자의 개방적인 자기탐색을 촉진, 격려하게 된다."[10] 이와 같이 공자는 "다른 사람과 말을 나눌 적에는 말을 조심조심하되 말하게 되면 상대방에게 믿음을 주어야 한다."[11]고 말하게 된 것이다.

3. 공자의 상담사상

1) 구조

『논어』에는 공자와 제자들을 비롯하여 다양한 계층의 사람들이 상담의 주체로서 등장하고 있다. 공자는 상담자로서, 제자들과 기타 인물들은 내담자의 자격으로서 등장한다. 의사소통능력을 가진 상담자가 효과적으로 상담을 이끌 수 있다. 『논어』에서 공자의 논리적이며 지혜로운 언어 교화 능력이 드러난다. 공자와 제자 간의 의사소통은 당면 문제의 해결에 초점을 맞추는 의사소통이며 동시에 통찰에 접근하는 상담이론과 상통하는 의사소통이다. "나는 나면서부터 아는 자가 아니라~" 등의 말로 친근하게 다가가 갖가지 방편설로서 대중을 교화하며 편안하게 설법하는 태도

10) 이형득외, 『相談의 理論的 接近』, 형설출판사, 1984, 158쪽 참조.

11) 『論語』, 「學而」. "弟子立則孝 出則弟 謹而信."

를 보인다. 이것은 상담이론에서 말하는 상담 초기에 내담자의 말을 존중하고 상호신뢰를 촉진하여 라포 형성을 돕는 상담자의 자질과 일치한다고 볼 수 있다. 다음의 문장은 이 정신을 한층 더 내포하고 있다.

> "덕을 닦지 못함과 학문이 트이지 못함과 의를 듣고도 실천하지 못함과 선을 행하지 못하면서도 고치지 못하는 것이 나의 걱정거리이다.[12]

진리는 천명을 실천하는 것이다. 덕을 밝히고 성을 아는 것은 배운다고 해서 되는 것이 아니다. 그것은 덕을 닦음으로써 가능하다. 덕을 닦는 방법에는 학문을 통한 실천적 방법이 있다. 실천적 방법에는 의로움을 실천하는 적극적 방법과 불의를 고치는 소극적 방법이 있다. 이렇듯 공자는 제자들의 수준에서 제자들을 이끌었다. 훌륭한 상담자는 무조건적인 긍정적 수용과 공감능력을 배양해야만 한다. 이러한 상담자의 능력도 위의 경우와 마찬가지로 자기성장의 과정을 거치며 신장된다고 본다. 따라서 상담자의 능력도 철저한 자기분석과 상담 훈련 등으로 이루어질 수 있다는 점에서 수양의 의미와 유사하다고 본다.

공자에 의하면 모든 인간 문제의 근원은 다른 사람들이나, 그리고 과거의 사건들에 있는 것이 아니라 다른 사람을 대하는 우리 자신의 지각과 사고에 있다.

이에 상담자는 내담자에 대하여 무판단적인 태도를 취하여야만 하고 내담자의 올바른 통찰을 위해 중용의 입장을 취해야 된다. 그것은 오늘날 상담자가 가져야 하는 객관적인 태도를 의미한다. 상담자의 인품과 인격은 상담과정과 상담효과에 커다란 영향을 주는 중요한 요인이다. 상담관

---

12) 『論語』, 「述而」. "德之不修 學之不講 聞義不能徙 不善不能改 是吾憂也."

계가 기본적으로 인격적 만남을 전제하고 있고, 또 내담자의 성장이 상담관계 속에서 이루어진다는 점을 고려하면, 상담관계를 주도하는 상담자의 인격은 더할 나위 없이 중요한 요소임을 알 수 있다.

"덕이 있는 사람은 외롭지 않다. 반드시 이웃이 있다."[13]라고 한 말이나 "인은 사람을 사랑하는 것이다."[14]라는 말에서처럼 공자는 덕이 있는 사람은 남을 나처럼 사랑하고 아낀다고 보았다. 덕이 있는 사람은 남을 경쟁상대로 여기지 않고 남과 이기적인 계산을 하지 않으므로 남들은 그와 함께 있으면 편안해진다.

2) 내용

공자는 제후와 대부들, 그리고 제자들과 상담을 하고 그들의 마음을 치료한 스승이기도 하였다. 공자는 상담에 있어서 능동적 자세가 아니라 듣는 수동적 자세를 취하였다. 상담에서 내담자의 말을 잘 듣는 것이 중요한 요소라는 것은 주지의 사실이다. 잘 듣고 상대에 따라 각기 다른 대답과 처방을 내놓은 것이다.

공자의 상담철학을 현대의 상담기법의 기본가정과 상담목표, 상담과정에 접목하여 살펴보면 그 배울 바가 많다.

먼저 현대의 상담기법의 기본 가정 중의 하나가 자신을 전체 체계 속의 일원으로 이해하는 가족상담이다. 가족은 개인과 사회를 위한 여러 가지 기능을 지니고 있다. 파괴된 가정은 부부 당사자에게 커다란 불행일 뿐 아니라 자녀에게도 많은 심리적 고통을 안겨 준다. 나아가서 사회적으로

13) 『論語』, 「里仁」. "德不孤 必有隣."
14) 『論語』, 「顔淵」. "樊遲問仁 子曰 愛人."

해결해야 할 여러 가지 커다란 문제를 야기하게 된다. 이런 점이 현대를 살아가는 우리가 가족관계에 대해서 더욱 깊은 관심을 가져야 하는 이유이다. 가족상담은 개인을 가족이라는 체계와 떨어트려 놓고 생각할 수 없다는 가정을 토대로 한다. 기본적인 원리는 그 체계 중 일부의 변화가 다른 부분들의 변화를 야기한다는 것이다. 만일 가족 단위에 변화가 생기면 이런 변화는 각각의 개인에게 영향을 주게 될 것이다. 마찬가지로 개인이 변하면 전체 가족 구성원이 영향을 받는다. 이와 같이 가족상담은 가족구성원의 상호작용 안에서 개인의 관심사를 평가하고 다룬다. 체계적 관점에서 건강한 사람으로 존재한다는 것은 가족체계에 대한 소속감뿐만 아니라 분리, 개별화라는 두 가지 감각을 조화롭게 지니고 있음을 뜻하는 것이다.

일찍이 고대 중국에서는 이 문제에 주목하여 가족 구성원의 친화를 강조한 바 있다. 『서경』의 다음 대목이 여기에 많은 참고가 된다.

> "큰 덕을 밝힘으로써 구족(九族)을 친애했다. 구족이 이미 화목해지자 백성들을 교화했고, 백성들이 밝은 덕을 알자, 여러 나라를 합하여 하나로 했다."[15]

여기서 구족은 제가의 가족과 동일한 의미[16]를 갖는 개념이나, 이에 따르면 국가는 가족의 확대 및 기초가 된다. 즉 나라가 가족의 확대 및 기초임을 보여 준다. 이러한 '가족'과 '나라'의 긴밀한 관계는 특히 유가에서

---

15) 『書經』, 堯典篇. "克明俊德, 以親九族, 九族旣睦, 平章百姓, 百姓昭明, 協和萬邦, 黎民於變時雍."

16) 馬融 과 鄭玄은 九族을 高祖, 曾祖, 朝, 父, 自身, 子, 孫, 曾孫, 玄孫이라 하고, 夏候와 歐陽은 九族을 '父族 4', '母族 3', '妻族 2'라고 한다. 吳璵, 『尙書讀本』, 臺北, 三民書局, 民局69, 再版, 14쪽 참조.

보다 더 큰 의미를 가지는데, 즉 유가의 윤리는 '가족윤리'로써, '가족'의 화목 없이는 그 어떠한 이상도 달성할 수 없다. 따라서 '수신'의 기초가 되는 '가족'은 '나라'의 구성단위이고, '나라'는 '가족'의 확대라고 규정지었던 근거는 바로 여기에 있다.[17]

『대학』은 그러한 맹자의 기본입장을 계승하여 '가족'의 화목이 어떻게 나라의 근본이 되는지를 다음과 같이 더욱 간결하면서도 분명하게 밝혔다.

> "옛날에 명덕을 천하에 밝히고자 하는 자는 먼저 그 나라를 다스리고 그 나라를 다스리고자 하는 자는 그 가족을 가지런히 하고 그 가족을 가지런히 하고자 하는 자는 먼저 그 몸을 닦고, 몸이 닦여진 뒤에 가족이 가지런해지고, 가족이 가지런한 뒤에 나라가 다스려지고 ……"[18]

이와 같이 '가족'을 얼마만큼 잘 가지런히 했는가는 '나라'의 운명을 결정짓는 아주 중요한 관건이라는 점에서 '치국'의 기본정신은 '가족'의 올바른 정립에 있는 것이다. 그럼 가족의 올바른 정립은 어떻게 가능한가? 한 인격의 성격형성에 있어서 부모의 역할은 매우 중요하다. 성장과정에서 부모의 성격특성, 가치관, 도덕적 규범이 자녀에게 학습되어 전달된다. 아울러 사회생활을 위한 기본적 적응기능이 가족관계 속에서 발달된다. 그것이 바로 유가윤리에서는 인(仁)을 실천하는 기본 덕목인 효, 제로 나타난다. 여기에서 강조되는 것이 가족 간의 위계질서이다. 부모는

17) 『孟子』, 「離婁章句上篇」. "天下之本在國, 國之本在家, 家之本在身."

18) 『大學』. "古之欲明明德 於天下者 先治基國 欲治基國者 先除基家 欲齊基家者 先修其身 欲修其身者 先正其心 欲正其心者 先誠其意 欲誠其意者 先致其知 致知 在格物 知至而后 意誠 意誠而后 身修 身修而后 家齊 家齊而后 國治 國治而后 天下平."

자녀의 행동을 통제하고 자녀는 부모의 지시에 따른다. 이처럼 가족 내에는 서로의 행위에 영향을 미치는 가족체계가 가족질서를 가지런히 한다. 이런 점에서 가족은 작은 국가집단이라고 할 수 있다.

현대사회의 큰 문제의 하나인 공자의 효 사상을 오늘에 되살려야 한다고 생각한다. 공자가 효도의 중요성을 강조했을 때는 부모와 자식 사이의 윤리가 귀중하다는 것을 일깨우고자 함은 물론 나아가서 사회를 유지시키고 발전시키는 바탕이기 때문이다. 이런 효 사상이 가족윤리의 원동력을 밝혀 줌에 그치지 않고 국가윤리와 세계윤리의 원천을 제공할 수 있다고 본다.

『논어』에서는 가장 먼저 모든 대중의 가정윤리와 사회실천윤리인 '효제'를 교학내용으로 선정하고 있다. 이는 공자가 한 나라의 가정윤리가 그 나라의 정사에 막대한 영향을 끼친다는 사실을 인식한 것에 기인한다.

누군가 공자에게 왜 정치를 하지 않느냐고 묻자 공자는 『상서』의 내용을 인용하여,

> "효라는 것은 형제와 우애 있게 지내는 것으로 이러한 효의 실천을 통해서 정사를 베풀면 이것이 바로 정치를 하는 것이 되는데, 어떻게 꼭 정치를 하는 것만을 정치라 하겠는가?"[19]

라고 하였다. 이 구절의 요지 역시 정치는 바로 가정에서 비롯되고 있으므로 가정이 잘 다스려지면 나라의 정사는 자연스럽게 잘 다스려질 수 있다는 것이다. 그래서 공자는 당시 무너져 가는 가정과 사회의 윤리체계를

---

19) 『論語』, 「爲政」. "或謂孔子曰 子奚不爲政, 子曰 書云孝乎 惟孝 友于兄弟 施於有政 是亦爲政 奚其爲爲政."

바로잡기 위하여 '효제'를 교학의 내용으로 선정하였다. 그런데 이 효제는 또한 공자 상담사상의 최고 윤리덕목인 인을 실천하는 근본으로서도 중요하다. 맹자의 논리에 의하면 어린이가 가정에서 어버이를 사랑하고 형을 공경하는 도리를 알고 행하는 것은 배우지 않고서도 할 수 있고, 생각하지 않고서도 알 수 있는 인간 본유의 도덕성이다. 그것은 후천적인 학습이나 경험을 통하여 얻어지는 능력과 지식이 결코 아니다. 이는 그가 공자와 마찬가지로 인간관계에 있어 부모와 자식 또는 형과 아우의 관계가 사회질서의 가장기본이 된다고 생각했기 때문이다.[20]

가족은 인간의 사회생활에 있어서 최저 단위이다. 공자사상에 있어서 모든 것의 기본은 가정생활에 있었다. 공자는 가정생활을 잘 하는 사람이 곧 훌륭한 사회인이라고 생각했다. 그렇지만 공자의 가정생활은 행복하지 못했다. 그는 세 살에 아버지를 여의었고, 스물네 살에 모친마저 세상을 떠났다. 열아홉 살에 결혼하고 이듬해 장남을 얻었지만 그 아들 역시 공자가 예순아홉 살 되던 해에 먼저 세상을 떠나고 말았다. 이러한 가정의 불행으로 말미암아 공자가 가정 제일주의를 표방하게 되었는지도 모른다. 어쨌든 공자에게 있어서 효는 단순히 도덕의 한 덕목에 그치는 것이 아니라 인륜의 기본이었다.[21]

오늘날 현대사회는 개방화, 정보화, 다원화 방향으로 급격하게 변화하면서 사회 전반에 걸쳐 여러 가지 역기능과 병리현상이 나타나고 있다. 이러한 사회문제가 가정에서도 그대로 반영되어 우리의 가정이 흔들리고 있다. 이와 같이 가족상담의 필요성으로 현대사회의 위기를 첫째로 꼽을 수 있다. 현대사회의 위기는 여러 가지로 들 수 있겠지만 핵분열화된 가

20) 송인창, 『천명과 유교적인간학』, 심산, 2011, 184~185쪽 참조.
21) 사쿠야스시, 『논어』, 장원철 외 역, 김영사, 2009, 31쪽.

정의 문제가 매우 심각하다. 가족관계의 단절, 핵분열화된 가정, 이혼의 위기 등이 가족상담은 더욱더 필요하다고 볼 수 있다. 오늘날 가족변화의 특성을 고려할 때 가족상담은 가족 체계에 초점을 두는 모든 상담방법이라고 할 수 있으므로 인간의 문제를 좀 더 포괄적으로 이해할 수 있으며 관계와 상황을 중시하는 다양한 접근법이 필요하다. 가족의 변화는 곧 각 구성원들의 삶의 변화이다. 가족상담은 단순히 한 개인을 변화시키는 것이 아니라, 전체 가족의 변화에 영향을 끼친다.

현대사회에서 가족과 사회는 분리될 수 없으며, 정의가 사회적 영역에서 중요한 도덕 원리라면 가족도 정의의 원리와 무관할 수 없다. 가족은 성원들 간에 모든 것을 공유하는 하나가 아니라 이해가 다른 개인들이 모인 사회적 집단이라는 점을 인식하는 것이 중요하다.

3) 특징

상담자로서의 공자의 가르침은 모든 개인의 인격수양에 기초를 두면서 달성되어야 할 인륜적 사회질서의 구현에 있었다. 공자의 상담사상은 현대인들로 하여금 사회에 적응하고 그 속에서 성장 · 발전하는 데 필요한 원리와 방법을 제공하는 상담 가치를 가득 담고 있다고 볼 수 있다. 공자는 자신의 사욕을 누르고 공동체 안에 살면서 인을 실천하는 방법을 제시 하였다. “아침에 도를 들으면 저녁에 죽어도 좋다”[22]고 한 바와 같이 평생을 통하여 제자들에게 상담자로 끊임없는 심력을 기울였다. 공자에게 있어 상담은 일상적인 생활 그 자체로서, 도덕수양을 매우 중시하였는데, 도덕수양의 문제를 다음과 같이 정리해 보았다.

22) 『論語』, 「里人」. “朝聞道 夕死 可矣.”

『논어』에는 배움에 관한 언급이 많다. 학습의 주요 내용은 예에 관한 것이다. 공자는 "예를 배우지 않으면 세상에 설 수 없다."[23]고 했다. 사람들은 나면서부터 좋은 도덕적 품성을 지니고 있지만 예에 관한 지식은 고전을 통해서만 배워야 한다고 공자는 주장했다. 공자는 예절조문과 고대 성현들의 언행과 도덕지식을 배우지 않으면 여러 폐단이 생긴다고 생각했다. 이렇듯 예에 대한 지식도 배운 후에야 도덕적 경지를 높일 수 있는 것이다. 이처럼 공자의 상담사상의 기저에는 인간중심의 당위성과 상담을 통한 변화 가능성에 대한 상호작용의 조화가 있다. 또한 공자 자신이 인격수양과 저술 작업 및 제도 개선에 이르기까지 모두 옛것에 근거하면서 이를 더욱 발전시켜 새로운 지식체계를 정립하려 했던 데서 확인할 수 있는 호고지신의 학구적 이념, 상담자의 학습능력에 따른 차별화원리 역시 공자의 상담사상의 중요한 밑바탕을 형성하고 있다. 이는 상담 목표에 도달하기 위해 내담자의 현재 기능수준을 평가한다는 점에서 체계적인 접근이다. 내담자가 뚜렷한 특정 행동목표를 설정한 후, 상담자들은 목표에 다가갈 수 있는 가장 적절한 전략을 제안한다. 상담은 내담자의 입장에서 생각하고 시행해야 효과가 나타난다. 공자는 이 문제를 다음과 같이 말한 바 있다.

"보통사람 이상은 가히 높은 것을 말해 줄 수 있지만, 보통사람 이하에게는 높은 것을 말해 줄 수 없다."[24]

이와 같이 합리적 현실주의자인 공자는 개인의 능력차를 인정하고 있

23) 『論語』, 「堯曰」. "不知禮, 無以立也."

24) 『論語』, 「雍也」. "中人以上 可以語上也 中人以下 不可以語上也."

었다. 유능한 사람은 미숙한 사람을 이끌어 주고 미숙한 사람은 유능한 이를 본보기로 삼아 노력한다. 그러한 상호 협조에 의해 사회 전체가 도덕적으로 향상되고 사회가 융합되는 것이야말로 공자의 목표였다.

"배우기만 하고 생각하지 않으면 답답하고, 생각하기만 하고 배우지 않으면 위태롭다."[25)]

"내 일찍이 종일토록 먹지 않고 밤새도록 자지 않고서 생각하였으나 유익함이 없었다. 배우는 것만 같지 못하였다."[26)]

만약 배우기만 하고 사색하지 않으면 단편적 지식만 얻게 되고 사색만 하고 배우지 않으면 내용 없이 공허하다는 것이다. 한마디로 배움과 사고가 병행되어야 비로소 도덕을 겸비한 사람으로 성장할 수 있다는 것이다.

"처음에는 사람의 말을 듣고 행실을 믿었는데, 이제 나는 사람의 말을 듣고도 행실을 살피게 되었다."[27)]

공자의 생각에는 도덕을 겸비한 사람은 사상적인 의식이 도덕적 기준에 부합할 뿐 아니라 이런 의식이 행동으로 표현되어야 한다는 것이다. 따라서 그는 항상 '실천'으로 자신과 제자들을 독려했다. 실천은 말과 상대되는 행위를 가리키는 개념이다. 여기서 실천이란 곧 도덕생활의 활동을 말한다. 공자는 한 사람의 도덕적 품성을 판단하는 데는 그의 말이 아

---

25) 『論語』, 「爲政」. "學而不思則罔 思而不學則殆."

26) 『論語』, 「衛靈公」. "吾嘗終日不食 終夜不寢以思 無益 不如學也."

27) 『論語』, 「衛靈公」. "始吾於人也 聽其言而信其行 今吾於人也 聽其言而觀其行 於予與改是."

니라 그의 실제적인 행동을 보아야 한다고 생각했다. 구체적으로 배움(學) · 생각(思考) · 실천(行), 이 세 가지는 모두 도덕 수양에 관한 방법적인 문제이다. 사람의 도덕 수양은 이 세 가지 측면에서 병행되어야 하고 인간의 활동 역시 이 세 가지를 떠나서는 안 된다는 것이다.

공자의 상담사상도 이를 떠나서는 존립할 수가 없다. 상담에는 교육내용이 무엇보다 중요하다. 상담자의 자발적인 호학정신에 기초하여 동기를 유발함으로서 상담의 효과를 증진시키는 방법이 있으며 상담자 중심의 획일적인 상담방법을 지양하고 내담자 중심의 상담방법이 제시된다.

『논어』에는 상담자인 공자와 그 제자뿐만 아니라 당대의 제후로부터 천인에 이르기까지 다양한 계층의 내담자들이 등장한다. 공자는 획일적이고 형식적이며 귀족중심이던 기존체계를 과감히 탈피하여 상담을 통한 인간의 변화가능성을 신뢰하는 데에 목표를 둔 인물이다.

상담은 내담자의 삶을 창조하고, 그 문제를 이해하여 내담자가 자신의 삶을 한 단계 앞으로 나아갈 수 있도록 이끌어 주는 역할을 하여야 한다. 공자는 상담자 자신이 변하지 않으면 내담자와 공감을 제대로 할 수 없다는 것을 다음과 같이 말한다.

> "자기 자신을 바르게 한다면 정치하는데 무슨 어려움이 있으며, 자신을 바르게 할 수 없다면 어떻게 남을 바르게 할 수 있겠는가."[28)]

자기 자신이 처신을 똑바로 할 수 있다면 나라의 정치를 행하는 일 정도는 간단히 이루어진다. 이처럼 자기 한 몸 바르게 할 수 없는 상담자는 다른 사람을 교화 할 수 없다. 그렇기 때문에 자기 수양을 중시하는 상담

28) 『論語』, 「子路」. "苟正其身矣 於從政乎 何有 不能正其身 如正人何."

자는 내담자를 만나 문제를 보는 시각에 변화를 주고, 내담자를 한 인간으로 존중하여 타고난 자기실현의 힘이 있음을 믿고 조력해 주는 과정을 상담을 통해 전개하게 된다.

공자의 상담사상은 이상사회로 상정된 도덕의 세계를 실현하는 데 있다. 이는 무엇보다도 인간을 귀하게 여기고, 실천적인 측면을 강조하는 토대에서 가능한 것이다.

4. 공자 상담사상의 궁극적 목표

1) 참된 인간의 발견과 도덕적 사회의 완성

"상담이란 무엇인가?" 이러한 문제를 놓고 공자가 어떤 이론을 직접 주장한 바는 없다. 그러므로 우리가 공자의 상담사상을 알아보기 위해서는 추리를 통한 간접적인 방법을 취할 수밖에 없다. 그렇게 해서라도 우리가 공자의 상담사상을 문제 삼고자 하는 것은 '상담관'이라는 이름을 붙일 수 있는 그의 '인' 사상으로부터 현대인이 많은 것을 배울 수 있다고 믿기 때문이다.

'나'로부터 출발하는 인(仁)의 길은 나를 어떻게 다스리고 간수하느냐, 곧 나를 어떻게 닦느냐의 수기(修己)에서 출발한다. 인은 수기에서 출발해서, 다음 효제로 나아간다. 효제는 부모와 형제를 사랑하는 정감에서 시작된다. 이것을 가족 외의 다른 사람에 대한 사랑으로 확대시킨 것이 인이다. 이미 말한 대로 효제는 이런 인을 행하는 바탕이지만 효제가 잘 이루어지고 난 후에 그 사랑은 가족 밖으로 향한다. 내 가족이 아닌 다른 사람에게 효제가 갖는 사랑의 원형을 그대로 옮겨 확대해 간다.

현대사회는 과정은 없고 목적만 남아 있는 사회이다. 과정이 없는 것이 아니라 올바른 과정의 의식이라는 것이 없다. 목적을 향한 과정인 사회의 규범은 구성원들의 자율적인 극기를 함으로 이루어지는 것이며 이것은 타인에 대한 배려와 남을 사랑하는 마음 통하여 실현되는 것이다.

이렇게 『논어』에서 강조하는 실천 덕목인 '인'은 군자의 수기적 심성 수양과 관련된 것인데 이러한 수기적 심성수양을 통해 개인에서 가정으로, 가정에서 사회로 확대될 수 있는 것이다. 그래서 공자는 당시 무너져 가는 가정과 사회의 윤리체계를 바로잡기 위해 효제를 교학의 내용으로 선정하였을 것이다. 『논어』에는 효도가 단순히 가족윤리를 위한 덕목에 그치는 것이 아니라, 효의 정신은 사회 전체를 후덕하게 만드는 원리이며, 효도의 정신이 확산되면 나라 전체의 정치 문제도 잘 풀린다는 뜻의 말도 된다. 가정마다 효성이 지극한 자녀들로 가득 차고, 형제간의 우애가 돈독하면, 나라 전체가 질서와 평화를 유지하게 될 것이라고 믿었다. 그래서 효도를 권장하고 숭상하는 과정에서 가족윤리의 원리로서의 효가 사회윤리의 원리도 될 수 있다고 강조했을 것이다.

이와 같이 인을 한마디로 말하면 나로부터 시작되는 사람다운 삶의 기반인 사랑의 원리이고 천리(天理)를 거스르지 않는 조화로운 완전한 사랑이다.

그래서 공자는 천명을 알지 못하는 사람을 군자라고 할 수 없다고 하여 군자가 되는 요건을 천명에 두었고, 오십의 나이에 천명을 안다고 하였다.[29] 천의 뜻을 체득하고 그 사명을 다하는 일이 바로 참된 인간의 완성이라고 이해하는 것이다. 다시 말해서 인간이 인간답게 사는 길이 바로 자기의 본래적인 덕성을 발휘하여 이를 윤리적으로 구현하는 데 있는 것

---

29) 『論語』, 「爲政」. "五十而知天命."

이다.

공자는 항상 인간행위에서 삶의 의미를 찾는다. 공자는 보다 종합적이고 전체적인 '인격'에 초점을 맞추고 있다. 예를 들면 '칠십이종심소유욕불유거(七十而從心所有慾不踰矩)'[30]는 내 마음이 하고자 하는 대로 행동하여도 사회규범에 어긋남이 없는 자기초월적이다. 이를 바꾸어 말하면 사회적 책임의 완수 속에는 결코 자기 개체의 실현에만 국한되는 것은 아니고 사회적 관계의 완성이라는 의미가 강하게 함축되고 있는 것이다. 사람과 사람의 바람직한 관계는 어떠해야 하는가에 대해 도덕적 행위의 규범인 '인'을 통하여 예의 덕을 일상생활에서 실천하게 되고 이러한 도덕 실천으로 말미암아 자연스럽게 몸에 익혀져 갈등 없이 사회적 책임을 다하게 되는 것이다.

이 점에서 공자는 인이란 '자기가 바라지 않는 일을 남에게 베풀지 않는 일'[31] 또는 '자기가 서고자 하는 곳에 남을 서도록 하고, 자기가 이르고자 하는 곳에 남을 이르도록 하는 일'[32]이라고 한 바와 같이 타인을 이해하고 스스로를 겸양하는 이른바 추기급인(推己及人)인 예의 덕이 인간관계에 있어 사회적 질서를 바로잡는 도덕적 행위의 규범이다.

2) 평천하 세계의 구현

'평천하'의 궁극적 이상은 국경을 넘는 것으로 어떤 지역, 어떤 일부의

---

30) 『論語』, 「爲政」. "七十而從心所欲不踰矩."

31) 『論語』, 「顔淵」. "出門如見大賓 使民如承大祭 己所不欲 勿施於人 在邦無怨 在家無怨 仲弓曰 雍雖不敏 請事斯語矣."

32) 『論語』, 「雍也」. "如有博施於民而能濟衆 何如 可謂仁乎, 子曰 何事於仁 必也聖乎 堯舜 其猶病諸, 夫仁者己欲立而立人 己欲達而達人, 能近取譬 可謂仁之方也已."

개인의 이익에 전일하는 것이 아니라 전 인류의 행복을 증진하는 데 있다는 것이다.

'평천하'의 철학적 의미는 "인간의 보편적 덕성에 근거하여 도덕적 세계화를 이룬다."는 것이다. '평천하'의 근본원칙은 '인'의 실천이다. 『논어』에서 공자의 인은 모두 같은 의미를 내포하지 않는다. 즉 인을 묻는 제자들에 대한 공자의 대답은 한결같이 "인은 이것이다."라는 인에 대한 정의가 아니라 그때그때의 상황에 따라 "어떻게 인을 실천할 것인가"라는 방법적 차원으로 자신의 생활 속에서 만나는 하나의 실천과정으로 자각적 실천을 통하여 얻어진 인을 어떻게 외부로 발현하느냐에 달려있다고 할 수 있다.[33]

우리가 자기의 '본성'을 따라서 나아가면 마땅히 행할 도리를 알 뿐만 아니라 자기의 본성을 발휘하여 반드시 마음에 얻어지는 것이 있게 된다. 이것이 바로 '인'이다. 바람직한 인간관계의 실현으로 인을 나라와 천하에까지 확충해 나가는 것이다. 공자의 인을 계승하는 논리 위에서 맹자에 이르러 공자에서 미처 불명(不明)하였던 인의 논거가[34] "남에게 차마 하지 못하는 마음", "두려워 놀라며 측은히 여기는 마음"[35]이 다름 아닌 심리적이며 실제적인 사례로서 입증되고 체계화되었다는 점이다.[36] 맹자가

---

33) 김철운, 『유가가 보는 평천하의 세계』, 철학과 현실사, 2001, 80~86쪽 참조.

35) 이 점에 관련하여 馮友蘭의 말을 눈여겨 볼만하다. '공자가 仁을 주장하였지만 어째서 사람이 仁을 실천해야 하는가에 대한 이유를 설명하지 아니하였다. 그런데 맹자는 이러한 질문에 해답을 주려고 노력하였다. 性善說이 바로 그것이다. 이러한 性善說로 인하여 맹자는 세상에 더욱 알려지게 되었다. 馮友蘭, 『中國哲學簡史』, 북경 북경대학출판사. 1985, 84쪽.

35) 『孟子』, 「公孫丑章句上」. "人皆有不忍人之心,先王有不忍人之心, 斯有不忍人之政矣, 以不忍人之心, 行不忍人之政, 治天下는可運之掌上, 所以謂人皆有不忍人之心者, 今人乍見孺子 將入於井, 皆有怵惕惻隱之心."

36) 송인창, 「先秦儒學에 있어서의 天命思想」에 關한 연구, 충남대학교대학원박사학위

"군자의 몸가짐은, 자신의 몸을 닦음으로써 천하를 태평하게 한다."[37]라고 한 것과 같이 제나라 경공이 공자에게 어떻게 정치를 해야 하느냐고 묻자, 공자께서 대답하였다.

"임금은 임금다워야 하고, 신하는 신하다워야 하고, 아버지는 아버지다워야 하고 자식은 자식다워야 한다." 경공이 말했다. "참으로 좋은 말이오. 진실로 임금이 임금답지 못하고, 신하가 신하답지 못하며, 아버지가 아버지답지 못하고, 자식이 자식답지 못하면, 비록 양식이 있더라도 내가 어찌 그것을 먹을 수 있겠는가?"[38]

라고 한 바와 같이 인간이 윤리적 도덕적 원천을 회복하고 인간사회의 무질서를 극복하여 올바른 사회관계를 확립하는 일의 구체적 방법은 '군군신신부부자자(君君臣臣父父子子)'에 있다고 보면, 올바른 사회적 관계수립의 근본인 동시에 인간을 인간답게 하는 요체로서 천하의 안정은 바로 여기에서 비롯된다고 하겠다. 질서 있고 조화로운 사회는 사회 구성원 모두가 각각의 역할을 충실히 수행할 때 건설된다. 공자는 평천하의 목표를 "가정이 바르게 다스려지면 천하는 안정된다.〔正家而天下定〕"는 데에서 찾았다.[39]

가정은 사회의 출발점인 것이다. 가족 속에 사회가 있다. 가족은 예의와 질서가 존재하는 '세계의 중심'이다. 가족에서 획득한 사랑과 우애는

논문, 1887, 35쪽 참조.

37) 『孟子』, 「盡心章句下」. "君子之守,修其身而 天下平."

38) 『論語』, 「顔淵」. "齊景公問政於孔子 孔子對曰 君君臣臣父父子子 公曰善哉 信如君不君 臣不臣 父不父 子不子 雖有粟 吾得而食諸."

39) 송인창, 『천명과 유교적 인간학』, 2011, 심산, 220~223쪽 참조.

사회의 국가, 그리고 천하로 넘쳐 나아간다. 공자의 사랑은 '수신-제가 치국-평천하'라는 잘 알려진 『대학』의 구도처럼 가족애를 바탕으로 저 멀리 '평화로운 세계건설'로까지 나아가야 하는 것이라는 점을 잊어서는 안 된다.

5. 맺는 말

지금까지 살펴본 바, 공자 상담사상은 체계적이고 정리된 상담이론이 아니다. 그러나 상담이론이 서구에서 출범했지만 동양문화 안에서 동양인의 심성과 기질을 가진 한국인으로 살아가고 있는 우리에게는 동양적 상담접근이 필요하다.

공자의 상담사상의 철학적 탐구는 공자의 상담의 구조 및 내용, 특징과 참된 인간의 발견 및 도덕적 사회를 완성함으로써 평천하의 세계가 구현되는 과정 등으로 요약할 수 있다. 이런 관점에서 『논어』를 바탕으로 공자의 상담사상을 살펴본 결과 다음 몇 가지로 정리할 수 있겠다.

공자 상담철학에 있어 가장 중요한 점은 '제세구민'의 '인본주의'이며 '인간중심'이다. 공자는 조화로운 인간관계를 통해 모든 인간의 삶을 보존하고 인간만이 가진 탁월성으로 도덕성인 '인'을 '예'를 통하여 사회에 구체적으로 실현하도록 인도(人道)의 원리로 인을 제시하였다. 그 목표를 이루기 위한 방법인 '상담'과 '교육'을 통해 사회 전체를 도덕적 방향으로 탈바꿈시키고자 했다. 그러기 위해 개인의 인격수양을 통해 인간적 자질을 갖추고 도덕적 윤리를 실천하는 참된 인간으로서의 상담자의 인간 성장과 성숙을 촉진하였다.

상담자는 인간의 변화에 대한 믿음을 가질 필요가 있고 이러한 믿음을 바탕으로 상담자는 내담자에게 다양한 접근방법을 사용하여 바람직한 사고, 감정, 행동의 변화가 일어나도록 상담을 진행할 필요가 있다 공자는 『논어』에서, 인간의 천성에는 차이가 없지만, 후천적 노력에 의해서 서로가 달라진다고 보며 모든 사람은 변할 수 있다는 긍정적 인간관을 제시하였다. 공자가 가지고 있는 무한한 발전가능성에 대한 믿음 자체가 내담자의 변화를 이끄는 데 큰 힘을 발휘하고 상담의 과정 중 가장 핵심적인 요소로 작용할 수 있음을 알 수 있다.

이에 공자의 상담사상은 현대 상담에 있어 인간을 이해하고 인간의 성장과 성숙을 촉진하는 새로운 시각을 제공한다고 할 것으로 보인다. 이것은 상담전략으로서 새롭게 평가될 필요가 있으며 이런 점에서 『논어』는 중요한 참고 자료가 될 수 있다.

전통과 관습이 다른 서구의 현대의 이론들을 가지고 지금 우리의 상담에 적용하는 현실을 감안한다면, 공자의 상담사상을 통해 우리로 하여금 그런 이론적 '종속'에서 벗어날 수 있는 계기를 마련하여야 할 것이다. 또한 한국적 문화와 역사와 전통을 반영한 삶에 대한 철학 사상과 문화적 전통을 현대 상담으로 끌어들여 한국 상담학을 정립해 가는 대열에 앞장서야 할 것이다.

그런 점에서 『논어』에 나타난 공자의 가르침을 앞으로 더욱더 상담적 관점에서 체계적으로 연구한다면 동양인의 의식구조에 적합한 현대적 상담이론 및 상담기법을 한층 발전시킬 수 있을 것이다.

유가 상제례 문화에 내재된 사생관

| 이시우 |

1. 머리말

이 논문은 유교의 사생관의 특징을 크게 두 방면, 즉 혈연을 축으로 하는 효사상에 의한 죽음의 초월과, 그것을 가능하게 하는 방법으로서 상제례 문화를 세련되게 인문화하는 작업을 통해 살펴보는 것을 목적으로 한다. 아울러 유가 상제례 문화의 형식적인 절차상의 논의에 무게를 두지 않고 좀 더 큰 담론의 틀에서 상제례를 치르며 경험하게 되는 도덕적 계기(효, 애(哀), 공경[1], 연대감 등)를 논한다.

실제로 고대 중국인들은 제(帝), 천지와 조상 등에게 다양한 형식으로 제사를 지냈다. "사람을 다스리는 방법 중 예보다 절실한 것은 없다. 예에는 오경이 있는데, 제사보다 중요한 것은 없다."[2]는 말은 유가의 예치사

---

1) 『논어』, 「자한」. "祭思敬, 喪思哀"; 『순자』, 「예론」. "凡禮, 事生, 飾歡也. 送死, 飾哀也. 祭祀, 飾敬也."

상에서 제사가 차지하는 비중을 잘 말해 준다. 하지만 필자는 지배계급이 백성을 다스리기 위한 정치적 목적으로 제사를 어떻게 이용했는가를 살피려는 것이 아니다. 유교문화의 가치를 내면화한 유가 지식인들이 가족의 상제례를 치루며 가족의 죽음으로 인한 고통을 어떻게 승화시키고, 또 죽음과 불멸의 문제를 어떻게 이해하고 풀려 했는지를 문화(종교[3])적 의례라는 측면에서 유가 사생관의 구체적 모습을 발견해 보려 한다. 이는 유교 경전에서 드러내 놓고 논의하지 않는 죽음의 문제를 '죽은자의 회귀'를 목적으로 하는 상제례가 잘 재현하고 있다는 면에서 유효한 접근 방법이라고 본다.

사실 유교문화에서 효사상은 여러 맥락의 의미를 갖는다.[4] 여기서 필

---

2) 『예기』, 「祭統」. "凡治人之道, 莫急於禮. 禮有五經, 莫重於祭."

3) 여기서 '종교'는 가지 노부유끼가 종교에서 다루는 본질적 내용을 죽음과 윤리도덕의 문제로 보고 "종교란, 죽음과 죽은 후의 설명자이다. …… 도대체 죽음에 관하여 이야기할 수 있는 학문이나 문화란 어떤 것인가? …… 그 민족의 사고나 특성에 가장 꼭 알맞은 설명을 할 수 있을 때, 그 민족의 종교가 된다고 생각한다. 중국의 경우 유교이다."(가지 노부유끼, 『유교란 무엇인가』, 김태준 옮김, 지영사, 1999, 44쪽)라고 말한 것처럼 기성의 '종교' 개념이 아니라 죽음 문화와 윤리도덕을 제대로 '가르친다〔敎〕'고 하는 의미를 포괄하는 개념으로 이해된다.

4) 고대 유교문화, 특히 한나라 때 유교가 관학화되면서 효는 가족윤리의 차원을 넘어서 사회윤리 내지 국가의 통치이념과 연계된다.(최영진, 「유교의 가족관」, 『현대인의 유교읽기』, 아세아문화사, 2005, 277쪽 참조) 이는 먼저 은대 혈연에 기초해 부자 관계의 윤리 또는 조상신 숭배관념으로 시작된 효 관념이 주대에 이르면 宗法制와 조상숭배(『서경』, 「文侯之命」. "追孝") 관념이 결합되어 한층 더 집단의 정치적 결합을 강화하는 방식으로 확대 재생산된 것임을 의미한다. 이어서 춘추전국시대를 거쳐 순자가 예치라는 기치 아래 효(親親)와 충(存存)을 합일시키고(정병석, 「선진유가 효사상의 전개에 관한 연구」, 성균관대학교 대학원, 석사논문, 2004, 6쪽 참조), 전국 말기에 증자 학파에 의해 『효경』의 효사상이 체계화됨에 따라 결국 효사상은 한대에 이르러 家國同型의 프레임으로 유가 지배계급의 통치를 정당화하고 중앙집권적 전제 왕권과 국가윤리를 수립하는 데 기여한다. 이것이 전한 초기 지식인들이 권력의 중심으로 편입하기 위해 생명론으로서의 효를 국가윤리적 충으로 전환시킨 전략이다.(금종현, 「유가의 윤리와 효사상」, 성균관대학교 대학원, 석사논문, 2004, 7~8쪽 참조). 노

자의 관심은 효사상이 유가정치담론에서 어떻게 주요 주제가 되어 가족윤리와 국가윤리의 요소를 포함하게 되었는지를 검토하는 데 있지 않다. 즉 필자는 동아시아 문화의 고유한 가치체계인 효사상이 현대사회에서 윤리적 현안문제를 해결할 수 있는 대안일 뿐만 아니라 전체윤리가 될 수 있으므로 계승 발전시켜야 한다는 맹목적 주장에 동의하지 않는다. 또 효사상이 과거 가부장제부계담론에서 봉건적 계급질서를 옹호하는 데 이용된 이데올로기에 불과할 뿐이고 가족을 넘어선 전체윤리가 될 수 없다[5]는 입장에서의 극단적인 비판에도 동의하지 않을 것이다. 필자는 다만 유가 사생관과 관련해 효의 정서가 상제례 문화와의 연관 속에서 유가의 내세관 또는 불멸의 바람을 이야기하는 데 어떻게 이론적 틀을 제공하는지, 나아가 유대와 공감의 사회를 일구는 데 어떻게 기여하는지에 대한 계기를 논의할 것이다.

2. 상제례와 불멸

유교문화의 특징은 무엇인가? 이 물음이 너무 포괄적이므로 좀 더 구체적으로 접근하기 위해 리쩌허우의 말을 우선 들어 보자. 리쩌허우는 유학

부유끼는 이 같은 효의 구조를 다음과 같이 설명한다. 그는 효의 본질을 원시유가에서 "조상에게 제사 지내고, 부모를 사랑하고, 자손을 낳는 것" 등의 세 가지 방식으로 실천되는 효로 보고 이것을 생명론으로서의 효라고 명명한다. 이어서 유교에서 이 위에다 가족윤리를 만들고, 또 그 위에다 사회윤리(정치윤리, 국가윤리)를 만들었고, 12세기 신유교에서는 그 위에다 다시 우주론과 형이상학까지 만들었다고 도식화하여 주장한다.(가지 노부유끼, 『유교란 무엇인가』, 김태준 옮김, 지영사, 1999, 33, 124쪽 인용 및 참조) 효의 다양한 맥락에 대해서는 신정근, 『동양고전이 뭐길래?』, 도서출판, 2012를 참조 바람.

5) 신정근, 『공자씨의 유쾌한 논어』, 사계절출판사, 2009, 88쪽.

이 중국 사상문화의 근저를 이룬다고 강조하며 "인학의 사상은 …… 지극히 특색 있는 사상 모형과 문화 심리 구조를 형성하고 한민족의 성격 형성에 커다란 자취를 남겼다."[6]라고 했다. 리쩌허우가 여기서 말한 유교적 문화 심리 구조를 크게 네 가지 특징으로 구분할 수 있다. 첫째 혈연에 기초한다. 둘째 심리적 규준으로서의 인이 중심에 놓인다. 셋째 정치적 방면으로 확장되었을 때 인도주의로 발휘된다. 넷째 집단의 가치에 매몰되는 게 아니라 개체로서의 인격 등의 구성요소를 지닌다. 이 가운데 필자는 유교문화가 혈연에 기초한다는 첫 번째 특징에 주목한다.

왜냐하면 유가의 사생관은 실제로 유교문화의 기초라고 할 수 있는 혈연적 가치에 기반을 둔 효를 실천하기 위한 상제례 문화를 전승하고 의례를 자발적으로 실천하는 과정에서 최고로 실현되기 때문이다. 『시경』에서 "아버님 날 낳으셨도다! 어머님 날 키우셨도다! 쓰다듬어 주시고 가르쳐 주시고, 길러 주시고 먹여 주시고 재워 주시고, 돌봐 주시고 바람막이가 돼 주시고, 오며가며 늘 안아 주셨도다. 갚아야 할 친절〔德〕 하늘처럼 끝이 없구나!"[7]라고 노래하고 있다. 이 시는 인간의 존재의 출발로부터 곧바로 유가 윤리가 시작됨을 말하고 있다. 또 자식이 부모에게 받은 끝없는 사랑과 은혜에 보답하는 것도 끝이 없기에 부모가 돌아가신 후에도 계속 제사를 지내야 하는 점을 간접적으로 시사하고 있다.[8]

---

6) 리쩌허우, 「공자사상의 재평가」, 『남명학연구』, 장원철 역, 329쪽.

7) 『시경』, 「小雅 · 谷風之什 · 蓼莪」. "父兮生我, 母兮鞠我. 拊我畜我, 長我育我, 顧我復我, 出入腹我. 欲報之德, 昊天罔極."

8) 필자는 왜 유가문화에서 제사를 지내는가에 대한 이유를 '덕〔유덕함, 은혜, 친절〕에 대한 보답〔報〕' 즉 "덕과 보에 깃든 상호역동성"이라는 윤리적 당위와 실천의 측면과 문화의 전승이라는 측면에만 국한시켜 논의하고자 한다. 특히 전자의 경우는 자신에게 은혜를 베푼 부모의 죽음을 진심으로 애도하는 것과 같은 방식으로 나의 죽음 또한 같은 방식으로 자손에 의해 애도될 거라는 '죽음의 황금률'이라는 점에서 윤리적이다.(필립 아이반호, 『유학, 우리 삶의 철학』, 신정근 옮김, 동아시아, 2008,

1) 효와 불멸

먼저 공자가 어떻게 부모를 모시는 것이 효인가를 설명하는 다음의 말을 통해 효와 상제례의 연관, 그리고 상제례를 통한 '죽음의 초월'이라는 문제를 구체적으로 살펴보자.

> 부모가 살아 계시면 전통 의식〔禮〕에 따라 섬기고, 돌아가시면 전통 의식에 따라 장사를 지내고 전통 의식에 따라 제사를 올리는 것이다.[9]

위 인용문은 두 가지 측면에서 의미가 있다. 첫째는 공자가 죽음의례를 중시하며 상제례가 사생관의 중요한 내용임을 시사하고 있다는 점이다. 둘째는 번지가 효도의 방법을 공자에게 묻자, 부모가 살아계셨을 때는 물론이고 돌아가신 후에도 전통 의식〔예〕에 따라 부모를 장사지내고 추모하는 것이 효임을 공자가 분명히 강조했다는 점이다. 아울러 효가 예교라고 하는 적절한 학습프로그램을 통해 실행될 수 있는 덕목임을 시사하고 있다. 이때의 예는 훗날 5 · 4신문화 운동 때 '예교가 사람을 잡아먹는다.'고 하며 타도의 대상이 되었던 구시대의 반동적 유물이 아니다. 그것은 과거에 대한 답습도 아니고 진보의 앞길을 가로막는 장애물도 아니다.

32~35쪽 인용 및 참조). 한편 주자성리학자들의 고민, 즉 사람이 죽은 다음에는 어떻게 되는가? 죽으면 기가 흩어져 혼과 백이 분리된다는데 흩어진 기가 다시 모이는가? 제사를 지내면 조상의 기가 감응하는가 안 하는가? 감응한다면 얼마나 먼 조상의 기까지 감응하는가? 등의 형이상학적 문제에 대한 토론이 중요하지 않아서가 아니라 오히려 '이 세상에 존재했던' 자기 조상을 잊지 않는다는 감동의 의미보다 그것이 덜 중요하다고 생각하기 때문이다. 이 문제에 관해서는 『주자어류』, 권3, 「귀신」, 19조목 참조 바람.

9) 『논어』, 「위정」. "樊遲御. 子告之曰, 孟孫問孝於我, 我對曰, 無違. 樊遲曰, 何謂也? 子曰, 生事之以禮, 死葬之以禮, 祭之以禮."

특히 장사를 지내고 제사를 올리는 의례과정 전체를 관통하는 예는 자식과 부모의 관계를 바르게 규율하고 나아가 '생명'의 연속을 기약하는 틀이다. 『논어』에서 "자식이 아버지가 걸으신 길 중 합리적인 측면을 3년 동안 뜯어고치지 않는다면, 그런 인물을 효자라고 말할 만하다."[10]라고 말한 것이라든가, 『맹자』에서 "부모에 대한 불효가 세 가지가 있다. 그 중 후손이 없는 것 〔때문에 조상의 제사가 끊어지는 것〕이 가장 큰 불효이다."[11] 라는 말도 이와 같은 맥락에서 이해할 수 있다. 즉 원시유가의 효 사상은 의례라고 하는 틀 속에 제사와 자손이 이어지는 것을 연관시켜 자연생명〔사실〕과 도덕생명〔가치〕의 연속이라는 '불멸의 바람'[12]을 담아낸다.

이 같은 계기로 인해 유교는 결코 "죽음을 존재의 소멸"[13]로 보지 않는다. 생물이 봄 · 여름 · 가을 · 겨울을 주기로 생장수장의 생사의 과정을 완성하고 다시 시작하듯이 인간의 한 세대, 육십갑자, 일평생, 생사의 과정도 그렇다. 즉 태어나고, 성장하고, 늙고, 병들고, 죽어 가는 인생의 모든 과정이 한 사이클의 부분이다. 그리고 개인은 한 사이클을 마치고 죽게 되면, 자식과 후손을 거치는 끊임없는 순환 속에서 '삶'이 지속[14]되는

---

10) 『논어』, 「학이」 11. "子曰, 父在, 觀其志, 父沒, 觀其行. 三年, 無改於父之道, 可謂孝矣."

11) 『맹자』, 「이루」 상. "孟子曰, 不孝有三, 無後爲大."

12) 불멸의 바람은 효와 상제례라는 禮문화의 형식 속에서도 구현되지만, 유가 인간관 또는 인생관의 틀에서 보면, 자율적인 유가 지식인이 죽느냐 사느냐를 두고 고민하는 게 아니라 삶 자체를 걸어서라도 공동체 내에 실현해야 할 '三不朽'를 추구하는 과정을 통해서도 잘 표현된다. 삼불후는 立德, 立功, 立言을 말한다. 『춘추좌씨전』, 襄公 24년. "大上有立德, 其次有立功, 其次有立言. 雖久不廢, 此之謂不朽."

13) 정진홍, 「우리의 전통적인 죽음이해와 오늘의 과제」, 정현채 외, 『삶과 죽음의 인문학』, 석탑출판, 2012, 64쪽. 이런 사고는 『주역』에서 말하는 '死'가 사실 '終'의 의미를 가지며 소멸이 아니라 '새로운 시작을 위한 마침'이라는 것에 기초한다.

14) '삶이 지속된다.'는 의미를 다소 상징적이고 심리학적인 설명을 할 수밖에 없는데, 이 같은 계기는 특히 개인이 일생에 한 번밖에 '경험' 할 수 없는 장례보다도 주기적으로 이루어지는 제사를 통해서 이루어진다. 이것을 '종교적 불멸성' (도덕적 성취,

재생과 불멸성[15]을 갖는다. 그래서 상제례는 죽음이 끝이 아님을 선언하는 것이며 산 자와 죽은 자가 같은 시공간 속에 공존하며 '인간의 선천적 종교 기능'[16]을 의례의 틀로서 표현하는 양식인 것이다.

그런데 유가에서 이 같은 예의 틀은 비단 부모자식 간의 관계에만 국한되지 않는다. 핑가레트의 말에 따르면 "예는 인간과 인간의 관계를 생동적으로 살려 내기 위한 인간고유의 형식"[17]이다. 여기서 핑가레트의 입장에서 그의 생각을 좀 더 들여다보자면 '생동적'이라는 말이 반드시 살아있는 사람들 사이의 관계만을 염두에 두고 한 말이 아니라는 것이다. 특히 상제례는 산 사람과 '죽어야 사는 사람〔고인〕'과의 관계에서 발생하는 '생명력'을 무한히 생동적으로 연결하는 인간의 본질적인 문화형식이다.[18]

계시에 의한 영적 불멸 등)까지는 아니더라도 사실과 가치의 측면에서 각각 '생물학적인 불멸성'과 '도덕적 불멸성'이라고 부를 수 있겠다. 전자는 생식세포에 의한 세대와 세대가 이어지는 것을 의미하고, 후자는 의미상 전자와도 관련 있지만 家系와 姓이 탈 없이 잘 보존해 나가기를 바라는 심리와 더불어 '은혜-보답'의 도덕적 가치가 이어지는 것을 의미한다. 앞서 인용한『시경』의 "아버님 날 낳으셨도다!"와 "갚아야 할 친절〔德〕하늘처럼 끝이 없구나!"의 알레고리로 보면 되겠다. 또『주역』과 중국의 고대 자연철학적 인식론에서 사물의 운동과 변화 발전, 그리고 쇠퇴의 과정을 기의 취산으로 인식하는 도식으로 보면 인간도 자연의 일부로서 죽게 되면 수사적으로 '먼지〔기〕가 되어 흩어져 불멸의 '우주생명'의 리듬을 타는 불멸'도 이야기해 볼 수 있겠다.

15)『주역』경문에서 재생과 불멸의 이미지에 대한 대응은 풍지관괘(風地觀卦, ䷓) 육삼효사와 구오효사에 보이는 '나의 생을 살핀다〔觀我生〕.'라는 문구에서는 자신의 행동거지를 신중히 해야 함을 가르치며 자신의 낡은 자아에 대한 죽음의 이미지로서 표현되어 결국 정신적으로 새사람이 되는 것을 말하고, 택풍대과괘(澤風大過卦, ䷛) 구이효사에 보이는 "말라죽은 버드나무에 새잎이 돋아난다〔枯楊生稊〕." 그리고 구오효사의 "말라죽은 버드나무에 꽃이 피었다〔枯楊生華〕."라고 문구를 통해서는 생명력과 연관된 '생명의 흐름'의 이미지이다.

16) 가지 노부유끼,『유교란 무엇인가』, 김태준 옮김, 지영사, 1999, 44쪽 참조 바람.

17) 허버트 핑가레트,『공자의 철학』, 송영배 옮김, 서광사, 1993, 29쪽.

실제로 중국 고대사회는 강력한 믿음체계인 조상숭배 관념에 의해 결집된 공동체였다. 자손들은 조상에게 제사를 올림으로써 복을 받고, 죽은 자는 자손에게 제사를 받을 수 있어야만 저승에서 영원한 생명과 안녕을 바랄 수 있다는 믿음이 있었다. 따라서 조상과 자손은 현세의 행복과 내세의 불멸을 모두 보장받기 위해 현세에서도 내세에서도 생동적으로 적용될 만한 윤리체계가 필요했는데, 그것이 바로 효문화(사상)이다. 앞의 인용문에서 보았듯이 이처럼 예에 따라 제사를 올리는 것은 효도의 중요한 실천 방법이고 제사에 의해 조상과 자손은 강하게 결합되어 불멸의 바람을 이어가는 것이다.

고고학적 발견과 연구에 의해 중국 고대인뿐만 아니라 인류는 선사시대부터 장례 문화가 있었다는 것이 증명되었다. 이를 통해 우리는 죽음이 누구도 대신할 수 없는 인간 각 개인의 '삶'에서 고유한 사건이지만, 나아가 그것이 특정한 하나의 사건을 넘어 집단에 의해 공유되는 가치, 생각, 믿음, 행동 기준 등이 반영된 통일된 형태로서의 장례 문화를 만들어 낸다는 것을 알 수 있다. 즉 개인의 죽음이 공동체를 구성하는 모든 사람의 삶의 일부와 관계된다는 것을 이해할 수 있다. 또 반대로 '사회속의 개인'이든 '개인을 위해 존재하는 사회'든 어쨌든 개인이 사회를 떠나서 존재할 수 없다고 치면, 개인은 사회적, 문화적 관습의 영향이 미치는 상황 속에서 태어나고 길러지고 죽는다. 그 결과 인류가 선사시대부터 죽은 자의 시신을 다양한 방식으로 장례 지냈던 것이 지금까지 전승된 것인데,

---

18) 이와 같은 맥락에서 신정근은 『효경』의 '효와 영원한 삶'의 주제에 대해 설명하며, 『효경』처럼 혈연관계 중심으로 효를 설명하는 단계를 넘어서 張載가 「서명」에서 우주적 차원의 효를 이야기했듯이 현대사회에서 자신을 좁은 혈연관계에 가두지 말고 넓은 생명과 연대할 것을 강조한다. 신정근, 『동양고전이 뭐길래?』, 도서출판, 2012, 113~122쪽 참조.

비유하자면 이는 고인에 대한 애도를 의례로 된 일종의 언어로 말하고 전하는 것이라고 볼 수 있다.

결론적으로 이런 의미에서 인간 상호간의 의례적 행위는 " '인간에 대한 인간다움' (man-to-man-ness), 즉 인간들 상호간의 성실성과 존중을"[19] 꽃피우는 모든 행위인 것이다. 이런 행위는 일상적으로 겪는 악수, 인사, 식사, 자리양보 등처럼 사소한 경험을 통해서라든가 관혼상제라는 인생 과정에서의 굵직한 통과의례를 진행하는 데 필요한 행사를 통해서 나타난다. 그리고 그것이 사소한 것이든 아니면 통과의례든 간에 서로 관계하거나 의례에 참여하는 사람들은 서로 다른 관계에서 생기는 적합한 존경의 표현 방식을 배우고 동등한 존엄성만을 갖는 것이 아니라 예 안에서 다른 사람과 관계하는 것을 자유롭게 선택함으로써 자신의 목적을 이루고 나아가 인류의 목적을 이루게 되는 과정을 통해 도덕의 완성을 보게 되는 것이다.[20]

2) 상례와 카타르시스

죽음과 관련한 다양한 의례 문화는 왜 존재하는 것일까? 질문이 너무 커서 이에 대한 답을 지금 당장 하는 게 불가능한 것 같지만 확실한 것은 죽음과 관련한 의례 문화가 생물학적 진화의 산물이 아니라 인류가 애초부터 그것이 가장 '인간적'(사람다움)이라고 여겼기 때문에 형성된 문화의 산물이라는 것이다. 특히 슬픔과 고통은 상제례를 치룰 때 사람이 가장 보편적으로 느끼는 감정이다. 그런데 인간에게 있어서 죽음은 슬픔과

19) 허버트 핑가레트, 같은 책, 같은 쪽.
20) 허버트 핑가레트, 같은 책, 41쪽 참조.

고통의 감정을 넘어서는 어떤 또 다른 의미를 갖는 것은 아닌가? 결론부터 말하면 상례에서의 슬픔과 고통은 개인의 도덕적 · 심리적 감정의 순화를 넘어 타자와 공감[21)]하는 계기가 있다. 다시 말해 상례에서는 자신이 살면서 한 번도 경험하지 못한 가장 깊은 반성과 감정정화에서 오는 역설적 '즐거움'을 위한 예비가 있는 것이다.

다른 사람과 함께 상례 의식(儀式)을 치름으로써 서로가 경험하게 되는 공감은 의례에 참여한 사람들 각자가 느끼는 슬픔의 크기에 따라 다를지언정 인간다움의 계발을 이루게 되는 감정이입의 순간이다. 결국 인간의 문화에서 죽음의 의례를 치루는 것이 필수라면, 그것이 꼭 과거 유교의 복잡한 장례절차가 아니더라도 삶의 질을 향상시키고 고급감정과 인간다움이 꽃피는 가족과 사회를 만드는 데 그것을 이용하는 것 외에는 선택의 여지가 없다.[22)]

또 상제례는 '죽음'과 '죽은 자'가 의례의 주인공이지만 역설적이게 '죽은 자의 회귀'를 바라는 '회귀의식'에서의 '생명력'이 중심 테마이다.[23)] 실제로 지금 의례에 참여한 자 중 그 누구도 죽은 자가 살아 돌아올

21) 제러미 리프킨은 "공감은 미묘한 균형감각을 필요로 하는 행위"라고 하며 공간의 특징을 첫째 감정이입, 둘째 역지사지, 셋째 적극적인 참여라고 말한다. 제러미 리프킨, 『공감의 시대』, 이경남 옮김, 민음사, 2010, 217쪽.

22) 영어의 festival이 祝祭로 번역되는데, 신에게 기원하는 무당의 심리와 감정, 그리고 행동의 다양한 의미를 담고 있는 '祝' 자가 사용되는 게 이와 무관하지 않다. 보통 ceremony, ritual은 儀式, 儀禮로 번역된다. 이와 관련해 유교적 형식주의에 물든 위선적 인간의 모습을 풍자하는 것을 넘어서 가족들이 전통적 유교 의례에 맞춰 장례식을 치루며 겪는 슬픔과 갈등을 하나의 성장을 위한 시간으로 승화시킨, 이청준, 『축제』(열림원, 1996)를 일독하면 많은 참조가 된다. 임권택 감독에 의해 1996년에 같은 제목으로 영화화되었다. '삶과 죽음의 경계' 즉 그 '가름'의 계기가 우리에게 무슨 의미를 가져다주는지 물음을 던지게 한다.

23) 필자의 경험에 비추어 보면 한국 전통 상제례에서 회귀의례에서의 감정이입은 "고인이 살아 돌아오기를 바라는 뜻으로, 북쪽을 향해 망자의 속적삼을 흔들며 망자의

것을 이성적으로 믿지 않는다. 하지만 그들은 의례 속에서 생명적 사유(감각)를 통해 고인과 느슨하게 이어진 끈에 다시 강한 매듭이 지어지며 산 자의 생명과 '죽어야 사는 자의 생명'을 잇는 생명력이 흐르는 것을 경험하게 되고, 의례의 분위기는 신성한 아름다움과 인간다움의 절정을 이룬다. 이때 그들은 생명의 신비로운 흐름 속에서 미묘한 균형감각 아래 슬픔과 고통이 정화되는 것을 느낀다. 공자가 "슬프지만 마음을 상하게 하지 않게 한다.〔哀而不傷〕[24]" 고 한 말이 이때의 감정 상태를 잘 표현한다.

이런 영상을 떠올려 보면, 언젠가 자신에게 닥칠 죽음에 대해 위안을 얻으며 무겁게만 느끼던 죽음의 두려움이 누그러진다. 이것이 바로 의례에 참여한 자들만이 느낄 수 있는 경험인데, "현장성을 통해서 소극적인 의무의 수행이 아니라 자발적인 애도, 반성 등등의 효과를 발휘한다."[25] 더불어 자신이 소극적인 의무를 수행함에 따라 다른 사람들도 자신이 죽었을 때 자신을 위해 소극적 의무를 수행하고 애도할 것이라는 소극적인 권리에 대해 기대심리를 갖는다.[26] 이같이 의례에서 산 사람과 죽은 사람,

성과 이름, 주소를 부르고, 이어서 '復, 復, 復' 이라고 세 번 외치는 것" 에서, 그리고 제례에서는 조상이 강림하여 음식을 드시기를 청하는 降神再拜에서 고조되는 것 같다. 국사편찬위원회 편, 『상장례, 삶과 죽음의 방정식』, 두산동아, 2005, 44쪽.

24) 『논어』, 「팔일」 20. "子曰, 關雎, 樂而不淫, 哀而不傷." 주희가 '傷' 자를 "傷者, 哀之過而害於和者也." 라고 한 풀이한 주석을 따라 새겼다.

25) 신정근, 『공자씨의 유쾌한 논어』, 130쪽.

26) 타자의 죽음에 대한 애도가 인간의 선천적 감정이라는 측면에서 보면 사실 '기대심리' 라는 표현이 적절하지 않다. 왜냐하면 인류는 모든 '죽음' 앞에서 본능적으로 슬퍼하기 때문이다. 하지만 설사 애도가 수많은 문화와 관습 속에서 다르게 길들여진 감정표현이라 쳐도 무슨 이유로 죽든지 간에 타자의 '죽음' 을 보고 기뻐하는 사회 분위기 속에서는 적어도 자신의 죽음도 타인에 의해 추모될 것이라는 소극적 권리에 대한 '기대심리' 를 갖는 것 또한 불가능하다. 따라서 필자는 이 말을 서로를 인간답게 대하려는 도덕적 의무감이 작동하는 사회에서 자신이 다른 사람과 예식에 함께 참여하여 공감함으로써 도덕심리상 '기대심리' 를 가질 수 있다는 맥락에

산 사람과 산 사람 사이의 상호작용은 그들 간의 상호의존성을 급격히 끌어올린다. 아울러 재생과 불멸에 대한 인간의 본능적 욕구와 이해를 충족시키고 죽음에 대한 의미를 구성함은 물론, 카타르시스[27]를 느끼는 것이다. '고통의 존재론'에서 고통이 삶을 지탱하기 위한, 지고의 환희를 위한 필수불가결한 요소라면 같은 맥락에서 죽음의 의례 역시 양(陽) 극성의 삶에 사기(死氣, 음기)를 밀어 넣음으로써 카타르시스와 같은 배설의 처방이 될 수 있다. 그 결과 산 자와 죽은 자, 삶과 죽음이 공존하는 시공간의 경계가 무한히 확장되고 우리는 죽음의 존재 앞에서 삶을 새로이 다짐하는 것이다. 이것이 바로 유가에서 바라보는 반면교사로서의 죽음에 대한 '희망적 영상'이다. 그러나 그것은 결코 손쉬운 낙천주의 영상이 아니다. 그것은 가슴속 맨 밑바닥까지 닿아 있는 진실 된 슬픔의 감정으로 죽음과 손을 맞잡고 접촉하는 체험을 통해서만 표출되는 에토스의 눈물이다. 다음의 유학자 장재의 말이 상례의 얼굴과 감정을 잘 대변한다.

> 죽음은 죽은 자와 산 자의 관계를 끊는 것이 아니라 단지 그 관계를 다른 차원으로 변화시키는 것이다. 두려움의 특징을 갖는 것과 달리 가족 또는 씨족의 죽은 구성원에 대한 산 자가 보이는 태도는 연속적인 기억과 애정 중의 하나이다.[28]

서 사용할 수 있다고 본다. 또 이것을 바로 리쩌허우가 말하는 유교문화심리의 두 번째 특징인 "심리적 규준을 가진다."라고 봐도 좋겠다.

27) 카타르시스는 원래는 심미적 · 교훈적 의미를 내포하지 않았고 설사시켜 병을 치료한다는 의학적인 뜻이다. 아리스토텔레스는 이 용어를 정서 생활에 적용시켰고 인간의 잠재의식 속에 억압된 여러 가지 욕구나 감정을 말끔히 배설시켜 정신을 정화한다는 의미로 이해했다. 카타르시스의 의미는 ① 도덕적 의미로서의 순화. ② 종교적 의미로서의 깨끗함 또는 속죄. ③ 의학적 의미로서의 배설(복합적인 의미로 고통스런 요소의 제거의 뜻) 등이 있다. 마광수, 『카타르시스란 무엇인가』, 철학과현실사, 1997, 19쪽 정리.

3. 결론을 대신하여

『논어』에 "마지막 가는 길을 착실하게 치르고 죽어서 멀어진 이를 때에 맞춰 그리며 생각하면, 민중의 모듬살이가 도타운 관계로 바뀌게 되리라."[29]라는 구절이 있다. 죽은 자의 상장례를 정성껏 치르고 시간이 흘러도 그를 그리워하고 기억하는 그런 사회야말로 유대의 터전이라는 것이다. 상복은 입지 않되 상제와 같은 마음으로 근신하는 일을 심상(心喪)이라고 한다. 죽은 자를 대하는 인류의 보편 감정은 슬픔이다. 그런데 내용이 형식 속에 담기지 않으면 오히려 그 내용이 잘 안 보이는 역설적 상황을 우리는 일상에서 쉽게 접하고 느낀다. 죽은 자에 대한 슬픔을 적절한 형식으로 표현하는 게 예다. 맹자도 "살림살이를 키워 주고 죽은 자를 장사 지내는 데 서운함이 없도록 하는 게 왕도정치의 시작이다."[30]라고 했고, 순자는 "예라고 하는 것은 삼가는 마음으로 탄생과 죽음을 잘 처리하는 것이다."[31]라고 했다.

그러나 묵자는 죽은 자의 상례를 정성을 다해 치장하고 지나치게 형식을 갖추는 것〔盛葬과 久喪〕을 공리주의적 실용성의 입장에서 사치라고 비판하지만(「節葬」) "철학적 논쟁이 상대의 주장을 극단화하여"[32] 비판하는 경향이 있음을 감안하더라도 묵자의 생각이 전적으로 옳은 것 같지는 않다. 산 자들이 죽은 자를 정성껏 장례 지내고 그 후 계속해서 제사 지내

---

28) 케네스 J. 도카, 존 D. 모건, 『죽음학의 이해』, 김재영 옮김, 인간사랑, 2006, 159쪽 재인용.

29) 『논어』, 「학이」. "曾子曰, 愼終追遠, 民德歸厚矣." 주희는 "愼終者, 喪盡其禮, 追遠者, 祭盡其誠."이라고 풀이했다.

30) 『맹자』, 「양혜왕」. "養生喪死無憾, 王道之始也."

31) 『순자』, 「예론」. "禮者, 勤於治生思也."

32) 신정근, 『동중서: 중화주의의 개막』, 태학사, 2004, 158쪽.

는 의례의 과정은 산 자들에게 고인에 대한 기억을 강화하고 죽음에 대해 깊이 생각하게 하는 기억강화의 계기를 넘어서 산 자들이 죽음을 대하는 방식이나 삶의 태도에 강한 영향을 미친다. 이런 면에서 보면 묵자의 주장은 실용과 물질에 가려 문화의 가치를 평가절하 한 것이고 특히 죽어감과 죽음에 대해 너무 각박하다는 비판으로부터 자유로울 수 없다.

특히 유교의 장례에 참여한 사람은 슬픔과 존경의 마음으로 고인을 추모하며, 자신이 맞이할 죽음에 대해 위안을 얻는다. 더욱이 고인의 죽음이 병이나 사고로 인해 천수를 다하지 못하고 죽은 경우에는 더없는 슬픔의 크기만큼이나 큰 위안도 찾아야 한다. 이때 위안이란 자신이 살아 있음에 대한 감사라기보다는 고인의 죽음 앞에서 건강하게 도덕적으로 삶을 살아야겠다고 다짐을 하며 고인의 죽음과 나의 삶이 겹칠 때 '삶과 죽음의 끈'에 새로운 매듭이 생기는 것을 경험하는 데서 오는 슬픔과 두려움에 대한 극복의 심리이다. 그렇다면 이때의 경험은 우리가 일상에서 경험하는 그런 일상적 경험이 아니다. 우리는 다른 사람들의 죽음에 대해 의례를 행함으로써 우리 자신의 죽음에 대해 더 잘 이해할 수 있다. 그렇다고 죽은 자로부터의 위안이 나의 죽음에 대한 불안을 결코 완전히 해결해 주는 것은 아니지만, 상제례를 통해 맺게 되는, 즉 혼백의 기가 분리되어 '우주생명'으로 사라져 가는 죽은 자와의 기억의 매듭은 어떻게 보면 개인적 차원에서 이루어지는 우주생명과의 적극적인 대화이며 작은 영원회귀의 연습인 것이다.

유백온(劉伯溫)의 삶과 정치사상*

– '시무십팔책'을 중심으로

| 이시윤 |

1. 서언

본고는 백온 유기의 삶과 정치사상을 철학적 관점에서 검토하는 데 목적을 두고 있다. 유백온(劉伯溫, 1311~1375)은 명나라를 세운 태조 주원장(朱元璋)의 개국공신이자 천문(天文)과 술법(術法) 및 병법(兵法) 등에도 능한 책사(策士)였다. 뿐만 아니라 경학(經學)에도 정통한 유학자였으며, 송렴(宋濂), 왕위(王褘), 방효유(方孝孺) 등과 함께 명나라 4대 작가로서 명대 산문(散文)의 발전에 새로운 방향을 개척한 문학가이기도 하다.[1] 후대 사람들은 유백온을 문학적 측면과 정치적 측면으로 나누어 평가하

---

* 이 논문은 2011. 2. 대전대학교 『인문과학논문집』 제48호에 발표한 논문을 수정 보안한 것임.

1) 지세화 편저, 『이야기 중국사 下』, 일빛, 2002, 153쪽. 명나라가 개국함에 따라 원나라 때 억눌렸던 창작력이 기세 좋게 펼쳐짐으로써, 새 시대에 새로운 정신을 표현하여 활발하게 창작활동이 표출되었다.

고 있다.

유백온은 원나라의 정치 · 경제 모두가 부패하여 백성들의 삶이 도탄에 빠져 있음을 안타까워했으며, 원(元)의 국운이 시들고 있음을 알았다. 지순 20년 3월에 주원장의 초빙에 응한 유백온은 주원장에게 '시무십팔책'을 제시하였다. 주원장은 이를 받아들여 명 건국의 기초로 삼았고 유백온의 '시무십팔책'이 전략의 방도가 되었다.[2] 명나라 건국은 주원장 한 사람의 공이 아니라 유백온과 같은 유능한 인재를 등용하였기에 가능하였다. 그리고 유백온의 '시무십팔책'이 전략의 방도가 되었다.

최근 유백온 연구회에서는 유백온 탄생 680주년의 학술발표회를 통하여 유백온의 재평가와 유백온의 '시무십팔책(時務十八策)'을 복원하여 발표한 바 있다. 또한 여러 논문들[3]도 함께 발표됨으로써 유백온에 관한 연구가 활발히 이루어지고 있다. 그리고 중국 후베이성에서 기문둔갑의 발견[4]과 전설로 내려오는 유성촌의 태극마을도 유백온이 600여 년 전에 계획한 인조 성형마을[5]임이 밝혀졌다. 이렇듯 학계와 일반 대중들에게도

2) 房立中,『劉伯溫全書』, 北學苑出版社, 1996, 761~784쪽 참고.

3)『劉伯溫全書』 제十四장에서 〈當代學者論劉伯溫〉이란 제목으로 발표된 논문들. (一) 朱元璋與劉基, (二) 劉基與教育, (三) 劉基仂仕兩朝的轉折, (四) 劉基與墨家學說, (五)『二鬼』詩寫作年代, (六)『時務十八策』鉤沈, (七) 劉基言志感時詩作藝術風格, (八) 劉基的思想傾向和政治活動, (九) 浙南劉伯溫傳說的特征和, (十)『郁離子』點泙, (十一) "千古人豪" 劉伯溫, (十二)『百戰奇略』是一部値得一讀的兵書, (十四)『百戰奇法』的軍價値性質, (十五)『百戰奇法』白成書時代和作者, (十六)『百戰奇略』與劉伯溫, 房立中,『劉伯溫全書』, 北學苑出版社, 1996, 760~851쪽 참고.

4) 2007년에는 후난성 윈시현의 67세 된 루(盧) 노인이 소장하고 있던 이 기문둔갑은 동판으로 인쇄되고 약 32만 자에 달하며, 민국 3년(1914년)에 인쇄된 것으로 알려졌다. 이 책은 루 노인이 지하실에 깊이 묻어 둔 탓에 문화재 파괴를 일삼던 문화혁명을 무사히 넘길 수 있었다. 기문둔갑은 음양의 변화에 따라 몸을 숨기고 길흉을 택하는 용병술로 알려져 있다.

5) 〔SBS미스테리〕 백만 불의 미스터리 제87회에 방송되었다. 유원성상촌(兪源星象村):

유백온에 대한 관심이 높아지고 있고, 학문적 재평가도 활기차게 이뤄지고 있다.

유백온의 정치적·사상적 특성은 처세술과 지략인생, 격언 등을 부분적으로 인용한 그의 저서들을 통해 접할 수 있다. 특히 『욱리자』[6]에서는 유백온의 정치적인 면과 사상적인 면을 다채롭게 살펴볼 수 있다. 원나라 정치에 실망한 유백온은 『욱리자』를 통해 그의 심정을 토로하였고, 원(元)의 기운이 쇠하였다고 판단한 유백온은 주원장의 초빙에 응하였으며 '시무십팔책'을 준비하여 주원장의 책사가 되었다. 그의 여러 저서들[7] 중에서 본고에서는 '시무십팔책'에 나타난 정치사상을 중점적으로 살펴보고자 한다.

중국 철도의 교통 요충지로 유명한 절강성(浙江省) 진화시(金華市) 남쪽의 우이현(武義縣)에서 남서 방향으로 20km 정도 떨어진 곳에 유원성상촌(兪源星象村)이 자리 잡고 있다. 문화적 전통이 물씬 풍기는 고건물과 그 건물들의 분포, 그리고 아직까지 밝혀지지 않은 신기한 현상들로 주목을 받고 있는 곳이다.

6) 『郁離子』는 풍유(諷喩) 산문 전집으로서 유백온의 일생에서 창작이 제일 높은 성과라고 말할 수 있으며, 그의 사상과 주장이 집중적으로 반영되었다. 이 책은 유백온이 죽은 후에야 판목으로 시작하였는데, 그의 제자 서일기(徐一夔)와 오종선(吳從善)은 모두 이 책에 서문을 썼다. 금령임(金陵任)에서 오종선을 가르치기 위해 출간된 책으로 되어 있다. 유백온은 문을 재도(載道: 貫道에 대응하는 말)로 보고, 또 자시(刺時: 시기를 날카롭게 파악하라는 의미)로 보라고 주장하였다. 즉 명나라에서 이를 발현한다면 반드시 이를 이용할 것이니 명나라에 이를 가르치라고 하였다. 그리고 『욱리자』의 창작 배경(그 당시 출판 검사를 통과하는 장치를 말함)을 간단하게 말할 수는 없다. 張英基, 董文林,『郁離子 譯註』, 北京師範大學出版社, 1992년.

7) 유백온의 저서로 『욱리자』 4권, 『복부집(覆瓿集)』 10권, 『사정집(寫情集)』 2권, 『춘추명경(春秋明經)』 2권, 『이미공집(犁眉公集)』 2권이 있다. 명나라 성화(成華) 연간에 이 모두를 합쳐서 1권이 되었다. 『백전기략(百戰奇略)』, 『무경총요(武經悤要)』가 있다. 그의 저서는 대부분 사고전서 제요에 기록되어 있다. 劉伯溫(徐樂吾補註), 『滴天髓輯要』, 『滴天髓補註』, 臺灣, 瑞成書局印行, 1979; 劉伯溫(張英基譯註), 『郁離子譯註』, 北京師範大學出版社, 1992; 제갈량, 劉伯溫, 『堪輿秘笈寄書 正宗三元地理秘訣』, 喜年來出版社, 1996년.

2. 유백온의 삶과 시대적 배경

유백온은 원(元) · 명(明) 교체기에 살았던 인물이다. 유백온의 업적은 명나라(1368~1644) 창건과 개국 시기에 집중되어 이룩되었다. 주원장은 1368년 지정(至正) 28년 정월 4일 금릉(金陵: 南京)에서 황위에 즉위하여 국호를 '대명(大明)'으로 하였고 '건원 홍무(建元洪武)'라고 하였다. 그는 명의 태조(太祖: 洪武帝)이며 처음으로 일세일원제(一世一元制)를 채택하고 시정(施政)의 기본 방침을 '한족의 부흥'으로 삼았다. 그리고 이선장(李善長, 1314~1398)과 서달(徐達, 1332~1385)을 좌 · 우 승상으로 유백온을 어사승상(御使丞相)으로 하였다.[8)]

유백온의 이름은 기(基), 호는 청전(青田)이며, 자(字)는 백온(伯溫), 시호는 문성(文成)으로, 봉해진 작위가 성의백(誠意伯)이다. 그는 절강성(浙江省) 청전(青田)[9)] 사람으로 집안은 가난했으나 영예로운 가문에서 태어났다.

유백온의 증조 호(濠)는 송(宋)의 한림장서(翰林掌書)였으며, 조부 정괴(庭槐)는 원(元)의 태학상서(太學上舍)를 지냈고 아버지 약(爚)은 수창교유(遂昌教諭)를 하였다. 유백온의 집안은 대대로 내려오는 학자 가문으로 14살 때 여수 군양에 보내 학업을 닦게 할 만큼 그를 엄하게 교육시켰다. 그는 어릴 적부터 여러 가지 책을 많이 읽었으며 청년기에는 석문산(石文山)[10)]에 들어가 경문과 역사를 배웠다. 중국 수천 년의 전통문화와 각 왕

8) 오함, 『주원장전』, 박원호 역, 지식산업사, 2006, 212~213쪽 참고.

9) 지금의 영가현(永嘉懸)을 말함.

10) 옛 명칭은 원산〔云山〕과 룽먼산〔龍門山〕인데, 두 산의 모양이 마치 돌문처럼 보인다고 하여 스먼산〔石門山〕으로 불리게 되었다. 풍경구는 14개의 산봉우리로 조성되어 있다. 현재 이곳에는 쿵쯔쉐이추〔孔子學易處〕, 리두옌볘추〔李杜宴別處〕, 추수이팅〔秋水亭〕, 쿵상런인쥐추〔孔尚任隱居處〕 등 유적지가 있다. 스먼사〔石門寺〕는 취푸

조의 흥망성쇠가 교체하는 과정에서 역대 통치자들의 경험과 교훈을 깊이 있게 공부하였다. 그로부터 얻은 지식을 통하여 통찰현기(洞察玄機)[11]로 지식을 넓히고 이를 통해 앞날을 예견할 정도였다고 한다.[12]

그의 선생 정원선(鄭原善)[13]은 일위의 진사 출신으로 유백온은 일찍이 정복(鄭復)을 따라 리학(理學)을 배웠고, 원(元)나라 지순(至順) 4년(1330~1333)에 22세로 진사에 천거되었다. 26세에는 정승에 올랐으며 고안현승(高安縣丞) · 강절유학부제거(江浙儒學副提擧) 등의 관직을 지냈다.[14]

유백온의 나이 38세에 강절행성(江浙行省) 원수부(元帥府)에 도사(都事)로 있을 때, 방국진(方國珍)이 절강성 경원(慶元)에서 동란을 일으켰는데, 유백온은 반란군의 소탕을 주장했으나 관리들의 안일한 태도로 인해 수차례 배척당하게 된다. 방국진이 권력자들에게 뇌물을 바쳐 원나라 관작(官爵)으로 초안(招安)하기로 방침이 정해지고, 유백온은 병권을 빼앗기고 청전(青田)으로 돌아오게 된다. 청전으로 돌아온 유백온은 지주들의 신뢰를 받았으며, 심지어 방국진을 멀리하던 사람들은 그에게 보호를 요청했다. 유백온은 한편으로 민병을 조직하여 자신의 부대를 훈련시켜 고향을 지켰으며 방국진과 대항하는 세력으로 성장하였다. 유백온은 원나라에 충성을 다했지만 그의 뜻은 펼쳐지지 못했고 이런 상황에 대한 불만을 시[15]를 통해 표출하였다.[16] 그곳에서 49세의 나이로 첫 번째 저작인

〔曲阜〕에서 유일하게 볼 수 있는 사원이다. 송(宋), 원(元) 시기에는 도교 사원이었는데 명(明)나라 경태(景泰) 7년(1456)에 불가에 귀속되면서 우취앤사〔五泉寺〕로 개칭되었다. 후에 산의 이름을 따서 현재의 명칭으로 변경하였는데 지금은 사찰의 터만 남아 있다.

11) 현기는 도가에서 말하는 심오하고 미묘한 도리이다.

12) 房立中, 앞의 책, 3쪽 참조.

13) 정원선에 관한 기록은 이곳에서 찾아볼 수 있다. 石門洞摩崖碑刻, 1327年元朝鄭原善《觀石門瀑》詩刻, 曹用題記等6處.

14) 房立中, 앞의 책, 761쪽 참조.

『욱리자(郁離子)』를 완성했다. 『욱리자(郁離子)』에는 원대(元代)의 각종 문물에 대한 관찰과 비평이 담겨 있다.

원(元)의 통치는 몽고 귀족을 주체로 하고 한족 지주계급과 소수민족이 상층의 지지를 얻었다. 몽고인 색목인 한인 남인 4등급으로 사람을 경시하고 봉건압박을 실행하였다. 특히 순제에 이르러 티베트의 라마승으로부터 받은 비밀법인 방중술(房中術)로 인하여 피폐가 극에 달했으며 원의 천하는 반은 승려에 의해 멸망했다는 말까지 있었다.[17]

순제(順帝, 1320~1370) 지정(至正) 11년 5월 참다못한 여러 가난한 농민과 남인(南人)들은 장강(長江)과 회수(淮水) 지역에서부터 베잠방이에 짚신을 신은 채 머리에 붉은 두건(紅巾)을 두르고 붉은 깃발을 들어올렸다. 이것이 1351년 역사에서 유명한 홍군의 봉기이다.[18] 이 시기에 홍건적의 한 부장(部將)이었던 주원장(朱元璋, 1328~1398)은 1367년 북벌군(北伐軍)을 일으켜 차례로 군웅(群雄)을 소탕하고 강남(江南)을 통일하여 명(明)을 건립하게 되었다.[19] 이후 절동(浙東)의 대부분은 평정했지만 지방의 명망 있는 호족인 섭침(葉琛), 장일(章溢)[20], 유백온(劉基) 등은 여전히 산 속에서 나오려 하지 않았다. 주원장은 절동 지방의 질서와 안정을 보장받기 위하여 이 같은 인물들을 필요로 하였다.

그 후 주원장은 금화사람 섭의(葉儀)[21], 송렴(宋濂)[22]을 오경사로 임명

---

15) 차운화맹백진감흥(次韻和孟伯眞感興) 4수의 시에 원나라 인재 등용 등 비판의 시를 썼다.

16) 오함, 앞의 책, 박원호 역, 130쪽.

17) 위의 책, 319~320쪽.

18) 오함, 앞의 책, 박원호 역, 50쪽.

19) 위의 책, 51쪽.

20) 장일은 용천사람으로 리학(理學) 대사(大師)인 허겸(許謙)의 손제자(孫弟子)인데, 향병(鄕兵)을 조직하여 기(蘄)와 황(黃)의 홍군과 전투를 벌였으며, 관직이 절동도원수부첨사(浙東都元帥府僉事)였다.

하고 범조간(范祖幹)으로 자의(諮議)을 삼았는데, 처주의 총제(總制) 손염(孫炎)과 함께 힘을 써 유백온을 두세 번 초빙했으나 유백온은 여전히 나오지 않았다. 유백온이 50세에 이르렀을 때, 손염은 유백온에게 수천 자 장문의 편지를 썼으며, 도안과 송렴에게도 서신을 써서 초빙하여 마침내 세 사람은 3월에 응천으로 왔다. 주원장은 크게 기뻐하여 예현관(禮賢館)을 지어 현사(賢士)들이 거처하는 곳으로 삼았다.

유백온은 원나라 조정에서 20년 동안 관직에 머물렀다. 따라서 원의 부패한 실상을 누구보다 잘 알고 있었다. 유백온은 결국 원의 관직에서 스스로 물러난 후 주원장에게 '시무십팔책(時務十八策)'을 제시한다. 주원장은 이를 보고 크게 칭찬하여 유백온을 심복으로 여기고 항상 국가 대사를 의논하였다.[23] 그 후 14년간 고투 끝에 중원을 평정하고 명나라 왕조를 건립하게 된 것이다.

---

21) 섭의(葉儀), 중국 명나라 때의 학자 금화(金華, 지금의 절강성) 사람. 자는 景翰, 호는 南陽. 허겸(許謙, 1270~1337)에게 배웠다. 학자들은 남양 선생으로 불렀으며, 저서로는 『주역집해(周易集解)』·『남양잡고(南陽雜稿)』가 있다. 명사에 전한다.

22) 송렴(宋濂, 1310~1381), 저장성(浙江省) 진화(金華) 푸장(浦江) 사람으로 자는 경렴(景濂), 호는 잠계(潛溪). 1349년(至正9)에 한림원현수(翰林院編修)로 임명되었으나 이를 거절하였다. 명나라 개국 후에는 한림학사 승지(承旨) 지제고(知制誥)의 관직을 지냈으며, 『원사(元史)』 편찬의 책임을 맡았다. 관직에서 물러난 후에는 장손 송신(宋愼)이 법을 어겨 온 가족이 떠돌게 되었고 송렴은 이때 객사하였다. 전기문(傳記文)과 기서문(記敍文)에 뛰어나 산문의 대가로 인정받았는데, 儒家 윤리를 존중하고 주원장의 은덕을 칭송하는 글을 많이 썼다. 당시 조정의 제사·조회·조유·봉사 등의 의식에서 사용한 문장은 대부분 송렴이 쓴 글들이다. 『진사록(秦士錄)』, 『왕면전(王冕傳)』, 『이의전(李疑傳)』, 『두환소전(杜環小傳)』, 『기리가(記李歌)』, 『우언오수(寓言五首)』, 『인호설(人虎設)』 등이 있으며 작품집으로는 『송학사전집(宋學士全集)』, 『용문자(龍文子)』, 『연서(燕書)』가 있다.

23) 『명사』, 「유기전」. "及太祖下金華, 定括蒼, 聞基及宋濂等名, 以幣聘基未應, 總制孫炎再致書固邀之, 基始出, 旣至, 陳時務十八策. 太祖大喜. 築禮賢館以處基等, 寵禮甚至." 지세화 편저, 앞의 책, 155~157쪽.

명(明)은 정치적으로 중국 천하를 회복하고 송 왕조의 재현으로 자임했지만 늘 북방 한조(타타르) 민족과 항쟁을 계속했다.[24] 이와 같은 건국사정으로 주원장의 행정은 몽골적 요소의 제거와 한족 사회에의 적응을 목표로 하고 권력이 일부 관료에게 편중되는 것을 막기 위해서 호유용(胡惟庸)·남옥 이하 노련한 공신(功臣)들을 대거 숙청(胡藍의 獄)하기에 이르렀다. 유백온의 죽음에는 의문이 많다. 일설에는 호유용이 우승상(右丞相)에 오른 후 유백온에 대한 주원장의 총애가 사라졌음을 알고 의사에게 독약 처방을 하여 병문안을 가서 유백온을 독살하였다고도 한다. 혹자는 독약 처방이 주원장의 암시를 받았거나 묵계를 얻었다고 말하고 있다.[25] 1375년 유백온은 귀향하여 65세의 나이로 세상을 떠났다.

유백온은 『대명률(大明律)』[26] 제정에 참여하였다. 주원장은 하층계급 출신이기에 백성에 대한 연민의 정이 있었고, 유백온은 역대(歷代) 홍망성쇠의 교훈에 대하여 잘 알고 있었기 때문에 법률을 제정하는 원칙은 주원장과 대립되지 않았다. 두 사람 모두 백성들을 너그럽게 대하고 지위를 남용해서 불법으로 재물을 가지는 자에 대해서는 엄하게 처벌할 것을 주장하였다.

---

24) 宮崎市定, 앞의 책, 조병한 역, 303쪽.

25) 지세화 편저, 앞의 책, 160쪽.

26) 《대명률(大明律)》의 규정에 의하면, 무릇 관리가 재산을 받는 것은 장물로 계획하여 단절하는 조목이다. 형률(刑律) 규정(規定)에 의하면, 뇌물을 받는다는 것은 사람을 섬기고 물건을 재물화하는 것이다. 법을 써서 처단하는 것은 1관(貫) 이하는 70장(杖)이고 80관은 즉 교살이다. 만약 사고팔 때 이자를 많이 얻고자 음식을 대접하려 한다면 각기 나머지 관리의 죄까지 2배를 부과하라. 《초목자(草木子)》의 기록에 의하면, 무릇 수령이 장물을 탐낸다면 인문이 진정하는 바를 허용하되 장물이 60년 이상이며 효수하여 군중에게 보이며, 가죽을 박제하고 풀로 주머니를 만들어 부·주·현의 벼슬아치들의 왼편에 두게 하여 사람들로 하여금 보기만 해도 놀랄 것이다. 房立中, 앞의 책, 1996, 8쪽.

주원장은 통치에 필요한 인재를 키우기 위한 교육 사업의 일환으로 학교인 국자감을 설립하였다.[27] 각급 학교가 널리 설립되고 교육 사업이 발전되어 과거 어느 왕조보다 발전하였다. 과거의 각급 고시는 오직 『사서』와 『오경』으로 출제하였고 격식은 배우(排偶)로서 제의(制義)[28]라고 불렀다. 이 제도는 주원장과 유백온이 제정하였다.[29] 한편으로는 고대 군사제도를 연구하여 역사적 경험을 종합하였다. 유백온이 실제 상황을 근거로 하여 토론과 연구를 거친 다음 만든 것이 바로 위소 제도였다.[30]

이상에서 살펴본 바와 같이 유백온은 명(明)을 건립하는 데 지대한 영향을 끼쳤다.[31] 유교는 개인의 인격 · 품위 · 사상 · 재능을 개발하고자 하였고, 사회 윤리와 도덕 · 예악교화 · 공익사업을 중요시 하였다. 유가(儒家)만이 문화적 전통을 계승하면서 다른 한편으로는 문화적으로 생명을 소통시켰으며, 문화의 의의와 가치를 부각시켜 인의(仁義)로서 귀결시켰다.[32] 그리고 건국창제(建國創制) · 관직분배 · 백성을 보호하는 정치제도 마련 등 국가의 기틀을 다지기 위한 포괄적 노력을 쉬지 않았다.[33] 유백온이 만든 위소제도 등은 정치의 질서는 무력으로 될 수 없다는 공자의 정명(正名) 사상을 근본으로 삼아서 만든 것임을 알 수 있다.[34]

---

27) 위의 책, 275~281쪽 참고.

28) 대략 송(宋)의 경의(經義)를 모방했으나 고인의 사상으로 글을 써야 했다. 아울러 몇몇 지정된 주소(注疏)에 근거하여 전개시키고 자신의 견해는 허용되지 않았다.

29) 위의 책, 275~281쪽 참고.

30) 위의 책, 289쪽.

31) 채인후, 『공자의 철학』, 천상돈, 예문서원, 2006, 91쪽.

32) 위의 책, 27쪽.

33) 위의 책, 26쪽.

34) 채인후, 『공자의 철학』, 천상돈, 예문서원, 2006, 91쪽.

3. 유백온의 정치사상의 내용과 구조

앞에서 살펴본 바와 같이 유백온의 정치사상은 유가(儒家)사상이 바탕이라고 말해도 과언이 아니다. 이제 본격적으로 '시무십팔책(時務十八策)'[35]에 나타난 그의 정치사상을 내용과 구조적 측면으로 살펴보고자 한다.

'시무십팔책(時務十八策)' 중 10개의 책(策)에 대해 살펴볼 것인데, 크게 4가지 주제로 구분하여 살펴보려 한다.

1) 도덕정치

덕치주의란 말 그대로 법(法)이나 형(刑)이 아닌 덕(德)으로써 하는 정치를 의미한다.[36] 즉 도덕을 근본으로 삼는 것이다. 공자께서는 정치의 목적은 모두가 잘 살 수 있는 조화로운 사회를 건설하는 것으로 각자 모두 자기의 역할을 수행할 때 건설된다고 하였다.[37] 정치(政治)는 부정(不正)한 것을 바로잡고 균형과 조화를 이룬다는 의미이며, 따라서 모든 것의 대본(大本)이며 중용과 중화의 상태로서의 정(正)을 발현함에 있어서 그 원천임과 동시에 가장 이상적인 성취 내용이 되는 궁극적인 목표요, 최고의 본보기가 되고,[38] 밝은 덕을 밝혀 백성과 하나되어 지극히 좋은 상태에 머무는 것이라 말하고 있다.[39] 이렇듯이 유가의 정치의 근본은 덕으로 다스리는 것을 의미한다. 유백온의 시무십팔책 중 1, 6, 7항에서 도덕정치를

35) 房立中, 앞의 책, 5~7쪽.

36) 송인창, 「공자의 정치사상」, 목원대학현대사상연구소, 1987, 96쪽.

37) 『論語』, 「顔淵」. "問政於孔子 孔子對曰 君君臣臣父父子子."

38) 金忠烈, 『中國哲學散稿』, 범학도서, 1977, 송인창, 위의 논문, 97쪽 재인용.

39) 『大學』. "大學之道 在明明德 在親民 在止至善"

강조한 측면을 살펴보면 다음과 같다.

> 「책 일(策 一)」 천하(天下)라는 것은 한 사람의 천하가 아니다. 오직 덕이 있는 자가 차지할 수 있는 것이다.[40)]
>
> 「책 육(策 六)」 민심을 얻는 자가 천하를 얻을 수 있다.[41)]
>
> 「책 칠(策 七)」 어진 사람을 숭상하는 것은 정치의 근본이다.[42)]

「책 일(策 一)」의 내용을 통해 원말(元末) 관료들의 부정부패 실상과 함께 앞으로 나라를 이끌어 갈 왕에 대한 유백온의 염원을 엿볼 수 있다. 유백온은 『욱리자』 「덕승(德勝)」편에서, 누군가 천하를 이기는 방법을 묻는다면 '덕(德)'이다라고 대답하고 있다. 힘이란 혼자만의 힘이 아니고 사람들이 각각 쓰는 힘 모두를 말한다. 오직 큰 덕만이 여러 사람의 힘을 얻을 수 있다[43)]라고 했듯이 그는 덕이 있는 사람이라야 큰 왕이 될 수 있음을 말하고 있다.

또한 유백온은 『욱리자』 「공손무인(公孫無人)」 편에, "최고는 덕(德)이고 다음은 정치이며 그 다음은 재물이네. 덕(德)이 오래되면 마음에 품고, 정치가 느슨해지면 사림들이 흩어지며, 재물이 다하면 사람들은 떠나가

---

40) 策 一. "天下者非一人之天下, 惟有德者居之. 今元政失修, 海內鼎沸. 誠能效湯 武弔民伐罪, 以百里之地, 率一旅之師, 可取而代之."

41) 策 六. "得民者得天下. 得民之道在于修德省刑, 輕搖薄賦元政无道 應以爲鑒. 夏書云: "酣酒嗜音, 峻宇雕墻, 有一于此, 未或不亡. 爲國有民者, 可不愼哉!"

42) 策 七. "尙賢者政之本也. 桀紂暴虐, 小人逞奸; 晋靈无道, 邪惡當權. 忠不見用, 賢路壅塞, 焉得不亡, 故君不自强, 士衆則强. 湯 武得伊 呂而興; 桓 文相管 孤而霸. 得人失人之關盛衰興亡, 明矣!"

43) 張英基, 董文林, 『劉伯溫 郁離子譯注』, 北京師範大學出版社, 1992, 44쪽. "或 問勝天下之道, 曰 在德. …… 人各力其力也. 惟大德爲能得群力." 유기, 『욱리자』, 오수형 역, 궁리, 2003, 63쪽.

네.”[44]라고 말했다. 즉 재물을 좇으면 일시적이나 민심이 떠나지만 덕(德)의 정치는 오래도록 민심을 얻을 수 있음을 강조하면서 도덕정치를 앞세우고 있다.

「책 칠(策 七)」은 현명하고 어진 사람을 관리로 등용함이 정치의 기본임을 강조하고 있다. 즉 일시적으로 아첨하는 자보다는 덕과 신뢰를 바탕으로 한 정치가로 사람과 사람의 유대 관계를 맺는 것이 덕치(德治)의 논리임을 강조하고 있다. 인(仁)은 인(人)과 이(二)로 구성된 글자에서 알 수 있다. 나의 마음과 남의 마음의 서로 같은 부분이 마음의 근원을 이루고 있는 성(性)이라고 본다면, 인(仁)은 곧 성(性)이라 할 수 있다. 즉 임금이 된 자는 인(仁)의 마음을 가지고 모든 사람들을 아끼고 사랑함으로써 백성과 한마음이 되어야 한다.[45] 그러므로 인재 등용의 중요성과도 귀결이 된다.

2) 인재 등용

『대학(大學)』에 이르기를 정치하는 사람은 대신(大臣)을 등용할 때 그 기준을 재주의 유무에 둘 것이 아니라 본마음이 순수성을 가지고 있는가 없는가에 두어야 한다고 하였다. 즉 어진 사람을 바로 등용하는 것이 정치의 비결이다[46]라고 밝히고 있듯이 재주는 있으나 덕행이 바르지 못하면 정사를 그르쳐 백성을 도탄에 빠지게 하여 심지어는 나라의 기강을 흔

44) 張英基, 董文林, 『劉伯溫 郁離子譯注』, 北京師範大學出版社, 1992, 224쪽. “故德者主也, 政者佐也, 財者使也. 致君子莫如德, 致小人莫如財.” 위의 책, 298쪽.

45) 이기동, 『대학 · 중용강설』, 성균관대학출판부, 2007, 46쪽.

46) 『大學』. “見賢而不能擧 擧而不能先 命也, 見不善而不能退 退而不能遠 過也.” 이기동, 위의 책, 98쪽.

들리게 하는 결과를 초래할 수 있다. 그러므로 최고의 책임자는 덕을 회복하여 어진 정치를 베풀고, 의로움이 가장 중요한 줄 알아서 백성들을 의롭게 만드는 것이 정치의 생명임을 밝히고 있으며 이것은 결과적으로 치국(治國)과 평천하(平天下)에 이르는 길임을 말하고 있다.[47] 또한 아래 「책 팔(策 八)」에 나타나 있듯이 유백온은 원말의 인종차별과 사람을 경시하는 봉건압박의 정치를 한탄했다. 그래서 8, 9, 13책(策)은 인재 등용의 중요성을 논하고 있다.

「책 팔(策 八)」 하은주 삼대는 선비를 뽑을 때 반드시 배운 이후에 관직에 들어가, 반드시 일을 시험해서 능한 이후에 기용했다. 그 혈통을 따지지 않고 오직 어질고 현명함을 기준으로 등용했다.[48]

「책 구(策 九)」 사람이 대성(大聖)이 아니고서는 팔방미인은 드물기 때문에 적재적소에 잘 활용하는 것이 좋고, 임금이 어진 사람을 임용하고자 하면 마땅히 기물을 사용하는 것처럼 하여 오직 그 장점을 잘 가려야 할 것이다.[49] 사람으로 하여금 그 재주를 다하게 하고 재목으로 하여금 그 활용하여 다하게 하는 것, 이것이 사람을 쓰는 도이며 나라를 다스리는 중요한 요체이다.[50]

「책 심삼(策 十三)」 이로움이 군중에 미치지 않으면 천하의 다툼이 일어나고, 벼슬을 어진 사람에게 주지 않으면 천하의 원망이 모인다. 그러므로 상으로 참을 막고 벌로 람을 금한다. 상벌이 분명하면 명령의 시행과 금지에 권위

47) 위의 책, 103쪽.

48) 策 八. “三代之取士也, 必學而后入官, 必試其事而能, 然后用之. 不問其系族, 惟其賢. 无論農與工肆地人, 不鄙其側陋, 則四方之賢, 轡慕而來歸矣!”

49) 유기, 『욱리자』, 「노선(魯般)」. “大者爲棟爲梁, 小者爲杙爲楠, 曲者爲枅, 直者爲楹, 長者爲榱, 短者爲棁, 非空中而液身者, 無所不用. 爛的流水”

50) 策 九. “人非大聖, 鮮有全材, 適用爲可; 君欲任賢, 當如用器, 擇可惟長. 長則用其長, 短則用其短, 非中空而液身者无所不收, 使人盡其才, 材盡其用, 此用人之道治國之大要也.”

가 저절로 선다.[51]

「책 팔(策 八)」의 내용은 인종차별을 하지 말고, 오직 어질고 현명한 사람을 인재로 기용하기를 바라는 마음을 표현한 것이다. 「책 구(策 九)」는 오직 어진 사람을 잘 가려서 임용하면 나라의 큰 인재로서 활용할 수 있음을 강조하는 글이다. 『욱리자』 「무외개화(無畏皆禍)」편에서, 군자가 말했다. "겁이 없는 것이 화근이다. 덕을 지녀야만 하늘의 상서로움이 같이 하니 상서로움은 아무렇게나 모여 오지는 않는다."[52] 이는 덕(德)으로서 사람을 대해야만 덕(德) 있는 사람이 몰려옴을 말하고 있다.

「책 십삼(策 十三)」은 어질고 바른 정치가에게는 상으로서 칭찬을 하고 탐관오리는 벌로 다스려서 참된 정치가 실현되기를 바라는 마음이 나타나 있다. 원나라의 부정부패로 인한 농민들의 참혹한 현실을 안타까워한 그는 상황에 맞게 상벌을 분명히 하여 진정으로 어진 정치가 실현되기를 바라고 있다.

공자께서 정치란 사회를 바르게 만드는 것으로, 올바른 사람이 윗자리에 있으면 올바른 사람만이 윗사람에게 인정받게 되므로 모두가 올바른 사람으로 바뀌게 되지만, 윗자리에 있는 사람이 올바르지 못하면 모두가 올바르지 않는 사람으로 바뀌게 된다. 이 또한 인재 등용의 중요성을 논하고 있다.[53]

51) 策 十三. "利不及衆, 則起天下之爭; 爵不求賢, 則萃天下之怨. 是以賞禁僭, 罰禁濫. 賞罰分明, 則令行禁止, 威權自立."

52) 張英基, 董文林, 『劉伯溫 郁離子譯注』, 北京師範大學出版社, 1992, 95쪽. "君子曰: 無畏者禍之本乎, 惟有德可以受天祥, 祥不忘集." 유기, 앞의 책, 오수형 역, 127쪽.

53) 『論語』, 「顏淵 17장」. "孔子對曰政者 正也 子帥以正 孰敢不正." 이기동, 위의 책, 98쪽.

3) 민생 안정

유백온은 천하가 변해야 된다고 느꼈다. 원나라 순제 때 정치, 경제가 모두 부패하여 백성들은 도탄에 빠져 참아 낼 수가 없었다. 어진 정치가는 우선적으로 민생의 안정을 목표로 삼아야 함을 강조하고 있다. 『대학(大學)』에 이르기를 덕(德)이 있는 사람은 부모에게 효도하는 마음이 임금을 섬기는 수단이 되고 또한 자녀를 사랑하는 마음이 백성을 부리는 수단이 됨을 논하고 있다.[54]

『서경(書經)』 강고편에 이와 마찬가지로 백성들에 대하여 집의 갓난아이를 기르듯이 정성을 다하는 일이 중요함을 밝히고 있다.[55] 비록 나라를 다스리는 방법을 모를지라도 갓난아기를 보살피듯이 정성을 다하라는 것이다. 이 방법이 곧 나라를 잘 다스리는 방법으로 부모가 자식을 대하듯이 인(仁)한 마음으로 대하면 밝은 덕이 일어나 백성 또한 인(仁)한 마음으로 따르게 될 것이다. 그것은 민생 안정의 중요성과 일치한다. 유백온도 10, 12, 18 책(策)은 주로 민생 안정의 중용성과 때에 따라 움직여야 한다는 내용을 담고 있다.

> 「책 십(策 十)」 경작하면서도 전쟁을 잊지 말고, 전쟁하면서도 경작하는 것을 잊지 말라. 경작으로써 전쟁을 준비하고 전쟁으로써 경작을 보호하라. …… 병사와 백성이 일체이고, 안으로 견고하고 밖으로 완비되어 있으면 누가 나를 대적할 수 있겠는가?[56]

---

54) 『大學』. "君者 不出家而成教於國 …… 慈者 所以使衆也."

55) 『書經』. "康誥, 曰如保赤子 心誠求之"

56) 策 十. "耕不忘戰, 戰不忘耕, 以耕備戰, 以戰護耕. 无耕則兵行不繼, 耕戰則民不安居. 民以食爲天, 兵以民爲本. 兵民一休, 內堅外完, 則誰能我敵?"

「책 십이(策 十二)」 천지는 잘 낳으며 그것을 훔치는 법이 없다. 봄에 종자를 뿌리고 가을에 거두어들이며, 그 때맞춰 낳는 것을 잘하면 천지가 낳는 것이 더욱 불어나고 서민의 재물은 더욱 풍족해 진다.[57)]

「책 십팔(策 十八)」 세(勢)에는 제한된 바가 있어서 작고 부드러운 것이 큰 힘을 제어하여 복종시킬 수가 있다. …… 진실로 때를 살피고 세(勢)를 헤아려 세(勢)가 이끄는 것에 따라 …… 이르지 못할 곳이 없게 되니, 어찌 황제의 창업이 이루어지 않음을 근심하겠는가! [58)]

「책 십(策 十)」은 전쟁을 준비하되 백성의 안위를 근본으로 생각할 것을 말하고 있다. 유백온은 고대 군사제도를 연구하여 역사적 경험을 토대로 위소제도를 만들었다. 일부의 군사는 토지를 받아서 경작을 하였는데 황무지를 개간하여 생산을 늘리면 군량을 충족케 하여 운송 비용을 줄여 결국에는 재정 부담을 줄이려는 목적도 있었다.[59)] 백성의 실생활과 더불어서 안으로는 국토를 튼튼히 하고 밖으로는 적과 대응할 수 있는 힘을 기름을 말하고 있다.

「책 십이(策 十二)」는 자연사상이 바탕이다. 봄에는 심고 가을에는 거두어들이는, 즉 때에 맞게 일을 한다면 아무런 거리낌이 없다는 관점이다. 그는 『욱리자』 「견사(繭絲)」편에 "하늘은 만물을 낳아 사람을 기른다. 사람은 천지의 도리를 완성하고 천지의 일을 도와 만물을 기른다. 천지가 만물을 낳는 것은 나를 기르기 위해서이다."[60)] 하늘은 사람을 낳고 하늘

57) 策 十二. "天地善生而盜之者无禁. 春而种, 秋而收, 逐其時而利其生, 則天地之生兪滋, 庶民之用兪足. 國不自富, 民足則富. 與民休養生息, 乃能長治久安."

58) 策 十八. "勢有所梏, 則小柔可以服大力; 形有所格, 則大猛不能破所堅. 苟能審時度勢, 因勢利導, 決壅去蔽, 興利除害, 則取舍在我, 无往而適, 何患業之不成哉!"

59) 오함, 앞의 책, 박원호 역, 291쪽 참고.

60) 張英基, 董文林, 『劉伯溫 郁離子譯注』, 北京師範大學出版社, 1992, 200쪽. "天生物以養

의 도리를 본받는 것이 사람의 도리임을 강조하고 있다. 『노자』에 나오는 "사람은 땅을 본받고, 땅은 하늘을 본받고, 하늘은 도를 본받는다."는 사상과 일치함을 알 수 있다.[61] 우주와 자연의 법칙을 따르면 나라도 부유해지며 백성도 편안함 삶을 누릴 수 있음을 주장하고 있다.

「책 십팔(策 十八)」은 다음 왕이 때를 잘 살피어 부드러운 왕으로서 창업을 이루기를 바라는 마음을 표현했다. 또한 『욱리자』 「구난(九難)」편에도 법도에 밝고 예를 중요시하는 현명한 왕이 출현하는 기대를 바라면서 이렇게 역설하였다. "저는 그대와 요(堯) · 우(禹)의 도를 이야기하고 탕왕(湯王) · 무왕(武王)의 사적을 논하며, 이윤(伊尹) · 여상(呂尙)을 본받고 주공(周公) · 소공(召公)을 스승 삼으며, 선왕들의 전범(典範)을 살피고 지금의 어려움을 구할 정치를 헤아리며, 법도를 밝히고 예악을 학습하여 왕의 출현을 기다립니다."[62]

또한 「책 십이(策 十二)」, 「책 십팔(策 十八)」 항은 때를 중시한 천명사상과도 통한다. 『서경(書經)』 「홍범(洪範)」장에 이르기를 첫째, 하늘이 홍범구주를 제정하였고 둘째, 하늘은 백성을 화목하게 지내기를 바라며 셋째, 홍범구주가 바로 이런 하늘의 뜻을 실현하는 기본 원리인 치국안민(治國安民)의 규범 내지 법규이다. 즉 천자는 하늘로부터 명을 받아 천자의 자리에 올라 하늘의 뜻에 따라 백성을 다스린다는 유가의 정치사상과 부합한다.[63] 천(天)은 인간생명의 근원이다. 따라서 천은 그가 낳은 만민(萬民)

人. …… 人能財成 天地之道. …… 而曰天地之生物以養我也." 유기, 앞의 책, 오수형 역, 267쪽.

61) 『老子』, 25장. "人法地, 地法天 天法道, 道法自然."

62) 張英基, 董文林, 『劉伯溫 郁離子譯注』, 北京師範大學出版社, 1992, 297쪽. "僕愿與公子講堯禹之道, 論湯武之事, 憲伊呂, 師周召 稽考 先王之典, 商度救時之政, 明法度, 肄禮樂, 以待王之興." 유기, 앞의 책, 오수형 역, 391쪽.

63) 『書經』, 이재훈 역, 고려원, 1996, 148쪽.

을 보람 있고, 의미 있게, 그리고 온전하게 누리고자 한다. 사람의 됨됨이는 현명함과 어리석음, 착함과 악함의 차이가 있어 다 같이 잘 살도록 하기 위해서 정치와 교육을 필요하게 된다. 또한 대리자를 세워 그로 하여금 자신의 일을 대행하도록 한다.[64] 결국 유백온도 하늘이 내린 천자가 나타나 대업을 이루는 바램이 간절하게 나타나 있으며, 다음 항의 교육의 중요성 또한 유가사상과 다르지 않다.

4) 교육중시

공자께서는 늘 교육의 중요성을 강조하셨다. 『중용(中庸)』에 공자께서 말씀하셨다. "배우기를 좋아함은 지(智)에 가깝고 실천을 힘씀은 인(仁)에 가까우며 부끄러움을 아는 것은 용(勇)에 가깝다." 이 세 가지를 알면 몸을 닦는 방법을 알며, 몸을 닦는 방법을 알면 남을 다스리는 방법을 알며, 남을 다스리는 방법을 알면 천하와 국가를 다스리는 방법을 안다.[65] 이렇듯이 공자는 배움을 강조하고 육경을 정리하여 맹자로부터 송명대 유학자들에게 이르기까지 이들의 내성외왕(內聖成德)의 학문은 공자의 '인교'를 가장 본질적으로 적절하게 발전시킨 것이다.[66] 나아가 도덕실천공부로서 인의지심(仁義之心)을 바탕으로 백성을 이끌러 나가는 덕(德)의 교육 사상인 것이다. 유백온도 「책 십칠(策 十七)」에서 교육의 중요성을 강조하고 있다.

---

64) 송인창, 「孔子의 天命思想에 대한 檢討」, 대전대학교, 1987, 48쪽.

65) 『中庸』. "子曰 好學 近乎知 力行 近乎仁 知恥 近乎勇 知斯三則知所以修身 知所以修身則知所以治 人知所以治人則知所以治天下國家矣."

66) 채인후, 『공자의 철학』, 천상돈, 앞의 책, 79쪽.

「책 십칠(策 十七)」 유림을 높이고 공자를 존중하여 글방을 세우고 스승은 공변될 것이다. 어린이로 하여금 시경 · 서경 · 예기 · 주역 · 춘추 · 육예를 공손히 익혀 예의를 알게 하고, 규구(規矩: 법도)에 딱 들어맞게 하여 기강을 바르게 하고 풍화(風化)를 돈독하게 하면 이것이 난세를 다스리고 재앙을 그치게 하는 큰 근본이 되는 것이다.[67]

「책 십칠(策 十七)」에서 엿보이는 유백온의 사상은 옛 성왕의 도를 따라 덕을 중시하였다. 그리고 민생 안정과 법도를 맞는 정치를 하기를 바라는 것이 『묵자』의 삼표법(三表法)과도 통할 수 있다. 삼표란 첫째 역사적 경험을 토대로 옛 성왕의 일을 따르는 것이고, 둘째 현실성으로 백성의 실제를 살피는 것이며, 셋째 민주성으로 형벌과 정치를 잘 세워서 국가와 이익을 살피는 것이 정치의 근본임을 말하고 있다.[68] 유가(儒家)도 교육을 가장 중요시했듯이 유백온 또한 교육의 중요성을 강조하고 있다.[69] 그는 명나라 때에 국자감을 설치하였고 주원장은 『사서』와 『오경』인 유가(儒家)의 경전으로 국자감 박사에게 공자가 정한 경서로써 학생을 가르치라고 직접 유시했다. 이 제도는 주원장과 유기가 직접 제정했음을 앞에서도 살펴보았다.

이상의 '시무십팔책'을 통해 유백온은 주원장이 통솔하는 집단의 중요한 일원이 되어, 주원장이 명나라를 창업하여 다스리는 데 수석 참모가 되었다.

67) 策 十七. "尊儒重孔, 興塾廷師, 令童蒙敬習詩 書 禮 春秋 六藝, 知禮義, 入規矩, 以正綱紀, 以敦風化, 此治亂弭禍之大本."

68) 房立中, 앞의 책, 794쪽 참조.

69) 오함, 위의 책, 박원호 역, 280쪽 참고.

4. 유백온의 정치사상의 특징

앞에서 '시무십팔책(時務十八策)'과 『욱리자』를 통해 유백온의 정치사상이 유가(儒家)사상을 바탕으로 하고 있음을 살펴보았다. 다른 사상들도 혼재해 있으나 특히 유가사상의 핵심인 덕치사상과 교육 강조의 관점이 주를 이루고 있음을 알 수 있다.

『서경(書經)』에서 이르기를 요 임금은 사람의 능력보다 덕망을 중시하여 인물을 평할 때 "말은 잘하나 행동이 도리에 어긋나고, 겉모습은 공손한 것 같으나 사실은 하늘마저 업신여기고 있다."[70]라고 하였다. 이는 재주가 있으나 덕행이 바르지 못하면 정사를 그르쳐 백성이 도탄에 빠지는 결과를 가져온다는 것을 주의시키는 내용이다. 즉, 유가(儒家)의 덕치사상을 말하고 있다. 유백온은 이러한 공자의 학문을 이어받아 예와 덕으로 나라를 다스려야 한다는 정치철학을 내세웠다. 유교는 송대 문종부터 위축되었으나, 주원장은 유학자(儒學者)들과 더불어 봉건 질서를 바로 세우려고 하였다.

앞에서 '시무십팔책'의 책(策) 1), 6), 7), 8), 9), 13)의 내용에서는 오직 덕이 있는 사람이 천하를 다스릴 수 있고 덕으로서 다스려야 백성의 민심도 얻을 수 있으며 어진 사람을 숭상하는 것이 정치의 근본임을 말했다. 맹자도 인의(仁義)는 사람과 금수를 구별시켜 주는 핵심요소이며, 덕을 이루고 성인이 될 수 있는 근거라고 말하였다. 인(仁)은 사람의 본성이자 사람답게 하는 가장 근본적인 내재의 본질이다.[71] 유백온 또한 덕과 인이 정치의 근본이라고 말하고 있으며 덕치사상을 강조하고 있다.

---

70) 『書經』, 「堯典」. "帝曰 吁 靜言庸違 象恭滔天."

71) 『孟子』, 「盡心下」, 16장. "仁也者, 人也 合而言之, 道也." 채인후, 『맹자의 철학』, 천병돈, 예문서원, 69쪽.

유가에서는 특히 때와 장소, 사람과 일에 따라서 올바름을 분별하는 것을 중시하였다. 인의는 금수와 인간을 구별시켜 주는 요소로 인간은 인의지성(仁義之性) 속에서 자각하고 보존할 수 있다는 인의설을 내포하고 있다. 인의예지가 마음속에 뿌리를 둔다는 것은 그 뿌리의 근거는 하늘로부터 부여받은 성(性)이며, 근본은 심(心)이다. 사람이 금수와 다른 것은 하늘로부터 부여받은 '인의예지'를 자각할 수 있고 확충할 수 있기 때문이다.[72] 인의(仁義)는 사람과 구별시켜 주는 핵심 요소이며, 덕을 이루고 성인이 될 수 있는 근거를 말하고 있다.

『서경(書經)』의 "덕을 바르게 하고, 씀을 이롭게 하고 삶을 넉넉하게 하라.", 공자의 "자신을 닦아 남을 편하게 하고, 자신을 닦아 백성을 편하게 하라.", 맹자의 "가까운 사람을 사랑하고 나서 백성을 인(仁)하게 하고, 백성을 인하게 하고 나서 만물을 사랑하는 것이다."라는 말들이 그 예이다.[73] 이상과 같이 유가의 정치사상은 민본주의(民本主義)이다. 즉, 백성을 근본으로 여기고 중시하는 사상이다.

그리고 '시무십팔책'의 10), 12), 13), 14), 15), 16) 항에서는 정치는 정명(正名)을 근본으로 삼아야 한다는 유가의 정명 사상을 설파하고 있다. 공자께서도 정직함으로 원망을 갚고, 덕으로서 덕을 갚아야 한다고 말씀하셨다.[74] 『서경(書經)』에 "옳으면 그를 선양 표창할 것이며, 잘못을 고치면 그를 등용하고 그렇지 못하면 그를 징벌해야 하는 것이오."[75]라는 말

72) 『孟子』, 「離婁下」, 19장. "人之所異於禽獸者幾希. 庶民去之 舜明於庶物察於人倫, 由人義行, 非行仁義也." 채인후, 위의 책, 천병돈, 47쪽.

73) 『書經』, 「虞書 · 大禹謨」. "正德利用厚生"; 『論語』, 「憲問」, 48장. "修己以安人. 修己以安百姓"; 『孟子』, 「盡心上」, 45장. "親親而仁民 仁民而愛物." 채인후, 『공자의 철학』, 천병돈, 앞의 책, 33쪽.

74) 「憲問」, 36장. "或曰, 以德報怨 何如? 子曰, 何以報德 以直報怨, 以德報德." 위의 책, 예문서원, 94쪽.

이 있다. 공자는 정치의 질서는 무력으로 될 수 없다는 정명(正名)을 근본으로 삼아서 언론의 올바름 · 정치의 성공 · 예악제도의 설계 · 형벌의 엄정함 · 생활의 안정을 이루고자 했다.[76] 맹자는 이를 근거로 선왕(요, 순, 우, 탕, 문왕, 무왕)의 인정(仁政)을 예를 들어 왕도 정치를 언급했으며, 군주가 덕으로서 인을 행하여 은혜 베풀며 백성을 사랑하는 도리를 덕과 인으로 설명하고 있다.

'시무십팔책'의 17) 항은 난세를 다스리고 재앙을 그치게 하는 방법으로 그 근본이 교육임을 강조하고 있다. 유가도 교육의 중요성을 강조하고 있으며 교육을 강조하는 것은 지도의 근본임을 말하고 있다. 유백온이 주장한 교육은 두 가지이다. 그 하나는 덕성교육, 즉 덕성을 잃지 않고 지식으로서 제자교육을 하는 것이고 또 하나는 실제 쓰기 위해 배우는 것으로 배워서 이루는 것을 강조했다.[77]

유가 학설은 오랜 세월을 거치면서 변화해 왔지만, 교육을 통한 감화를 중심으로 하여 지식 · 심리 · 윤리 · 정치를 결합한 정치학설과, '인애(仁愛)'를 핵심으로 하였다. 또한 '중용'을 기준으로 하는 이상주의적 색채가 강한 윤리철학, 즉 이른바 격물(格物) · 치지(致知) · 성의(誠意) · 정심(正心) · 수신(修身) · 제가(齊家) · 치국(治國) · 평천하(平天下)의 사상으로써 이는 유가사상의 특징이다.

유가는 도덕실천을 가능하게 하는 주관적 · 내재적 실천의 근거를 확립하기 위해 공부를 중시했다. 명대 유학자들이 종종 "즉본체즉공부(卽本體卽工夫) · 즉공부즉본체(卽工夫卽本體)"라고 말했다. 이러한 상태에 이르렀을 때 비로소 내성성덕(內聖成德)의 학문이 완성된다고 하였다. 이렇

75) 『書經』, 「皐陶謨」. "時而颺之 格則承之庸之 否則威之."

76) 위의 책, 91쪽.

77) 房立中, 앞의 책, 776쪽 참고.

듯이 유백온의 정치사상은 덕치사상과 민본주의 그리고 정명 사상과 교육을 강조하는 유가의 사상과 일치함을 알 수 있다.

유백온은 '시무십팔책'으로 주원장이 창업하여 천하를 다스리는 데 수석 참모가 되었다. 특히 주원장은 유백온을 위(魏)나라를 정벌한 영웅으로 인정하여 다른 사람에게 유백온은 '나의 자방'(子房: 張良)[78]이라 말할 만큼 신임하였다.

유백온이 걸어온 인생은 중국 지식인의 전형적인 길이다. 그 최고의 인생 법칙이 삼불후(三不朽)이니, 그것은 입덕(立德)과 입공(立功), 입언(立言)이다. 그 입덕(德)은 공을 세우고 은퇴하는 것이고, 입공(功)은 개국공신이며, 입언(言)은 후세에 문장을 전하는 것으로, 세 가지를 비교해 볼 때 입언이 가장 두드러졌다. 그는 천하를 구제하였고, 궁구한 자신에게 최선을 다하였다. 그가 지은 문장은 대부분 제자백가나 경사(經史)를 기초로 했으며 오히려 문학적 평가보다는 정치적으로 주원장을 도와 명나라를 세운 공신으로 더 많이 평가되고 있다.

유백온 사상의 특징은 유가를 바탕으로 도가 · 법가 등의 성분을 모두 포용하고 있다는 데 있다. 그러나 그 주류는 주로 유가사상에 근거하여 치국의 도리가 제기되며 유가의 도덕과 윤리관이 강조되는 사상이다. 유보기의 「유기와 묵가학설(劉基與墨家學說)」 논문에서 유백온이 묵가의 경세치용의 학문에 취한 바의 방법은 그 이름으로서가 아니고 그 실용으로 취하는 것으로 그의 뿌리는 필경 유가의 바탕에서 나온 것[79]이라고 하였

78) 장량(張良, ?~B.C. 168)은 한나라 고조 유방의 공신이다. 자는 자방(子房), 시호는 문성공(文成公)으로 후일 항우와 유방이 만난 '홍문의 회(會)'에서는 유방의 위기를 구하였다. 선견지명이 있는 책사(策士)로서 한나라의 서울을 진(秦)나라의 고지(故地)인 관중(關中)으로 정하고자 한 유경(劉敬)의 주장을 지지하였다. 소하(蕭何)와 함께 책략에 뛰어나 한나라 창업에 힘썼다.

듯이, 유백온은 도가·묵가의 학설도 수용했으나 그 바탕은 유학에 두고 있음을 알 수 있다. 그는 원말의 부정부패와 인종차별로 혼란했던 정치적인 문제를 바로잡기 위하여 유학을 바탕으로 하되, 실제 치정과 안민에 필요한 사상은 주체적으로 체득하여 실정에 반영하였다.

5. 결어

이상으로 유백온의 삶과 정치사상을 대략해서 살펴보았고, 간략히 정리하는 것으로 결어를 대신하고자 한다. 유백온은 원말 명초의 인물로 원말의 민족차별에 대한 신분적 한계를 겪으면서 비참한 심정을『욱리자』를 통해서 토로했다. 원(元)의 멸망이 눈앞에 다가옴을 직감한 유백온은 주원장의 부름을 받아들여 '시무십팔책'을 준비하였다. 그는 핵심적 기반을 유학에 두고 '시무십팔책'에 그의 정치적 이상을 실었다.

앞에서 살펴보았듯이 '시무십팔책'의 강조된 사상은 첫째 덕치주의와 둘째 나라를 다스림에 인재 등용의 중요성과 셋째 민생 안정 우선으로 백성의 마음을 잘 헤아려서 다스릴 것과 넷째 교육의 중요성을 말하고 있다. 마지막 18장과『욱리자』마지막 편「구난」에서 보았듯이 때를 살피어 유가의 도(道)를 근본으로 새로운 정치와 제도를 연구하여 새로운 통치자를 보좌하여 새 왕조를 탄생시키겠다는 그의 마음이 담겨 있다.[80] 특히 덕(德)과 인(仁)으로 치정(治定)하기를 바라는 유백온의 군주에 대한 마음이 강력히 반영되었다. 그리고 그는 명나라를 창건한 태조 주원장의 일등 공

79) 위의 책, 797쪽.

80) 유기, 앞의 책, 오수형 역, 392쪽.

신으로 벼슬이 어사승상(御使丞相)에 이르렀으며, 그의 인생 목표인 삼불후(三不朽)－입덕(立德), 입공(立功), 입언(立言)－의 경지에 도달키 위해 최선을 다하였다. 그중에는 공자의 덕치주의와 맹자의 왕도정치 등 주로 유가사상의 도덕과 윤리관이 주된 치국(治國)의 도리로서 강조되었다.

『좌전』 환공 2년 장애백이 말했다. “임금이란 마땅히 덕(德)을 밝히고 악의 근원을 봉쇄하여 백관에 군림해야 하므로 도리어 실수하지 않을까 늘 조심해야 합니다. 따라서 훌륭한 덕(德)을 명백히 밝혀 후대 임금들(자손)에게 현시해야 합니다.”[81] 이 내용은 착한 것은 본받고 악한 것은 고치도록 하는 도덕적 교화가 전제되어야 한다는 공자의 정명론(正名論)을 말한다. 그 결과 궁극적인 목표는 이상적인 사회로서의 대동세계(大同世界)이며 평천하(平天下)의 세계이다.[82] 유가도 유백온도 선의의 인정정치를 본받아 덕(德)으로서 국민을 사랑하는 민본주의를 강조했다.

81) 풍우란, 앞의 책, 박성규 역, 69쪽.

82) 송인창, 앞의 논문 108쪽.

동중서(董仲舒)의 인성론(人性論)에 관한 연구*

| 정경숙 |

1. 서론

동중서(董仲舒, B.C. 170～B.C. 120)는 당시 학술계에 유행하던 음양론(陰陽論), 오행론(五行論), 재이설(災異說) 등을 선진유학에 결합하였고, 천인감응설(天人感應說)로 체계화하여 왕권 강화와 견제라는 목적을 달성하고자 하였다. 즉 유가의 강상(綱常) 윤리와 정치 강령에 체계적인 우주 도식을 그 기초로 제공하여, 유가를 중심으로 다른 학파를 융합하는 거대한 체계를 수립하였던 것이다.[1)]

동중서는 공자가 쓴 『춘추』를 사상적 출발점으로 삼았는데, 공자가 『춘추』를 통해 당대 정치의 부당하고 불의한 사건을 시정하도록 촉구한

* 이 논문은 2013년 2월 취득 예정인 석사학위논문을 축약 · 정리한 것임.
1) 리쩌허우, 『중국고대사상사론』, 정병석 옮김, 한길사, 2005, 303~304쪽 참조.

것으로 보고, 하늘 운행의 끝과 시작에 의거해서 왕조의 장단점의 교훈을 습득하고 천명과 길흉의 실상을 고찰하여 이상 사회를 구축할 것을 염원하였다.[2] 무제의 책문에 대한 동중서의 대책에서도 "춘추는 통일을 큰 것으로 여기니 이는 천지의 변함없는 진리이고 고금의 일관된 진리"[3]라고 함으로써 대일통(大一統)의 논지를 피력하였다. 동중서는 유교를 최고 정치 원칙으로 삼고 이를 문화 사상을 통일하는 유일한 척도로 삼았다.

지금까지 동중서 철학 사상에 대한 연구는 많이 이루어졌으나 대개 음양론과 천인감응론, 정치사상 등에 편중되어 있는 실정이다. 그런데 동중서 철학 체계를 온전히 이해하려면 그의 인간관에 대한 고찰이 선행되어야 할 것이다. 인간을 어떤 존재로 파악하였고 이상적인 삶에 이르기 위한 요건을 무엇으로 보았는지 고찰하는 것은, 동중서 철학의 핵심이라고 할 수 있는 음양론과 천인감응론을 유기적으로 이해하는 관건이라고 보기 때문이다. 따라서 본고에서는 동중서의 인성론이 어떻게 성립되었으며, 그것이 어떤 구조와 내용을 가지고 있는지, 또한 그 특징과 영향은 어떤 것인지 구명해 보고자 한다.

2. 동중서 인간관의 구조와 내용

맹자나 순자에게서 볼 수 있는 한대 이전의 인성론은 이후 한대의 동중서에 이르면 인성 자체의 선악(善惡)에 대한 규정보다는 인간 존재의 후천적 교화 가능성에 더 중점을 두게 된다. 즉 인간을 하늘로부터 생명과

2) 『春秋繁露』, 「符瑞第十六」 참조.

3) 『漢書』, 「董仲舒傳」. "春秋大一統者, 天地之常經, 古今之通誼也."

삶의 원리를 부여받은 존재라고 인식하고, 천과의 상관성 아래 인성을 파악하였다.

1) 천(天)과 인성(人性)

한대 이전의 천 관념을 살펴보면 은대(殷代)의 주재적 인격신의 관념에서 주대(周代)의 정치적 도덕적 원리로서의 천명사상으로 발전한 것을 알 수 있다. 특히 춘추전국시대의 공자에 이르러 도덕적 천명사상이 확립됨으로써 천은 인간의 도덕적 자아의 확충과 실현의 근거가 되었다. 이러한 천 관념은 정치적인 측면에서는 올바른 정치와 민의(民意)의 수용이라는 천명사상(天命思想)으로 나타났다. 즉 천의(天意)를 시행하는 대리자로서의 왕은 천의 뜻이 곧 민(民)의 뜻임을 알고 민이 원하는 정치를 해 나가야 한다는 것이다. 그렇기 때문에 왕은 도덕적 실천의 의무에서 벗어날 수 없는 존재이고, 천의는 결국 인간 내면에 도덕적 자각과 의무의 형태로 자리 잡게 되는 것이다.

그런데 이렇게 인간의 인격적 본질로 규정되던 천 관념은 한대(漢代)의 동중서에 이르면 오히려 과거로 회귀한 것 같은 양상으로 나타난다. 즉 동중서에게 있어서 천은 우주만물의 창조자이며 지고무상의 주재자이다. 천은 자연천이면서 의지천이고 인격천이라고 할 수 있다. "(사람은) 사람을 키울 수 있으나 빚을 수는 없다. 사람을 빚은 것은 하늘이다. 사람이 사람다운 것은 하늘로부터 받은 것에 뿌리를 두고 있다. 하늘은 인류의 증조부이다. 이 때문에 사람과 하늘이 서로 닮은꼴이 된다."[4]라는 말에서도

4) 『春秋繁露』, 「爲人者天第四十一」. "爲生不能爲人, 爲人者天也. 人之人本於天, 天亦人之曾祖父也. 人之形體, 化天數而成."

알 수 있듯이 천은 생물학적·도덕적 근원이므로 인간들이 모두 따라야 할 절대적 대상이다. 천의 운행 주기, 절기, 계절 등의 변화는 바로 인간의 신체나 혈기, 환격 적응, 감정 등에 호응하므로 닮은꼴이라는 것이다.

그렇다면 동중서에게 있어 하늘로부터 생명과 삶의 원리를 부여받은 인간은 어떤 존재인가. 동중서에 의하면 인간은 이 세계를 구성하는 다양한 요소 중의 하나이다. 그러면서도 인간은 이 세계의 다른 어떤 부분적 요소보다 중요한 존재이다. "하늘에는 열 가지 근본 단서가 있다. 그 열 가지 단서로 모든 것을 말할 수 있다. 하늘이 하나의 단서이고, 땅이 하나의 단서이며, 음이 하나의 단서이고, 양이 하나의 단서이며, 불이 하나의 단서이고, 쇠가 하나의 단서이며, 나무가 하나의 단서이고, 물이 하나의 단서이며, 흙이 하나의 단서이고, 사람이 하나의 단서이다. 무릇 열 가지 단서가 모든 것을 드러내며 이것이 하늘의 수이다."[5]라고 하였듯이 인간은 천지(天地)와 음양(陰陽), 그리고 오행(五行)과 더불어 이 세계를 이루는 한 부분이다. 이때 천지의 기운은 음양이 되고, 음양은 나뉘어 사시가 되고 오행이 된다. 그런데 이 열 가지 요소 중에 인간은 가장 마지막에 언급되었지만 모든 자연물 위에 군림하는 존재이다. 인간은 이 세계의 한 구성 요소이면서 동시에 위로는 천지의 작용에 참여하고 아래로는 만물을 기르는 핵심 축이기도 하다.[6] 천지의 작용에 참여하고 만물을 기르는 과업을 달성해야 하는 인간은, 그러므로 그 본성에 있어서 선악을 말할 수 있는 존재라기보다는 선악을 주체적으로 지향할 수 있는 존재이다.

---

5) 『春秋繁露』, 「官製象天第二十四」. "天有十端, 十端而止已. 天爲一端, 地爲一端, 陰爲一端, 陽爲一端, 火爲一端, 金爲一端, 木爲一端, 水爲一端, 土爲一端, 人爲一端, 凡十端而畢, 天之數也."

6) 『春秋繁露』, 「天地陰陽第八十一」. "天地陰陽木火土金水, 九, 與人而十者, 天之數畢也. 故數者至十而止, 書者以十爲終, 皆取之此. 聖人何其貴者? 起於天, 至於人而畢. 畢之外謂之物, 物者投所貴之端, 而不在其中. 以此見人之超然萬物之上."

즉 인간의 본성은 선악의 완성태가 아니라 교화를 필요로 하는 가능태로서 인식되는 것이다. 동중서는 세상 사람들이 인간 본성이라고 할 때의 '성(性)'의 의미를 잘 모른다면서 '성'은 생래적이고 태어나면서부터 저절로 그러한 자질이기 때문에 성이 선하다고 말할 수는 없다고 하였다.[7] 그러므로 인간은 '천성(天性)'과 '인사(人事)'의 영역을 구분하여야 한다는 것이다.

"따라서 성(性), 즉 가능태는 벼에 비유되고, 선(善), 즉 현실태는 쌀에 비유될 수 있다. 쌀이 벼 안에서 생겨나더라도 벼 단계는 아직 온전하게 쌀과 동일시될 수 없다. 이처럼 선과 쌀은 사람이 하늘의 생성 작업을 이어받아서 외적인 노력을 들여서 완성시키는 것이므로 하늘이 생성하는 내적 계기 안에서 완결되는 것이 결코 아니다. 하늘이 생성하는 작업은 어디까지 진행되다가 멈추는 경계를 지니고 있다. 여기서 멈추는 경계의 내부, 즉 내적 계기를 '천성(天性)'으로 일컫는다. 반면 멈추는 경계의 바깥, 즉 외적 계기를 '인사(人事)'라고 일컫는다. 사람의 노력이 자연적인 성의 외부에 있으므로 성은 덕행으로 진행되어 갈 수밖에 없다."[8]

동중서 인성론에서 널리 알려진 성과 선을 벼와 쌀에 비유한 구절이다. 인성은 결국 가능태로서 생래적으로 주어진 것이지 선악의 가치판단을 수반한 현실태로 보기는 어렵다는 것이다. 결국 '천성'으로 주어진 것이

7) 『春秋繁露』, 「深察名號第三十五」. "今世暗於性, 言之者不同, 胡不試反性之名. 性之名非生與. 如其生之自然之資謂之性. 性者質也. 詰性之質於善之名, 能中之與. 旣不能中矣, 而尙謂之質善, 何哉. 性之名不得離質. 離質如毛, 則非性已, 不可不察也."

8) 『春秋繁露』, 「深察名號第三十五」. "故性比於禾, 善比於米. 米出禾中, 而禾未可全爲米也. 善出性中, 而性未可全爲善也. 善與米, 人之所繼天而成於外, 非在天所爲之內也. 天之所爲, 有所至而止. 止之內謂之天性, 止之外謂之人事. 事在性外, 而性不得不成德."

작용할 수 있는 한계를 넘어서서 '인사'를 극진히 함으로써 인간은 덕을 행할 수 있는 존재가 되는 것이다.

2) 인성과 음양오행론

동중서의 인성론은 그의 사상의 핵심이라고 할 수 있는 음양오행론과 밀접한 관련을 가진다. 음양오행론의 체계 속에서 동중서가 인성을 어떻게 이해하고 그로써 무엇을 지향했는지 선명하게 부각될 수 있을 것이기 때문이다.

동중서 이전에도 "고대 중국에는 음양과 오행이라는 양대 사상 노선이 뚜렷하게 나뉘어 각기 우주의 근원과 그 구조에 대한 적극적인 해석을 해왔"[9]지만 전국시대 이후 음양과 오행이 혼합되기에 이르렀고, 동중서에게 있어서 음양오행이라는 개념은 모든 사고의 근간이 되고 있다. 이 세계는 천지의 기(氣), 나누어 말하면 음양과 오행이라는 기의 운행에 의해 이루어지는 것이다.[10] 천지의 다른 이름인 음양 이기(二氣)는 세계를 구성하는 기본 요소이다. 이 음양 이기는 단순히 우주론적 도식에 불과한 것이 아니라 인간 세계의 질서로까지 연결된다. 다시 말해서 음양 이기의 기가 조화롭게 운행이 되는가 그렇지 않은가에 따라 '천지의 낳고 기르는 작용이 아름답게 보이'거나 '어그러지게' 되는 것이다.

오행설 역시 상생(相生)과 상승(相勝)의 작용을 통해 정치·사회 윤리와 제도적 질서를 촉구하는 것을 목적으로 하고 있다. 동중서는 먼저 오

---

9) 펑유란, 『간명한 중국철학사』, 정인재 옮김, 형설출판사, 2008, 278쪽.

10) 『春秋繁露』, 「天地陰陽第八十一」. "天地之間, 有陰陽之氣, 常漸人者, 若水常漸魚也. 所以異於水者, 可見與不可見耳, 其澹澹也. 然則人之居天地之間, 其猶魚之離水, 一也. 其無間若氣而淖於水. 水之比於氣也, 若泥之比於水也. 是天地之間, 若虛而實, 人常漸是澹澹之中, 而以治亂之氣, 與之流通相也. 故人氣調和, 而天地之化美, 於惡而味敗, 此易之物也."

행의 순서를 '목(木) → 화(火) → 토(土) → 금(金) → 수(水)'로 보고 이것은 하늘이 질서지은 순서라고 하였다.[11] 인간 사회는 이 오행의 상생과 상승이라는 자연 작용에 의해 원만히 운영될 수도 있고, 혼란에 빠질 수도 있다. 즉 "오행은 다섯 가지의 직무를 가리킨다. 바로 옆에 붙어 있는 두 행은 서로 살려 주는 관계〔상생〕이고, 하나를 건너뛴 두 행은 서로 이기는 관계〔상승〕이다. 따라서 이 관계를 잘 관리해야 한다. 이 관계를 어기면 혼란스러워지고 이 관계를 준수하면 질서 있게 된다."[12]는 것이다.

뿐만 아니라 동중서는 천지(天地)와 오행의 징표가 사람에게 갖추어져 있다고 하여 사람의 정신세계와 신체 구조를 하나의 소우주로 파악하였다. 즉 사람의 뼈마디가 360개인 것이 1년의 상(象)이고, 큰 뼈마디가 열두 개가 되는 것은 12월의 상이고, 사지(四肢)는 사시(四時)의 상이고, 오장(五臟)은 오행 수(五行數)에 부응하였고, 이목(耳目)은 일월(日月)의 상이고, 혈맥(血脈)은 천곡(川谷)의 상이고, 희노애락(喜怒哀樂)은 신기(神氣)의 류(類)라고 피력하고 있다.[13] 이러한 유비를 확대하여 동중서는 천과 인간이 서로 감응한다고 하였다.

한편 동중서는 음양오행론에서 오행의 상생 관계를 군신과 부자의 인간관계로 치환함으로써 자연법칙과 도덕법칙의 통일을 시도하였다.[14] 오

---

11) 『春秋繁露』, 「五行之義第四十二」. "天有五行一曰木, 二曰火, 三曰土, 四曰金, 五曰水. 木, 五行之始也. 水, 五行之終也. 土, 五行之中也. 此其天次之序也."

12) 『春秋繁露』, 「五行相生第五十八」. "五行者, 五官也, 比相生而間相勝也. 故爲治, 逆之則亂, 順之則治."

13) 『春秋繁露』, 「人副天數第五十六」. "人有三百六十節, 偶天之數也. 形體骨肉, 偶地之厚也. 上有耳目聰明, 日月之象也. 體有空穹進脈, 川谷之象也. 心有哀樂喜怒, 神氣之類也."

14) 『春秋繁露』, 「五行之義相第四十二」. "是故木受水, 而火受木, 土受火, 金受土, 水受金也. 諸授之者, 皆其父也 ; 受之者, 皆其子也. 常因其父以使其子, 天之道也. 是故木已生而火養之, 金已死而水藏之, 火樂木而養以陽, 水克金而喪以陰, 土之事火竭其忠. 故五行者, 乃孝子忠臣之行也."

행의 상생 관계는 자연의 법칙이면서 인간관계의 강상윤리(綱常倫理)의 당위성을 나타내 준다. 이는 아버지에 대한 자식의 효(孝)와 군주에 대한 신하의 충(忠)이 쌍무적인 윤리가 아니라 수직적이고 위계적인 윤리로 변했음을 보여 주는 대목이기도 하다.

이처럼 동중서는 인간이 음양오행의 자연스러운 순환 운동에 따르면 순조로운 생활을 영위할 수 있지만, 그렇지 못하고 이 질서를 어지럽힐 때는 자연계의 재난과 이변뿐만 아니라 왕조 역시 위기를 맞는 파국의 상황으로 치닫게 될 것이라고 경고하였다. 동중서는 자연현상과 인사(人事), 특히 군주의 정사가 대응 관계에 있음을 강조하고, 따라서 군주의 통치는 '천(天)'에 순종하는 것이어야 한다고 했다. 만약 군주의 통치가 민생을 해치는 경우에는 음양오행의 부조화를 초래하게 되어 가뭄과 장마 등의 자연재해를 통한 '천'의 견책이 있게 되며, 혜성이나 지진의 발생 등의 괴이(怪異)를 통한 경고가 내려진다. 그럼에도 불구하고 군주가 반성하지 않을 때는 천명을 바꾸어 그 국가를 멸망시킨다는 것이다. 결국 음양오행설은 재이설로 연결되면서, 천의 대리자로서의 권위를 가지고 있지만 역시 천의 심판에서 벗어날 수 없는 군주의 올바른 통치 자세를 촉구하게 되었다.

3) 인성과 수양

앞에서 살펴본 바와 같이 천과 음양오행론의 체계 안에서 규정된 인성에는 반드시 인간의 후천적인 교화와 수양이 요구된다. 먼저 소우주라고 할 수 있는 인간은 어떻게 수양해야 하는가. 첫째로 동중서는 앞에서 살펴본 것처럼 우주의 질서를 음양 이기의 운행을 통해 파악하고 하늘의 의지를 인간이 파악할 수 있다는 신념을 바탕으로 인간들은 기(氣)를 조절해야 함을 역설하였다.[15] 양생의 관건은 맹자가 강조한 바 있듯이 '기를 아끼는 것'이다. 이 기는 '심(心)에서 의(意)로, 의에서 신(神)으로, 신에서 기(氣)'라는 경로를 따라 나오게 되는 것인데, 이 경로마다 적절한 상태를 유지하지 못하면 마음이 제대로 나아가지 못하고, 의지가 괴롭게 되고, 정신이 산란해지고, 기가 적어지고, 결국 생명의 위협을 초래하게 되는 것이다. 그러므로 입는 것과 먹는 것 같은 외물(外物)이 문제가 아니라 인간 생명과 직결된 기를 아끼고 풍족하게 하는 것이 수양의 요체인 것이다.

그렇다면 기를 아끼고 풍족하게 하는 것은 어떻게 가능한가. 동중서는 여기에서 '중화(中和)'의 덕목을 제시한다. 이 중화에 대해 "중정함이란 천지에서 생명이 시작되고 매듭짓는 관문이고, 조화로움이란 천지에서 생명이 태어나고 이루어지는 관문이다. 덕에는 조화로움보다 더 중요한 것은 없고 도에는 중정함보다 안정된 것은 없다. …… 이렇기 때문에 중화로 세상을 다스리면 그 덕은 크게 왕성해지고 그렇게 제 몸을 기르면 이 세상의 삶이 길어진다."[16]고 하였다. 동중서는 기를 아끼라고 했지만 단순히 기의 축적이 수양의 핵심이라고 보지는 않았다. 기를 많이 가지고 있다 하더라도 중화의 도리를 간과하면 생명의 시종과 생성의 원칙을 망각한 것이 되므로 의미가 없게 된다. 그러므로 중화는 개인 수양은 물론 세상을 다스리는 중요한 원칙이다.

둘째로 동중서는 도덕을 추구하는 삶이 이익을 추구하는 삶보다 훨씬 중요함을 역설하였다. 동서고금을 막론하고 물질적인 이익은 누구나 바

15) 이연승, 「동중서(董仲舒)-음양의 조절론자」, 성균관대학교 대동문화연구원, 『대동문화연구』, 제58집, 2007, 452쪽 참조.

16) 『春秋繁露』, 「循天之道第七十七」. "中者, 天地之所終始也 ; 而和者, 天地之所生成也. 夫德莫大於和, 而道莫正於中. 是故能以中和理天下者, 其德大盛. 能以中和養其身者, 其壽極命."

라는 것이지만 그것은 진정 삶을 즐겁고 편안하게 해 주는 것이 아니다. '사람을 사람답게 길러 주고 살게 하는' 기본은 '의(義)'로 표현된 도덕적 삶이다. 물질적 이익보다 도덕적 삶을 추구하는 태도는 앞서 언급한 천인상관적 사유에서 비롯되는 것으로, 인간은 세계 내의 자기 존재를 주체적으로 인식함으로써 위로는 천지의 작용에 참여하고 아래로는 만물을 기르는 역할을 온전히 수행하게 되는 것이다. 결국 인간의 이러한 주체적인 노력이 미치는 긍정적인 영향은 운명적인 것으로 여겨지는 장수와 요절의 문제도 예외일 수 없다. 장수와 요절이야말로 인간의 작위로 조절할 수 없는 운명적 요건이라고 할 수 있다. 그러나 동중서는 제한된 범위 안에서 인간이 얼마나 노력하는가에 따라서 어느 정도는 조절을 할 수 있다고 보았다. 이처럼 동중서는 기를 보전하고 조화를 이루며, 도덕적인 삶을 통해 소우주로서의 삶을 완성할 것을 촉구했다.

그런데 이렇게 인간의 본성을 수양이 필요한 가능태로 파악한 것은 인간 일반의 공통된 인성에 대한 논의 자체에 의미를 둔 것이 아니라, 통일제국의 통치와 교화를 위한 이론적 토대를 위해 제시되었음을 상기할 필요가 있다. 즉 동중서 인성론은 구체적으로 성선정악설과 성삼품설로 전개됨으로써 군주에 의한 교화와 우주 질서의 합일을 지향한 데에 그 특징이 있다. 군주의 교화와 우주 질서의 다음 장에서는 이러한 인성론의 특징이 동중서의 천인감응적 철학 체계 속에서 어떻게 작용하는지 또 궁극적인 지향점은 무엇인지 고찰해 보기로 한다.

3. 동중서 인성론의 특징과 그 영향

동중서의 인성론은 맹자의 성선설과 순자의 성악설을 비판적으로 종합한 동시에, 통일 제국의 통치 이념에 적합한 인간관을 정초한 것으로 볼 수 있다. 여기에서는 동중서의 인성론을 성선정악설(性善情惡說)과 성삼품설(性三品說)의 두 측면으로 나누어 고찰해 보고, 그것이 후대에 어떤 영향을 미쳤는지 살펴보고자 한다.

1) 성선정악설(性善情惡說)

동중서는 맹자와 순자의 성선설과 성악설이 가지는 한계, 즉 맹자 인성론에서 본성이 선한 인간 세계에서 악의 근거는 무엇이며, 순자 인성론에서 아무리 성인에 의한 것이라지만 본성이 악한 인간이 어떻게 예를 작위할 수 있는지 등의 문제를 극복하고자 하였다. 결국 동중서는 성선과 성악이라는 이분법적 도식을 거부하고 인간의 본성을 성(性)과 정(情)으로 나누어 고찰함으로써 성선정악설이라는 인성론을 도출하였다.

먼저 동중서는 맹자의 주장 중에 모든 사람의 성(性)이 짐승보다 뛰어나다는 점에는 동의하지만 공자와 같은 성인이 말하는 선의 기준에는 적합하지 않다고 보았다. 즉 맹자는 기준을 낮추어 짐승과 비교를 하기 때문에 사람의 본성이 이미 선하다고 하지만 동중서는 맹자보다 훨씬 높은 기준인 성인의 행위에 비교를 하기 때문에 성 자체를 선하다고 할 수 없다는 것이다. 예를 들면 맹자의 경우는 어린이가 자신의 어버이를 사랑하는 정도가 짐승과 비교할 때 훨씬 낫기 때문에 성선이라고 했지만, 동중서의 경우는 인간관계의 근본 도리를 준수하고 사람다움의 단서를 깨닫고, 충신(忠信)과 박애(博愛)의 덕목을 실천하며, 돈후하고 예를 좋아하는 정도가 되어야 성인의 선이라고 할 수 있으니, 바로 성선의 기준은 이러한 성인의 선이라는 것이다. 그렇기 때문에 성이 이미 선하다느니 아직 선하지 않다느니 하는 말을 할 수 없다고 보았다.[17]

동중서는 특히 명명의 중요성을 강조하면서 '성(性)' 이나 '선(善)' 등의 개념을 명확히 하지 않은 성선설의 부정확한 표현을 비판했다. 쌀과 벼의 비유를 통해 성은 선악의 결정태가 아니라 가능태임을 강조하면서 옥돌과 가공 옥, 알과 병아리, 누에와 명주실, 삼과 삼베 등의 비유를 들어 질료로서의 상태와 그것이 가공이나 작위의 과정을 거친 이후의 완성된 상태를 유비적으로 표현하였다.[18] 하늘은 누에고치, 삼, 벼 등을 생성해 주었지만, 삼으로 베를 짜고 고치로 실을 삼고 쌀로 밥을 짓고 성을 완전하게 하는 일은, 모두 성인이 자연의 생성력을 이어서 한 단계씩 나아간 결과이지 결코 성(性)으로 주어진 것은 아니라는 것이다.[19] 결국 인간의 본성은 왕의 교화와 같은 외부의 자극을 받아야 다른 유적 존재와 구별되는 이상적인 선의 상태를 구현할 수 있다는 것이다.

한편 동중서는 지금까지 살펴본 성의 일반적 범주 이외에 성을 다시 성(性)과 정(情)으로 나누어 보고 있다. 먼저 신(身)에는 탐(貪)과 인(仁)의 두 측면이 다 들어 있다고 하였는데, 이때의 신은 체(體)와는 구별되는 것으로 보아야 한다. 즉 신은 체와 심(心)을 아울러 일컫는 말이자 성정(性情)을 아우르는 말로 이해하여야 할 것이다.[20] 왜냐하면 신에는 탐과 인의 두 측면이 있다고 할 때 탐은 정(情)에 인은 성(性)에 배당되는 것이며, 성과 정은 신에 겸비되어 있는 것이기 때문이다. 즉 넓은 의미의 성에는 탐과

---

17) 『春秋繁露』, 「深察名號第三十五」 참조.

18) 『春秋繁露』, 「實性第三十六」. "性者宜知名矣, 無所待而起, 生而所自有也. 善所自有, 則教訓已非性也. 是以米出於粟, 而粟不可謂米. 玉出於璞, 而璞不可謂玉. 善出於性, 而性不可謂善 …… 性者, 天質之樸也 ; 善者, 王教之化也. 無其質, 則王教不能化. 無其王教, 則質樸不能善. 質而不以善性, 其名不正, 故不受也."

19) 『春秋繁露』, 「實性第三十六」. "天之所爲, 止於繭麻與禾. 以麻爲布, 以繭爲絲, 以米爲飯, 以性爲善, 此皆聖人所繼天而進也, 非情性質樸之能至也, 故不可謂性."

20) 이연승, 「董仲舒의 인성론: 未善의 인성」, 한국중국학회, 『중국학보』, 제43집, 2001, 479쪽.

인의 성향이 다 들어 있지만 이를 다시 좁은 의미의 성과 정으로 나누면 성에는 인이, 정에는 탐이 배당된다. 그리고 다시 탐은 음(陰)에 인은 양(陽)에 배속되며, 탐은 악이고 인은 선이므로 성선정악의 체계가 성립되는 것이다.

그런데 여기에서 중요한 것은 하늘에 음양이 있는 것처럼 사람에게도 선악의 두 요소가 있음을 인정하지만, 하늘이 음을 통제하듯이 사람도 음이자 악에 해당하는 자신의 정욕을 억제해야 한다는 것이다. 성과 정을 합쳐서 '명(瞑)'이라 일컫는다면 그것은 완전한 선의 상태에 도달한 것이 아니라 아직 탐을 버리지 못한 상태이다. 그러므로 동중서는 '민(民)'이라는 호칭이 눈이 어둡다거나 우둔하다는 뜻에서 생겨났다고 하면서, 일반 백성은 아직 눈을 뜨지 못하고 어두운 상태에 있는 것으로 비유할 수 있으니 왕의 교화를 받고서야 비로소 눈을 뜨게 되는 것이다.[21]

이와 같은 동중서의 성선정악설에서도 선과 악의 가치가 완전한 것은 아니다. 탐성(貪性)을 악으로 인성(仁性)을 선으로 보기는 하지만, 어디까지나 중요한 것은 군주에 의한 교화를 통하여 인간이 주체적으로 도덕적 존재가 되는 것이기 때문이다. 인간은 선의 자질로서의 성을 부여받았지 선성을 받은 것이 아니다. 선을 실현하는 것은 인간 주체의 몫이다. 그러므로 하늘은 왕이라는 대리자를 통해 성을 완전한 선의 상태로 만들도록 설정하였다. 이로부터 일반적인 인간들의 성은 세 단계로 나눌 수 있고, 왕의 교화를 필요로 하는 백성들은 이 세 단계 중 중간에 속한다는 동중서의 성삼품설이 성립되는 것이다.

---

21) 『春秋繁露』, 「深察名號第三十五」. "民之號, 取之瞑也. 使性而已善, 則何故以瞑爲號. 以者言, 弗扶將, 則顚陷猖狂, 安能善. 性有似目, 目臥幽而瞑, 待覺而後見. 當其未覺, 可謂有見質, 而不可謂見. 今萬民之性, 有其質而未能覺, 譬如瞑者待覺, 敎之然後善."

2) 성삼품설(性三品說)

동중서의 성선정악설은 선악의 결정적 형태를 말하는 것이 아니라 선악의 소재와 그 가능성에 대한 언급이라고 할 수 있다. 그것은 음양론적 구조와 유비 관계를 이루는 것으로서, 음을 제어하고 양을 기르는 천도(天道)의 원칙처럼 악을 경계하고 선을 이룰 수 있도록 노력해야 한다는 것을 강조한 것이다. 그렇다면 이 노력이란 어떻게 가능한가. 앞서 살펴본 바에 의하면 군주의 교화에 의해 가능하다는 것이 동중서의 주된 논조인데, 그렇다면 모든 인간이 여기에 해당되는가 하는 의문이 남게 된다. 이에 대해 동중서는 인간의 성(性)을 세 가지 층차로 구분하는 성삼품설을 제시하였다.

일찍이 공자는 "중인 이상에게는 도와 같이 높은 것을 말해 줄 수 있지만 중인 이하에게는 말해 줄 수 없다."[22], "가장 지혜로운 자와 가장 어리석은 자는 서로 바뀌지 않는다."[23]고 함으로써 사람의 자질이 같지 않고 층차가 있음을 언급한 적이 있다. 이와 같은 맥락에서 동중서는 사람의 성 역시 가장 높은 기준이나 가장 낮은 기준에 근거하지 않고 중간, 즉 일반적인 차원에 근거해서 말하게 된다고 하였다. 왜냐하면 성은 그 자체로서 선이 아니라 선의 자질을 갖춘 것이기 때문이다. 가장 높은 수준의 인간이라면 교화가 필요 없을 것이고, 가장 낮은 수준의 인간이라면 절대 교화에 의해 변화하지 못할 것이기 때문이다.

동중서가 교화의 대상으로 설정한 것은 보통 사람의 성, 즉 중민(中民)의 성이다. 성인은 이미 선을 실현한 사람이고, 그릇이 작은 사람, 즉 '두

---

22) 『論語』, 「雍也」. "子曰 中人以上 可以語上也 中人以下 不可以語上也."
23) 『論語』, 「陽貨」. "子曰 唯上知與下愚不移."

소지민(斗筲之民)'은 교화를 통해서도 악을 억제하고 선을 실현하도록 할 수가 없는 사람이다. 그러므로 현실 속의 악을 설명할 수 있는 대상이 된다. 오직 중민만이 군주의 교화를 기다려 선을 실현할 수 있게 된다.

동중서는 인간 존재 중에서 특히 군주야말로 위에서 말한 중민을 기르고 천지와 그 지위를 함께 하는 위대한 존재로 보았다. 하늘은 이 세계의 운행을 관장하지만 인간사를 직접 주관하지는 않는다. 인간사는 하늘의 대리자인 군주에 의해 경영된다. 그렇지만 그것은 군주의 독단에 의한 것이 아니라 천지의 기운인 음양과 오행의 운행 원리에 따라야 하는 것이며, 그렇기 때문에 왕은 천지와 나란히 할 수 있는 권능을 부여받게 되는 것이다. 여기에서 인간은 천지의 산물이지만 인간 사회의 군주에 의해 교화되어야 하는 존재로 설정되는 것이다.

결국 동중서의 천인감응론은 인격신적인 주재자로서의 천의 존재의 확립과, 천과 인간〔군주〕의 감응 관계로써 상서와 재이라는 형태를 통하여 군주가 올바른 정치를 하도록 유도하는 것이라고 할 수 있다. 그러므로 하늘로부터 절대적인 권한을 받은 군주는 인간세계의 수장으로서 스스로 모범이 되어야 하며 혹시라도 있을지 모르는 악의 성향을 없애도록 노력해야 한다.[24] 즉 군주는 위임받은 권한만큼 막중한 책임이 있으며 그 권한이 영원히 보장되는 것도 아니다. 군주의 선악에 따라 그 권한은 유지될 수도 철회될 수도 있는 것이다. 군주는 마치 신체의 중심인 심장과 같아서 몸에 해당하는 백성을 통솔하여야 하는데, 이는 효제(孝悌)나 예의(禮義) 같은 덕목을 솔선수범함으로써 도덕적 감화에까지 이르게 되는 것이다.[25] 그러나 최고의 현인이 있더라도 군주나 부친의 나쁜 점을 대신

24) 『春秋繁露』, 「堯舜不擅移湯武不專殺第二十五」. "且天之生民, 非爲王也, 而天立王以爲民也. 故其德足以安樂民者, 天予之 ; 其惡足以賊害民者, 天奪之."

25) 『春秋繁露』, 「爲人者天第四十一」. "傳曰 : 天生之, 地載之, 聖人敎之. 君者, 民之心也 ;

없애 주지는 못한다. 군주는 군주답게, 부친은 부친답게 스스로 선을 실현하고 악을 제거하는 수양의 길이 있을 뿐이다. 여기서 우리는 동중서가 수양을 강조함은 물론 그 기저에는 인간의 주체적인 자각과 노력을 중시하고 있음을 알 수 있다. 다시 말해서 군주의 교화를 통한 선의 실현이 단순히 군주에게만 의지하는 타력 구제가 아니라, 자발적이고 주체적인 인간의 노력과도 관계가 있다는 것이다.

3) 동중서의 인성론과 신유학

동중서는 본성을 성과 정의 영역으로 나누고 성선정악설을 주장했으며, 본성이라고 할 때는 인간 성품이 누구나 같은 것이 아니라 교화가 가능한 중간 계층만을 대상으로 하고 있음을 명확히 하고 있다. 앞에서 살펴본 것처럼 동중서가 말하는 인간의 본성은 성정을 포괄하는 넓은 의미의 성도 있지만 정과 대비되는 성이라는 좁은 의미를 가진 것이기도 하다. 여기에서는 후자의 관점에서 동중서 인성론의 성정론과 주자를 중심으로 한 신유학의 인성론에 대해 살펴보고자 한다.

신유학에서는 이성을 '이(理)'로 규정하여 성선론을 발전시켰는데, 정이(程伊)는 '성이 곧 리〔性卽理〕'라고 하여 사회의 도덕 원칙을 영원불변하는 인류의 본성으로 여겼다. 맹자가 말한 성은 본원적인 성인데 반해, 고자가 말한 성은 태어나면서 받은 '생지위성(生之爲性)'으로써 공자가 '인간의 본성은 서로 비슷하다〔性相近〕'라고 할 때의 성이라는 것이다. 정이는 성이란 본원적인 성을 말하는 것이지 '생지위성'의 성은 아니므

民者, 君之體也. 心之所好, 體必安之.君之所好, 民必從之. 故君民者, 貴孝弟而好禮義, 重仁廉而輕財利, 躬親職此於上, 而萬民聽, 故曰先王見教之可以化民也.. 此之謂也."

로, '생지위성'의 성은 재질을 가리키는 것, 다시 말해 '기질'의 성이라고 보았다. 그래서 성은 성인이나 일반인이나 모두 같지만, 재질은 기에 품부되어 맑고 흐린 차이가 있다고 하였다. 맑은 기를 품부받은 사람은 현명한 사람이 되고, 흐린 기를 품부받은 사람은 어리석은 사람이 된다는 것이다.[26]

주자는 "성이란 본체이고 정은 작용을 말한다. 성정은 모두 심에서 나오니, 심은 성정을 거느릴 수 있다. 통은 군사를 거느린다고 할 때의 통이니 주재할 수 있다는 뜻이다."[27]라고 하였다. 심이 성과 정을 주관하고, 성은 도덕 본체이고 정은 그 작용이라면, 현실의 선악은 어떻게 설명할 수 있는가. 주자는 성이 정으로 표현될 때 기질의 차이로 인해 정이 움직이기 때문이라고 하였다. 다시 말해서 본성이 깊고 은미하여 아직 발현되지 않은 것을 '미발(未發)'로 정이 발현하여 현상화한 것을 '이발(已發)'로 구분하고, 미발일 때의 성은 본연의 선한 상태이지만 이발일 때 정의 작용은 사물과 접하면서 선할 수도 있고 악할 수도 있게 된다는 것이다. 그렇기 때문에 마음이 미발일 때의 '주경(主敬)' 공부가 중요하다고 강조하였다.

한편 주자는 심이 성과 정을 주재한다며 성과 정을 구분한 것과 같은 방식으로 '천명지성(天命之性)'과 '기질지성(氣質之性)', '인심(人心)'과 '도심(道心)'을 구분하였다. 천명지성은 천리가 개체적인 사람과 사물에 품부되어 이루어진 성이다. 이에 반해 기질지성은 선천적으로 품부받았으나, 맑거나 혼탁하거나 빼어나거나 잡박하거나 편벽되거나 온전하거나 통하거나 막히는〔淸濁粹駁, 偏全通塞〕 기질의 차이로 인해 악한 성질을 드

26) 陳來, 『송명성리학』, 안재호 옮김, 예문서원, 1997, 157~159쪽.

27) 『朱子語類』, 卷第九十八. "性是體 情之用 性情皆出于心 故心能統之 統如統兵之統 言有以主之也,"

러내게 되는 성을 말한다. 즉 천명지성은 기질지성의 본래 상태이고 기질지성은 천명지성이 기질의 영향을 받아 전화된 상태이니, 현실적인 인간의 성은 기질지성이고 그것은 성의 본래 모습에서 벗어나 오염되기 쉬운 것을 말한다. 그러므로 성에 관한 세 가지의 분류도 결국 이 기질지성을 대상으로 한 것이라고 본다.[28] 인심과 도심의 구분도 같은 맥락에서 이해되어야 할 것이다. 주자는 「중용장구서(中庸章句序)」에서 "인심은 매우 위태롭고 도심은 매우 은미하니 정밀하고 한결같아야 진실로 그 가운데를 잡을 수 있다."는 『서경(書經)』의 16자결을 인용하면서, 마음의 허령함과 지각함이 하나일 뿐인데 사람의 마음과 도의 마음이 다른 것은 혹은 형기(形氣)의 사사로움에서 나오기도 하고 혹은 성명(性命)의 바름에서 나오기도 함으로써 그것을 깨닫는 바가 같지 않기 때문이라고 하였다. 이 때문에 위태롭거나 불안하고, 혹은 미묘해서 알기 어려울 뿐이라고 하였다.[29] 그러므로 인심은 감성적 욕구에 의해 쉽게 악으로 흐를 수 있으니 도심이 주재하도록 하여 도덕의식을 진작하라는 것이다. 그렇지만 이러한 논의는 천리와 인욕의 구분을 공고히 하고 체용 관계에서 용의 측면, 즉 인간의 감성적 측면과 욕망은 절제해야 하거나 심지어는 없애야 할 것으로 규정하고 말았다.

동중서는 성과 정이 모두 사람의 몸에 깃들어 있으며 그것은 천지에 음양이 있는 것과 같다고 하였다. 주자의 인성론 역시 마음이 성과 정을 주재하고 통섭하는 것이라고 한 바 있다. 이는 성과 정이 대립적인 면을 갖고 있지만 그것의 일원성을 인정하는 면에서는 공통점을 보이고 있는 것

28) 陳來, 『송명성리학』, 안재호 옮김, 예문서원, 1997, 256~258쪽 참조.

29) 『四書章句集注』, 「中庸章句序」. "人心惟危, 道心惟微, 惟精惟一, 允執厥中 …… 心之虛靈知覺, 一而已矣. 而以爲有人心道心之異者, 則以其或生於形氣之私, 或原於性命之正, 而所以爲知覺者不同. 是以或危殆而不安, 或微妙而難見耳."

이다. 동중서는 정(情)도 성(性)의 일부분이라고 하면서 성과 정을 합쳐서 '명(瞑)'이라 일컬음으로써, 정 자체는 성과 무관한 악의 요소가 아니라 마치 음양의 관점에서 양이 음을 주재하듯이 정도 성에 의해 제재받아야 하는 것이 된다. 그래서 사람의 참된 실정에는 탐욕의 측면과 인(仁)의 측면 두 가지가 다 들어 있다고 한 것이다. 신유학에서 성은 도덕 본체이고 정은 그 작용이라고 할 때 정의 작용은 사물과 접하면서 선할 수도 있고 악할 수도 있게 된다. 그러므로 성은 본연지성과 기질지성으로 나누어 말해진다. 그러나 동중서가 말하는 성은 비록 선악을 명시하지는 않았지만 탐욕의 측면과 인(仁)의 측면이 혼재된 것으로 기질지성에 가깝다고 할 수 있다.

동중서나 신유학자들이나 인성론의 목적은 수양의 중요성을 강조하는 데에 있다. 그러나 이처럼 수양을 강조한 표면적 공통점의 이면에는 수양의 방법과 주체에 대한 차이점이 있다. 동중서는 양생법(養生法)을 통한 개인의 수양을 강조했지만, 보다 효과적이고 합목적적인 방법은 군주에 의한 교화라고 하였다. 하늘은 백성을 위해 제왕을 세워서 그들을 선으로 인도하게 했으니, 백성은 하늘로부터 아직 선하지 않은 성을 받았지만 후천적인 왕의 교화를 받아 도덕적 존재로 설 수 있다는 것이다. 이에 비해 주자로 대표되는 신유학의 수양론은 무엇보다 누구나 가지고 있는 선천적인 선한 본성이 그대로 드러나도록 하는 방식에 초점을 맞추고 있다. 앞서 언급한 것처럼 '심통성정(心統性情)'의 인식을 바탕으로 도덕적 본체로서의 인간 주체성을 확고히 하여, 미발일 때의 '거경함양(居敬涵養)', 즉 늘 조심하고 삼가는 마음을 길러 나가는 것과 같은 수양을 통해 천리를 보존하고 인욕을 없애는 '존천리 거인욕(存天理 去人欲)'의 목표에 도달하도록 강조한 것이다.

이러한 차이는 동중서와 송대 신유학자들과의 세월의 간극 때문이기도 하지만 무엇보다 동중서의 경우 당시의 정치 · 사회적 입장에 기인한 것으로 볼 수 있다. 동중서는 천인감응적 세계관과 군주의 권위를 통해 진나라 멸망 이후 유교의 가치를 회복하여 한제국의 정치적 질서와 사회 기강을 확고히 하고자 하는 절대적인 목표를 현실화하여야 했기 때문이다. 그래서 보다 강력한 외재적 권위, 곧 하늘의 대리자를 설정함으로써 보다 효율적인 결과를 기대하였던 것이다.

4. 결론

지금까지 동중서의 인성론에 대하여 그 성립 배경과 구조 및 내용, 그리고 특징과 영향에 대하여 고찰해 보았다. 이상 논의된 내용을 정리하면 다음과 같다.

동중서 인간관의 구조와 내용을 보면 먼저 동중서에게 있어서 천(天)은 자기 인격성의 내재적 근거로 보았던 공자와 달리 우주만물의 창조자이며 지고무상의 주재자라는 측면이 강조된다. 그에게 천은 생물학적 · 도덕적 근원이므로 인간들이 모두 따라야 할 절대적 대상이다. 이와 같은 천의 인식을 바탕으로 동중서는 인간이 이 세계의 한 구성 요소이면서 동시에 위로는 천지의 작용에 참여하고 아래로는 만물을 기르는 핵심 축으로 보았다. 천지의 작용에 참여하고 만물을 기르는 과업을 달성해야 하는 인간은, 그러므로 그 본성에 있어서 선악을 말할 수 있는 존재라기보다는 선악을 주체적으로 지향할 수 있는 존재이다. 즉 인간의 본성은 선악의 완성태가 아니라 교화를 필요로 하는 가능태로서 인식되는 것이다.

천의 개념과 더불어 동중서에게 있어서 음양오행이라는 개념은 모든 사고의 근간이 되고 있다. 이 세계는 천지의 기(氣), 나누어 말하면 음양과 오행이라는 기의 운행에 의해 이루어지는 것인데, 이 음양 이기의 기가 조화롭게 운행이 되는가 그렇지 않은가에 따라 인간세계의 질서가 지켜지기도 하고 깨지기도 한다. 오행설 역시 상생(相生)과 상승(相勝)의 작용을 통해 정치 · 사회 윤리와 제도적 질서를 촉구하는 것을 목적으로 하고 있다. 이와 같은 음양오행설은 재이설로 연결되면서 군주의 올바른 통치 자세를 촉구하는 현실적인 효용성을 갖게 된다.

동중서는 수양의 문제에 대해 우주의 질서를 음양 이기의 운행을 통해 파악하고 하늘의 의지를 인간이 파악할 수 있다는 신념을 바탕으로 인간들은 기를 조절해야 함을 역설하였다

아울러 물질적 이익보다 도덕적 삶을 추구하는 태도를 강조하였다. 이는 천인상관적 사유에서 비롯되는 것으로, 인간은 이익을 추구하는 비본래적 태도를 벗어나 세계 내의 자기 존재를 주체적으로 인식함으로써 위로는 천지의 작용에 참여하고 아래로는 만물을 기르는 역할을 온전히 수행하게 되기 때문이다.

동중서 인성론의 특징이라고 할 수 있는 '성선정악설(性善情惡說)'은 맹자의 성선설을 부정하면서 전개된다. 성선의 기준은 성인의 선이지, 일반인의 성은 이미 선하다느니 아직 선하지 않다느니 하는 말을 할 수 없다고 보았다. 인간은 선의 자질로서의 성을 부여받았지 선성을 받은 것이 아니다. 선을 실현하는 것은 인간 주체의 몫이다. 그러므로 하늘은 왕이라는 대리자를 통해 성을 완전한 선의 상태로 만들도록 설정하였다. 이로부터 일반적인 인간들의 성은 세 단계로 나눌 수 있고, 왕의 교화를 필요로 하는 백성들은 이 세 단계 중 중간에 속한다는 것이 동중서의 '성삼품설(性三品說)'이다. 성인이나 어리석은 사람이 아닌 보통 사람〔中民〕만이 군주의 교화를 기다려 선을 실현할 수 있게 된다.

동중서는 성과 정이 모두 사람의 몸에 깃들어 있으며 그것은 천지에 음

양이 있는 것과 같다고 하였다. 주자의 인성론 역시 마음이 성과 정을 주재하고 통섭하는 것이라고 한 바 있다. 이는 성과 정이 대립적인 면을 갖고 있지만 그것의 일원성을 인정하는 면에서는 공통점을 보이고 있는 것이다. 주자는 심이 성과 정을 주재한다며 성과 정을 구분한 것과 같은 방식으로 '천명지성'과 '기질지성', '인심'과 '도심'을 구분하였는데, 동중서 인성론의 인성은 '기질지성'으로 이해할 수 있다. 그러나 수양론에 있어서는 신유학이 '심통성정'의 인식을 바탕으로 도덕적 본체로서의 인간 주체성을 확고히 하여, 미발일 때의 '거경함양'과 같은 수양을 통해 '존천리 거인욕'의 목표에 도달할 것을 강조했다면, 동중서는 군주의 교화라는 외재적 권위에 의지함으로써 방법론을 달리하고 있다.

이러한 동중서의 사상은 정치·사회적인 목적을 위해 보다 강력한 외재적 권위, 곧 하늘의 대리자를 설정할 필요성에서 기인한 것으로 풀이할 수 있다. 그러나 인간이 이 세계의 한 구성 요소이면서 동시에 이 세계를 완성하는 가장 중요한 존재라고 이해한 점은 유가적 인간 이해의 충실한 계승이라고 볼 수 있겠다.

물론 동중서의 인성론은 현대사회에 그대로 적용할 수 없다는 시대적 한계를 지니지만, 인간의 본성을 보다 현실적으로 파악함으로써 인간 존재가 주체적으로 자기 위치를 깨닫고 세계를 완성하는 임무를 수행하도록 촉구한 점에 의의가 있다. 인간성의 말살이나 도덕성의 타락을 개탄하는 오늘날, 과연 인간다움은 무엇이고 그 원천은 무엇인지, 또한 물질적 이익보다 도덕적 삶을 추구하는 것이 어떤 의미를 가지는지 돌이켜 보게 하기 때문이다.

| 제2부 |

한국철학과 종교

고종시대(高宗時代)의 무상단(無相壇)과 난단도사(鸞壇道士) 유운(劉雲)*

| 김윤수 |

1. 서론

1993년 2월 25일 목요일 『한국불교전서(韓國佛敎全書)』 제10책에 실려 있는 김대현(金大鉉) 찬 『술몽쇄언(述夢鎖言)』을 보다가 문생(門生) 유운(劉雲)의 발문을 보았다. 유운이 김대현의 제자로 공부한 추억이 기술되어 있었다. 이 유운이 필자가 찾아 헤매던 그 유운(1821～1884)이었다. 『문창제군몽수비장경(文昌帝君夢授秘藏經)』에 있는 무상단집시제자(無相壇執侍弟子) 청련자(淸蓮子) 유운이고, 『부우제군약언보전(孚佑帝君藥言寶典)』에 있는 유청련 법사(劉淸蓮法師)이고, 『법해보벌(法海寶筏)』에 있는 보광거사(葆光居士) 유운이었다. 『한국불교전서』 제11책에 실려 있는 『청주집(淸珠集)』, 『관세음보살묘응시현제중감로(觀世音菩薩妙應示現濟

* 이 논문은 2008년 『동양철학』에 실린 「高宗時代의 鸞壇道敎」를 축약한 것이다.

衆甘露)』, 『정토감주(淨土紺珠)』에 있는 보광거사는 바로 유운이었고, 『문창제군통삼경(文昌帝君統三經)』과 『문창제군성세경(文昌帝君惺世經)』에 있는 청련자는 곧 유운이었다. 유운은 거사 겸 도사(道士)였다.

관세음보살이나 문창제군의 책들은 부란(扶鸞)[1], 북계(扶乩)를 통한 난단(鸞壇)에 강신(降神)한 계선(乩仙)들의 강필(降筆)을 기록한 난서(鸞書)이다. 그것도 한국에서 고종시대에 만들어진 난서였다. 고종시대에 도교가 이렇게 성행했구나 하는 반가움이 있었다. 그 난서들을 편찬한 무상단(無相壇)은 부란을 행하는 도교 법당으로 고종시대에 한국에도 난단이 있었다는 사실이 더욱 흥미로왔다. 고종시대에 한국에도 난서, 난단, 난단도사(鸞壇道士)가 다 있으니, 난단을 설치하고 삼성제군(三聖帝君)[2] 위주의 계선을 신앙하며 부란을 통해 신교(神敎)를 계시(乩示), 강수(降受)하고

---

1) 모래쟁반(砂盤) 위에 丁자형의 나무(木架)를 매달고, 이를 두 사람이 함께 붙잡아 신(乩仙)이 강림하여 계시하는 대로 자연스러운 진동에 의해 글씨를 쓰는 일종의 靈界 통신법. 손잡이에 난새를 조각하므로 난새를 붙잡는다는 의미로 扶鸞이라고 하고 점대를 붙잡는다고 扶乩라고 한다. 모래판을 설치하고 강필을 기록하는 장소를 성소로 여겨 의식을 행하고 신앙의 장소로 여기며 교회와 같은 신앙공동체를 형성하니 이를 鸞壇 또는 乩壇이라고 한다. 무슨무슨 壇이나 堂 또는 社라고 한다. 지금도 홍콩과 대만에선 정기적으로 모임을 갖는 도관이 있다. 크게 유행한다. 鸞壇의 標語는 神道設敎, 飛鸞開化이다. 『陰騭文註解』 小序. 扶乩의 기원은 자고신으로 구체적 설명은 〈紫姑神〉, 高橋稔, 『道教事典』, 平河出版社, 1994, p.225 및 志賀市子, 〈扶乩〉, 『道教의 大事典』, 新人物往來社, 1994, pp.128~130 참조.

2) 한국에서는 문창제군, 관성제군, 부우제군의 주요경전을 묶어 『三聖寶典』을 간행했는데-序 "敎可以化一世, 法可以福萬民者, 三聖帝君書是也"-, 중국에서는 삼성의 의미가 다르다. 太上感應편, 陰騭文, 覺世眞經을 三聖經이라고 한다. 游子安(香港城市大學中國文化中心), 「善書—「三聖經」的生活啓示」 "人們以「三聖經」之名結集刊行. 清朝人將太上老君, 文昌帝君(文聖), 關聖帝君(武聖)降著三篇經文合成一部, 顏曰「三聖經」或「三聖人之書」."; 同人, 「清代關帝信仰的傳揚-以善書作討論」. "自十八世紀以後,《感應篇》,《陰騭文》, 與《覺世經》三部最受尊崇的善書, 人們以三聖經之名結集刊行." 四川大學宗教研究所編, 『道教神仙信仰研究』, 中華道統出版社, 2000, p.650.

난서, 선서(善書)를 편간(編刊), 보급하여 선악화복사상(善惡禍福思想)과 삼교합일사상(三敎合一思想)을 전파(傳播)하는 민간도교(民間道敎)인 난단도교(鸞壇道敎)를 연구해야겠다는 의욕이 넘치었다. 그러나 의욕은 잠행하고 말았다. 병상에 있었기 때문에 도서관에 못 가 지인에게 부탁하여 자료 복사를 의뢰하니 상업적 이용방지 운운하며 전량 복사를 해 주지 않아 부분적 자료에 의존할 수밖에 없었다.[3]

이 논문에서는 한국의 대표적 난단이라고 할 수 있는 무상단(無相壇)의 정체와 성립 시말, 구성 도사 등과 대표적 불교거사 겸 난단도사 유운의 생애에 대하여 연구하기 위하여 유운의 결사체인 정원사(淨願社), 묘련사(妙蓮社), 감로사(甘露社)와 유운의 난단인 무상단과 무상단의 계선(乩仙)들 곧 관성제군(關聖帝君), 문창제군(文昌帝君), 순양자(純陽子) 부우제군(孚佑帝君)의 삼성제군(三聖帝君) 및 난단도사 유운과 함께 많은 난서를 편찬, 간행한 서정(徐珽), 서정을 이어 무상단을 중건한 서란경(徐蘭瓊) 등에 대한 관련 자료를 책자목록 검색과 함께 한국역사정보통합시스템에서 탐색하여 그 목록주기(目錄註記), 해제, 서발(序跋), 원문이미지 등을 수집하여, 분류, 종합 서술함으로써 고종시대의 난단도교에 대한 일단을 이해하게 일조한다. 한국도교사를 풍부하게 장식할 수 있는 원자재가 되었으면 한다.

3) 非其人勿傳이라는 도교의 가르침을 충실히 따르려는 것인지 모르나 자료가 유통되지 않으면 학술이 어떻게 발전할 수 있겠는가. 지식을 창고에 가두는 것이라고 하겠다. 이제는 지식을 세계인이 공유하는 첨단 전자 도서관 시대인 만큼 국가는 사립대학의 도서관까지 전산화에 집중 투자하여 만인의 이용에 무한 편의로 제공하고 원본은 守典努力에 맡기면 되겠다.

2. 고종시대(高宗時代)의 중요 난단(鸞壇)인 무상단(無相壇)

무상단(無相壇)은 문창제군(文昌帝君), 관성제군(關聖帝君), 부우제군(孚佑帝君)의 삼성(三聖)이 하강한 다음 설치한 단이고 무상단시사(無相壇侍士) 집단이 조선에서 삼성제군 신앙을 주도하던 신앙집단이었음을 알 수 있다고[4] 하였는데 정확한 설명이다.

무상단은 신앙 대상의 계선(乩仙)으로 충의의 신인 관우(關羽) 관성제군, 문운주관의 신인 장아(張亞) 문창제군, 신선의 신인 순양자(純陽子) 여동빈(呂洞賓) 여암(呂巖) 부우제군의 삼성제군(三聖帝君)을 숭배하고 신앙하였다. 무상단은 삼성을 계선으로 받들어 강란(降鸞)을 기도하고 강필(降筆)을 기록하여 교훈으로 삼고 따르며 난서(鸞書) 겸 선서(善書)를 만들어 보급하며 가르침을 전파하였다.

삼성제군에 대한 신앙을 조선에 처음 전파한 것은 무상단이었다. 관성제군 관우 신앙이 선조시대 임진왜란 이후 명장(明將)에 의해 전파되고 국가적으로 동묘, 남묘 등의 관묘(關廟)가 건립되어 민관에 퍼져 숭배된[5] 것으로 알려졌으나 이는 관공(關公), 관왕(關王)으로 숭배된 것에 불과하고, 관성제군으로 칭호되며 계선으로 숭배, 신앙된 것은 무상단에 의해서 고종시대에 시작된 것이다.

삼성에 대한 통합 신앙서와 개별적 신앙서를 출판하여 보급하였다. 개별적 신앙서로는 관성제군에 대한 것이 제일 먼저 간행되었다. 일제의 개항을 강요하는 불평등조약인 병자수호조약이 체결된 해인 고종 13년

---

4) 정경희, 『서울대학교규장각도서해제』, 「문창제군통삼경」.

5) "萬曆壬辰 倭寇朝鮮 …… 天子命師東援 一月三捷 臨戰 關帝輒顯靈 每見神兵穰穰 雲霧溟渤 間有戈甲聲 …… 戊戌(1598, 선조 31)創建帝廟于漢都城南門外 東援諸將 捐資助成 庚子(1600, 선조 33)天子賜金 命立一廟於城東 春秋崇祀 以報神庥也(過化存神 靈驗記)"

(1876, 병자)에 무상단 성립 전 나중의 중요 일원인 서정(徐珽)이 『관성제군성적도지전집(關聖帝君聖蹟圖誌全集)』 5권 5책을 간행하고 단국현성전(檀國顯聖殿)에 장판(藏板)하였다. 6월에는 『관성제군성적도지속집(關聖帝君聖蹟圖誌續集)』 4권 3책[6]을, 7월에는 『해동성적지(海東聖蹟誌)』[7]를 편찬, 간행하여 단국현성전에 장판하였다. 『속집(續集)』에 『해동성적지(海東聖蹟誌)』의 내용이 상당수 중복 수록되었다. 무상단 도사가 간행한 것인지 확인할 수 없으나 같은 시기, 같은 사당 단국현성전 장판인 『관성제군보훈상주(關聖帝君寶訓像註)』가 고종 19년(1882)에 간행되었다. 당시에 벌써 우리나라를 단국(檀國)이라고 별칭한 사실을 알 수 있다. 현성(顯聖)은 관우를 성인으로 존칭하는 별칭이고 현성전(顯聖殿)은 관왕묘 동묘와 남묘의 정전이다. 서정이 남묘의 도사이므로 남묘의 현성전일 가능성이 많다. 『관성제군성적도지속집』 제4권 예문고(藝文考)에는 무상단 도사들의 시문이 수록되어 있다. 『관성제군성적도지속집』 제4권 예문고와 『해동성적지』 제2권 예문고에는 천민 시인 필한(疋漢) 이단전(李亶佃, 1755~1790)의 대표작인 〈관왕묘(關王廟)〉가 실려 있다. 이 시를 짓고부터 사대부들 사이에 시명(詩名)이 나게 되었다고 전한다.[8]

『관성제군성적도지전집』의 환재(瓛齋) 박규수(朴珪壽, 1807~1876) 서문에서 신이 복을 내림은 반드시 정직을 좋아한다고 하며 신도설교하여 천하가 감복한다고 하였고 약관부터 관후를 경모하여 몽매에도 만났다고 할 만큼 관성신앙이 기본적으로 있었다.[9] 박규수는 그 부친 박종채의 "복

---

6) 光緖二年丙子(1876)六月丁鶴九序, 光緖二年丙子(1876)仲秋溟州劉雲峀卿跋.

7) 光緖丙子(1876)孟秋鐫, 海東聖蹟誌, 檀國顯聖殿藏板.

8) 안대회, 『조선의프로페셔널』, 「천민시인이단전」, 휴머니스트, 2007, 310쪽.

9) "蓋言神之錫福, 必其正直是好也 …… 神道設敎, 而天下服也, 珪壽爰自弱冠, 景慕關侯, 莛茅之卜, 夢寐之遇, 若有誠告丁寧, 而指導之者."

이 길고 짧은 것은 공덕이 많고 적음에 달린 것"[10]이라는 가르침을 받들었으니 선서(善書)의 사상인 선악인과론과 일치한다.

박규수는 또 서문에서 동네의 수재 서정이 개연히 창도하여 재물을 모아 『관성제군성적도지전집』을 중간[11]하였다고 하였다. 박규수가 만년에 재동에 살았으니 남관왕묘 도사 서정은 재동 근처에 살았을 것이다. 박규수는 늦어도 을묘년(1855) 이후부터 만년에 이르기까지 줄곧 재동에서 살았다고 하였다. 박규수의 재동 집터는 헌법재판소 뒤뜰에 백송만 남아 있다.[12] 박규수는 실학자 연암 박지원의 손자로 실학사상가요 개화사상가이므로 도교사상에도 자유로울 수 있는 것이다.

이 3종의 관성제군 관련 서적 통칭하여 관제삼지(關帝三誌)라 칭하겠다. ―『관성제군성적도지전집』, 『관성제군성적도지속집』, 『해동성적지』와 『남궁계적(南宮桂籍)』은 무상단이 성립되기 전 나중의 무상단 구성원 도사들이 간행한 것이고 무상단의 계선과 같은 계선들―관성제군, 문창제군, 부우제군이 강계(降乩)한 것이므로 무상단과 연관성이 있다. 그래서 이것을 무상단 직전파(直前派)로 명명하여 무상단 발달 연구의 편의를 도모한다. 무상단 직전파가 본파(本派)가 되고 다시 중건파(重建派)가 되는 무상단 3단계 과정을 거쳐 무상단은 생장과 소멸을 맞이하였다.

『관성제군성적도지속집』의 유운 발문에서 속집 편찬에 즈음하여 3월 3일 관성제군이 청허자(淸虛子) 정학구에게 명하여 계필(乩筆) 수시(垂示)하고 이어서 남궁(南宮: 문창제군)이 청허에게 명하여 계유(誡諭)를 보이고, 순양부우제군이 계단(乩壇)에 강림하여 또한 청허에게 명하여 성찬(聖贊)과 묘련(廟聯)을 보이며 성덕(聖德)을 찬양하고 제생(諸生)의 건성

10) 김명호, 『환재박규수연구』, 창비, 2008, 32쪽.

11) "比閭之秀, 有徐珽者, 慨然倡起, 鳩貲重刊."

12) 김명호, 『환재박규수연구』, 창비, 2008, 27쪽 사진 설명 및 각주16번 참조.

(虔誠)을 인하여 먼저 속발(續跋)을 계(乩)하고 뒤에 속서(續序)를 계하였고, 5월 13일에 주록(朱綠)의 계필로 점정(點定)하였다고 하였다. 청허자 정학구가 일심으로 사란(司鸞)하여 삼성이 이 자지(慈旨)를 선시(宣示)하였다고 하였다. 이때는 무상단 성립 전으로 계단으로만 호칭하고 계단의 명칭은 없었다. 이 계단에선 관성제군을 위시하여 문창제군, 부우제군 등 삼성제군을 숭배, 신앙하였다.[13)] 계단의 장소는 남관왕묘 도사 청녕자(淸寧子) 서정의 방이다.[14)] 청허자 정학구가 주동 인물이니 무상단과 같다. 무상단 직전파(直前派)도 무상단 본파와 유사하나 구성원에서 다름이 있다.

청허자 정학구와 같이 청 자(淸字)나 허 자(虛字)와 자 자(子字)가 들어가는 도호(道號)의 인물이 계단의 구성원이다.[15)] 서발에 자주 등장하는 관제삼지(關帝三誌) 간행 주역 청녕자 서정이 있고 속집 제4권 예문고 명류(銘類)에 수록된 〈청룡도명(靑龍刀銘)〉의 작자 배인양(裵仁養) 청진자(淸眞子), 오언율시의 〈입관제묘(入關帝廟)〉 작자 최성환(崔瑆煥) 묘허자(妙虛子)가 있다. 제3권 영감고(靈感考)의 〈면학진아(勉學眞我)〉 조에 서홍구(徐洪九)와 유성한(劉聖漢)이 함께 계단(乩壇)에 있었다고 하였는데 이 서홍구는 서정(徐珽), 유성한은 유운으로 유운은 당시 무심옹(無心翁)이라 호하고 무상단 시절의 청하자(淸霞子)란 도호를 아직 사용하지 않았다. 제3권 영묵고(靈墨考)에는 관성제군이 유운에게 계시(乩示)한 계시(乩詩)

---

13) "三月之三日, 帝君命淸虛子丁鶴九乩筆垂示 …… 嗣有南宮, 又命淸虛, 以示誡諭, 純陽孚佑帝君, 降於乩壇, 亦命淸虛, 先示聖贊, 後示廟聯, 讚揚聖德, 以表慕仰, 復因諸生之虔誠, 先乩續跋, 後乩續序, 乃於五月十三日, 以朱綠乩筆, 點定簡選 …… 淸虛子丁鶴九 …… 一心司鸞, 三聖宣此慈旨."

14) 純陽子跋 "赤鼠端陽月三日 純陽子 乩書于淸寧靜室", 純陽子序 "光緖二年丙子閏五月吉日, 純陽子命淸虛子乩書於淸寧小室"; 丁鶴九序 "光緖二年丙子六月上浣之吉日白蓮居士淸虛子遼陽丁鶴九公威焚香稽首稽首"

15) 〈賜號淸夢〉 조에 李承億이 丙子刊誌의 역에 유공하여 관성제군이 淸夢子란 호를 하사하였다고 하였는데 이는 刻手라서 구성원이 되기에는 자격미달일 듯하다.

5수가 수록되어 있다.[16)]

관제삼지(關帝三誌)를 간행하고 관왕묘 남묘에 고유하는 하전(賀箋)-〈진신간성적도지하전(進新刊聖蹟圖誌賀箋: 崇禮門外聖廟)〉에는 주제관(主祭官)이

嘉善大夫 行龍驤衛護軍 臣 徐珽(淸寧子)

宣略將軍 行忠武衛副司猛 臣 裵仁養(淸眞子)

禦侮將軍 行忠武衛副司果 臣 李璟益

이 열거되어 있고 관왕묘 동묘에 고유하는 하전-〈진신간성적도지하전(興仁門外聖廟)〉에는 주제관이

嘉義大夫 行龍驤衛護軍 臣 劉雲(無心翁)

嘉善大夫 前同知中樞府事 臣 李駿謨[17)]

通訓大夫 行內需司別提 臣 高尙鎭[18)]

이 열거되어 있으니 이들이 관왕묘 도관(道官)일 것이고 또한 계단(乩壇)에도 참여한 구성원들일 것이다. 여기에 청허자 정학구와 묘허자 최성환을 보태면 무상단 본파와 같은 인 수(人數) 모두 8인이 된다. 무상단 본파와 수

16) 靈感考에는 재미있는 설화도 수록되어 있다. 〈畀嗣文章〉에 천재 시인 松穆館, 虞裳 李彦瑱(1740~1766)의 부친 李德芳이 關聖廟에서 祈子하여 唐代 천재 시인 李賀의 후신인 虞裳을 얻게 된 사연을 수록하였다.

17) 續集 제3권 靈感考의 〈改金得祿〉이 李駿謨의 동묘의 개금공덕을 묘사한 것이고, 〈賜方通治〉는 이승억이 꿈대로 이준모 가족의 병을 치료한 일화이다.

18) 속집 제3권 영감고의 〈施經療病〉이 高尙鎭의 『敬信錄』과 『覺世經』 印施의 공덕을 묘사한 것이다.

자가 같다. 배인양(裵仁養), 이영익(李璟益), 이준모(李駿謨), 고상진(高尙鎭), 이승덕(李承億)이 교체된 것인지 이씨(李氏)는 무상단 본파의 이창(李昶), 이숙(李璹)이 도명(道名)이라서 본명을 알 수 없는 것인지 미상이다.

속집 영감고의 〈해습지계(解習之計)〉에서 광서 이년에 부우제군이 계단에 자주 강림하여 성지 중간의 일을 격려하고 관제(關帝)의 『각세진경(覺世眞經)』과 「구겁문(救劫文)」을 책으로 만들어 널리 베풀 것을 권하자 회중(會中)의 제생(諸生)이 그 말대로 수만 권을 인쇄하여 폈다고 하였으니 이 책은 『각세진경』, 「구겁문」, 부대련구(附對聯句), 「영험기(靈驗記)」로 이루어진 『과화존신(過化存神)』과 같으므로 『과화존신』이 이때 간행, 보급된 것으로 추정한다.[19]

문창제군(文昌帝君)에 대해서는 도입 초기인 고종 13년(1876, 병자)에는 전질의 분량이 방대한 관계로 권효문(勸孝文), 음즐문(陰騭文), 영험기를 간추려 『남궁계적(南宮桂籍)』을 편찬, 강화학파의 대가인 영재 이건창의 서문을 받아 간행하였다. 한 해 지난 뒤로 본격적으로 문창제군에 대한 신앙이 강화되어 주 계선으로 숭배되어 강필 난서를 편찬하기 시작하였다.

고종 14년(1877, 정축) 12월에 시작되어 15년(1878, 무인) 2월에 완성된, 한국에서 최초로 만들어진 도교(道敎) 난서인 『문창제군몽수비장경(文昌帝君夢授秘藏經)』[20]을 이어 『문창제군성세경(文昌帝君惺世經)』과 『문창제군통삼경(文昌帝君統三經)』이 연속 편찬, 간행되었다. 고종 18년

19) 속집 제4권 藝文考에 周鵬羽+中의 〈乾坤正氣錄序〉가 있는데 "嘉慶丙寅(11, 1806)春, 僑寓錦城 …… 是書之成也, 始于懋勳, 繼於炳萕, 俾大帝過化存神之妙, 炳然天壤"이라 한 데에서 서명을 취한 것인가.

20) 왕홍평은 『文昌帝君夢授秘藏經』이 중국 도서관이나 목록에 안 보이므로 중국에서 한국에 전파한 것인지 조선인이 문창에 가탁하여 지은 두찬인지 모르겠다고 하였는데 목록만을 고찰한 결과로 조선 난단의 자생적 찬술 문헌임을 파악 못한 것이다. 王興平, 「文昌文化在朝鮮半島的傳播和影響」, 『中國道敎』 3, 2002.

(1881, 신사)에 문창제군의 경전 등을 집대성한 총서 『계궁지(桂宮誌)』 9권 7책을 서정(徐珽)이 편집하고 이배근(李培根)이 교정하여 간행하였다. 고종 20년(1883, 계미)에는 무상단 도사인 장욱(張旭)이 청나라 주석군(朱石君)의 『음즐문주해(陰騭文註解)』를 구해 간행하자 동료인 유운이 발문을 지어 사실을 밝혔다.

부우제군(孚佑帝君)에 대한 개별적 신앙서는 문창제군과 같은 때에 편찬, 간행되었다. 고종 18년(1881, 신사)에 서정, 유운이 순양자 여동빈 부우제군에 대한 중국과 한국의 관련 문헌을 집대성하여 『중향집(衆香集)』이란 총서를 편찬하고 이배근이 교정하여 8권 8책으로 간행하였다. 고종 18년 동짓달에 서문을 쓴 석릉(石菱) 김창희(金昌熙, 1844~1890, 字壽敬)는 『중향집』의 서문에서 "아부우제군(我孚佑帝君)", "아제군(我帝君)"이라고 표현한 것으로 보아 부우제군에 대한 숭배 의식이 있은 듯하다. 그는 이미 고종 13년(1876) 8월에 『관성제군성적도지전집』에 발문을 썼는데, 거기에서 관성제군을 유종(儒宗)이라 하고 석씨(釋氏)와 노씨(老氏)가 우리 이륜(彝倫)을 벗어나지 않는다고 삼교회통적 사상을 설파하였다.[21] 다음 해(戊寅1878, 고종15, 立夏節)는 부우제군의 『심경(心經)』과 『구심편(求心篇)』 및 『영험기』를 엮어 『심학정전(心學正傳)』을 편간하고 서문을 썼다.[22] 그는 문과 급제하여 내외직을 역임, 양관대제학을 거쳐 한성부판윤에 이르렀다. 서문을 쓴 이듬해인 임오군란 때는 대진(大陣: 淸軍) 영접관(迎接官)으로 청과의 교섭을 담당하고 그 일기 『동묘영접록(東廟迎接

---

21) "帝乃儒宗也, 而釋典道籙, 爭相稱述, 事多可徵 …… 李氏之未嘗外吾彝倫, 章章可驗"

22) 김창희의 서문에서 "識者病其傳布未廣, 且欲其家喩戶誦, 乃於集中取心誥二文, 靈驗八則, 彙刊小編 …… 以是告夫奉帝君聖訓而勉於心學者."고 했는데 그 識者가 본인인지, 劉雲 등인지 미상이나 편집 방식이 『南宮桂籍』과 일치하므로 일단은 무상단 도사들로 추정한다.

錄)』과 『대진척독(大陣尺牘)』을, 자신의 수상록으로 『담설(譚說)』을, 문집으로 『석릉집(石菱集)』을 남겼다. 다만 『석릉집』은 유가의 문집 편찬 불문율에 따라 위 3종의 도교적 서발은 수록되지 않았다. 문집 제4권에 있는 「변로(辨老)」에선 요순(堯舜)을 적자(嫡子), 공자(孔子)를 적손(嫡孫), 노자를 적자(嫡子)를 걱정하는 지자(支子)로 표현하여[23] 유도일가론(儒道一家論)을 전개하였다. 김창희는 삼교회통사상가이므로 정통 성리학자는 아니다. 대종교 제2대 교주, 독립운동가 김교헌(金敎獻, 1868~1923)의 부친이다.

원래 『중향집(衆香集)』 제4권에 실려 있던 『약언보전(藥言寶典)』을 뽑아 유청련 법사(劉淸蓮法師) 곧 청련자 유운이 고종 21년(1884, 갑신)에 『부우제군약언보전』을 초록하고 별세하자 박풍(朴豊)이 간행하였다. 『부우제군약언보전』은 무상단 도사 유운의 생몰년을 알 수 있는 중요한 자료이다.

문창제군에 대한 개별 신앙서가 모두 6종으로 가장 많이 간행된 것은 과거시험과 문운 주재신인 문창제군이 조선에 있어서도 최고로 숭배받을 수밖에 없는 요인을 갖춘 존재로 주(主) 계선(乩仙)임을 보여 주는 것이다.

무상단의 도사들은 난단 활동을 통해 계선들의 말씀을 듣고 기록하는데 이것이 어록이다. 중국 역대의 난단에서도 각자 어록을 편찬했는데 부우제군 여조 순양자 여동빈의 어록은 『중향집』 제5권에 수록된 『옥전어록(玉詮語錄)』, 『신월단어록(新月壇語錄)』, 『옥청어록(玉淸語錄)』, 『함삼어록(涵三語錄)』, 『운소정사어록(雲巢精舍語錄)』, 『표돌천어록(豹突泉語錄)』, 『편금어록(片金語錄)』, 『무상단어록(無相壇語錄)』이 그것이다. 『무상단어

23) 『石菱集』 卷四, 「雜著」, 10a. "黃帝其起家之富人也, 堯舜其承家之嫡子也, 周公孔子其繼述之嫡孫也, 老子其爲嫡慮貧之支子也."

록』에는 장욱, 서정, 이숙, 최황을 거론한 말씀이 있다.

문창제군의 작품을 기록한 것으로는 『계궁지』 제7권의 금성함(金聲函)이 그것이다. 「시무상단제자(示無相壇諸子)」는 7언고시이다. 무상단 도사들의 작품도 제8권 예원함(藝垣函) 시류(詩類)에 실려 있다. 서정의 「무상단알문제(無相壇謁文帝)」, 유운의 「공배원황성상(恭拜元皇聖像)」, 정학구(丁鶴九)의 「문성각(文星閣)」, 장욱의 「문창각재단(文昌閣齋壇)」, 유성흠(劉晟欽)의 「알문창제군상(謁文昌帝君像)」, 최황의 「무상단하공축(無相壇下恭祝)」, 이숙의 「알문창단(謁文昌壇)」, 이창의 「무상단」 무상단 팔제자의 시 작품이 1수씩 수록되어 있다. 이창의 「무상단」 시를 보면 "靈蹟通三界, 法音自九天, 蕉窓慈雨潤, 桂籍惠風宣"에서 초창이나 계적은 다 문창제군의 사적이니 무상단을 문창제군의 난단으로 묘사한 것이다. 서정의 휘집(彙輯)인 『계궁지』나 유운의 휘집인 『중향집』은 다 경주이씨 이배근이 교정하였다.

삼성(三聖)에 대한 통합 신앙서로는 고종 14년(1877, 정축)에 해동무명씨(海東無名氏)가 편찬하고 무상자(無相子)가 발문을 붙여 간행한 『삼성보전(三聖寶典)』이 있다. 『삼성보전』은 문창제군효경(文昌帝君孝經), 관성제군충의경(關聖帝君忠義經), 부우제군성심진경(孚佑帝君醒心眞經)을 중심으로 관련 문헌을 편집한 것이다. 무상자의 발문에서 문창제군은 효의 성인, 복마제군(伏魔帝君: 관성제군)은 충의 성인, 부우제군은 성경(誠敬)의 성인이니 이를 스승 삼으라고 하였으니[24] 편찬 의도가 여기에 있는 것이다. 『문창제군몽수비장경(文昌帝君夢授秘藏經)』의 서정의 연기서(緣起叙)에 의하면 『삼성보전』은 복마성제(伏魔聖帝)의 명을 받들어 휘편, 간행

24) "文昌帝君, 孝之聖也, 天之何不讚其德. 伏魔帝君, 忠之聖也, 日月何不讓其光. 孚佑帝君, 誠敬之聖也, 鬼神何不欽其道也哉…… 師文昌之孝, 則天地之讚德, 斷可得也……"

하였다고[25] 하였으니, 무상단에서 편간한 것이다. 삼성(三聖)의 보고(寶誥)를 중심으로 관성제군의 각세진경(覺世眞經), 문창제군의 음즐문(陰騭文), 부우제군의 구심편(求心篇) 등을 엮어 고종의 명으로 고종 17년(1880, 경진)에 간행한 『삼성훈경(三聖訓經)』이 있는데 무상단과는 관계없지만 여기에 같이 소개하였다. 『삼성훈경』이 비교적 삼성의 대표 선서 경전을 수록한 것이고 『삼성보전』은 충효사상에 경도된 경향이 있다.

3. 고종시대(高宗時代)의 중요 난단도사(鸞壇道士)인 유운(劉雲)

무상단은 고종시대에 난단도교를 전파하는 중요 전진 기지였다. 서정, 서난경, 유운은 무상단의 중요 도사였다. 서난경과 유운은 같은 난단도사이나 서난경은 도교전문적 도사이고 유운은 도불회통적 도사인 차이점이 있다. 생몰연대와 활동 전기 자료가 있는 인물로는 유운이 유일하다. 유운은 본래 불교거사였다. 불교거사로서 불교계에 난단을 도입하여 활동하다가 본격적으로 도교적 난단 활동을 전개한 것으로 보인다.

유운(劉雲, 1821~1884)은 일명 유성한(劉聖漢), 자는 수경(岫卿), 호는 무심옹(無心翁), 연화재(蓮華齋), 법호는 보광거사(葆光居士), 법명은 보원(普圓), 도호는 여시관주인(如是觀主人), 청련자(淸蓮子), 유청련법사(劉淸蓮法師) 등이다. 본관은 강릉(고호 溟州)이다.

유운은 순조 21년(1821)에 태어나 고종 21년(1884)에 향년 64세로 별세하였다. 29세 때인 헌종(憲宗) 15년(1849)에 불교거사로 삼교회통사상가인 월창거사(月窓居士) 김대현(金大鉉, ?~1870)의 문하에 입문하였다. 김

25) "又奏曰: 寶典獻壇〈三聖寶典, 承伏魔聖帝命, 彙進刊布.〉隔日而淸虛方病, 以是憂憫"

대현은 철종(哲宗) 6년(1855) 8월에 천태지의 선사의 『천태지관(天台止觀)』을 요약하여 『선학입문(禪學入門)』을 편찬하고, 꿈에 관한 다양한 격언을 서술하여 철리를 설한 『술몽쇄언(述夢鎖言)』을 저술한 학자였다. 두 책은 『한국불교전서』 제10책에 수록되어 있다. 유운은 한편으론 불교거사이고 한편으론 난단도사인데 불교거사로서는 월창거사 김대현이 영향을 끼쳤을 것이나 난단도사로서의 영향관계는 미상이다.

유운이 40세 때인 철종 11년(1860)에 김대현은 안동에 귀환하여 은거함으로써 유운은 스승과 작별하였다. 유운이 50세 때인 고종 7년(1870)에 김대현이 안동에서 별세함으로써 유운은 스승과 10년 전 작별한 것이 영별이 된 셈이다.

유운은 김대현과 작별한 뒤로 49세 때인 고종 6년(1869)에 환공치조(幻空治兆)가 고령산(古靈山: 경기도 파주시 광탄면 영장리) 보광사(普光寺)에서 결성한 정원사(淨願社)에 가입하였다. 정원사는 정토왕생을 염원하는 불교 결사로서 승속이 다 참여하였다. 유운은 이때 보광거사란 법호와 보원이란 법명을 사용하며 정원사 결사문을 찬술하였다. 결사문은 이듬해(1870, 고종7) 정원사에서 활인(活印)한 환공치조 찬 『청주집(淸珠集)』의 부록으로 실려 있다. 유운은 또 고종 19년(1882) 1월에 정원사에서 개간한 허주덕진(虛舟德眞) 찬 『정토감주(淨土紺珠)』를 고종 17년(1880) 3월에 보화거사(寶華居士) 유엽(劉燁)에게 보여 주어 발문을 받기도 하였다.

유운은 52세 때인 고종 9년(1872) 11월에 묘련사(妙蓮社)란 불교 결사에 가입하여 불교 난단 활동을 전개하여 불교 난서 『관세음보살묘응시현제중감로(觀世音菩薩妙應示現濟衆甘露)』(약칭 濟衆甘露)를 편찬하기 시작하여 고종 15년(1878) 1월에 간행하였다. 이 책은 관세음보살의 강란(降鸞)으로 완성한 최초의 한국 민중 불교 경전이라고 하겠다. 이 책은 4년 동안 7처에서 난단을 열어 11번 운집하여 전경(全經)을 완성하였다.

1권, 2권의 권수제는,

甘露法主 普月居士 正觀 承宣

葆光居士 普圓 奉彙

印潭居士 性月 奉彙

3권, 4권의 권수제는,

甘露法主 普月居士 正觀 承宣

海月居士 性湛 奉彙

玄虛居士 慈雲 奉彙

이니 모두 승려가 아닌 거사들이 불경을 찬술한 것이다. 보광거사가 유운이라는 것을 알 수 있을 뿐 나머지는 누구인지 알 수 없다. 이중 성담(性湛)은 유운과 함께 정원사 결사에 참여하여 발원문을 짓고 불국옹(佛國翁)에게 『청주집』 발문을 받은 부련성담(芙蓮性湛)이다. 위의 제명(題名) 중 보원(普圓: 劉雲), 성월(性月), 성담(性湛)에게 강시(降示)한 게송이 제2권에 기재되어 있다. 이중에는 유운과 함께 무상단의 난단 활동에 동참한 인물도 있을 것이나 칭호를 달리 쓰기에 존재를 파악할 수 없다.

7처는 삼각산의 감로암(甘露菴), 해인장자가(海印長者家), 담연단(湛然壇), 보련정실(寶蓮淨室), 여시관(如是觀)[26], 삼성암(三聖菴), 진국사(鎭國

26) 如是觀은 도관의 명칭인데 유운이 如是觀主人이라고 칭한 것으로 보아 그의 서재로 사용된 것이다. 유운은 無相壇에서 활동하기 전 同治甲戌(1874, 고종 11)夏에 如是觀에서 『觀世音菩薩妙應示現濟衆甘露』의 說返本還源品을 筆受하고, 光緖乙亥(1875)夏에 거듭 如是觀에서 定品命名하였다. 崔瑆煥의 『新訂演經篇』에서 漢壽亭侯의 서문이 白岳의 서쪽 如是齋 속에서 降乩한 것으로 보아 如是觀과 如是齋는 동일한 것이니 서울 백악산 자락에 있었고 여시재는 고종 28년(1891) 경에도 여전히 난단으로 사용된 것이다.

寺) 등지다. 이중 담연단은 난단의 명칭인데 활동 상황은 미상이고 여시관은 유운의 도관 명칭이다. 단순한 서재 명칭이 아니고 도관의 역할을 겸했을 것이다. 이 책은 최종적으로 유운의 무상단에서 고종 14년(1877, 정축) 겨울에 부우제군 순양자의 강서(降序)를 받아 이듬해 간행하게 되었다.

고종 대에 한성부 동관왕묘와 남관왕묘에서 삼성제군이 내린 계시(乩示)를 일록(日錄)의 방식으로 기록한 책자인 『성계집(聖乩集)』과 『해동성적도지속집(海東聖蹟圖誌續集)』에 보면 「진신간성적도지하전(進新刊聖蹟圖誌賀箋)」이 있는데 가의대부(嘉義大夫) 행룡양위호군(行龍驤衛護軍) 유운이 지은 것이다. 정경희는 『계궁지』의 해제에서 유운이 홍인문 동관왕묘를 관리하는 직임에 종사한 인물이었음을 알 수 있다고 하였다. 유운은 국립 관묘(關廟)의 관리 도관(道官)으로 난단도사인 것이다. 가의대부는 종2품의 고관인데도 『고종실록』 등 역사 기록에는 유운의 이름이 등장하지 않는다. 유운이 비록 무관직 고관이었어도 그의 동료들이 대부분 중인인 것으로 보아 그도 중인층으로 추정된다.

유운은 57세 때인 고종 14년(1877, 정축) 3월에 부우제군 순양자의 전집인 『중향집』을 편찬하고 61세 때인 고종 18년(1881, 신사) 11월에 간행하며 발문을 지었다. 고종 14년 11월에 쓴 유운의 발문에 의하면 문창제군의 『계궁지』를 서정이 사우(社友)와 함께 편찬하였다고 하였으니, 무상단에서 두 거질을 같이 편찬한 것이고 무상단 도사들이 간행한 것이다. 고종 14년에서 18년 사이가 무상단과 무상단 도사들의 전성기라고 하겠다.

유운은 58세 때인 고종 15년(1878, 무인)에 본격적으로 무상단의 난단 활동을 전개하여 청련자란 도호를 쓰며 젊은 동료 청하자 이숙이 강수(降受)한 『문창제군몽수비장경』, 『문창제군성세경』, 『문창제군통삼경』의 편찬에 참여하여 찬(讚)이나 발문을 쓰거나 주석을 달았다. 『문창제군몽수비장경』의 발문에서 "無相壇執侍弟子 如是觀主人 淸蓮子 劉雲"이라고 제명(題名)하여 자신의 정체를 밝혔다.

유운은 60세 때인 고종 17년(1880) 3월에 허주덕진(虛舟德眞) 찬 『정토감주』(고종 19년(1882) 1월 정원사 개간)를 보화거사 유엽에게 보여 주어 발문을 받기도 하였다.

61세 때인 고종 18년(1881) 겨울에는 『중향집』에 발문을 써서 간행하고, 『계궁지』의 간행에도 직간접으로 참여하였다. 12월에 명유(明儒) 정선(鄭瑄)의 『작비암일찬(昨非菴日纂)』에서 시화(詩話)에 속한 것 실상은 선서(善書)의 경세사상(警世思想)[27]에 부합하는 내용을 편집하여 『작비암시화(昨非菴詩話)』를 편찬하였으니 시화(詩話) 명칭의 선서(善書)이다. 12월에 임경준(任慶準)이 서(序)를, 광서계미(光緖癸未, 1883, 고종20) 9월에 몽련거사(夢蓮居士) 김석(金奭)이 서(序)를 지었다. 김석은 유운의 마지막 저술 『부우제군약언보전』에 발문을 지어 유운을 추모한 사람이다. 임경준은 60여 세인 유운을 군(君)으로 지칭하며 선서(善書)를 다수(多修)하여 세인(世人)을 권(勸)하였다고 정확히 평가하였다.[28] 김석은 유운에 대하여 유보광 선생(劉葆光先生)이라 하며 청원거사(淸圓居士)를 통해 자기에게 선서(善書)를 기증하였다고 하였다.[29] 유운은 당시 사대부 사이에서 선서(善書) 보급으로 저명하였던 것이다. 『작비암일찬(昨非菴日纂)』은 『부우제군약언보전』과 함께 무상단 도사 유운의 생몰년을 알 수 있는 중요한 자료이다.

---

27) 필자 나름대로 정의하면 善書의 삼대 특징으로 警世格言, 善惡禍福故事, 三敎共存樣相을 거론할 수 있다. 『昨非菴詩話』는 이 삼대 특징을 갖춘 선서라고 하겠다.

28) 任慶準序. "劉君雲, 平生樂修善業 …… 今年六十有餘 …… 多修善書, 以勸世人."

29) 金奭序. '劉葆光先生, 力善不倦 …… 去秋先生從淸圓居士, 贈余善書 …… 春秋過耳順已三年.'

62세 때인 고종 19년(1882) 4월에는 친구 금지도인(金地道人)이 『원해서범(願海西帆)』이란 정토사상 총서(佛說阿彌陀經, 佛說大阿彌陀經, 淨土十疑論, 萬善同歸集, 淨土或問, 直指心要, 淸珠集, 淨土紺珠, 西舫彙征, 蓮邦詩選, 濟衆甘露)를 발행하자 보광거사 유운 제명(題名)으로 발문을 써주어 찬양하였다.

63세 때인 고종 20년(1883) 7월에 간행된 『법해보벌(法海寶筏)』에 발문을 쓰고, 역시 7월에 겸선당(兼善堂)에서 동료 장우상(張禹相)이 간행한 『옥황보훈(玉皇寶訓)』에 발문을 써 주었다. 겨울에는 무상단 동료로 성허자란 도호를 쓰는 장욱이 『음즐문주해』를 간행하자 발문을 써주었다.[30] 『옥황보훈』은 고종 16년(1879) 8월에 해동무명씨가 발문을 써서 간행한 『옥정금과삼요집략(玉定金科三要輯略)』과 함께 옥황상제 신앙을 고취시키는 난서이니, 유운의 신앙이 원래 불교의 아미타(阿彌陀), 관세음(觀世音) 신앙에 이어 도교의 삼성(三聖) 신앙에서 옥황(玉皇) 신앙으로 확대된 것이다. 『법해보벌(法海寶筏)』은 우란회일(盂蘭會日: 7월 백중)에 감로사에서 간행된 것이다. 감로사란 관음 신앙을 위한 결사이다. 감로사에서는 이 책 외에도 이해에 『마가반야파라밀다심경주해(摩訶般若波羅蜜多心經註解)』와 『금강경정해(金剛經正解)』를 간행하기도 하였다. 유운도 이 감로사의 결사에 참여한 것으로 여겨지니, 유운은 불교의 정원사, 묘련사, 감로사의 결사에 활발히 참여하고, 도교의 무상단의 난단 활동에도 적극 참여하여 도불(道佛)회통의 전형을 보여 준 거사 겸 도사라고 하겠다.

유운은 고종 21년(1884)에 향년 64세로 별세하였다. 별세한 해의 봄에 자기에게 삼교사상을 가르쳐 준 스승으로 불교거사인 월창거사 김대현의

30) 張旭이 간행한 『陰騭文註解』는 『桂宮誌』 제3권에 수록된 것을 單行한 것이다. 여기에는 『桂宮誌』 수록본에 없는 題下에 "大興朱珪石君敬輯"이란 題名이 있다. 이 朱珪의 『陰騭文註解』는 원래 蔣予蒲가 편간한 『道藏輯要』에 수록되었던 것이다.

유저 『술몽쇄언』을 저자의 아들 김제도(金濟道)가 간행하며 발문을 부탁하자 스승과의 관계를 회고하며 써 주었다. 이 글이 마지막 유고일 것이다. 얼마 아니 되어 『부우제군약언보전』을 『중향집』(제4권 所收)에서 뽑아 간행하려다 미처 이루지 못하고 별세하니, 박풍이 간행하고 몽련거사 김석이 발문을 써 그런 사실을 밝혔다. 이 책은 유운의 생몰을 추정할 수 있는 중요 자료이다. 그런데 이 책은 전사자로 간행한 것인데 김석의 발문에서 간행 비용을 댄 공덕주를 언급하는 이름(朴豊, 金默, 尹巘, 金鼎)이 책마다 각기 다르니 비용을 댄 사람들에게 그 명의로 책을 인쇄해 준 것이다.

4. 결론

한국 최초의 본격 도교 난단인 무상단은 신앙 계선(乩仙)으로 관성제군, 문창제군, 부우제군의 삼성제군(三聖帝君)을 한국적 특색으로 최초로 통합 숭배하고 신앙하며[31] 난서(鸞書), 선서(善書)를 편찬, 간행, 보급, 전파하였다.

무상단은 명칭을 사용하기 전 계단(乩壇)이란 존재로 서정이 『관성제군성적도지전집』 5권 5책, 『관성제군성적도지속집』 4권 3책, 『해동성적지』 2권 1책 통칭 관제삼지(關帝三誌)를 간행할 때 난단활동을 전개하여 정학구, 유운, 최성환 등과 함께 하였다. 이를 무상단 직전파로 구분한다.

31) 김탁은 "한국종교 전체를 조망해 보았을 때 문창제군과 부우제군에 대한 신앙은 거의 찾아보기 어렵다. 이는 중국의 경우와 대비해 보았을 때 뚜렷이 확인되는 한국종교의 특성이다. 필자는 문창제군과 부우제군이 한국인에게는 익숙하지 않은 낯선 신격이기 때문에 숭배나 의례화가 이루어지지 않았다고 생각한다."고 하였는데 詳考하지 않은 설이다. 김탁, 「중국 關帝신앙의 성립과 한국 관제신앙의 전개과정」, 『한국종교』 29, 圓光大學校宗教問題研究所, 2005.

무상단은 고종 14년(1877, 정축) 봄에 성립되었다. 무상단이라는 명칭이 최초로 등장한 문헌은 현재로선 동년 3월 경에 문창제군이 "내하운두어무상단(乃下雲頭於無相壇)"이라고 한 『중향집』의 서문이다. 『해동무상단연기(海東無相壇緣起)』에서는 이해 가을에 창건되었다고 하였으나 정확한 것이 아니다. 이해 겨울에 순양자가 무상단에 강난(降鸞)하여 서문을 쓴 『관세음보살묘응시현제중감로』도 무상단의 존재를 나타내는 비교적 조기 문헌이다.

무상단 직전파와 본파(本派) 출신 도사들은 삼성(三聖)에 대한 통합 신앙서와 개별적 신앙서를 출판하여 보급하였다. 개별적 신앙서로는 관성제군에 대한 것으로 서정이 관제삼지를 간행하였다. 축약본으로 『과화존신』을 간행하여 널리 보급하였다.

문창제군에 대한 것으로 문창제군의 경전 총서 서정 편 『계궁지』 9권 7책, 축약본 서정 편간 『남궁계적』, 한국 최초 도교 난서인 『문창제군몽수비장경』, 『문창제군성세경』, 『문창제군통삼경』, 무상단 도사인 장욱 간 『음즐문주해』가 있다.

문창제군에 대한 개별 신앙서가 모두 6종으로 가장 많이 간행된 것은 과거시험과 문운 주재신인 문창제군이 조선에 있어서도 최고로 숭배받을 수밖에 없는 요인을 갖춘 존재로 주(主) 계선(乩仙)임을 보여 주는 것이다.

부우제군에 대한 개별적 신앙서는 부우제군의 문헌 총서 유운 편 『중향집』 8권 8책, 축약본으로 『심학정전』이 있고, 유청련법사 곧 청련자 유운 초록 『부우제군약언보전』이 있다. 『부우제군약언보전』은 무상단 도사 유운의 생몰년을 알 수 있는 중요한 자료이다.

삼성(三聖)에 대한 통합 신앙서로는 『삼성보전』이 있다.

무상단의 구성원은 단하팔사(壇下八士), 곧 단하팔제자(壇下八弟子)이니 무상단 8도사라고 하겠다. 모두 8명으로 좌반과 우반으로 분반되었고 우반의 영수는 청허자 정학구이다.

좌반의 멤버 묘허자 최황, 청녕자 서정, 청련자 유운, 현허자 이창

우반의 멤버 청허자 정학구, 성허자 장욱, 월허자 유성흠, 청하자 이숙

청하자 이숙은 "청하묘령(淸霞妙齡)"이라고 묘사한 것으로 보아 당시 20대의 청년이었던 것 같은데 『문창제군몽수비장경』, 『문창제군성세경』, 『문창제군통삼경』을 승선(承宣)한 주역이니 중요한 멤버였던 것이다.

묘허자 최황은 헌종, 철종 시대부터 선서(善書) 보급에 큰 공을 세운 어시재(於是齋) 최성환(崔瑆煥, 1813~1891)이다. 그는 불교의 묘련사에도 참여하여 불교의 난서 『관세음보살묘응시현제중감로』를 공동 편찬하였고, 무상단에도 참여하여 『문창제군몽수비장경』, 『문창제군성세경』, 『문창제군통삼경』의 편찬에도 참여하였다. 최성환은 무상단의 3단계 곧 직전파, 본파, 중건파에 가장 오래 다 참여한 중진이다.

청허자 정학구는 관왕묘의 도사로, 무상단의 영수로 『문창제군몽수비장경』, 『문창제군성세경』, 『문창제군통삼경』의 편찬을 주도하였다. 관성제군, 문창제군 계선(乩仙) 신앙의 도입과 보급에 큰 역할을 한 사람은 남관왕묘 도사 서정이다.

청녕자 서정은 이건창과 함께 연행하여 북경에서 문창제군묘를 알현하고 문창제군과 부우제군의 초상화를 중국에서 구해오고 관성제군, 문창제군, 부우제군 삼성의 난서를 구입해와 모두 간행하여 보급하였으니 삼성신앙의 난단인 무상단의 핵심요원 난단도사라고 하겠다.

성허자 장욱은 이이엄(而已广) 장혼(張混, 1759~1828)의 아들로 『도장집요(道藏輯要)』본 『음즐문주해』를 구해 동료인 유운의 발문을 받아 간행하였다.

청련자 유운(1823~1884)은 일명 유성한, 자는 수경, 호는 무심옹, 연화재, 법호는 보광거사, 법명은 보원, 도호는 여시관주인, 청련자, 유청련법

사 등이다. 본관은 강릉(고호 溟州)이다. 가의대부 행용양위호군의 무관직 고관으로 동관왕묘의 관리 도관이었다.

유운(1821~1823)은 순조 21년(1821)에 태어나 고종 21년(1884)에 향년 64세로 별세하였다. 29세 때인 헌종 15년(1849)에 불교거사로 삼교회통 사상가인 월창거사 김대현(?~1870)의 문하에서 공부하였다. 64세 때 김대현의 유저 『술몽쇄언』을 저자의 아들 김제도가 간행하며 발문을 부탁하자 스승과의 관계를 회고하며 써주었다. 『술몽쇄언』의 발문(유운의 청년 시대 기록)이 유운의 마지막 유고일 것이다.

유운은 불교의 정원사-『청주집』(정원사 결사 기록), 『정토감주』, 『원해서범』(보광거사 유운 명기), 묘련사-『관세음보살묘응시현제중감로』(불교 난단활동으로 결집된 불교 난서), 감로사-『법해보벌』(보광거사 유운 명기)의 결사 활동에 활발히 참여하여 그 찬술 불서에 서발(序跋)을 지었고, 도교의 무상단의 난단 활동에도 적극 참여하고 그 관련 난서 『중향집』, 『부우제군약언보전』(유운의 생몰 연대 자료), 『계궁지』, 『문창제군몽수비장경』(유운의 도호와 성명 기록), 『문창제군성세경』, 『문창제군통삼경』, 『음즐문주해』, 『옥황보훈』에 서발을 남겼으며 선서(善書)로 『작비암시화』를 편집하였으니, 도불(道佛)회통의 전형을 보여 준 거사 겸 도사라고 하겠다.

울진군의 영정루에서 옥황상제를 모시는 난단 활동을 하던 서난경은 서울 등지로 이주하여 조석린의 개화단에서 활동하고 이어서 이진순의 조광단에서 활동하다가 독자적으로 광삼단(光三壇)을 개설하여 활동하였고 곧바로 무인년(1878, 고종 15) 가을에 해체 상태인 무상단을 계미년(1883, 고종 20) 7월에 중건하여 활동하였다.

이때가 갑신정변이 일어나기 1년 전이었다. 김옥균 등 우국지사들은 신문명, 신제도를 받아들이는 개화를 이루기 위하여 목숨을 건 개혁을 도모하는 시대에 난단도사들은 권선징악적 난서의 교화가 펴진 도교적 개화를 꿈꾸었으니 시대적 소명의식이 다르다고 하겠다.

여러 난단에서 활동하던 도사인 서난경이 본래 옥황신앙의 소유자라서 무상단을 중건하여 활동한 뒤로 무상단은 삼성 신앙에서 옥황 신앙으로 다변화되었으니 변모된 것이다. 이를 이전의 무상단과 달리 보아 무상단 중건파라고 별칭하여 연구의 편의를 도모한다.

무상단 중건파도 이전의 무상단 못지않게 활발한 난서 출판 활동을 벌여 중건 이듬해인 고종 21년(1884, 갑신)에 『현화보란(玄化寶鸞)』(雲中 徐蘭瓊 承宣, 道明 朴晉陽 奉彙, 繪峯 金泰冕 奉校, 刊記: 光緖十年仲夏 無相壇敬繡) – 『해동무상단연기(海東無相壇緣起)』(판심제: 玄化寶鸞)과 『관성제군개화대정전집(關聖帝君開化大程全集)』(徐蘭瓊 承宣, 趙錫麟 奉輯)을 편찬, 간행하고 고종 23년(1886, 병술)에 『기령현묘경(奇靈玄妙經)』(關帝明諭無相壇下有誠有道諸弟子, 徐蘭瓊 承宣, 朴龍吉, 朴維臣 간, 孫德洪 跋, "爲妙虛子一贊", 文洪錫～海東一小民 跋, 九龍灣一竿客 雲中 徐蘭瓊 跋)을 편찬, 간행하고 이어 연대 미상으로 『경선경십이대장(敬善經十二大藏)』(侍壇弟子 雲道 宋錫祜 承宣, 雲中 徐蘭瓊 隷字解義), 『新訂演經篇』(徐蘭瓊 跋, 刊記: 岑城金世澤 刊行) 등을 편찬, 간행하였다.

무상단 도사들은 대부분 관성묘 도관(道官)들이다. 조선 전기 국립 도교 기관인 소격서(昭格署)의 존재를 유학자들이 증오하여 기어이 혁파시켰는데 임진왜란 때 명군의 관왕신앙 전파에 의해 설치된 관왕묘가 이후 국립 도교 기관으로서 역할하여 난단도교가 이에서 발흥하고 많은 선서와 난서들이 편찬, 간행되었으니 관성묘(關聖廟)는 조선후기 유일의 도관(道官)이라고 할 것이다. 관왕묘를 통하여 한국도교사의 3단계 곧 관방도교(官方道敎), 수련도교(修煉道敎), 난단도교(鸞壇道敎)가 정립될 수 있었으니 고마운 존재이다.

무상단의 설치 장소 및 서정, 유운, 서난경 등 무상단 도사들의 전기자료와 무상단 간행 난서들의 실체나 사상적 특징이라든가 무상단과 무상단 중건파와의 전환 관계 및 고종 이전이나 이후의 다른 난단 도교 정황 그리고 고종황제의 도교신앙[32] 등 밝혀야 할 과제들이 많으니, 기회 있는 대로 연구, 보완하여 한국 도교사의 바른 정립에 일조하고자 한다.

32) 李能和는 고종황제가 광무연간에 儒佛老 삼교 정족지세를 이루어야 한다는 설에 동조하여 지석영의 형인 池運英(규장각 官報 池運永 光武四年 1900-12-31 中樞院議官 受勅)과 崔時鳴(규장각 外部來文 1899-03-13 新任 彥陽郡守 崔時鳴)을 중국 江西省 龍虎山(天師府가 있다)에 보내 張天師像을 얻어 와 양근현 龍門山에 道觀을 건립하여 봉안하였으니, 중국에서 용호산에 도관이 있는 것을 본받은 것이라고 하였다. 『朝鮮道敎史』, 제28장, 「自謂儒佛仙合宗之敎」 四, 白白敎, 488쪽. 한국에 정식 正一道敎가 전래되어 국립 도관이 건립되었으나 대한제국의 멸망과 함께 소멸되어 한국의 정통 도교가 존속 기간이 너무나 짧았고 민간도교가 신흥종교 속으로 흡수되는 차원에 그쳤으니 도교사적으로 아쉬운 점이다. 양평군 차원에서 한국 최초의 국립 도관인 龍門山道觀을 복원하여 용문사 및 양근향교와 함께 유불도 삼교회통의 문화중심으로 삼고 동북아 관광자원으로 활용한다면 좋을 것이다.

면암 최익현의 철학사상에 나타난 '위정척사(衛正斥邪)'의 문제*

| 박태옥 |

1. 머리말

인간은 자신이 처한 역사적 조건 속에서 다양한 선택을 하게 되는데, 선택의 기저에는 인간과 세계에 대한 가치판단과 현실대응의 문제가 긴밀한 관계를 맺고 있다. 개화기 지식인들의 다양한 행보 역시 마찬가지이다. 유교 지식인들의 성리학적(性理學的) 세계관에 의하면, 일찍이 객관적이고 보편적인 존재원리를 '리(理)'로써 표상하고, 인욕(人慾)을 좇는 즉물적(卽物的) 인간보다는 리(理)를 실현하는 가치 지향적 인간을 요구하고 있다. 올바른 가치가 실현되는 이상사회를 만들려는 노력은 다양한 현실참여와 실천양상으로 나타나게 된다.

---

* 이 논문은 『한중인문학연구』(한중인문학회, 제26집, 2009. 4.)에 게재되었던 것을 축약하였음.

서구열강과 일본의 침탈 행위를 겪으면서, 19세기 조선의 지식인들은 성리학적 세계관을 공유하였지만 현실대응의 태도에 있어서는 일치하지 않았다. 이들의 선택은 크게 '위정척사(衛正斥邪)'와 '동도서기(東道西器)'의 두 가지 관점으로 나뉜다. '위정척사'는 천리(天理)를 어지럽히고 기강을 문란하게 하는 외세를 배격하고 올바른 우리 것을 지켜 내야 한다는 관점이고, '동도서기'는 우리의 도(道)를 지키지만 부국강병을 위해 서양의 과학기술 문명을 도입해야 한다는 관점이다. 필자는 이 두 가지 관점 중 위정척사론자들의 열렬한 외세배격과 의병활동의 모습을 통해, 그들에게 단순히 시대를 읽을 줄 모르는 독선과 오만에서 비롯된 수구성보다는 근원적이고 강고한 주체적 인식이 기반하고 있다는 점을 주목하였다. 특히 위정척사 사상을 현실적으로 구현한 대표적인 인물로 숱한 상소와 집단궐기, 의병운동 등을 벌이다 순국한 최익현(崔益鉉, 1833~1906, 勉菴)의 경우가 그렇다.

최익현은 스승인 이항로(李恒老, 1792~1868, 華西)의 학문과 사상의 영향을 받아 위정척사 운동을 전개하였다. 1876년 「지부복궐척화의소(持斧伏闕斥和議疏)」를 올려 일본과 맺은 병자수호조약을 결사 반대하였고, 1895년 을미사변의 발발과 단발령의 단행을 계기로 「청토역복의제소(請討逆復衣制疏)」를 올려 항일척사 운동에 앞장섰다. 1905년 을사조약이 체결되자 곧바로 「청토오적소(請討五賊疏)」와 재소를 올려서 조약의 무효를 국내외에 선포하고 망국조약에 참여한 박제순(朴齊純) 등 오적(五賊)을 처단할 것을 주장하였다. 이 사건을 계기로 위정척사 운동은 집단적·무력적인 항일의병 운동으로 전환하였다. 1906년 의병항쟁에 뛰어들었다가 일본군에 체포되어 대마도에 구금되었는데, 왜적이 주는 음식은 먹을 수 없다고 단식하다가 그해 순절하였다. 그의 우국애민(憂國愛民)의 정신과 위정척사사상은 한말의 항일의병 운동과 일제강점기의 민족운동·독립운동의 지도이념으로 계승되었다.

위정척사 문제에 대해서는 그간 진행된 연구를 통하여 시대적 맥락에서의 사유체계나 그 전개 양상, 그리고 결과론적 입장에서 본 부정적인 의미와 긍정적인 의미가 부각되었다. 그러나 위정척사의 문제를 철학적으로 심도 있게 다룬 연구는 별로 없는 실정이다.[1] 필자는 위정척사를 유교 지식인들의 세계관인 성리학적 이념과 결부시켜 원리와 현실 적용에 대한 철학적 이해를 심화하고자 한다. 그래서 이 글은 새로운 논지를 제시하는 것보다는 당시 현실 인식과 그 대응 양상의 철저한 기반이 된 철학사상을 중심으로 위정척사의 문제를 검토함으로써 원리와 현실 적용의 일체화, 혹은 굴절된 모습을 비교해 보고 그 현대적 의미를 도출해 내고자 하였다. 이를 위해 최익현의 철학사상과 현실인식의 특성이 잘 드러난 상소(上疏)와 서한(書翰) 등을 중심으로 위정척사의 철학적 개념을 살펴보고, 거기에서 배태된 위정척사 사상의 내용과 체계는 어떤 것인지, 또

---

1) 위정척사에 대해서는 역사, 정치, 철학, 문학 등 다양한 방면의 연구가 진행되었는데, 위정척사론에 대한 부정적 견해는 대개 위정척사론과 동도서기론의 대립 갈등이 사회 전체의 분열과 갈등을 초래하였다는 점(강광식, 「개항기 문헌자료의 정치사상사적 함의와 독법」, 『한국정치사상사 문헌자료 연구(III)』, 한국학중앙연구원, 2006)과 함께 위정척사론이 세계와 현실의 변화를 있는 그대로 직시하지 않는 주자학 일존주의로 인해 미래에 대한 전망이 없다는 점(강재언, 『선비의 나라 한국유학 2천년』, 하우봉 역, 한길사, 2003) 등으로 압축된다. 긍정적 측면에서 재인식하고자 하는 입장에서는 "그 뿌리인 조선후기 사회의 시대정신과의 접맥은 덮어 둔 채 변화하는 세계정세에 어두운 맹목적인 외세배척 논리라고 학계에 인식되어 온 점과 기득권층의 자기방어 논리, 완고한 수구파의 봉건질서 옹호 논리로 평가절하" 된 점을 비판(정옥자, 『조선중화사상연구』, 일지사, 2001)하기도 하였다. 위정척사사상에 대한 철학적 분석 작업은 금장태(「면암 최익현의 성리설과 수양론」, 『대동문화연구』 34집, 성균관대 대동문화연구원, 1999), 윤사순(『한국유학사상론』, 예문서원, 1997), 오석원(『한국 도학파의 의리사상』, 성균관대 출판부, 2006), 홍원식(「화서학파 · 역사 속에 산화해 간 주자학의 최후」, 『조선 유학의 학파들』, 한국사상사연구회, 예문서원, 2000) 등의 연구에서 부분적으로 확인할 수 있다.

그것은 어떻게 현실적으로 구현되는지 검토할 것이다.

2. 면암 위정척사론의 철학적 개념

최익현은 경기도 포천에서 동중추(同中樞) 최대(崔岱)의 차남이자 최치원(崔致遠, 857~?, 孤雲)의 27대손으로 태어났다. 자는 찬겸(贊謙), 호는 면암(勉菴)이다. 14세에 위정척사 사상을 주도하였던 이항로 문하에 들어가 성리학을 배우고, 화서학파(華西學派)의 일원으로서 이항로의 유지를 충실히 계승하여 도학(道學)의 이념을 실천하고자 평생 노력한 인물이었다. 최익현으로 하여금 위난(危難)의 시대를 맞아 적극적인 현실 대응과 실천의 삶을 살게 한 위정척사의 철학적 개념은 어떤 것인지 그 성리학적 기반을 통해 구체적으로 살펴보기로 한다.

이항로를 영수로 하는 화서학파는 기호학파(畿湖學派)[2]의 학맥을 계승하였다. 이이(李珥, 1536~1584, 栗谷)를 비조로 하는 기호학파는 이이의 제자인 김장생(金長生, 1548~1631, 沙溪)과 그 뒤를 이은 김집(金集, 1574~1656, 愼獨齋) 등을 통해 학맥을 이어 왔다. 김장생은 주자의 『가례(家禮)』를 보완하고 당시 조선의 실정에 맞게 합리적으로 변용하기 위해 노력한 예학(禮學)을 일으켰고, 이러한 예학은 김집과 송시열(宋時烈, 1607~1689, 尤庵)을 비롯한 여러 제자들에게 이어져 기호예학을 형성하였다.

---

2) 기호유학이라고 할 때의 '기호'는 서울과 경기지역을 가리키는 '기(畿)'와 호서와 호남을 아우르는 '호(湖)'가 합해진 것으로 광범위한 지역을 지칭하는 것인데, 17세기 이후 조선의 성리학계를 영남학파와 구분하여 부르게 된 명칭이다. 양 학파는 영남지역과 기호지역에서 대개 퇴계 이황(1501~1570)과 율곡 이이의 사승(師承)관계에 따라 발달하였다. 송인창 · 박태옥, 『기호유학연구논저목록』, 다운샘, 2005, 5쪽 참조.

17세기 이후 예학의 발달은 양란(兩亂)의 참화 속에서 명분(名分)과 의리(義理)에 합당한 인간행위의 규준을 정립하고 그 실천을 촉구함으로써 질서를 회복하고 안정을 찾고자 하는 염원에서 비롯되었으며, 그런 점에서 기호유학자들은 예설(禮說)에 대해 남다른 관심과 정성을 쏟았다.

이와 같이 명분과 의리의 현실적 구현을 강조한 기호학파의 학맥은 19세기에 화서학파에도 이어졌다. 기호노론의 한 분파로 일컬어지는 화서학파는 급변하는 국제정세와 개항이라는 문제 앞에 서서 개항에 적극적으로 반대하는 입장을 고수하며 위정척사 운동을 벌였다. 이항로의 뒤를 이은 최익현은 위정척사 운동을 통해 벽이단(闢異端) 사상을 이론적 · 실천적으로 강화하였다.

그런데 화서학파는 기호학파의 학맥을 이어받았지만 당시 현실에 대한 대응논리로서 리(理) 중심적 리기관(理氣觀)을 주장하고 이를 바탕으로 하여 옳은 것을 지키고〔衛正〕 사설을 배척하고자〔斥邪〕 하였다. 대개 기호학파는 리기(理氣) 관계를 '불상잡(不相雜)' 보다는 '불상리(不相離)'의 측면에서 이해하고, 리(理)를 보편성으로 기(氣)를 특수성으로 보면서도 일관되게 리기묘합(理氣妙合)의 원칙을 견지하는 이이의 학설을 따른다. 최익현 역시 리와 기는 실제로 분리될 수 있는 것이 아니라 인식상으로만 분리 가능하다는 '리기불상리'의 원칙을 고수한다.[3] 그러나 기호 성리학의 전통 안에서도 논리적 의미에서는 리선(理先)을 긍정하고 이를 토대로 형이하적 존재로서의 기(氣)보다는 리(理)에 더 큰 비중과 가치를 두

3) "천하에 기가 없는 리가 없고 리가 없는 기가 없으니, 기가 없는 물을 골라서 리라 이름 하려 한다면 리를 말할 곳이 없을 것이며, 리가 없는 물건을 가리켜 기라 이름 하려 한다면 기를 말할 곳이 없을 것이다. 이른바 리와 기는 다만 사람이 그것을 분리하고 합해 보는 데에 있을 뿐이다." 민족문화추진회, 『국역 면암집』, 권2, 雜著, 「恒陽漫錄」, 174쪽.

면서 세계와 인간의 문제를 해명하고 있는 경우도 있다.[4] 특히 나라의 존립이 위태롭고 인간다운 삶이 불가능해질지도 모른다는 절박한 현실 앞에서, 최익현을 비롯한 화서학파들은 이 세계 존재의 원리인 리(理)를 엄정히 지켜내고 구현하고자 하는 '주리(主理)'적 가치관을 가지고 있었다.

최익현은 "모든 물건이 다 리(理)와 기(氣)가 있으니 그중에 하나라도 빠지면 물건을 이룰 수가 없다."고 하면서도 "오직 리는 먼저요 기는 뒤이며, 리는 주(主)가 되고 기는 객(客)이 되며, 리는 장수가 되고 기는 졸개가 되는 것이니, 이것은 큰 분계(分界)로서 털끝만큼이라도 어지럽혀서는 안 된다."[5]고 하여 이황의 '리선기후(理先氣後)', '리주기객(理主氣客)', '리수기졸(理帥氣卒)' 개념을 그대로 받아들이고 있다. 또 이이의 주장처럼 리의 무위(無爲)를 인정하면서도 리가 유위(有爲)의 기를 주재하는 것이므로 유위의 측면도 포괄할 수 있다고 보았다.[6] 즉 태극 및 리는 무위와 유위의 양 측면을 포괄한다는 것이다.[7]

이 입장은 그의 심성론(心性論)에서도 확인된다. 심(心)과 리(理)의 관계에 대하여 그것이 일체임을 전제한 뒤, 다시 심은 리의 주재(主宰)이고 리는 심의 조리(條理)라고 구분하여 말한다. 여기에 덧붙여 '변화'는 리의 주재와 마음의 조리를 합하여 온갖 변화를 발휘하여 대본(大本)을 세우고 달도(達道)를 행하는 것이라고 한다. 성(性)은 본연지성의 리의 측면과 기질지성의 기의 측면으로 나누어 말할 수 있고, 마찬가지로 변화도 주재가 되어 통솔하는 리의 측면과 타거나 실리어 운용하는 기의 측면으로 나누

4) 송인창, 『동춘당 송준길』, 청계, 2007, 46쪽 참조.
5) 민족문화추진회, 『국역 면암집』, 권2, 雜著, 「書示高淸汝」, 207쪽.
6) 민족문화추진회, 『국역 면암집』, 권2, 雜著, 「書示高淸汝」, 206~207쪽.
7) 금장태, 「勉庵 崔益鉉의 性理說과 修養論」, 『대동문화연구』, 34집, 성균관대 대동문화연구원, 1999, 334쪽.

어 말할 수 있다. 요컨대 리기의 불상리(不相離)을 말하면서도 주재적이고 본원적인 리의 측면과 물질적이고 운용적인 기의 측면을 반드시 나누어 보고자 하는 것이다.[8)] 이처럼 심을 주리론적으로 파악하려는 태도는 이항로의 심설을 그대로 계승한 것이다. 마음을 기이자 물로 본 것은 다른 사람과 같지만 마음의 가치론적 의미를 중시하기 때문에 리가 주장이 되어야 한다는 것이다.[9)]

최익현은 리(理)가 주인이 되는 심, 곧 리인 심을 말함으로써 리의 주재성과 순선성(純善性)을 강조하고, 리기의 불상잡(不相雜) 측면에서 선악을 분명히 변별해 낼 것을 요구하고 있다.[10)] 심이 올바르게 주재하기 위해서는 "반드시 참되고 바른 것을 가려서 구별해 낸 뒤에 가능해지는 것" 이기 때문에, 현실 운용의 측면에서도 리(理)를 주인으로 하여 진실함과 거짓됨, 사특함과 올바름을 확실히 변별함으로써 도덕적 가치의 현실적 구현을 요구받게 된다.

이와 같은 주리론적 관점은 위정척사 운동의 또 다른 주도세력인 노사학파의 리일원론적 주리론과는 일정한 차이를 보인다. 기정진(奇正鎭, 1798~1879, 蘆沙)에 의하면 모든 현상계의 작용은 기(氣)에 의한 것이지만 그것을 부리는 것은 리(理)이며, 리기(理氣)는 합일이 아니라 기가 리(理)중에 포섭되는 관계라고 한다. 또 기(氣)의 자기원인적 능동성을 부정하고 리(理)의 자체 운동능력을 강조하며, 리일분수(理一分殊) 또한 리일과 분수가 서로 대립적인 것이 아니라 서로를 함유한다는 논리를 전개[11)]

8) 민족문화추진회, 『국역 면암집』, 권2, 雜著 , 「恒陽漫錄」, 174쪽.

9) 민족문화추진회, 『국역 면암집』, 권2, 雜著, 「書示高淸汝」, 211쪽.

10) 민족문화추진회, 『국역 면암집』, 권2, 雜著, 「書示高淸汝」, 209쪽.

11) 송인창, 「노사 기정진의 철학과 현실인식」, 『대전대 논문집』, 2집, 1983, 117~118쪽 참조.

함으로써 리 자체의 직접적인 운동성을 확보하지는 않았던 화서학파와는 구별된다. 노사학파가 이러한 리일원론적 관점으로 현실을 인식하고 대응한 데 비해, 최익현은 기호학맥의 틀 안에서 주기적(主氣的) 견해와 결별하고 있는 것이다.

그러나 화서학파 내부에서도 이항로의 주리적(主理的) 관점을 그대로 따르는 것만은 아니었다. 1886년에 이항로의 주리론 입장에 대해 이를 묵수하는 제자 김평묵(金平默, 1819~1888, 重庵)과 이에 이의를 제기하는 유중교(柳重教, 1821~1893, 省齋)와의 사이에 유명한 심설(心說)논쟁이 일어나게 된 것이 바로 그 예이다. 사람 마음을 심(心)과 명덕(明德)의 측면으로 구분하여 명덕은 형이상에 속하는 것이며 심은 형이하에 속하는 것이라고 한 유중교의 견해에 대해, 김평묵은 스승 이항로의 견해를 배척하는 주기적(主氣的) 견해라고 논박한 것이다. 화서는 홍재구, 유기일 등과 김평묵을 지지하는 한편 이근원, 유인석, 유중악 등은 유중교를 지지하면서 학파가 분열되었다.

한편 심의 주재성에 대한 강조는 수양론에서는 '존심명리(存心明理)' 공부에 대한 강조로 이어진다. '존심명리'는 마음을 보존하여 천리를 밝힌다는 말로, 화서가 제자 면암에게 직접 써 주며 수양의 요체로 강조한 것이다. 그렇기 때문에 "마음의 신령스러움을 알지 못하여 보존함이 없으면 어둡고 어지러워 중리(衆理)의 현묘함을 궁구할 수 없고, 중리의 현묘함을 알지 못하여 궁구함이 없으면 편협하고 막히어서 이 마음의 전체를 다할 수 없으니, 이것은 리세(理勢)가 서로 관련되어 필연적으로 그렇게 되는 것"[12]이라고 하였다.

그런데 리(理)가 추상적, 보편적인 만큼, 그러한 리에 치중하는 사고방

---

12) 민족문화추진회, 『국역 면암집』, 권2, 雜著, 「恒陽漫錄」, 173쪽.

식은 명분론적 성향을 띠게 되고 그 현실관과 실천관 역시 진취성보다는 보수성을 띠게 된다고 할 수 있다. 그러면서도 오히려 위정척사론자들이 개화파보다 강렬한 현실지향의 '국권수호'의 성질을 띤 것은 주리설의 추상적 특성을 넘어 드높은 가치 추구의 정신으로 무장을 했기 때문이라고 할 수 있으니, 외세의존적 개화를 지향하며 세태에 따라 변신을 거듭한 개화파와는 대비되는 부분이다.[13)]

3. 면암 위정척사론의 내용과 체계

그렇다면 '위정척사'에 있어서 지켜내야 할 '정(正)'은 무엇이고 배척해야 할 '사(邪)'는 무엇인가. 위정척사의 내용은 '벽이단(闢異端)'과 '존화양이(尊華攘夷)'로 요약할 수 있는데 그 구체적인 내용과 체계에 대해 살펴보기로 한다.

위정척사파의 대표적 인물인 이항로는 주자학 이외의 다른 이단을 용납하지 않는 철저한 주자학 일존주의의 신념을 가지고 있다. 최익현 역시 공(孔)·맹(孟)과 정(程)·주(朱) 이래로 끊어진 도맥을 송시열이 이어받았다고 하면서, 송시열의 학문은 '율곡을 할아버지로 하고 사계를 아버지로 하여 주자의 체용 전부를 받았다'[14)]고 하였다. 이처럼 송시열을 존숭하고 그의 벽이단론과 소중화주의(小中華主義)를 계승함으로써 이를 19세기 현실의 인식과 대응의 잣대로 사용하고 있는 것이다.

조선에 천주교가 전래된 이후 1791년의 진산사건[15)]을 계기로 천주교도

13) 윤사순, 『한국유학사상론』, 예문서원, 1997, 151~160쪽 참조.

14) 민족문화추진회, 『국역 면암집』, 권2, 神道碑, 「華西李先生神道碑銘」, 338~342쪽.

에 대한 정부의 박해가 시작되었는데, 이는 집권층 내부의 분열과 대립뿐만 아니라 유교 의례문제에 대한 근본적인 인식의 동요를 보여 주는 것이기도 하다. 유교 의례는 인간관계를 규정하는 절도의 표준이자 인간의 본성을 교정하고 꾸며 주는 예의 실천행위이다. 또한 예는 개인수양과 치국의 근본이며 분별과 조화의 원리이다. 그런데 이러한 전통 의례의 파기는 당시 사회질서에 대한 도전이자 천주교를 이단으로 인식할 수밖에 없게 한 사건이었다. 이후 벽이단 의식은 단순히 정학을 수호한다는 차원이 아니라 서구 열강에 대해 적극적인 척사의 태도로 나타난다.

벽이단론과 더불어 위정척사의 근간이 되는 것이 '존화양이(尊華攘夷)'론이다. '존화양이'의 명분사상은 중화를 높이고 이적(夷狄)을 배척하는 것인데, 서구 열강의 침탈 앞에서 중화는 조선이고 이적은 서양이 된다. 그러므로 대일통(大一統)사상을 굳건히 지키고 천하 인륜의 질서를 회복하기 위해서는 소중화로서의 조선이 외세에 주체적으로 대응해야 한다는 것이다.

원래 예의와 법도, 의관문물로 대표되는 중화문화의 핵심이 조선에 보존되어 있다는 의식은 17세기에 형성되기 시작하여 조선이 곧 중화라는 조선 중화의식으로 자리 잡는다.[16] 송시열의 9대손 송병직(宋秉稷)이 편찬한 『존화록(尊華錄)』은 이러한 존화양이 의식이 결집된 책이다. 존화양이(尊華攘夷)와 위정척사(衛正斥邪)의 관점에서 여러 사항을 편집한 이 책의 서문에서 최익현은 그 발간목적을 '유도(儒道)'를 지키기 위해서라고

---

15) 진산사건이란 전라도 진산의 선비 윤지충과 권상연이 윤지충의 모친상에서 신주를 불사르고 천주교 식으로 제례를 지냈다고 알려져서 사형이 집행된 일을 말하는 것인데, 이후 집권계층인 남인 내부에서도 천주교 신봉을 묵인하는 신서파(信西派)와 천주교를 탄압하는 공서파(攻西派)로 나뉘어 대립하게 되었다. 강재언, 하우봉 역, 『선비의 나라 한국유학 2천년』, 한길사, 400쪽 참조.

16) 정옥자, 『조선중화사상연구』, 일지사, 2001, 203쪽.

밝히고 있다.[17] '유도'를 통해 이적이 교화될 수 있으리라는 소박한 믿음은 비현실적이고 시대착오적이라는 비난을 피하기 어렵지만, 그러나 평생 성리학을 정학으로서 존숭하고 의지한 유학자들에게는 유도를 지켜내야 한다는 절대적인 사명감으로 작용했을 것이다.

당시 현실에 대해 이항로는 서양이 도를 어지럽히는 것을 가장 우려하면서, '천지간에 한 줄기 밝은 기운'이 조선에 있다고 보았다. 같은 맥락에서 최익현은 「지부복궐척화의소(持斧伏闕斥和議疏)」에서 중국을 반식민지로 몰락시키고 조선을 침탈하는 서양의 학문과 문물은 인간을 짐승처럼 만드는 것이라고까지 하면서, 이러한 사태를 극복할 수 있는 나라가 바로 조선이라는 중화의식을 보여 주고 있다.

> "더구나 또 유유상종하여 해외의 기괴한 형태, 괴상한 종족이 발자취를 중국에 들여놓지 않음이 없게 되어, 오래되어 예사로 여겨 이상하게 보지 않고, 그 결과 드디어 양호(洋胡)끼리 충돌하여 가는 곳마다 상대가 없게 되어 온 사해(四海) 안팎의 사람들이 거개 모두 두려워하고 순종하여 창귀(倀鬼) 노릇을 하되 유독 우리나라 한 지역만이 조종들의 위엄과 영기를 힘입어, 좋아하고 미워하는 바른 천성을 잃지 않았으니, 비유하건대 박괘(剝卦) 상구효(上九爻)의 석과(碩果)의 형상과 같으나, 만약 이 한 지역의 백성들마저 금수의 지경에 들여보내어, 순전한 곤괘(坤卦)의 양(陽)이 없는 세상이 된다면, 이 어찌 인인(仁人)이나 군자(君子)가 차마 할 바이겠습니까."[18]

국제질서의 해체와 재편, 약육강식의 혼란한 상황 앞에서 조선의 입장

17) 정옥자, 『조선중화사상연구』, 일지사, 2001, 187쪽.
18) 민족문화추진회, 『국역 면암집』, 권1, 疏, 「持斧伏闕斥和議疏」, 131쪽.

을 '석과불식론'으로 풀이하고 있는 것이다. '석과불식(碩果不食)'은 주역 64괘 중 하나인 산지박괘(山地剝卦)에서 유일한 양(陽)인 상구효(上九爻)의 효사(爻辭)에서 온 말로, 조선만이 소인배와 비교할 수 없는 군자의 덕을 지닌 나라이자 위정의 마지막 보루임을 자임하고 있음을 알 수 있다. 그렇기 때문에 상구의 양효마저 음으로 바뀌는 순음(純陰)의 세계가 되지 않도록 마지막 일양(一陽)의 가치를 지켜내야 한다는 것이다. 물론 순음의 세계는 올바른 가치와 인륜질서가 무너져 버린 암흑의 세계이며, 상구(上九)의 외로운 일양(一陽)은 벽이단의 양이자 척사위정의 양이고, 살신성인(殺身成仁)과 사생취의(捨生取義)의 양인 것이다.

그런데 일본에 의해 국권이 유린되는 상황을 겪으면서 최익현에게 이적은 서양 세력만이 아니다. 일본이 서양과 다를 것 없다는 왜양일체론을 주장하게 된 것이다. "옛날의 왜인들은 이웃 나라였으나 지금의 왜인들은 구적(寇賊)이니, 이웃 나라와는 강화하여도 구적과는 강화할 수 없다."면서, 서양과 일본이 일체인 이유는 일본이 서양 세력과 결탁하여 중국을 횡행해 왔고, 일본이 서양식 의복과 무기를 쓰기 때문이라고 하였다. 그렇기 때문에 일본과 교류하는 것은 금수와 같은 서양과 화친을 맺는 것과 같다고 인식하였다.[19] 특히 을미사변 이후의 일본을 금수와 같은 존재라고 하였다.[20]

그러므로 일본에 의해 추진되는 '개화'에 대해서도 극단적인 거부감을 가질 수밖에 없었다.[21] 원래 '개화'의 사전적 의미는 '사람의 지혜가 열려 새로운 사상, 문물, 제도 따위를 가지게 됨'을 말하며 구체적으로는 '조선 시대에 갑오개혁으로 정치 제도를 근대적으로 개혁한 일'을 말한다. 그러

19) 민족문화추진회, 『국역 면암집』, 권1, 疏, 「持斧伏闕斥和議疏」, 131~132쪽.
20) 민족문화추진회, 『국역 면암집』, 권2, 雜著, 「倡義檄文」, 233쪽.
21) 민족문화추진회, 『국역 면암집』, 권1, 疏, 「請討逆復衣制疏」, 139~140쪽.

나 외세에 의한 강압적인 개항과 침탈을 겪으면서 개화는 오히려 '나라를 망치고 집안을 넘어뜨리는 것'이 되어 버렸다. 상소를 올리기 한 해 전에 있었던 갑오개혁은 위정척사론자들에게는 일본이 조선의 내정개혁을 요구하며 왕궁을 포위하고 대원군을 앞세워 민씨 일파를 축출하고, 김홍집(金弘集)을 중심으로 하는 온건개화파의 친일정부를 수립하여 국정개혁을 단행한 것으로 인식되었다. 일본의 지원에 의한 이 개혁은 최익현에게는 "김옥균 · 박영효보다 못한 김홍집과 같은 간흉(奸凶)이 주축이 되어 옛 법을 변경 · 혼란시키고 예의를 무너뜨려 없애는 것"이었으니, 갑오개혁이 독립협회 운동과 계몽운동으로 이어져 한국의 근대화에 기여하였다는 긍정적 평가와는 대조적인 것이다. 더욱이 갑오개혁 이후 관복이 간소화되고 단발령이 실시되자 최익현은 여러 차례 그 부당함을 간언하는데, 우리나라의 의복제도가 비록 옛 법을 고스란히 간직하고 있는 것은 아니지만 "중국이 혼란한데 한 구석의 조선이 홀로 중화의 옛 법을 보존하고 있기 때문"[22]에 복식과 두발은 옛 법을 지켜야 한다는 것이다.

위정척사의 정신이 단순히 사대주의적이고 쇄국적인 성격을 띤 것이 아니라 의리(義理) 정신이 바탕이 된다는 것은 앞에서 살펴본 바 있다. 의리사상이 "천리(天理)에 기반을 두고 인간의 보편성으로 내재된 규범원리(義)에 의하여 인간의 마땅한 도리를 인식하고 동시에 지속적인 자기개혁과 사회비판의식을 가지면서 구체적 현실에서 마땅함(宜)을 실현하는 사상"[23]이라고 할 때, 최익현의 이러한 태도는 구체적 현실에서 시대의 흐름을 제대로 읽어 내지 못한 부분도 있지만, 의리의 본질을 제대로 구현하기 위해 노력한 점은 인정하지 않을 수 없다. 다음에 살펴볼 실천적 측

22) 민족문화추진회, 『국역 면암집』, 권1, 疏, 「再疏」, 190쪽.

23) 오석원, 『한국 도학파의 의리사상』, 성균관대 출판부, 2006, 25~26쪽.

면에서의 활동으로 구체화됨으로써 문화적 자존의식과 주체성을 고수할 수 있었던 것은 재평가되어야 할 것이기 때문이다.[24)]

4. 면암 위정척사론의 현실적 구현

위정척사 사상은 성리학적 토대 위에서 구체적 현실 문제를 해결하려는 노력을 통해 심화되었는데, 최익현의 현실대응 양상은 '내수외양(內修外攘)'의 강조와 의병항쟁으로 나타났다.

19세기 말 조선은 대내적으로는 세도정치로 인하여 왕권이 약화되고 매관매직이 성행하였으며 탐관오리의 횡포로 백성들의 생활이 곤궁한 상황이었다. 또한 관리들의 부정부패로 인해 삼정이 문란해지자 농민을 중심으로 하는 백성들의 고통은 더욱 가중되었고 정치력의 부재로 인해 사회 혼란이 극에 달한 시기였다. 대외적으로는 병인양요와 신미양요 등 두 차례 서구 열강의 침략을 받자 대원군이 전국에 척화비를 세우고 외세에 대한 반감과 결전의식을 공고히 하게 된다. 1875년에는 일본 군함 운양호가 강화도 앞바다에 불법 침입하는 사건이 일어나서 조선이 방어 전투를 벌이게 되었는데, 이를 트집 잡은 일본이 다시 침입하여 수교통상을 요구함으로써 결국 1876년 불평등한 강화도 조약을 체결하게 된다. 이로써 조선은 일본에 개항하게 되고 이후 숱한 제국주의 열강의 이권 다툼에 희생당하게 된다.

최익현은 23세에 명경과에 급제한 이후 이조 정랑, 성균관 직강, 사헌부 장령 등을 역임하였다. 승정원 동부승지에 임명되었을 때에는 대원군

24) 정옥자, 『조선중화사상연구』, 일지사, 2001, 233쪽 참조.

의 폐정(弊政)을 공격하는 상소를 올렸다.[25] 당시 조선에는 이양선의 출몰이 빈번하고 천주교도에 대한 박해가 계속되었으며 고종이 즉위하고 대원군이 집권한 상황이었다. 민중의 피폐한 삶이 계속되는 가운데에도 대원군은 경복궁의 중건에 착수하여 그 비용을 충당하기 위한 무리한 정책을 계속하였다. 민중의 원성이 드높던 이 시기 최익현은 1868년의 상소를 통해 왕실의 사치를 위한 공사를 벌이는 것이 급선무가 아니므로 백성의 힘을 고갈시키지 않도록 경복궁 중건과 같은 토목 역사를 정지할 것, 경복궁 중건을 위해 무리하게 징수하던 원납전(願納錢)을 폐지하여 취렴(聚斂)하는 정사를 없앨 것, 당백전(當百錢)을 혁파하여 백성들의 불편함을 없앨 것, 경복궁 중건을 위해 대원군이 제정한 통행세인 사대문세(四大門稅)를 금지할 것 등 그동안의 폐단을 혁파하고 고질을 없애서 백성들로 하여금 원망이 없도록 할 것을 촉구하였다.[26] 1873년의 상소에서는 그동안 도외시했던 민중들의 입장을 대변하고 대원군의 폐정을 정면에서 비판함으로써 엄청난 반향을 불러 일으켰다.[27] 이로 이해 대원군이 몰락하고 고종이 친정하는 계기가 되었지만, 고종의 비호에도 불구하고 부자지간을 이간하는 패륜의 행위라는 등의 비난이 비등하더니 삼사(三司)의 탄핵과 관인의 공격 끝에 결국 최익현은 제주도에 위리안치(圍籬安置)되고 만다.

이처럼 최익현은 현실 문제 해결을 위해 '내수외양(內修外攘)'이 중요하다고 보았다. 당시 의 사회 혼란과 도덕적 타락은 성리학 실천론의 기본 명제인 수신(修身)의 결여에 있다고 보았기 때문에, 먼저 안으로 도덕적 본성을 회복하고 질서를 바로잡는 것이 급선무라고 본 것이다. 그리고 이

---

25) 민족문화추진회, 『국역 면암집』, 권1, 疏, 「辭同副承旨疏」, 111쪽.

26) 민족문화추진회, 『국역 면암집』, 권1, 疏, 「掌令時言事疏」, 102~106쪽.

27) 민족문화추진회, 『국역 면암집』, 권1, 疏, 「辭同副承旨疏」, 111쪽.

'내수'의 가장 근본적인 주체는 군주라고 인식하고 군주가 내수를 솔선수범할 것을 촉구하였다.[28] 이처럼 군주의 내수가 현실문제 해결의 기본이 된다는 믿음은 분명히 전근대적 사고의 틀에서 벗어나지 못한 위정척사론자들의 한계이자 성리학의 경세론(經世論)이 갖는 한계이기도 하다.

최익현은 유배에서 풀려난 후 1876년 일본의 강압에 의해 병자수호조약을 체결하자 도끼를 등에 메고 궁궐에 엎드려 그 유명한 「지부복궐척화의소(持斧伏闕斥和議疏)」를 올리게 된다. 이 상소에서 그는 정자(程子)가 '강화는 중화를 어지럽히는 길'이라고 한 것과, 주자가 강화는 '삼강이 무너지고 만사가 망치게 될 것이니 이는 큰 환란의 근본'이라고 한 말을 교훈 삼아 다음과 같이 다섯 가지로 강화의 부당함을 역설하였다.

> 첫째. 우리가 힘이 약한 약점을 보인 데서 오는 강화는 결국 난리와 멸망을 불러일으킨다. 둘째. 교역 물품이 일본은 사치스런 공산품이지만 우리는 생명이 달린 농산물이 대부분이므로 나라를 보존할 수 없게 된다. 셋째. 일본은 왜인이 아니라 양적이므로 사학(천주교)이 온 나라에 가득 찰 것이다. 넷째. 짐승 같은 마음을 지닌 일인들이 마음대로 재물과 부녀를 약탈하게 내버려 둘 수밖에 없을 것이니 백성들이 살 수가 없다. 다섯째. 병자호란과 비교할 때 청나라 사람들은 이적(夷狄)이기는 해도 인의를 가장하였으나, 일인은 재화와 색만 아는 금수이므로 우리 사람들과 화합하여 살 수가 없다.[29]

이 다섯 항의 내용은 위정척사가 단순히 외세 배격의 논리만이 아니라 구체적인 현실 인식에 기반하고 있음을 보여 주고 있다. 불평등·불균형

28) 민족문화추진회, 『국역 면암집』, 권1, 疏, 「辭議政府贊政疏」, 155쪽.
29) 민족문화추진회, 『국역 면암집』, 권1, 疏, 「持斧伏闕斥和議疏」, 126~128쪽.

적인 국가 간의 관계로 인한 강화는 불행한 결과를 낳을 수밖에 없을 것이라고 했던 전망이나, 서양처럼 일본 역시 사치스런 공산품을 빌미로 우리 농산물을 착취하고 과소비의 풍조를 조장함으로써 결국 통화(通貨)·통색(通色)의 목적을 달성하려고 한다는 것은 일제 강점이 진행되면서 현실화되어 나타났다. 그러나 정부의 개화시책에 따라 이러한 위정척사 운동은 유림들에 대한 회유와 탄압이라는 이중적 대응 속에서 속수무책일 수밖에 없었다.

그런데 최익현은 점차 일본의 국권 침탈이 가시화되자 만국공법(萬國公法)에 호소하거나 일본 정부에 직접 동양평화론을 호소함으로써 이전의 위정척사 운동과는 다른 양상을 보인다. 1896년의 상소에서는 각국의 통화(通和)가 공법(公法)과 조약에 기반한 것임을 환기시킨 뒤 "공법이란 것과 조약이란 것이 과연 이웃 나라의 역적을 도와 남의 나라 임금을 협박하고 남의 나라 국모를 시해하라는 문구가 있었습니까? (중략) 이미 공법을 세웠고 조약을 만들었으니, 마땅히 왜놈들의 죄를 세워 각 나라에 글을 보내 군사를 출동시켜 죄를 묻도록 하여 분개와 미워함을 같이 하는 것이 대의"[30]라고 하였다. 만국공법은 당시 서구열강이 주도하던 국제질서의 원리인데, 척양·척왜를 부르짖던 최익현이 이렇게라도 세계사의 변화에 기대어 국권을 회복하고자 하는 것은 만국공법이 국경과 민족을 초월하는 춘추의리 정신과 일맥상통할 것이라는 기대가 있었기 때문이다.[31]

아울러 일본 정부에 보내는 편지에서 일본의 죄를 16항목으로 나누어 열거한 뒤에 "귀국은 동양의 화를 유발한 죄를 면할 수 없다. 그래서 나는

30) 민족문화추진회, 『국역 면암집』, 권1, 疏, 「宣諭大員命下後陳懷待罪疏」, 148~149쪽.
31) 이상익, 「위정척사론과 위정척사 운동」, 『한국정치사상사 문헌자료 연구(III)』, 한국학중앙연구원, 2006, 90쪽.

'귀국은 강해도 마침내 반드시 망한다.' 고 말하는 것이다. 진실로 귀국을 위한 계략은 근본으로 돌아가는 것뿐이다. 근본으로 되돌아가는 길은 신의를 지키고 의리를 밝히는 것밖에 없다. …… 이로써 각국에 사죄하여 조선의 자주독립권을 침해하지 않도록 하는 것이다. 그리하여 양국으로 하여금 과연 영원히 서로 편안하게 한다면 귀국도 안전한 복을 누리게 될 것이요 동양의 대국(大局)도 또한 유지될 수 있을 것"[32]이라면서 동양평화론을 제시하고 있다. 일본의 아시아 연대론의 허구성을 간파하면서도 바로 그 연대의식에 기대어 침략의 야욕을 버리고 평화를 모색하자는 것이다. 또한 일본이 신의와 의리를 회복하지 않으면 반드시 멸망할 것이라고 경고함으로써 최익현의 위정척사 운동은 척왜(斥倭)에 집중되고 보다 다양한 형태로 나타나게 된다.

1905년 을사조약이 체결되자 매국노를 처단해야 한다는 「청토오적소(請討五賊疏)」를 올리고, 1906년 4월 최익현은 의병항쟁에 돌입하게 된다. 조선 유학자들의 의병항쟁은 앞서 언급한 의리정신의 현실적 구현이라고 할 수 있지만,[33] 그렇다고 칠순의 노구를 이끌고 무력항쟁에 투신하는 최익현의 경우가 일반적인 것은 아니다.[34] 그간의 숱한 간쟁의 무용함과 사

---

32) 민족문화추진회, 『국역 면암집』, 권2, 雜著, 「寄日本政府」, 223~230쪽.

33) 의병운동은 크게 3단계로 나누어 볼 수 있는데 1. 1895~1896: 갑오농민전쟁 중 일본군이 경복궁을 점령한 사건과 을미사변, 단발령 등의 을미개혁을 반대하여 일어난 것으로 유생이 중심이고, 2. 1904~1907: 일제의 준식민지적 강요, 을사보호조약에 반대하여 일어난 것으로 평민도 참여한 것이며, 3. 1907~1909: 해산병의 참전과 평민 의병진의 확대 및 교전 상대가 일본으로 바뀜에 따라 국민 전쟁적 성격을 띤 것으로 군대나 평민 출신 의병장이 특색이다.(홍원식, 「화서학파 · 역사 속에 산화해 간 주자학의 최후」, 『조선 유학의 학파들』, 한국사상사연구회, 예문서원, 2000, 585~586쪽)

34) 다카하시 도루가 조선유교를 연구한 실마리는 각 의병장의 책상 위에 있던 퇴계집을 보게 된 것이라고 한다.(강재언, 『선비의 나라 한국유학 2천년』, 하우봉 역, 한길사, 2003. 436쪽)

세의 불가항력을 깨달은 최익현은 "대의를 펴서 천하로 하여금 우리 대한에도 죽음을 잊고 나라를 위하는 사람이 있다는 것을 알게 한다면, 다른 날 국권을 회복하는 경우를 위하여 만일의 도움이 될 것"[35]이라면서 무모하지만 피할 수 없는 선택을 하게 된다. 태인에서 창의하여 정읍·순창 등에서 시위를 하였으나 진압군이 동족이므로 대항을 포기하고 결국 체포되고 만다.

그러나 이 시기 의병활동은 존왕적 성격을 띠면서 이후 평민 의병장을 중심으로 한 의병활동과는 차이를 보이고 있다.[36] 다시 말해서 민중을 중심으로 하는 의병활동으로 나아가기 보다는 체제를 수호하고 국권을 회복하기 위한 운동에 초점을 맞춘 것으로서, 갑오개혁 이후의 근대적 개혁운동과 민중의 생존권 수호라는 측면과는 거리가 있었던 것이다. 이 점은 위정척사 사상이 1900년 이후의 민족주의와 구별되는 부분이기도 하다. 민족의 정체성을 강조하여 민족의식을 고취시키지만 아직 민중이 그 중심에 있는 것이 아니며, 문화적 우월성을 강조하지만 중화주의의 연장선상에 있기 때문이다. 그럼에도 불구하고 위정척사 사상은 의병항쟁의 이념적 토대가 되었고, 이는 다양한 민족운동, 독립운동으로 확대되어 나갔다.

최익현은 대마도에서 유배생활을 하면서 일본이 주는 음식을 먹을 수 없다고 하여 단식하였다. 유소(遺疏)에서 그는 "신이 이곳에 온 뒤로 한 순갈의 밥이나 한 모금의 물도 모두 적에게서 나온 것으로 설령 적이 비록 신을 살해함이 없다 하더라도 차마 구복(口腹) 때문에 자신을 더럽힐 수는 없었습니다. 그래서 마침내 뜻을 결정해 식사를 거절하고 옛사람들이 자정(自靖)하여서 선왕께 헌신한 의리를 따르기로 했습니다."[37]라고

35) 민족문화추진회, 『국역 면암집』, 권2, 書, 「與閔議政」, 82쪽.

36) 홍원식, 「화서학파 · 역사 속에 산화해 간 주자학의 최후」, 『조선 유학의 학파들』, 한국사상사연구회, 예문서원, 2000, 585~586쪽.

자신의 뜻을 마지막으로 전한 뒤 74세를 일기로 위정척사 운동으로 점철된 생을 마감하였다.

5. 맺는 말

지금까지 살펴본 것처럼 최익현은 19세기 말에서 20세기 초의 혼란한 시기에 반외세 · 반침략의 기치를 들고 평생 강고한 위정척사운동을 벌인 인물이었다. 위난의 시대를 맞아 적극적인 현실 대응과 실천의 삶을 살게 한 위정척사의 철학적 개념은 성리학적 기반을 통해 설명될 수 있다. 최익현의 리기론은 리기(理氣)의 불상리(不相離)를 인정하지만 리(理)의 우위를 강조하는 주리적(主理的) 견해로 나타났다. 또 리의 직접적인 운동성은 인정하지 않았지만 작위하는 기를 주재함으로써 작위성도 포함하고 있다고 하였다. 심성론에서도 심을 리와 기의 측면으로 구분하고, 리(理)가 주장이 된 심으로 본체를 삼아 '존심명리(存心明理)'의 공부에 힘쓸 것을 강조하였다. 나라의 존립이 위태롭고 인간다운 삶이 불가능해질지도 모른다는 절박한 현실 앞에서, 최익현은 '주리(主理)'적 가치관을 통해 이 세계 존재의 원리인 리(理)를 엄정히 지켜내고 구현하고자 하였고, 이로써 한말 항일운동과 위정척사운동이라는 현실 대응이 가능하였다.

최익현의 위정척사 사상의 내용은 벽이단(闢異端)론과 존화양이(尊華攘夷)론으로 요약할 수 있다. '존화양이'의 명분사상은 중화를 높이고 이적을 배척하는 것인데, 서양의 침략세력 앞에서 중화는 조선이고 이적은 서양이 된다. 이적의 학문과 문물은 인간을 짐승처럼 만드는 것이므로 절

---

37) 민족문화추진회, 『국역 면암집』, 권1, 疏, 「遺疏」, 238쪽.

대적으로 배척해야 할 것이라는 것이다. 이적의 물질, 즉 양화·양물에 대하여 민감하게 반응하고 강력히 배척하는 태도는 물질문명의 속성에 대한 예리한 판단력을 보여 준다. 자본의 잠식이 결국 자본의 노예로 전락하고, 도덕성의 타락으로 이어지는 상황을 우려하였던 것이다. 개항 이후 이적은 '왜양일체론'을 통해 일본에 집중되고, 현실적인 위정척사 운동으로 전개되었다.

최익현에게 현실대응 방법으로서의 위정척사 운동은 '내수외양(內修外攘)'론과 의병항쟁으로 나타났다. 당시의 사회 혼란과 도덕적 타락은 성리학 실천론의 기본 명제인 수신(修身)의 결여에 있다고 본 최익현은 먼저 안으로 도덕적 본성을 회복하고 질서를 바로잡는 것이 급선무라고 보았고, 이와 더불어 서양과 일본이라는 이적을 배척하는 태도를 견지하였다. 1876년의 「지부복궐척화의소(持斧伏闕斥和議疏)」를 비롯한 숱한 상소와 서한을 통해서 위정척사 운동을 주도하였고, 국권 침탈이 목전에 이르자 의병항쟁에 투신하였다. 이처럼 위정척사 사상이 실천적 측면에서의 활동으로 구체화됨으로써 문화적 자존의식과 주체성을 고수할 수 있었던 것은 재평가되어야 할 것이다. 비록 시대의 흐름을 읽지 못하고 주자학적 세계관을 맹종한다는 비판이 있지만, 엄정한 자기 철학의 현실적 구현이었던 점은 부인할 수 없을 것이다.

또한 위정척사 운동을 통해 표출되었던 의리정신은 대외적으로는 급변하는 국제정세에 주체적으로 부응할 수 있는 강한 의지로 표출될 수 있을 것이다. 또 대내적으로는 오늘날 현실사회의 다양한 대립과 갈등의 문제 속에서 그것을 정도(正道)에 맞게 포용하고 극복하고 조화시킬 수 있는 사상적 준거가 될 수 있을 것이다. 아울러 위정척사 사상은 인문학의 위기를 말하는 오늘날의 현실을 돌이켜 보게 한다. 실용을 강조하고 경제적 가치를 우위에 두는 대세론적 사고에 맞서, 인간의 본원적 가치와 도덕성을 강조하는 비주류로서의 인문학의 미약한 목소리가 시대를 초월하여 닮아 있기 때문이다.

화담철학(花潭哲學)에서 선천(先天)과 후천(後天)

| 선우훈만 |

1. 시작하는 글

화담 서경덕은 한국철학사에 있어서 독창적인 기철학의 체계를 수립하였다. 그는 기(氣)의 본체인 태허는 담연무형(湛然無形)한 것이면서 선천이라고 말한다. 담일청허(湛一淸虛)한 일기(一氣)가 무한한 우주공간에 가득 차 있고, 기가 취산(聚散)하는 과정에서 천지만물이 생성·소멸한다고 주장한다. 화담의 기철학은 사실 고대로부터 이어져 내려온 전통적인 기철학의 관점과 다르지 않은 것이다. 그렇지만 그가 기의 존재를 논함에 있어 태허·선천·후천의 개념들을 사용하여 기의 불멸성을 주장하는 것은 새로운 학설이라는 점에서 화담철학의 독창성을 보여 주는 것이다.

지금까지의 화담철학에 대한 연구는 기일원론의 측면에서 태허, 기와 리, 선천과 후천, 기자이(機自爾)·자능이(自能爾), 복(復)과 지(止) 등의 개념들에 대한 연구로부터 도가사상과 여타의 철학자들과의 사상적 비교에 이르기까지 다양하게 연구되어 왔다. 그러나 이러한 연구는 화담의 태허와 기를 기일원론의 관점에서 파악함으로써 천지만물의 근원은 기이고, 태허는 기가 존재하는 공간개념이라는 한계를 벗어나지 못하고 있다는 점에서, 퇴계와 율곡에 의해 평가된 화담의 철학을 연구해 온 것이 아닌가 하는 의구심을 갖게 한다. 기일원론의 관점에서 볼 때 천지만물의 존재는 기의 취산 작용에 의해서 성립되는 것이고, 그러한 의미에서 천지만물의 근원은 기라고 할 수 있다. 그렇지만 이러한 설명은 화담의 '태허'를 단순히 기가 존재하는 공간으로 이해할 때 가능한 것이다. 그러나 화담의 '태허'를 공간 개념이 아닌 기의 근원, 기의 본체로 본다면, 퇴계와 율곡에 의해 평가된 화담철학은 한계가 있는 것이다. 이에 논자는 화담(花潭)의 선천(先天)과 후천(後天)에 대한 연구를 통해 화담철학을 재조명하고자 한다.

2. 선천과 후천

1) 화담철학에서 선천과 후천의 의미

화담철학에서 선천은 태허의 담연무형(湛然無形)한 상태를 말한다.[1] 이것을 아직 아무런 질량도 생기지 않은 허정(虛靜)한 우주공간 상태로서 본다면[2] 선천은 천지가 형성되기 이전인 태초의 상태를 설명하는 개념이다. 화담이 선천을 천지가 형성되기 이전인 태초의 상태로 이해하였다는

1) 『花潭集』, 原理氣. "太虛湛然無形, 號之曰先天"

2) 裵宗鎬, 『韓國儒學의 哲學的 展開』 上, 延世大學校出版部, 1985, 136쪽.

것은 다음의 글에서도 찾아볼 수 있다.

> 일기(一氣)가 음(陰)과 양(陽)으로 나누어지고, 양(陽)의 극(極)이 진동하여 하늘이 되었으며, 음(陰)의 극(極)이 모여서 땅이 되었다. 양(陽)이 진동한 끝에 그 정기(精氣)가 엉킨 것이 해가 되었으며, 음(陰)이 모여든 끝에 그 정기(精氣)가 엉킨 것이 달이 되고, 나머지 정기(精氣)가 흩어져 별들이 되었다. 그것이 땅에 있어서는 수화(水火)가 되었는데 이것을 후천(後天)이라 부르며, 이에 작용이 있게 되는 것이다.[3]

> 기(氣)의 담일청허(湛一淸虛)한 것은 한없는 허공 속에 널리 퍼져 있는데, 그것이 크게 모인 것은 하늘과 땅이 되었고, 그것이 작게 모인 것은 만물이 된 것이다.[4]

이러한 말들은 모두 태초의 상태에서 천지와 만물이 형성되는 과정을 설명하고 있다는 점에서 태허, 즉 선천은 천지가 형성되기 이전인 태초의 상태를 의미하는 것이다. 화담의 제자인 박순이 선천과 후천을 각각 천지미생지전(天地未生之前)과 천지이생지후(天地已生之後)로 설명하는 것을 보더라도 화담의 선천은 천지가 형성되기 이전인 태초의 상태를 의미하는 용어임이 분명하다. 박순은 선천과 후천을 다음과 같이 설명한다.

> 천지(天地)가 아직 생기기 이전에 태기(太氣)는 담일허정(澹一虛靜)하고, 무

---

3) 『花潭集』, 原理氣. "一氣之分爲陰陽, 陽極基鼓而爲天, 陰極其聚而爲地. 陽鼓之極, 結其精者爲日, 陰聚之極, 結其精者爲月, 餘精之散爲星辰. 其在地爲水火焉, 是謂之後天, 乃用事者也."

4) 『花潭集』, 鬼神死生論. "氣之湛一淸虛者, 彌漫無外之虛, 聚之大者爲天地, 聚之小者爲萬物"

궁무외(無窮無外)하다. 태극(太極)은 그 가운데 있어서 움직여서 양(陽)을 생(生)하고 고요히 있으면서 음(陰)을 생(生)함에 이르러 천지(天地)가 나뉘어지고, 만물이 형체를 갖게 되며, 사시(四時)가 운행하게 된다.[5)]

천지(天地)는 유한(有限)하지만 태허(太虛)는 무궁무외(無窮無外)하다. 천지(天地)가 아직 생(生)하기 전에 태허(太虛)의 담일지기(澹一之氣)는 아무런 움직임도 없고, 아득하여 아무 조짐도 없다. 태극(太極)은 그 가운데 있으니, 천지(天地)가 이미 생긴 후에 만물이 형체를 갖게 되는 때와는 다르다.[6)]

'천지는 유한하지만 태허는 무궁무외(無窮無外)하다'는 설명은 천지가 태허로부터 비롯된 것이라는 말이고, '천지가 아직 생하기 전에 태허의 담일지기(澹一之氣)는 적연부동(寂然不動)하고, 충막무짐(冲漠無朕)하다'는 것은 화담이 말하는 선천의 적연부동한 상태를 의미한다는 점에서 박순은 화담의 선천을 천지가 생겨나기 이전으로 이해하고 있다는 것을 알 수 있다.

선천을 천지가 생겨나기 이전으로 본다면 선천은 어떤 상태일까? 박순이 태허의 담일지기는 적연부동, 충막무짐하다고 말하는 것을 볼 때 선천은 형체가 없는 기가 태허의 무한한 공간에 아무런 움직임도 없이 고요히 머물러 있는 상태라고 생각된다. 이러한 설명은 화담이 태허, 즉 선천을 '적연부동'으로 설명한다는 점에서 크게 다르지 않다는 것을 알 수 있다. 그러나 '태극은 그 가운데 있다'는 말이나, "담일허명(澹一虛明)한 기에는

---

5) 『思菴集』, 答李叔獻書. "天地未生之先, 太氣澹一虛靜, 無窮無外. 太極在其中, 及動而生陽靜而生陰, 天地分, 而萬物形, 四時運"

6) 『思菴集』, 答李叔獻書. "天地有限, 而太虛無窮無外. 天地未生之前, 太虛澹一之氣, 寂然不動, 只是冲漠無朕, 太極在其中. 非如天地已生之後, 萬物有形之時也."

리가 내재되어 있다."[7]라는 설명을 보면 태허에는 태극도 있고 리도 있다는 말이 된다. 화담은 태허를 말하면서 직접적으로 태허에 태극이 있다고 말하지 않지만, 태허의 동정과 합벽(闔闢)을 태극으로도 설명하고 있다. 그러면서도 태허에 리가 있다고 말하지 않았다는 점에서 화담의 태허와 비교된다. 그렇다면 박순은 어떤 의미에서 이러한 표현을 하였을까? 이것은 태허에는 태극이 있고, 태허의 기에는 리가 내재되어 있다는 의미로 생각된다. 또한 이렇게 보는 것이 천지가 생겨나기 이전의 태허와 천지가 생겨난 이후의 태허를 설명하는 데 문제가 생기지 않기 때문이다.

박순의 관점에서 천지의 생성과 변화를 살펴보면, 천지가 생겨나기 이전의 태허는 태극의 동정에 의해서 담일지기(澹一之氣)로 드러나는 것이고, 담일지기는 그 안에 있는 이에 의해서 음양으로 나누어지면서 생극작용을 하는 것이다. 이것은 박순이 "소옹이 무극의 전(前)에는 음이 양을 포함하고 있다고 했으니, 이 말은 이미 진리에 접근한 것이다. 또한 아직 태허의 담일한 체(體)를 드러낸 것이 아니다."[8]라고 말하는 것에서 볼 때 태허의 담일한 체인 일기는 가능태(可能態)로 있다가 태극의 동정이 시작되면서 담일지체(澹一之體)가 드러난다는 것을 의미한다. 이러한 의미에서 천지가 생겨나기 이전의 태허는 기의 가능태이고, 천지가 생겨난 후의 태허는 담일지체로서 기이다. 이렇게 본다면 천지가 생겨나기 이전의 태허에는 태극의 운동원리가 있고, 천지가 생겨난 후의 태허에는 이가 있다는 것이 된다. 그런데 천지가 생겨난 후의 기가 흩어져 천지가 생겨나기 이전의 태허로 돌아간다는 것은 불합리한 것이고, 또한 천지가 생겨난 후의 태허에 천지가 생겨나기 이전의 태허가 동시적으로 존재한다는 것은

7) 『思菴集』, 答李叔獻書. "澹一虛明之氣, 理亦在其中"

8) 『思菴集』, 答李叔獻書. "邵子曰, 無極之前, 陰含陽, 此言已到, 亦未形言太虛澹一之體也."

화담이 현상 밖의 또 다른 세계를 인정하지 않는 점에서 역시 불합리한 것이다. 다시 말하면 태초의 상태인 천지가 생겨나기 이전의 태허가 태극의 동정원리(動靜原理)에 의해서 현상으로 드러난 것이 천지가 생겨난 후의 세계이다. 그리고 흩어진 기가 태허로 돌아간다고 할 때의 태허는 천지가 생겨난 후의 태허로서 태허의 기에는 리가 있다는 것이다.

2) 후천의 태허

화담에게 있어 선천의 태허는 담연무형한 것으로서 아직 아무런 질량도 생기지 않은 허정(虛靜)한 우주공간을 의미한다. 이에 대해 후천의 태허는 천지합벽(天地開闢)[9]이 시작되어 천지와 만물이 형성된 상태를 의미한다. 화담이 이렇게 선천과 후천을 구분하여 말하는 것에 대해 제자인 박순은 "천지가 생겨나기 이전의 태허의 담일지기는 고요하여 아무런 움직임도 없고, 아득하여 아무 조짐도 없다. 태극은 그 가운데 있으니, 천지가 생겨난 후에 만물이 형체를 가진 때와는 다른 것이다."[10]라고 하여 선천과 후천을 구분하여 말하는 것을 보더라도 선천과 후천은 다른 개념이다.

박순이 선천인 태허를 천지가 생겨나기 전으로 보는 것은 바로 태허를 태초의 상태로 생각하고 있는 것이다. 태초의 상태에서 기는 태허에 가능태로서 담연허정한 상태로 존재하는 것이기 때문에 리의 존재가 인정되지 않는다. 이러한 이유에서 화담은 태허에 대해서 말할 때는 리에 대해서 말하지 않는다. 리 대신에 태극, 태일의 개념으로서 태허의 합벽, 동정원리를 설명할 뿐이다. 리에 대한 설명은 후천, 즉 태허의 움직임이 드러

---

9) 裵宗鎬, 『韓國儒學의 哲學的 展開』 上, 延世大學校出版部, 1985, 138쪽.

10) 『思菴集』, 答李叔獻書. "天地未生之前, 太虛澹一之氣, 寂然不動, 只是冲漠無朕, 太極在其中. 非如天地已生之後, 萬物有形之時也."

나면서 시작되고, 그 의미도 기의 작용과 관련해서만 설명할 뿐이다.

이러한 의미에서 본다면 리는 천지가 형성되기 이전의 태허에 있는 것이 아니다. 이것은 선천인 태허에는 리가 없고, 후천의 태허, 즉 기에 내재하는 존재이다. 그렇다면 기가 흩어져 태허의 가운데로 흩어진다는 것은 천지가 생겨난 후인 후천의 태허이지 선천의 태허가 아닌 것이다. 천지가 생겨나기 이전의 태허는 이미 천지가 생겨난 후의 태허로 변하였는데 어찌 천지가 생겨나기 이전의 태허로 돌아갈 수 있겠는가? 화담은 선천과 후천을 구분하여 설명하고는 있는데, 선천은 천지만물의 생성을 설명하기 위해 구분하는 것이지 선천과 후천이 천지가 생겨난 후에도 동시적으로 존재하는 것을 의미하는 것이 아니다. 그리고 기에 내재한 리는 기의 속성으로 동시적인 존재이기 때문에 분리될 수 없다. 기가 흩어지더라도 그 기가 영속된다면 당연히 리도 소멸되는 것이 아니다. 이러한 의미에서 기가 흩어져 태허로 된다는 것은 리를 가지고 태허로 흩어지는 것을 말하는 것이고, 이것은 기에 내재된 리는 선천의 태허가 아닌 후천의 태허에 있다고 해야 할 것이다.

모든 존재는 그 안에 나름대로의 속성을 갖고 있다. 사람은 정자와 난자라는 세포의 결합으로 생겨나고, 그 세포가 계속적인 분열을 하게 되면서 성장한다. 일정한 시간이 지나면 세포의 분열이 정지되면서 사람은 죽게 된다. 또한 사람의 육체가 견딜 수 없는 추위나 더위를 만나게 되면 사람은 죽게 된다. 이렇게 사람이 생겨나고 죽는 것은 사람의 속성에 의한 것이다. 그러나 잘 생각해 보면 이러한 원리는 존재의 안에만 있는 것이 아니다. 후자의 경우에서와 같이 추위를 만나면 사람은 죽지만 추위는 약간의 추위를 잃을 뿐 죽지 않는다. 이것을 구체적인 존재들의 관계에서 보면 호랑이와 토끼의 관계는 호랑이가 토끼를 포식하는 관계이지만 토끼와 풀의 관계는 토끼가 포식하는 관계이다. 존재의 속성은 존재 내에만 있는 것이 아니라 존재의 밖에도 있으면서 존재들을 운동 변화시키는 것이다.

존재의 속성이 존재의 밖에도 있다는 의미에서 본다면 기의 밖에도 존재가 있다는 것이 된다. 그러나 흩어진 기는 태허의 상태로 된다는 의미에서 본다면 태허는 기이기 때문에 여기에서 말하는 기의 밖은 태허의 영역을 벗어난 공간을 말하는 것이 아니라 현실적인 존재인 사람, 호랑이, 토끼, 풀의 밖을 말하는 것이다. 그런 점에서 현실적인 존재의 밖은 태허를 의미한다. 그리고 태허는 기의 흩어진 상태이기 때문에 결국은 기이다. 이러한 의미에서 본다면 태허의 기에는 리가 있는 것이기 때문에 태허와 기를 동일한 것으로 보는 것이다. 그러나 화담은 선천의 태허와 기를 동일한 것으로 생각하지 않는다는 점에서 문제가 된다. 태허로 흩어진 기에는 리가 없는 것으로 본다면 문제가 되지 않겠지만[11] 태허로 흩어진 기는 무형의 존재로 변화한 것이지 무(無)의 상태로 소멸되는 것이 아니기 때문에 태허에는 무형의 기만 있고, 리는 존재하지 않는다는 것은 모순이 된다. 그렇다면 기가 흩어져 태허로 돌아간다는 것은 무슨 의미인가? 이것은 태허를 선천과 후천으로 구분해서 설명할 때 가능하다.

3) 선천과 후천의 구분

화담의 선천과 후천은 천지가 생기기 이전과 이후를 설명하는 개념이

11) 柳正東 教授는 "花潭은 先天으로서의 本然境地가 氣라고 하였으나, 거기에서는 理를 문제 삼지 않음으로써 완전한 氣一元論的 宇宙體論을 보이고 있다. 理의 問題는 先天에서 現象界의 後天이 전개될 때 비로소 시작된다."라 하고, "先天과 後天, 本體와 現象의 連繫處에 바로 理之時를 설정하였다. 花潭은 氣를 주장하면서도 理를 부정하지 않았는데, 그것은 선천적 氣의 本然에서가 아니라 後天的 始原에서 비롯된 것이다."고 한다.(柳正東, 『東洋哲學의 基礎的 研究』, 成均館大學校出版部, 1986, 294~295쪽)

라는 점에서 본다면 태허는 천지가 형성되기 이전인 태초의 상태로서 선천으로 말해지는 부분과 선천에서 현상으로 드러난 후천으로 구분되어야 한다. 앞에서 보았듯이 화담이 후천을 천지와 만물이 생겨난 현상세계로 본다는 점에서 선천은 천지가 생겨나기 이전의 상태를 의미한다. 그러나 화담은 선천이라 말해지는 담연무형한 상태의 태허와 후천으로 말해지는 현실세계의 무한한 우주공간으로서의 태허를 구분하지 않고 있다.

> 기(氣)가 담일청허(湛一淸虛)한 것은 태허(太虛)가 움직여서 양(陽)을 낳고, 고요히 있으면서 음(陰)을 낳는 시초에 근원을 두고 있다. 모인 것이 점점 쌓이어 넓고 두텁게 됨에 이르러 하늘과 땅이 되었고 우리 인간이 된 것이다. 사람이 흩어짐에 있어서 몸과 넋은 흩어지지만 모인 것이 담일청허(湛一淸虛)한 것은 끝내 흩어지지 않는다. 태허의 담일(湛一)한 가운데로 흩어져도 모두 똑같은 기(氣)인 것이다. 그 지각의 모임과 흩어짐에는 다만 오래가고 빨리 됨이 있을 뿐이다. 비록 흩어짐이 가장 빠른 것은 며칠이나 몇 달 걸리는 것도 있지만, 이것은 사물의 미소한 것일 뿐 그 기(氣)는 끝내 흩어지지 않는다.[12)]

태허의 담일청허(湛一淸虛)한 일기가 태허의 동정에 의해 음양으로 나누어지고, 음양의 기가 모여서 천지와 만물이 된다. 그리고 만물은 흩어져 태허의 담일한 가운데로 흩어진다는 것은 선천의 태허와 후천의 태허를 구분하지 않고 있는 것이다.

화담에게 있어서 선천의 태허는 기가 가능태로서 담연허정한 상태로

---

12) 『花潭集』, 鬼神死生論. “氣之湛一淸虛, 原於太虛之動而生陽, 靜而生陰之始. 聚之有漸, 以至博厚爲天地, 爲吾人. 人之散也, 形魄散耳, 聚之湛一淸虛者, 終亦不散. 散於太虛湛一之中, 同一氣也. 其知覺之聚散, 只有久速耳. 雖散之最速, 有日月期者, 乃物之微者爾, 其氣終亦不散”

존재하는 것이기 때문에 리(理)의 존재가 인정되지 않는다. 화담은 선천의 태허에 대해서 말할 때 리에 대해서도 말하지 않는다.[13] 리 대신에 태극, 태일의 개념으로서 태허의 동정원리를 설명한다. 리에 대한 설명은 선천, 즉 태허의 움직임이 드러나면서 시작되고, 그 의미도 기의 작용과 관련해서만 설명한다. 이러한 의미에서 본다면 리는 천지가 형성되기 이전의 태허에 있는 것이 아니다. 이것은 선천인 태허에는 리가 없고, 후천의 태허, 즉 기에 내재하는 존재이다. 그렇다면 기가 흩어져 태허의 가운데로 흩어진다는 것은 후천의 태허이지 선천의 태허가 아닌 것이다. 이것은 선천의 태허는 후천으로 드러나면서 이미 후천으로 변화한 것을 의미하는 것이다. 그리고 리도 기에 내재된 존재의 속성를 가지고 후천의 태허로 흩어지는 것이다.

또한 관점을 달리하여 무형의 상태가 선천이라면, 흩어진 기가 무형의 상태인 선천으로 되었다가 다시 형체로 드러나면서 비로소 기와 리의 존재가 성립한다고 볼 수 있다. 이렇게 본다면 후천의 존재가 흩어져서 태허의 본래상태인 선천의 상태로 되었다가 다시 후천으로 드러난다는 것을 의미한다. 그러나 이렇게 보는 것은 태허의 존재를 선천과 후천으로 구분하지 않는 것이기 때문에 화담이 말한 선천과 후천의 의미가 아니다. 그리고 구분해도 그것은 유형과 무형으로 구분하는 것일 뿐이다. 형체로 드러나지 않은 상태를 선천으로, 형체가 드러난 상태를 후천으로 구분하는 정도일 뿐이다. 이것은 형체의 유무로서 선천과 후천을 구분하는 것이다. 무형과 유형의 기준은 인간의 감각기관을 통한 인식의 가부라는 점에서 화담이 말하는 것과 일치하지 않는다. 화담이 태허, 즉 선천을 무성무취(無聲無臭)한 것이라고 하는 것은 존재 이전의 상태를 말하는 것이다.

13) 裵宗鎬, 『韓國儒學의 哲學的 展開』 上, 延世大學校出版部, 1985, 140쪽.

그것은 기의 가능태로서 있는 것이고, 아직 질적으로 드러난 것이 아니기 때문에 무성무취한 것이다. 그러나 무형의 존재는 현상적으로 인식되지 않는 상태일 뿐 무성무취한 것이 아니라는 점에서 존재이전의 상태는 아니다. 다만 현상적으로 드러나지 않았을 뿐이고, 그것은 현실적으로 존재하는 것이다. 예를 들자면 향(香)의 연기가 흩어져서 무형의 상태가 되더라도 일정한 시간동안 그 냄새는 남아 있는 것과 같다. 향의 연기는 무형의 상태로 되었지만 무취한 것은 아니다. 이러한 의미에서 볼 때 화담이 말하는 다음의 글은 흩어진 기가 무성무취한 선천의 태허로 돌아가는 것이 아니라 단지 무형한 상태로서 후천의 태허로 흩어지는 것을 말하는 것이다.

기(氣)가 모이고 흩어지는 형세에는 미약한 것, 뚜렷한 것, 오래된 것, 빠른 것이 있다. 크고 작은 것이 태허(太虛)에 모이고 흩어지고 하는데, 크고 작은 차이는 있지만 비록 한 포기의 풀이나 한 그루의 나무 같은 미소한 것이라 할지라도 그 기(氣)는 끝내 흩어지지 않는다. 하물며 사람의 정신과 지각 같이 기(氣)가 크고, 또 오래된 것이야 말할 게 있겠는가?[14)]

사람이 흩어짐에 있어서 몸과 넋은 흩어지지만 모인 것이 담일청허(湛一淸虛)한 것은 끝내 흩어지지 않는다. 태허(太虛)의 담일(湛一)한 가운데로 흩어져도 모두 똑같은 기(氣)인 것이다. 그 지각의 모임과 흩어짐에는 다만 오래가고 빨리 됨이 있을 뿐이다. 비록 흩어짐이 가장 빠른 것은 며칠이나 몇 달 걸리는 것도 있지만, 이것은 사물의 미소한 것일 뿐 그 기(氣)는 끝내 흩어지지 않는

14) 『花潭集』, 鬼神死生論. "聚散之勢, 有微著久速耳. 大小之聚散於太虛, 以大小有殊, 雖一草一木之微者, 其氣終亦不散. 況人之精神知覺, 聚之大且久者哉"

다. …… 비록 한 조각 향촉(香燭)의 기(氣)가 눈앞에서 흩어지고 있는 것이 보인다 하더라도, 그 나머지 기(氣)는 끝내 흩어지지 않는다. 어찌 기(氣)가 무(無)로 없어질 수 있겠는가?[15]

이러한 설명들을 보면 만물은 흩어지지만 기는 태허의 담일청허한 가운데로 흩어질 뿐 소멸되어 없어지는 것이 아니다. 그렇다면 흩어진 기는 어떤 상태로서 존재할 것인가? 후천의 흩어진 기가 선천의 태허로 돌아간다면, 선천은 무성무취하고 담연허정한 기의 본래 모습이기 때문에 기는 소리와 색깔과 냄새와 맛이 없는 무성무취한 상태로 되어야 할 것이다. 그리고 이러한 상태는 오행(五行)의 기로 구분되지 않는 일기의 상태로 되어야 할 것이다.

그러나 위에서 화담이 말한 '사람의 정신과 지각 같이 기가 크고, 또 오래된 것이야 말할 것이 있겠는가?'라는 설명을 보면 사람의 정신과 지각 같은 기는 무형의 상태가 되어 후천의 태허로 흩어지더라도 기가 갖고 있는 속성(屬性)으로서의 리는 결국 흩어지지 않는다는 것이다. 또 화담이 "만물에는 소리와 색깔과 냄새와 맛이 있다."[16]고 말하는 것을 보면 만물의 성색기미(聲色氣味)가 소멸되어 없어지는 것이 아니기 때문에 속성으로서의 리도 소멸되지 않는다는 의미에서 후천의 태허로 흩어지는 것이지 선천의 태허로 흩어지는 것은 아닌 것이다. 이러한 점에서 본다면 화담의 "기가 모이고 흩어지는 형세에는 미약한 것, 뚜렷한 것, 오래된 것, 빠른 것이 있다. 크고 작은 것이 태허에 모이고 흩어지고 하는데, 크고 작

15) 『花潭集』, 鬼神死生論. "人之散也, 形魄散耳, 聚之湛一淸虛者, 終亦不散. 散於太虛湛一之中, 同一氣也. 其知覺之聚散, 只有久速耳. 雖散之最速, 有日月期者, 乃物之微者爾, 其氣終亦不散. …… 雖一片香燭之氣, 見其有散於目前, 其餘氣終亦不散, 烏得氣之盡於無耶"

16) 『花潭集』, 聲音解. "物有聲色氣味"

은 차이는 있지만 비록 한 포기의 풀이나 한 그루의 나무 같은 미소한 것이라 할지라도 그 기는 끝내 흩어지지 않는다."[17]라는 말은 사람의 정신이나, 사물의 성질이 흩어지는 것은 후천의 태허에서 모이고 흩어지는 것을 설명하는 것이 분명하다.

만약 후천에서 흩어진 기의 성질이 시간이 지남에 따라 소멸되면서 기가 선천의 일기 상태로 되돌아간다면 화담은 선천과 후천을 동시에 인정해야 한다. 그러나 선천과 후천을 이렇게 이해한다면 박순이 선천과 후천을 천지가 생겨나기 이전과 천지가 생겨난 후로 설명하는 것은 분명히 잘못된 것이고, 소옹의 '별유천지(別有天地)'를 부정하는 화담의 글은 잘못된 것이기 때문에 선천은 당연히 천지가 생겨나기 전인 태초의 상태로 보아야만 하는 것이다.

이러한 관점에서 본다면 화담에게 있어서 선천을 의미하는 태허는 천지가 형성되면서 후천으로 변화한 것으로 보아야 한다. 천지가 형성되기 이전의 태초의 상태가 선천이고, 천지가 개벽된 상태는 후천이다. 다시 말하면 선천은 후천으로 변화한 것이기 때문에 선천은 이미 존재하지 않는 것이다. 화담이 「원리기」에서 소옹의 말을 비판하는 것도 바로 그러한 의미인 것이다. 그렇기 때문에 흩어진 만물의 기는 인간의 감각을 통해 인식되지 않을 뿐이고, 후천의 태허로 돌아가는 것이지 담연무형한 상태인 선천의 태허 상태로 돌아가는 것이 아니다.

---

17) 『花潭集』, 鬼神死生論. "聚散之勢, 有微著久速耳. 大小之聚散於太虛, 以大小有殊, 雖一草一木之微者, 其氣終亦不散"

4) 후천의 기

(1) 기의 존재

『화담집』의 「원리기」에는 "허는 기의 연못이다."[18]라는 글이 보인다. 이 글은 『화담집』을 편찬할 때 그의 제자들이 화담에게서 들은 말을 보충하여 기록한[19] 것이지만 허를 기의 연못으로 설명하는 것은 태허를 존재로 설명하는 것이다. 물론 연못이 태허의 비유적인 용어로 설명된 것이라고는 하지만 그 의미를 잘 생각해 보면 태허와 기의 관계를 아주 분명하고도 명확하게 표현한 것이라고 생각된다.[20] 이것은 화담에게 있어서 허가 무형의 기를 담고 있는 공간으로서 존재하는 것이다. 그렇지만 허(虛)는 허공에 불과하기 때문에 천지만물의 시원을 허무(虛無)로 보는 『노자』의 입장[21]과 다를 바가 없는 것이다. 그러한 이유에서 화담은 허(虛)를 곧 기(氣)라고 말하는 것이다.[22] 이렇게 허를 기의 존재로 설명하는 것은 허에서 기가 생겨난다는 불합리한 논리로부터 벗어날 수 있기 때문이다. 이 같은 생각에서 화담은 허(虛)를 무(無)라고 할 수 없다고 하면서 『노자』의 유

---

18) 『花潭集』, 原理氣. "虛者, 氣之淵也"

19) 『花潭集』, 金學主 · 林鍾旭 譯, 세계사, 1992, 180쪽.

20) 太虛를 연못, 氣를 물(水)이라는 구체적 형상에 비교해서 설명한다면 연못은 장소, 공간의 개념으로서 太虛를 말하는 것이고, 물은 氣를 말하는 것이다. 이것은 太虛를 氣가 모여 있는 곳으로 파악한 것이다. 그렇지만 太虛에도 氣가 없다면 虛無의 상태로서 결국은 太虛도 무의미한 虛無의 太虛로 될 것이다. 이렇게 본다면 氣는 太虛를 떠나서 독립적으로 존재할 수 없는 것이고, 太虛는 氣에 의해서 존재성을 확보할 수 있는 것이다. 이러한 太虛와 氣의 관계는 氣의 존재를 인정하기 위해서 太虛를 인정해야만 하는 것이다. 그리하여 太虛는 氣를 담고 있는 무한한 공간으로서 실재하는 것이고, 氣는 太虛의 공간에 실재하는 것이 된다. 이 같은 太虛와 氣의 본래 상태를 同存的 관계에 있다고 말할 수 있겠다.

21) 『老子』, 第40章. "天下萬物生於有, 有生於無"

22) 『花潭集』, 太虛說. "老氏曰, 有生於無, 不知虛卽氣也"

생어무(有生於無)와 불가(佛家)의 적멸론(寂滅論)을 다음과 같이 비판한다.

> 허(虛)가 비어 있는 것이 아니라는 것을 알면 무(無)라고 할 수 없는 것이다. 노자(老子)는 말하기를 무(無)에서 유(有)가 생성된다고 하는데, 이는 허(虛)가 곧 기(氣)임을 알지 못하는 것이다. 또 말하기를 허(虛)가 능히 기(氣)를 생성할 수 있다고 하지만 그렇지 않다. 만약 허(虛)가 기(氣)를 생성한다면, 그것이 생겨나기 전에는 기(氣)가 있지 않은 것이니 허(虛)는 죽은 것이 된다. 이미 있지 않은데, 기(氣)는 또 어디서 생기겠는가. 기(氣)는 시작도 없고, 낳음도 없다. 이미 시작이 없는데 어찌 끝남이 있겠는가. 이미 낳음이 없는데 어찌 소멸이 있겠는가. 노자(老子)는 허무(虛無)를 말하고, 불가에서는 적멸(寂滅)을 말했는데, 이것은 리기(理氣)의 근원을 알지 못하는 것이니 어찌 도(道)를 안다고 할 수 있겠는가.[23]

허(虛)는 비어 있는 것이 아니라 무형의 기로 채워져 있고 그것으로부터 천지만물이 생기는 것인데 그것을 모르고 천지만물의 존재를 논하는 『노자』와 불가의 이론을 비판하고 있는 것이다. 화담의 이러한 견해는 선가(禪家)에서 말하는 공(空)의 본체론에 대한 비판[24]에서도 나타난다.

> 선가(禪家)에서는 말하기를 공(空)은 큰 깨달음 가운데서 생기는 것으로 마치 바다의 한 물거품이 생겨나는 것과 같다 하고, 또 참된 허공과 둔한 허공을

23) 『花潭集』, 太虛說. "知虛之不爲虛, 則不得謂之無. 老氏曰, 有生於無, 不知虛卽氣也. 又曰, 虛能生氣, 非也. 若曰虛生氣, 則方其未生, 是無有氣而虛爲死也. 旣無有, 氣又何自而生. 氣無始也, 無生也. 旣無始, 何所終. 旣無生, 何所滅. 老氏言虛無, 佛氏言寂滅, 是不識理氣之源, 又烏得知道"

24) 柳正東, 『東洋哲學의 基礎的 硏究』, 成均館大學校出版部, 1986, 292쪽.

말하는 것은, 하늘이 커서 한이 없는 것을 알지 못한 것이고, 허(虛)가 곧 기(氣)임을 알지 못한 것이다.[25]

이러한 설명은 결국 허와 기는 개별적인 존재로서 독립된 존재가 아니라 허즉기(虛卽氣)로서 하나로 합일된 불가분의 동존적(同存的)인 관계[26]로 이해하는 것이다. 이러한 허와 기의 합일된 동존적 관계를 화담은 다음과 같이 설명한다.

허공(虛空)은 곧 기(氣)인 것이다. 허공(虛空)는 본래 끝이 없으며, 기(氣) 또한 끝이 없다. 기(氣)의 근원은 그 처음이 일(一)이다.[27]

허(虛)가 곧 기(氣)라는 것은 허를 기로 보는 것으로서 허와 기가 하나로 합일된 상태를 말하는 것이다. 이러한 허와 기의 합일된 상태는 아무런 움직임도 없는 적연부동(寂然不動)의 상태로서 태초의 상태인 것이다. 이러한 허와 기가 합일된 태허의 상태로부터 일기가 드러나고 음양으로 나뉘어 천지와 만물이 생겨난다는 점에서 기의 근원은 하나라는 설명이 가능하다. 이렇게 허와 기가 하나로 합일된 동존적 상태로서의 태허는 하나의 존재이다. 이것은 태허가 허와 기의 개념으로 구분될 수는 있지만 허와 기로 분리될 수는 없는 존재임을 의미하는 것이다.[28]

---

25) 『花潭集』, 原理氣. "禪家云, 空生大覺中, 如海一漚發, 有曰眞空頑空者, 非知天大無外, 非知虛卽氣者也"

26) 花潭이 太虛를 말할 때에 虛하면서도 虛하지 않다고 하여 虛卽氣라 한 것은 虛와 氣의 하나됨을 의미하는 것이며, 虛도 無窮無外하고 氣도 無窮無外하다고 한 것도 또한 虛와 氣의 共存을 뜻하는 것으로 간주된다.(柳正東, 『東洋哲學의 基礎的 硏究』, 成均館大學校出版部, 1986, 257쪽)

27) 『花潭集』, 理氣說. "虛卽氣也. 虛本無窮, 氣亦無窮. 氣之源, 其初一也."

(2) 기의 운동원리

화담은 우주의 본체를 담연무형한 것으로서 태허라 하고, 태허에는 기로 가득 차 있다고 말한다. 그리고 선천의 상태가 합벽(闔闢)·동정(動靜)을 시작하는 때에 이르러 이가 발휘된다고 하여 이의 존재를 말하고 있지만 그 리는 기에 내재되어 있는 속성으로 기 밖에 리가 따로 존재하는 것이 아니라 하여 기일원론을 주장하였다.[29] 먼저 선천과 관련하여 리의 존재를 설명하는 내용을 살펴보면 다음과 같다.

> 이것이 곧 선천(先天)이니 기이(奇異)하지 아니한가? 기이(奇異)하고 기이(奇異)하다. 묘(妙)하지 아니한가. 묘(妙)하고 묘(妙)하다. 갑자기 뛰어 오르기도 하고, 갑자기 열리기도 하는데 누가 그렇게 시키는 것인가? 스스로 능히 그렇게 할 수 있고, 또한 스스로 그렇게 되지 않을 수 없는 것이니, 이것을 리(理)가 발휘된 때라 한다. 『주역(周易)』에서 말한 느낌이 있으면 마침내 두루 통한다는 것과, 『중용(中庸)』에서 말한 도(道)는 스스로 이끌어 나간다는 것과, 주돈이(周敦頤)가 말한 태극(太極)은 움직여 양(陽)을 낳는다는 것이 그것이다.[30]

---

28) 虛와 氣가 독립적으로 존재한다면 虛는 단순한 공간적 의미밖에 가질 수 없다. 虛는 곧 氣로서 虛의 공간에는 氣가 있는 것이고, 氣는 虛의 공간을 떠나서는 존재할 수 없다. 그렇기 때문에 虛와 氣가 따로 분리되어 존재할 수는 없는 것이다. 花潭이 말하는 "이미 氣라고 한다면(旣曰氣)" 의 의미는 太虛와 氣를 구분해서 말할 수 있는 상태를 의미하는 것이지 太虛와 氣가 독립적으로 분리된 상태를 의미하는 것이 아니다. 虛와 氣가 따로 분리되어 독립적으로 존재할 수 있다면 氣 밖의 별도의 虛가 존재하는 것이고, 虛와 氣의 同存的 관계는 성립되지 않는다.

29) 裵宗鎬, 『韓國儒學의 哲學的 展開』 上, 延世大學校出版部, 1985, 136쪽.

30) 『花潭集』, 原理氣. "是則先天不其奇乎, 奇乎奇, 不其妙乎, 妙乎妙. 倏爾躍, 忽爾闢, 孰使之乎. 自能爾也, 亦自不得不爾, 是謂理之時也. 易所謂感而遂通, 庸所謂道自道, 周所謂太極動而生陽者也."

여기에서 화담은 이를 선천의 기이(奇異)하고 묘(妙)한 움직임과 관련하여 말하고 있다. 화담은 위의 인용문 앞부분에서 선천에 대해 말하기를 "태허의 담연무형한 상태를 선천이라 한다."[31]고 하였다. 태허의 담연무형한 상태는 존재 이전의 상태로서 아무런 움직임도 없는 상태이다. 물론 태허에는 기의 본래 모습으로서 담연허정(湛然虛靜)한 존재가 있기는 하지만 그것은 가능태로서의 존재이기 때문에 아무런 움직임도 없는 것이다.[32] 그렇기 때문에 화담은 태허의 상태를 적연부동[33]으로 설명한 것이다. 그리고 이러한 상태는 천지가 형성되기 이전의 태초의 상태이다. 화담(花潭)은 이러한 의미에서 천지가 형성되기 이전의 담연무형한 태허의 상태를 선천이라 하는 것이다.

그러고 나서 화담은 선천의 기묘(奇妙)한 움직임이 '자능이(自能爾)'에 의해 일어나는데 이것을 '리지시(理之時)'라고 말한다. 여기에서 선천의 기묘한 움직임은 선천, 즉 태허의 기틀인 '기자이(機自爾)'에 의해서 태허의 동정이 시작되는 것인데 이것을 '리지시'라고 말하는 것은 태허의 동정이 시작되면서 일기의 운동이 시작되기 때문이다. 이러한 의미에서 천지가 형성되기 이전인 선천의 움직임은 '기자이'에 의한 것이고, 이때 일기의 가능태가 현실태(現實態)로 드러나면서 동시에 리가 발휘되는 것이기 때문에 이것을 '리지시'로 설명하는 것이다. 만일 선천의 움직임이 '리지시'에 이르러 시작된다면 리는 선천에 내재되어 있는 것이 된다. 그리고 선천은 우주의 본체로서 태허를 의미한다는 점에서 리는 태허에 내재되어 있는 것이 된다. 그러나 화담은 태허를 기의 근원(根源)이라 말할 뿐 아직 리를 문제 삼지 않는다.[34] 그리고 '리지시'를 말하면서 그것이

---

31) 『花潭集』, 原理氣. "太虛湛然無形, 號之曰先天"

32) 裵宗鎬, 『韓國儒學의 哲學的 展開』 上, 延世大學校出版部, 1985, 137쪽.

33) 『周易』, 「繫辭傳上」. "寂然不動"

『주역』의 '감이수통(感而遂通)'이고, 『중용』의 '도자도(道自道)'이며, 『주돈이』의 '태극동이생양(太極動而生陽)'이라고 말하는 것은 선천, 즉 태허의 적연부동한 상태에서 리가 동시적으로 존재하다가 발휘되는 것이 아니라 태허의 '자능이'에 의해서 기묘한 움직임이 시작되면서 일기가 드러나는 순간을 리가 발휘되는 때라고 한 것이다.[35] 이것은 태허의 '자능이'에 의해서 일기가 드러나는 것을 말하는 것이고, 이러한 이유에서 화담은 리를 기에 앞서서 존재하는 것이 아니라고 하는 것이다.[36] 화담은 이러한 리와 기의 존재를 설명하기 위해 「원리기」의 다음에 「리기설」라는 논문을 두고 있는 것이다. 「리기설」은 전체의 문장이 태허와 기, 그리고 리의 관계를 체계적으로 설명하고 있는데 그 내용을 살펴보면 다음과 같다.

밖이 없는 것을 태허(太虛)라 하고, 시작이 없는 것을 기(氣)라 하는데, 허공(虛空)은 곧 기(氣)인 것이다. 허공(虛空)은 본래 무궁(無窮)하니, 기(氣) 또한 무궁(無窮)하다.[37]

이것은 태허와 기의 관계를 설명하고 있는 글이다. 태허는 밖이 없는 무한한 허공의 영역을 의미한다. 그리고 태허의 허공(虛空)은 허즉기(虛卽氣)로 기(氣)가 가득 차 있다. 그러한 의미에서 태허는 기의 근원이라 말할 수 있다. 이것은 기가 태허에서 생겨나는 것이 아니기 때문에 기는 시작이 없는 무시(無始)한 존재라고 말한 것이다. 그리고 화담은 계속해서

34) 柳正東, 「花潭 · 晦齋 · 退溪의 性理說 展開」, 『韓國思想大系』 IV, 成均館大學校出版部, 1984, p.299.

35) 裵宗鎬, 『韓國儒學의 哲學的 展開』 上, 延世大學校出版部, 1985, 139쪽.

36) 『花潭集』, 理氣說. "理不先於氣"

37) 『花潭集』, 理氣說. "無外曰太虛, 無始者曰氣, 虛卽氣也. 虛本無窮, 氣亦無窮."

다음과 같이 말한다.

> 기(氣)의 근원은 그 처음이 일(一)이다. 이미 기(氣)라 한다면, 일(一)은 이(二)를 품게 되며, 태허(太虛)도 일(一)이 되니, 그 가운데는 이(二)를 품고 있는 것이다. 이미 이(二)가 되면 이제 합벽(闔闢)과 동정(動靜), 생극(生克)이 없을 수가 없다. 그처럼 합벽(闔闢), 동정(動靜), 생극(生克)할 수 있는 까닭이 되는 원인을 이름하여 태극(太極)이라 한다.[38]

여기에서 기의 근원을 그 처음이 일이라고 하는 것을 "태허의 담연허정한 것이 기의 본래 모습이다."[39]라는 말과 관련하여 생각해 보면 기는 본래 태허의 담연허정한 기를 말하는 것이기 때문에 기의 근원은 태허라 할 수 있다. 그리고 "태허는 밖이 없다는 것이란 뜻이다. 태허가 일이라는 것을 알면, 곧 나머지는 일이 아니라는 것을 알게 된다."[40]라는 말에서 태허는 우주의 전체를 포함하는 것으로서 일이기 때문에 기의 근원을 일이라고 하는 것이다.

태허의 담연허정한 기의 본래 모습이 태허의 '기자이'에 의해서 일기로 드러나면 기에는 리가 있는 것이기 때문에 둘이 되는 것이다. 그래서 이미 기라 한다면 둘을 품게 된다고 말하는 것이다. 또한 태허도 밖이 없는 것으로서 우주전체를 의미하기 때문에 일이라고 할 수 있다. 그리고 태허에는 일기가 있기 때문에 둘이 되는 것이다. 그래서 태허도 일이지만 둘을 품고 있다고 말하는 것이다. 이것은 태허에는 일기가 있기 때문에

---

38) 『花潭集』, 理氣說. "氣之源, 其初一也. 旣曰氣, 一便涵二, 太虛爲一, 其中涵二. 旣二也, 斯不能無闔闢, 無動靜, 無生克也. 原其所以能闔闢, 能動靜, 能生克者, 而名之曰太極"

39) 『花潭集』, 原理氣. "其湛然虛靜, 氣之原也."

40) 『花潭集』, 原理氣. "太虛無外者也. 知太虛爲一, 則知餘皆非一者也."

일은 둘을 품고 있다는 말이고, 일기에는 리가 있기 때문에 일은 둘을 품고 있다는 말이 된다. 일은 둘을 품고 있다는 의미는 하나(一)이면서 그 안에는 또 하나(一)를 갖고 있기 때문에 둘인 것이지, 하나의 안에 두 개의 다른 것을 갖고 있다는 의미가 아니다. 일기에 리가 있기 때문에 둘이 된다는 근거를 찾는다면 화담이 "허공은 기의 연못이다. 일이란 수(數)가 아니라 수의 체(體)이다. 리의 일은 그 허한 것이고, 기의 일은 그 조(粗)한 것인데, 이들이 합치면 묘(妙)하고 묘(妙)해진다."[41]라고 설명하는 글이다. 이것은 리와 기의 합일로 묘한 작용이 이루어진다는 것인데 이러한 설명에서 보더라도 기와 리의 관계를 하나이면서 둘로 말하는 것이다. 이러한 의미에서 본다면 일기의 작용에 의해서 음양의 리기로 나누어지는 것은 일기에 리가 내재되어 법칙에 의해서 일기가 음양의 리기로 나누어지는 것이다. 일기에 음양의 기가 있어 음양의 기로 나누어진다면 리는 존재의 의미를 상실하게 된다.

(3) 기(氣)와 리(理)의 관계

화담(花潭)은 리와 기의 관계를 설명함에 있어서 "기의 밖에 리가 있는 것이 아니다. …… 기는 시작이 없으니, 리도 본래 시작이 없는 것이다."[42] 라 말하고 있다. 이것은 리와 기의 관계가 불가분의 관계라는 것을 분명히 밝히고 있는 것이다. 또한 그가 "리는 기의 주재라고 하면서 소위 주재란 밖으로부터 와서 주재하는 것이 아니다."[43]라고 설명하는 것을 보더라도 리와 기의 관계가 분리될 수 없는 것임을 간곡히 표현하는 것이다.[44]

---

41) 『花潭集』, 原理氣. "虛者, 氣之淵也. 一非數也, 數之體也. 理之一其虛, 氣之一其粗, 合之則妙乎妙"

42) 『花潭集』, 理氣說. "氣外無理. …… 氣無始, 理固無始"

43) 『花潭集』, 理氣說. "氣外無理, 理者氣之宰也. 所謂宰, 非自外來而宰"

이렇게 리와 기가 분리된 것이 아니고, 동시적으로 성립된 존재라는 것을 의미한다는 점에서 본다면 리와 기의 관계는 일체(一體)라는 것을 알 수 있다. 이에 대해 화담(花潭)의 제자인 정개청(鄭介淸)은 리와 기의 관계를 서로 떨어질 수 없고 또 서로 혼동될 수 없는(不相離不相雜) 것으로서 곧 하나이면서 둘이고, 둘이면서 하나인(一而二, 二而一) 관계로 설명한다.[45] 리와 기는 비록 혼연(混然)한 상태로서 지선(至善)하고, 순리청탁(淳漓淸濁)한 차이는 있으나, 이 둘은 결코 떨어질 수 없다. 왜냐하면 리는 반드시 기에 의지해서 움직일 수 있고, 기의 움직임에는 리의 주재가 없을 수 없기 때문이다. 이러한 설명에서 보더라도 리와 기의 관계는 서로 떨어질 수 없는 일체(一體)라는 것을 알 수 있다.[46] 리와 기를 일체로 생각한다는 것은 기를 존재로 리를 존재가 가지고 있는 원리로 보는 것이다. 예를 든다면 바위라는 존재는 기이고, 돌이 가지고 있는 성질, 즉 단단함은 리이다. 이 바위가 소멸해서 흩어지게 된다면 바위는 미립자(微粒子)의 상태가 될 것이다. 이때 미립자 상태의 바위에도 바위의 성질이 있어야만 한다. 만약 미립자 상태에서 바위의 성질을 갖지 않는다면 바위의 성질을 외부로부터 받거나, 아니면 미립자 상태의 바위가 모여서 형상으로 드러나면서 리를 갖게 된다는 것이다. 이렇게 본다면 전자는 리가 기의 밖으로부터 오는 것이고, 후자는 기가 리보다 앞선 것이 된다. 이것은 화담(花潭)이 "기의 밖에는 리가 없다. …… 리는 기보다 앞선 것이 아니다."[47]라

---

44) 黃義東, 『율곡학의 선구와 후예』, 예문서원, 1999, 159쪽.

45) 劉明鍾 교수는 『韓國思想史』 321쪽에서 鄭介淸의 理氣說은 主氣說이지만, 李滉과 李珥가 활동한 時期에 활동하였으므로 理의 지위를 분명히 하였으며 徐敬德보다는 理氣一體說에 더 관심이 있다고 평하였다.(장숙필, 「기론과 도학 정신의 융합, 화담학파」, 『조선유학의 학파들』, 예문서원, 1996, 140쪽 재인용)

46) 장숙필, 「기론과 도학 정신의 융합, 화담학파」, 『조선유학의 학파들』, 예문서원, 1996, 140쪽.

고 말한 것과 다르다.

또한 관점을 달리하여 설명한다면 미립자 상태의 바위를 선천(先天)으로 보고 이것이 형체(形體)로 드러나면서 비로소 기와 리의 존재가 성립한다고 볼 수 있다. 이렇게 본다면 미립자 상태의 바위(氣)가 흩어져서 무형의 상태인 태허(太虛)로 돌아갔다가 다시 응취(凝聚)하여 현상으로 드러날 때 리를 어떻게 설명할 것인가의 문제가 생긴다. 리가 다시 태허(太虛), 즉 선천(先天)의 상태에서 기의 존재가 드러나면서 동시에 성립된다고 한다면 현실세계에는 선천(先天)과 후천(後天)이 있다는 것을 인정해야만 한다. 그러나 화담(花潭)은 이에 대해서 인정하지 않는다. 화담(花潭)이 「원리기(原理氣)」에서 소옹(邵雍)의 말을 비판하는 것은 바로 선천(先天)이 후천(後天)으로 변화한 뒤에는 존재하지 않는다는 입장에 근거해서 성립된 것이기 때문이다. 그렇기 때문에 현상의 바위가 흩어져서 미립자 상태로 되어도 선천(先天)의 태허(太虛)로 돌아가는 것이 아니라 후천(後天)의 태허(太虛)상태로 돌아가는 것이고, 이것은 미립자 상태의 바위에도 리가 있다는 것을 말하는 것이다. 그렇지 않다면 리의 존재를 다시 설명해야 하는데 미립자 상태의 바위(氣)는 무형의 상태로서 존재하는 것이다. 이미 기인데 어떻게 리를 다시 설명할 수 있겠는가? 미립자 상태의 바위가 흩어져서 담연무형(湛然無形)한 태허(太虛)의 상태로 돌아간다고 할 때 그것은 후천(後天)의 태허(太虛)를 말하는 것이고 후천(後天)의 태허(太虛)에는 리(理)를 갖고 있는 기가 있는 것이다. 화담(花潭)이 기의 취산(聚散)을 설명하는 다음의 글에서 리와 기는 분리될 수 없는 일체(一體)라는 것을 알 수 있다.

47) 『花潭集』, 理氣說. "氣外無理, 理者氣之宰也. 所謂宰, 非自外來, …… 理不先於氣"

기가 모이고 흩어지는 형세에는 미약한 것, 뚜렷한 것, 오래된 것, 빠른 것이 있다. 크고 작은 것이 태허(太虛)에 모이고 흩어지고 하는데, 크고 작은 차이는 있지만 비록 한 포기의 풀이나 한 그루의 나무 같은 미약한 것이라 할지라도 그 기는 끝내 흩어지지 않는다. 하물며 사람의 정신과 지각 같이 기가 크고, 또 오래된 것이야 말할 게 있는가.[48]

일초(一草)와 일목(一木)의 기에는 리가 내재되어 있다. 일초일목(一草一木)이 외적인 조건 또는 내적인 원인에 의해 쓰러져 죽게 된다고 하더라도 일초일목(一草一木)의 기에는 리가 있는 것이다. 그리고 그것의 기는 계속적으로 흩어지게 될 것이고, 결국에는 무형의 상태로 될 것이다. 그렇지만 이 무형의 상태는 미립자의 존재 상태이기 때문에 무(無)가 아니다. 이런 점에서 화담(花潭)은 일초일목(一草一木)의 기는 끝내 흩어지지 않는다고 말하는 것이다. 이것은 기가 소멸하여 무(無)의 상태로 되는 것이 아니라 앞에서 말한 미립자와 같은 존재의 상태로 된다는 것을 의미한다. 화담(花潭)이 "비록 한 조각 촛불의 기가 흩어지고 있는 것이 보인다고 하더라도 그 나머지 기는 끝내 흩어지지 않는다. 어찌 기가 무(無)로 없어질 수 있겠는가?"[49]라고 설명하는 것도 바로 흩어진 기는 무형(無形)의 상태이지 무(無)가 아니라는 것을 말하는 것이다. 그리고 후천(後天)의 기는 소멸하여 없어지지 않는다는 것은 동시적 존재로서의 리도 소멸되지 않는다는 것을 의미한다. 이것은 무형의 기에도 리가 있다는 것으로서 기와 리를 하나로 보는 것이다.

---

48) 『花潭集』, 鬼神死生論. "聚散之勢, 有微著久速耳. 大小之聚散於太虛, 以大小有殊, 雖一草一木之微者, 其氣終亦不散. 況人之精神知覺, 聚之大且久者哉"

49) 『花潭集』, 鬼神死生論. "雖一片香燭之氣, 見其有散於目前, 其餘氣終亦不散. 烏得氣之盡於無耶"

3. 나오는 글

이상에서 화담의 철학은 선천의 태허를 우주만물의 본체로 보고 태허에서 드러난 일기의 취산에 의해 만물의 생성과 소멸을 설명하고 있음을 알 수 있다. 이 무한한 공간에 가득 차 있는 무형의 기가 모여서 만물로 드러나고, 만물은 또 흩어져 태허(太虛)의 상태로 된다고 말하면서 이러한 기의 취산(聚散)하는 운동은 기에 내재된 리의 원리에 따라서 일어난다고 말한다. 결국 화담(花潭)이 생각하고 있는 허(虛)는 무형(無形)한 상태의 기이다. 이러한 천지만물의 본체에 대한 설명을 볼 때 화담(花潭)은 천지가 개벽하기 이전인 우주의 태초 상태를 선천(先天)이라 하고, 그것을 태허(太虛)의 개념으로 설명하고 있음을 알 수 있다. 이것은 당시에 천지만물이 태극(太極)으로부터 비롯되었다고 하면서도 태극(太極)의 존재 상태에 대해서는 구체적으로 설명하지 않았던 철학자들과 비교할 때 화담(花潭)은 본체인 태허(太虛)에 대해서 구체적으로 설명한 것이다. 그리고 이러한 태허(太虛)에 대한 설명에서 우리는 화담(花潭)의 태허(太虛)와 장횡거(張橫渠)의 태허(太虛) 개념이 다른 것을 알 수 있다.

여헌 역학사상의 궁극적 목표

| 성명자 |

1. 들어가는 말

본고는 조선 중기의 성리학자 여헌 장현광(旅軒 張顯光, 1554~1637)의 사상과 철학적 체계가 역학사상에 기반하고 있다고 보고, 여헌 역학사상의 궁극적 목표가 무엇이었나를 검토하는 데 그 목적이 있다. 그에게 『주역』이라는 책은 천지를 모상한 것으로 그 모상을 토대로 고유한 천지의 이치, 도, 법칙을 알아 인간 사업을 정하는[1] 나침판이다. 그에게 역은 곧 천지이고 천지의 역은 조화(造化)이고 그 조화를 본 뜬 성인의 역은 중용의 체행(體行)[2]이다. 단순히 '환상적 구원'을 위해 만들어 진 점서(占書)가 아니다. 중용의 체행이 성인의 역이듯이 천의(天意)를 파악한 지식인

1) 『旅軒文集』, 卷八, 「易學圖說序」. "知天地之易 以模象之天地 知固有之天地 而吾人事業 從此而定矣 則人文得之而昭耳 物則得之而盡耳 冲倫得之而敍耳 到此而此易功用"

2) 『旅軒全書』, 「易卦總說」. "易有天地之易 有聖人之易 天地之易 在造化者是也 聖人之易 體中庸者是也"

의 '우환의식(憂患意識)'으로 인간에게 주어진 무력한 상황 가운데 도덕적 주체성을 발휘하여 가장 적합한 도리(時中之道)를 지속적으로 펼쳐 나가는 데 그 목적이 있다는 것이 그의 생각이다. 그에게 역이란 때에 따라 변역(變易)함으로써 바뀌지 않는 이치와 항상 행하는 도리를 완전히 다하는 것[3]이기 때문이다.

여헌이 역으로 인간 사업을 정할 때 가장 중요하게 생각한 것은 조화로운 도덕세계다. 그가 재세했던 시대는 성리학의 우주론에 있어서 가장 기본적인 개념인 리기(理氣)에 관한 학문적 논쟁이 정치적인 당파와 결합해서 상대를 무조건적인 비판으로 일관한 '위기와 분열'의 시기였다. 그리하여 그는 성리학적 세계관에 입각한 차별적 양상을 극복할 새로운 세계관이 필요하다고 느낀 것이다.

그것이 바로 그의 독특한 사유체계인 일원적 '리기경위설(理氣經緯說)'이다. 당시의 학자들이 리기(理氣)를 이원적(二元的)으로 해석하여 서로 용납하지 않는 것에 대해 리기(理氣)의 근원이 같음을 밝히고 리기(理氣)의 상호 독자적 가치와 작용성(作用性)을 인정함과 동시에 그것들의 불가분의 관계를 토대로 리(理)를 근원적 작용성, 기(氣)를 보편적 현상으로서의 작용성을 갖는 것으로 파악하여 리기(理氣)의 능동적 작용성을 인정하는 것이다. 리기(理氣) 불잡(不雜)과 불리(不離)를 동시에 수용하는 '일이이(一而二), 이이일(二而一)'의 관계논리[4]로서 '분(分)'을 인정하면서도 '합(合)'을 지향하는 것이 그 핵심이다. 이러한 사상은 『주역』의 세계관의 특징인 '대립에서 협력으로'의 논리를 성리학 이론에 적용시킨 것이다. 그리고 형이상학적 이념세계에 몰두하여 사변적인 나머지 현실

---

3) 『旅軒全書』, 「易卦總說」. "易者 所以隨時變易以盡 夫不易之理常行之道也"

4) 『旅軒全書』, 下, 「性理說」, 卷四. "朱子以爲四端理發七情氣發云者 蓋就其已發爲情之後而分屬理氣者耳 …… 四端果別爲情於七情之外耶 理氣一而二二而一者此也"

문제를 잃어버리고 만 당대의 사회적 분위기에 대한 철학적 고민의 산물이기도 하다. 그에게 있어 "상(象)과 도(道)는 바로 한 뿌리"[5]다.

결국 여헌에게 역학은 시대 구원을 위한 실천적 지식이자 도덕의식을 함양시키고 중용(中庸)의 도(道)를 체행하게 하는 윤리적인 도구였던 것이다. 특히 역리를 통해 인간의 도덕적 당위를 도출하려고 했던 문제의식은 그의 성리학설의 핵심적 이론이 되고 성리설의 수양론으로 귀결된다.

2. 인간과 천지의 화해

여헌에게 성인은 천지와 그 덕이 합하고 일월과 그 밝음이 합하고 사시와 그 순서가 합하고 귀신과 그 길흉이 합한 자[6]이다. 또 리기와 음양 강유의 바름을 얻어서 통명하고 중화한 덕을 구비하여 인극을 세운 자이다. 이것은 유가의 최고 경지인 천인합일의 경지이다. 이와 같은 경지에 다다를 수 있는 자격은 인간이 천지 사이에 삼재적 존재라는 사실과 천지생물(天地生物)의 마음을 얻어 그 마음으로 삼았기 때문에 인간이 태어난 이치가 바로 천지의 도에 포괄되어 있고[7] 천지로 감통(感通)할 수 있다는 것이다.[8] 그리고 그에게 성(誠)은 천지를 통하고 귀신을 감동하여 변화케 하는 지극한 도(道)다.[9] 그렇기 때문에 감통의 원동력이란 인극을 세우는 마음

5) 『旅軒文集』, 卷一, 「日食賦」. "象之理曰道 象與道乃一根也"

6) 『旅軒續集』, 卷六, 「平說」. "而聖人者 又得夫秀之秀 正之正者也 天地合其德 日月合其明 四時合其序 鬼神合其吉凶矣"

7) 『旅軒續集』, 卷五, 「晚學要會」. "人得天地生物之心以爲心 …… 故生之理動 …… 無非是道之所包所該也"; 『旅軒文集』, 卷一, 「萬活堂賦幷序」. "不知吾心實與天地萬物相爲流通 而天地萬物之理 皆具於吾方寸之中 則其心旣自不能爲活物"; 卷六, 『雜著』, 「心說」 참조.

8) 『旅軒文集』, 卷三, 「應旨進言疏」. "天地之道 未嘗不與在人之道 相爲流通 常必感應"

의 실체인 성(誠)[10]이다. 즉 천도와 인도의 연결고리다. 그렇기 때문에 성(誠)은 천도이자 성도(聖道)[11]이고, 사성(思誠)은 인도[12]이자 현인이다.[13] 『중용(中庸)』에 성(誠)이 사사물물의 끝이자 처음[14]이라는 말처럼 천명의 자기동인(自己動因)에 의한 자기실현으로서 만유의 생명이고 질서와 조화의 원리[15]라는 것이다. 그리하여 그는 원형이정 사덕에 성(誠)을 덧붙여 천도적 측면에서 오덕(五德: 元亨利貞誠)을 말한다. 그것이 인도적 측면에서 인의예지신 오상(五常: 仁義禮智信)[16]이 되었다는 것이다. 이것은 진순이 『북계자의(北溪字義)』에서 "성(誠)과 신(信)을 상대시켜서 성(誠)은 리(理)이고 신(信)은 마음이고, 성(誠)은 천도(天道)이고 신(信)은 인도(仁道)"[17]라는 것과 같은 맥락이다. 그러기에 성(誠)은 "천하의 대경(大經)을 경륜(經綸)하고, 천하의 대본(大本)을 세우고, 자성(自性) 및 물성(物性)을 다하여 천지의 화육(化育)을 도와서 천지에 참여"[18]할 수 있는 '심법(心法)의 요체'[19]이다.

여헌에게 세상에 모든 것은 그것이 된 소이(所以)의 이치 즉 태극(太極)

---

9) 『旅軒文集』, 卷二, 「病不就召疏」. "誠者 通天地 格鬼神 動變化之至道也"

10) 『旅軒續集』, 卷五, 「晚學要會」. "吾人以藐然之身 居於萬物之間 其得與天地流通 與萬物發育 與鬼神感通者 何也 亦此誠也"; 『旅軒續集』, 卷5, 「晚學要會」. "心之實 誠是也"

11) 『旅軒續集』, 卷五, 「晚學要會」. "誠者 天道也 聖道"

12) 『孟子』, 「離婁章句」, 上. "是故誠者, 天之道也; 思誠者, 人之道也"

13) 『旅軒續集』, 卷五, 「晚學要會」. "賢人則思誠"

14) 『中庸』, 25章. "誠者物之終始 不誠無物 是故君子誠之爲貴"

15) 송인창, 『天命과 유교적 인간학』, 심산, 2011, 157쪽.

16) 『旅軒續集』, 卷六, 「平說」. "理之在天地者 曰元亨利貞 其在人者 曰仁義禮智信"

17) 陳淳, 『北溪字義』. "誠與信相對論 則誠是自然 信是用力 誠是理 信是心 誠是天道 信是人道"

18) 『旅軒續集』, 卷五, 「晚學要會」. "盡人性而盡其性 盡人性 盡物性 可以贊天地之化育 而與天地參者也"

19) 『旅軒續集』, 卷五, 「晚學要會」. "心惟誠 主身之謂心 用意克盡之謂誠"

의 이치로 된 것[20]이다. 그 태극의 이치를 따르는 것이 바로 천지와 화해하고 합일이 되는 경지이다. 그 화해의 장에 스스로 그러한 성(誠: 自誠)[21]을 꿈꾸며 사성(思誠)할 수 있는 삼재의 주체인 인간이 가장 중요하다. '천지의 심의(深意)가 오로지 인간의 마음에 달려 있다.'[22]는 것이 그 증거다. 그에게 인간은 대자적(對自的) 자각적(自覺的)인 주체로서 자신과 더불어 다른 존재자의 존재의의 · 가치까지도 함께 드러내야[23] 하는 존재다. 사사물물(事事物物)의 소이연(所以然)과 소당연(所當然)의 이치를 찾아 가는 것이 '진성지명(盡性至命)'[24]하는 것이 도의지문(道義之門)[25]이라는 것이다. 그렇기 때문에 그는 경외(敬畏)하여 내적으로 자신과 외적으로 사람과 위로 하늘을 속이지 않는 인간의 마음 '심극(心極)'[26]을 강조한다. 봄과 같이 모든 생명을 곡진히 이루어서(曲成) 창생(蒼生)하고자 하는 '마음의 인(仁)'[27]이다. '통천(統天: 하늘을 통솔)하는 건동(乾動)에 의뢰하여 시작되고(始)[28] '승천(承天: 하늘을 이어 받드는)'하는 곤정(坤靜)[29]에

---

20) 『旅軒續集』, 卷五, 「晩學要會」 참조.

21) 여헌은 『중용』 24장 首節의 "誠者自成也 而道自道也"의 문구가 등사(謄寫)하는 자가 잘못 편방(偏旁)의 언(言) 자를 제거하여 마침내 성(成) 자가 된 것으로 보고 성(誠) 자가 된 뒤에야 그 뜻이 명쾌해진다고 지적한다. 그 이유로 誠을 自成('스스로 이루어진다')고 말하면 이루어짐(成)은 아직 이루어지지 않음으로부터 이루어지는 것을 말함이요, 성(誠)은 본래 스스로 성실한 것이기 때문이라는 것이다. 따라서 스스로 성실하다고 말했으면 바로 이른바 '하늘의 도'의 성(誠)인 것이다. 『旅軒續集』, 卷五, 「錄疑竢質」 참조.

22) 『旅軒續集』, 卷三, 「應旨進言疏」. "天地之深意 果似專在於殿下也"

23) 송인창, 「『주역』에서의 感通의 문제」, 『주역의 근본 원리』, 철학과 현실사, 2004.

24) 『旅軒文集』, 卷一, 「관물부」. "物求所以然兮 事求所當然 由是而往兮 可以盡性至命"

25) 「繫辭傳」, 上, 7. "天地設位 而易行乎其中矣 成性存存 道義之門"

26) 『旅軒文集』, 卷二, 「告歸進言疏」. "所謂建心極者 方寸之中 常存敬畏 不自怠放 不爲物欲所拘 不爲邪說所惑 內不自欺 上不欺天 外不欺人 無胡思亂想 不東走西馳 氣魄凝定 精神內守 淸明光大 自有主宰者是也"

27) 『旅軒文集』, 卷六, 「人心道心說」. "性可盡兮命可順 心而仁兮物皆春"

의뢰하여 생겨(生) 차별적 성명(性命)이 각각 바름(正)을 얻어 세계내존재(世界內存在)로서 일상성으로부터 본래적 자기에로 '현성(現成)'하여[30] 존재의 빛 속에서 존재자가 존재자로서 드러나면서도 방해하지 않는 것[31]처럼 말이다.

이러한 사고는 천인의 일관적(一貫)[32] 토대로 나(我)라는 물(物)로 천지라는 물(物)을 이물추물(以物推物)하여 물건의 실정을 통일시킬 수 있다[33]는 것이다. 그 경로가 "만물의 마음은 천지의 마음을 마음으로 삼고 있으니, 이것은 이치가 하나(理一)라는 것"[34]이다. 주자(朱子)가 우주의 본체와 만물의 성(性) 사이의 동일성을 논증하는 데 사용하는 '리일분수(理一分殊)[35]와 같은 맥락에서 세상의 리(理)는 '하나이면서 만 가지'로 분화되고 '만 가지이면서 하나'로 꿰어 포괄[36]된다는 것이다. 이것은 '일이이(一而二)'의 형식으로 분화되어 전개되더라도 종국에는 '이이일(二而一)'의 형식으로 '분(分)'을 인정하면서도 '합(合)'을 지향하는 한다는 의미이다. 그렇기 때문에 "역리(易理)를 아는 것이 곧 하늘을 아는 것(知天)"[37]이

---

28) 『周易』. "彖曰大哉 乾元 萬物 資始 乃統天"

29) 『周易』. "坤道 其順乎 承天而時行"

30) 박상현, 「실존의 초월 문제」, 『哲學論究』, 제4집.

31) 『旅軒文集』, 卷七, 「道統說」. "天動于上 地靜于下 動焉資始 靜焉資生 而造化流行 則於是乎吾人與萬物 亦皆各得其所稟 而元元羣羣於兩間矣"

32) 『旅軒續集』, 卷四, 「人身說」. "若以形而上者言之 其所以爲人者 本與爲天爲地者 同其理焉"

33) 『旅軒文集』, 卷一, 「觀物賦」. "玆可以物情之能一"

34) 『旅軒文集』, 卷六, 「心說」. "兩間萬物之心 莫不以天地之心爲心 則豈不以其爲理一也故然哉"

35) 『朱子語類』, 卷九十四. "本只是一太極 而萬物各有稟受 又自各全具一太極爾 如月在天 只一而已 及散在江湖 則隨處而見 不可謂月已分也"

36) "一而萬萬而一者…… 一以貫兮包括"

37) 『旅軒文集』, 卷一, 「관물부」. "知易理爲知天"

된다고 본다.

다르게 표현하자면 공자(孔子)가 작역(作易)의 이유를 개물성무(開物成務)로 보듯이 여헌에게 역시 역의 64괘사(卦辭)와 384효사(爻辭)가 결국 개물성무의 방편[38]이 된다고 본다. 그에게 개물성무란 사사물물(事事物物)이 된 것은 제 스스로 되는 것이 아니고[39] 사사물물(事事物物)이 된 이치(理)로 말미암아 사사물물이 된 것이므로 이치(理)의 물(物)이 되게 하고 이치(理)의 사(事)가 되게 하는 것[40]이다. 물리 세계의 근본을 찾아내어(開物)[41] 물리를 실현하여 도덕적 완성과 생업의 문제를 동시에 해결하는 것으로 덕을 높이고 일을 넓히는[42] 사업이다. 즉 개별 존재들의 그 존재목적이 실현되어 존재의 현전성이 현전함(成務)을 이루어 전체조화를 이루는 것이다. 이것은 그가 역을 사실세계와 가치세계를 통일적(統一的)으로 해석함으로써 '천인합일(天人合一)'이라는 유가(儒家)의 기본 입장을 충실히 따르려는 입장[43]과 부합한다. 그가 젊은 시절 상수역에 지대한 관심을 많이 가졌던 것[44]도 궁극적으로 복서역이 내포하고 있는 철리(哲理)를 상수로 해명하여 조화의 근본이고, 변화의 기준인 그 리[45]를 파악하여 천

---

38) 『旅軒文集』, 卷八, 「易學圖說序」. "聖人知夫大朴旣散 世變日降 開物成務之方 不可不設 則以爲有天地人物矣 不可無卦爻而有易學 故於是 畫卦爻 有卦爻矣 不可無繫辭而爲易學 故於是 有繫辭旣卦爻矣"

39) 『旅軒文集』, 卷六, 「事物論」. "事之爲事 非自事也 物之爲物 非自物也"

40) 『旅軒文集』, 卷六, 「事物論」. "惟其爲物爲事之理 本自具於未有事未有物之前 故物因其爲物之理而生爲其物 事因其爲事之理而作爲其事 理以其有事物而爲理事 物以其有理而爲事物 故事皆是理之事也 物皆是理之物也"

41) 남회근, 신원봉 역, 『주역계사전』, 부케, 2011, 327쪽.

42) 「繫辭傳」, 上, 7. "子曰 易其至矣乎. 夫易 聖人所以崇德而廣業也"

43) 조장연, 「여헌 역학의 연원과 성격」, 『여헌 장현광의 학문 세계 2 자연과 인간』, 한국사상 연구소 편, 30쪽.

44) 『旅軒續集』, 卷十, 「景遠錄」. "先生嘗曰 吾少也 頗有意於象數之學"

45) 『旅軒文集』, 卷六, 「事物論」. "固以萬化根於是焉 萬變宗於是焉 所以謂之理也"

지 삼재의 사업, 성정(性情)의 도, 중화의 덕을 실천하여 인간이 천지와 화해[46]하여 개물성무를 이룩하려는 데 그 목적이 있다.

예를 들자면 하도가 좌선[47]하면서 서로 상생하고, 대대하는 자리인 북(北) 1 · 6수(水)와 남(南)에 2 · 7화(火)는 서로 상극한다. 하지만 그 상극의 중간에 수를 생하는 3 · 8목(木)이 자리하여[48] 결국 상극하는 가운데 상생이 있다는 것에 주목하여 재제(裁制) 극(克)하기만 하고 생하지 않으면, 결국 극(克)에 틈이 생겨 끊어져서 생(生)이 무종(無從)하게[49] 된다. 이것은 "상생하는 것이 서로 왕성(旺盛)함에 이르지 않고, 상극하는 것이 끊김에 이르지 않는"[50] 생명 현상의 끊이지 않는 창진(創進)의 논리다. 그리고 주자가 강조하는 '호장기택(互藏其宅)'의 논리로 하도(河圖)에서 노음(老陰)의 수인 6이 대대(對待)하는 노양(老陽)의 자리인 1의 밖에서 이루어져 쓰이고 있는 측면에 착안하여 서로 상반된 것이 서로를 구제(陰陽相濟)[51]한다는 논리를 덧붙여 독창적인 역학적 사유를 전개한다.[52] 이것 역시 천지, 일월, 남녀와 같은 관계가 대대적(對待的) 존재로서 서로 구제하

---

46) 『旅軒文集』, 卷六, 「事物論」. "則其受中參三之業 其可量耶 卽所以盡性情之道 致中和之德 位天地育萬物"

47) 하도는 北 1 · 6水 → 東에 3 · 8木 → 南에 2 · 7火 → 중앙 5 · 10土 → 西에 4 · 9金 → 北 1 · 6水로 서로 상생한다.

48) 『易學圖說』, 卷三, 「巧著」. "河圖之運行之序 自北而東左旋相生固也 然對待之位 則北方一六水克南方二七火 …… 而相克者已寓於相生之中 洛書運行之序 自北而西右轉相克固也 然對待之位 則東南方四九金生西北方一六水 …… 其相生者已寓於相克之中"

49) 『易學圖說』, 卷三, 「巧著」. "不克則生者無從 裁制克而不生 則克者亦有時而間斷"

50) 『旅軒續集』, 卷六, 「究說」. "況相生者 不至於相旺 相克者 不至於絶息 此乃生生變化之妙也"

51) 이것은 奇寓의 논리로 볼 때 陰과 陽으로 서로 對待적 관계에 있지만 서로 水를 生成하는 과정에 참여함으로써 서로 구제한다(相濟)는 의미이다. 다시 말하여 상대하는 陰陽이 서로 해치지 않고 적극적으로 相生 相成하면서 竝育하는 관계를 교역적 관점에서 표현한 것이 '陰陽相濟' 라 할 수 있다.

52) 성명자, 「旅軒 張顯光 易學思想의 哲學的 理解」, 석사논문, 2009.

고 상호교감(相互交感)을 통해 끊임없이 생성을 추구하는 것처럼 이것을 보고 본받는 인간 역시 서로 대립하는 가운데 항상 생성화해를 지향하여야 한다는 것이다. "대개 음양의 양단은 이미 상반(相反)하는 이치가 있기 때문에 또 반드시 상응(相應)의 도(道)가 있다. …… 상응(相應)의 도(道)가 있기 때문에 반드시 공제(共濟)의 공(功)을 이룰 수 있다."[53]는 것이다. 이 같은 논리는 성리학의 우주론에 가장 기본적인 개념인 리기론에서도 그대로 적용된다. 그 당시 성리학의 차별적 양상으로 선한 것은 모두 리(理)로, 악한 것은 모두 기(氣)로 보아서 리기(理氣)가 서로 속할(相屬) 수 없다는 것에 대해 리기를 근원이 같으면서도 상호 독자적 가치와 작용성을 인정하는 일원론적 리기경위설(理氣經緯說)이 그것이다. 리적(理的) 기적(氣的)세계가 일원(一元)의 도(理)에서 비롯된다는 사고에 기초하여 상호 불가분의 관계를 강조하는 것으로 대립하는 것이 아니라 상수(相須) 또는 필대(必待), 병행(竝行)[54]한다는 것이다. 이러한 일원론적 경위설은 리(理)・기(氣), 사단(四端)・칠정(七情), 인심(人心)・도심(道心)에도 똑같은 논리로 적용되고 있다. 그의 이러한 사상은 대립되는 가운데 서로 연계 상보되면서 진정한 전체성 즉 화합이 가능하다는 것을 통찰하는 데에 학역(學易)의 목적을 두었던 점이기도 하다.

여헌에게 '천지가 역'[55]이라는 명제는 역(易)에서 천지의 덕이 생의 충만한 창조적 전진의 과정[56]으로 본다는 것이다. 이것은 기(氣)적 생의가 충만한 현상세계가 바로 이치의 세계이고 세계를 인간이 인식할 수 있는

---

53) 『旅軒全書』, 「論天地緯排」. "蓋陰陽兩端 旣自有相反之理 又必有相應之道 …… 因其有相應之道 而必成共濟之功"

54) 『旅軒全書』, 下, 「經緯說」. "相須以就 竝行而成焉 …… 常變相須, 體用必待者 固理之自然也."

55) 『旅軒文集』, 卷八, 「易學圖說序」. "夫易 卽天地也"

56) 「繫辭傳」, 下, 1. "天地之大德曰生"

것으로 보는 반면, 세계가 인간을 초월한 절대자의 의지에 따라 운행하거나 인간의 지성 범위를 넘어서는 것으로 보지 않는다는 뜻이다.[57] 그러기에 그는 인간이 자각적으로 현실세계의 이치를 탐구하여 반드시 현실세계의 가치를 실현하여야 하는 필연성을 강조한다. 그것은 도를 다하고 사물의 이치를 다하는 평천하[58]하는 일이다.

3. 중정(中正)과 인극(人極)의 완성

이렇듯 그는 역의 원리에서 그가 주장하는 것은 대립되는 가운데 서로 연계 상보하는 역동적 조화다. 그 조화의 중심에 사성(思誠)하는 인간이 있다는 것이다. 그렇기 때문에 중화(中和)한 덕(德)을 구비하여 인극을 세워 천지와 귀신에게 어긋나고 의심이 없는 삼재(三才)의 주체가 될 수 있다.[59] 그러므로 인간에게는 다른 생물체에게서 볼 수 없는 문화를 계승하여 미래를 열어야 도통의 책임이 있다[60]는 것이다. 그렇다면 중화의 덕을 갖출 수 있는 인극의 열쇠는 어디에 있나? 그는 인간이 천지의 중간에 서 있다는 사실[61] 속에 선천적으로 천지의 도가 내재해 있다고 보고 그 도는 천기(天氣)의 음양(陰陽)과 지질(地質)의 강유(剛柔)와 인덕(人德)의 인의

57) 미조구치유조, 『개념과 시대로 읽는 중국사상 명강의』, 최진식 譯, 소나무, 2004, 67쪽.

58) 『旅軒文集』, 卷六, 「事物論」. “此吾儒必也格致以窮其理 誠正以立其德 修齊治平以盡其道 然後爲有以盡事物之理 而畢爲人之事業者也”

59) 『旅軒續集』, 卷五, 「晚學要會」. “惟聖人能立人極 建諸天地而不悖 質諸鬼神而無疑 有以爲三才之主焉”

60) 『旅軒文集』, 卷七, 「道統說」. “位塞其所中乎天地之責任 而可以謂之盡其道也”

61) 『旅軒文集』, 卷六, 「事物論」. “顧吾人受中于覆幬之下”

(仁義)[62]다.

이렇게 구조적으로 천지의 도와 같은 인간은 그 존재근거를 천지에서 찾을 수 있다. 그리고 존재론적 시원(理)이 무엇인가에 따라 인간의 가치는 다르게 규정될 수 있으며, 그 존재근거에 따라 인간의 삶 또한 다른 지향점을 가질 수 있다.[63] 그에게 존재적 시원은 바로 태극이다.[64]

주지하다시피 태극이란 용어는 주자(周子)가 『주역』에 근거하여 '무극이면서 태극이다.'라는 말로 생성론 뿐만 아니라 본체론까지 논하면서 성리학 체계 속의 주요 개념이 된다. 주자(周子)가 『통서』에서 성체(誠體)라는 말로 성(誠)을 논하면서 정신과 물질의 묘합(妙合)이 만물을 형성한다는 리기론의 이론적 토대를 구축한다.[65] 그러나 아직은 주자(周子)의 우주론에서 태극은 기(氣)일 따름이다. 그것이 주자(朱子)에 오면서 비로소 태극은 리(理)가 된다.

여헌 역시 주자의 생각에 동의한다. 그러면서 그는 주자가 본체론적인 측면을 강조하는 '우주의 궁극적인 리', '천지조화의 근본(樞紐)', '만물의 뿌리(根柢)'에다 현세적인 가치의 궁극적인 근거라는 측면을 강조한다. 즉 삼재(三才)를 겸하여 총괄(總括)하는 '도덕의 머리(頭顱)'[66]라는 것이다. 다르게 표현하면 '세상이 인간을 얻은 뒤에야 비로소 삼재(三才)에 참여된 도를 다하는 큰 조화를 하여 태극의 이치가 태극이 된 묘(妙)함을

62) 『旅軒文集』, 卷七, 「道統說」. "太極之爲道也者 在天爲氣則曰陰與陽也 在地爲質則曰柔與剛也 在人爲德則曰仁與義也"

63) 장숙필, 「여헌태극설에 나타난 도덕지향의식」, 『여헌 장현광의 학문 세계 3』, 고려대 민족문화연구원, 예문서원, 2008, 150쪽.

64) 『旅軒全書』, 下, 『性理說』, 卷3, 「太極說」. "然其所以爲之道爲之德者 實惟太極之理 則太極固非道德之頭顱乎"

65) 蒙培元, 『성리학의 개념들』, 홍원식 外 譯, 예문서원, 2008, 129쪽.

66) 『性理說』, 卷三, 「太極說」. "所謂造化之樞紐 以太極之在天地者言之也 所謂品彙之根柢 以太極之在萬物者言之也 至於愚所謂 道德之頭顱 乃以太極之兼總三才者而言之也"

다할 수 있다.'[67]는 것이다.

여헌에게 태극은 '존재가 있기 전 존재의 소이연(所以然) 소필연(所必然)이고, 존재가 존재하는 가운데 소고연(所固然) 소당연(所當然)이고, 존재가 다한 뒤에도 스스로 소당연(所當然) 소이연(所以然)이다.'[68] 천(天)의 그러함(然)은 고명(高明)하여 만물을 덮어 주는 것처럼 만물의 '그 그러함(其然)'을 관찰하면 그 소이연(所以然)을 알 수 있다[69]는 것이다. 이 다섯 개의 그러함(然)이 세워지면 리(理)가 리(理)됨을 알 수 있다."[70]는 것이다. 그에게 '일즉만(一卽萬)'이고 '만즉일(萬卽一)'인 태극[71]은 세계의 존재론적 근거로서 중화(中和)의 역동적 균형상태를 나타내는 표본이고 융화(融和)와 회통(會通)의 도덕세계를 실현할 모범이다.

그리고 더 나아가 무극이태극(無極而太極)에서도 그 원리가 발견된다. 태(太)자는 리(理)의 드러남(實), 무(無)자는 리(理)의 숨음(隱)을 나타내기 위함이다. 또 '태극은 리가 조리(經)가 되고 법(常)이 되는 것을 말한 것이고, 무극은 태극이 유형의 극이 아니라는 태극의 속성을 밝힌 것으로 무궁무제(無窮無際)를 말한 것'[72]이다. 즉 "형체(形)가 없는 가운데에 드러나

---

67) 『旅軒文集』, 卷七, 「道統說」. "而天之爲天 地之爲地者 得吾人然後乃可以爲覆載之大化而太極之理 得盡其爲極之妙也 此所以道統之責 乃在于吾人"

68) 『旅軒全書』, 下, 「性理說」, 卷三, 「太極說」. "在萬有未有之前 爲萬有之所以然所必然 在萬有方有之中 爲萬有之所固然所當然 在萬有旣盡之後 亦自爲所當然 又復爲所以然"

69) 『旅軒續集』, 卷六, 「平說」. "高明覆幬 天之然也 博厚持載 地之然也 …… 觀其然則可知其所以然矣"

70) 『旅軒續集』, 卷六, 「平說」. "有其所以然 故斯爲所必然矣 有其所必然 故斯爲所當然矣 有其所當然 故斯爲所固然矣 有其所固然 故知其爲所自然矣 起於所以然 成於所自然 而所必然所當然所固然者 在其間矣 所以然者 原其始也 所必然所當然所固然者 指其實也 所自然者 要其終也 立此五箇然 而理之爲理 可識矣"

71) 『旅軒續集』, 卷六, 「平說」. "太極者 卽所謂一也 一不得不分而爲二 於是爲三爲四爲五 至爲十百千萬之無窮焉"

72) 『性理說』, 卷三, 「無極太極說」. "以其爲經爲常 故曰太極 以其無窮無際 故曰無極"

고 이름(名)할 수 없는 즈음에 이름할 수 있다."[73]는 것이다. 이 같은 논리는 "없으면서도 무(無)에 빠지지 않고 있으면서도 유(有)에 얽매이지 않는 태도로 본인이 나그네이면서도 반드시 헌(軒)이 있다."[74]라는 말이다. 모든 대립을 스스로 포함하고 있으면서도 어떠한 대립을 넘어서는 절대인 것[75]이다. 이와 같이 태극에 대한 그의 문제의식은 그가 기존의 가치를 교조적으로 계승하지 않고 현상세계의 궁극적 존재근거이자 인간의 도덕적 근거를 분명히 하기 위한 것이다.

이렇듯 태극적 인극을 세우는 것은 존재의 그 존재다움이며 그 바탕에는 반드시 자연스러운 윤리도덕이 있어야 한다는 것이다. 그 가운데 특히 그가 가장 중시하는 것은 인간 본성 속에 속해 있는 형이상학을 통해 존재 근거의 본질을 밝히고 보존하여 지켜[76] 인간다움이 되는 것이다. 그에게 인간다움이란 건도(乾道) 원형이정에 상응하는 인의예지의 순수한 성(性=善)을 완전히 갖춘 도덕적 존재[77]가 되는 것이다. "형기가 성명 가운데의 형기가 되어"[78] "도를 담은 그릇"[79]이 되는 것이다. "사업 가운데 도덕이 있고 도덕 가운데 사업이 있어야"[80] 한다는 말이다. "도를 다하고 죽는 것이 정명(正命)"[81]이라고 한 맹자의 언설처럼 내적으로 존재자 자신의 천명적 본성을 다하여 외적으로 도덕질서에 따라 중화를 실현하여 천

---

73) 『旅軒續集』, 卷六, 「平說」. "形於不形之中 名於不名之際矣"

74) 『旅軒文集』, 卷七, 「旅軒說」. "無焉而不淪於無 有焉而不係於有 此余之常爲旅 旅而必有軒者也"

75) 蒙培元, 『성리학의 개념들』, 홍원식 外 역, 예문서원, 2008, 262쪽.

76) 『旅軒續集』, 卷五, 「晚學要會」. "必須奉持存守 然後人得以人也"

77) 『旅軒續集』, 卷五, 「晚學要會」. "性惟善 受天之謂性 純仁義禮智之謂善"

78) 『旅軒文集』, 卷六, 「人心道心說」. "不知性命爲形氣中性命 形氣爲性命中形氣"

79) 『旅軒文集』, 卷六, 「人心道心說」. "人卽道之器也"

80) 『性理說』, 卷7, 「晚學要會」. "言道德而事業在其中 言事業而道德在其中"

81) 『孟子』, 「盡心章上」. "盡其道而死者 正命也"

지 화육(化育)에 동참자라는 명(命)을 아는 도덕적 인간[82]이 되는 것이다. 자리(自利)적 삶에서 이타(利他)적 삶으로 삼재의 주체가 되어 인극을 세워 천지의 중간에 서 있는 도리를 다하여[83] '몸의 한계를 벗어나 천지의 시종을 다하는 삶이다.'[84]

공자의 '군자불기(君子不器)'[85]처럼 한계에 얽매이지 않고 "신변(身邊)과 목전의 일로 국한하거나 또 하루나 일 년이나 한 대(代)로 한계하지 않는"[86] 우주 안의 일로 확대하는 것이다.[87] 개체적인 자아에서 우주적 자아로 확충하여 우주적 인간(cosmic man)[88]이 되는 것이다. 그렇지 못하면 심과 형체 모두가 천에 위배되어 '걸어 다니는 시체'이고 '달려가는 살덩어리'[89]라는 것이다.

특히 그의 역학탐구가 역리를 통해 인간의 도덕적 당위를 도출하려고 했던 문제의식은 그의 성리학설의 핵심적 이론이 되고 성리설의 수양론으로 귀결된다. 그 증거가 점복의 행위가 한갓 단순히 '환상적 구원'을 만족시키고자 하는 미신적 저급행위가 아니라, 천의(天意)의 소재를 파악하여 자신이 처한 상황을 확인하고 내적인 자기반성, 자기수양, 자기자각의

---

82) 『旅軒文集』, 卷六, 「文說」. "惟人也 位乎天地之間 首乎萬物之上 性仁義禮智之德 責倫紀綱常之道 以位天地育萬物 繼往聖開來學爲事業"

83) 『旅軒文集』, 卷六, 「明分」. "而至於在天地宇宙 亦須能盡其參三中立之道者 非吾人事業乎"

84) 『旅軒文集』, 卷六, 「明分」. "則不以其身之始終爲始終 而有以窮夫天地之始終焉"

85) 『論語』, 「爲政」. "君子不器"

86) 『旅軒續集』, 卷五, 「標題要語」. "男兒生於天地 當以宇宙間事業爲己任 不可以身邊眼前際之 又不可以一日一歲一世限之 嗚呼 爲此兩間之男兒者 亦幾人哉 爲斯人而能察得及此理者 有幾人哉"

87) 『旅軒續集』, 卷九, 「記聞錄〔門人朴吉應〕」. "宇宙要括帖序曰 於戲 古人不云乎 宇宙內事 卽己分內事 己分內事 卽宇宙內事 此旅軒張先生宇宙要括之所以作也"

88) 송인창, 『천명과 유교적 인간학』, 심산, 2011, 109쪽.

89) 『旅軒續集』, 卷四, 「骨肉相愛論」. "如或樂之以非其道 安之以非其理 內而心汨天性 外而身悖天則 逆天地生我之理 戕吾骨肉一體之道 則此特行屍走肉而已"

변화를 통해 개체의 무력화를 리(理)의 도덕적 정당성을 찾는 능동적이고 적극적인 태도라는 점이다. 그가 작역의 동기를 시중(時中)의 도를 위해서라고 파악하는 것도 이런 이유 때문이다. 그러므로 역(易)의 활용은 대처하는 도(道)에 근거하여 시공간에 따라 추세(趨勢)를 살펴 마땅함을 헤아려서 의리(義理)에 순(順)하게 하여 시중의 도를 잃지 않게 하기 위함이다. 그렇기 때문에 그는 역의 효사에서 중정(中正), 길(吉), 순(順)한 경세(經勢)와 부중정(不中正), 흉(凶), 역(逆)하는 상반(相反)의 위세(緯勢)를 동시에 거론하는 것이 바로 자신의 인식을 환기시키는 우환의식을 토대로 시중의 도를 실천해야 한다는 증거라고 생각한다.[90] 경세와 위세는 반드시 움직임에서 생기는 것이고 변화하여(變) 통하게(通) 하는 것은 결국 때에 따르는 것(趣時)이다.[91] 그런데 그가 시중의 도가 변역(變易)의 방식에 따르면서 점자(占者: 인간)의 바름(貞)이 이롭다[92]는 것은 대상의 문제보다 문제의 상황을 바르게 인식하여 대처하는 인간의 도덕적 주체성을 강조하는 것이다.

여헌이 태극의 이치에서 도출하려는 "도의 실체는 중(中)"[93]이다. "중(中)은 리(理)의 극치이고, 의(義)의 극진이고, 성(性)의 상(常)이고, 정(情)의 법칙(法則)이다."[94] 이 같이 중의 관념은 모든 유가경전이 지향하는 바이지만 특히 『주역』의 시중(時中)사상이 핵심이라고 볼 수 있다.

---

90) 『旅軒全書』, 下, 「經緯說」. "有中無偏 有正無邪 有吉無凶 有順無逆矣 而易中乃有不中不正或凶或逆之相反者何哉 爲緯之勢不得不然也 故用易者 所以處之之道 則隨時隨處量勢度宜 一惟義理之所在者而順之 或屈或伸或進或退 能不失乎時中之道 則逆可變而爲順 害可變而爲利 凶吝可變爲吉祥 所謂時中之道卽經一之理也 聖人作易爲此道也"

91) 「繫辭傳」, 下, 1. "吉凶悔吝者 生乎動者也…… 變通者 趣時者也 吉凶者 貞勝者也"

92) 『易學圖說』. "聖人因卦爻以垂戒 多是利於貞"

93) 『旅軒續集』, 卷五, 「晩學要會」. "道之實 中是也"

94) 『旅軒續集』, 卷5, 「晩學要會」. "理之極也 義之盡也 性之常也 情之則也 卽此是道矣"

역이란 때에 따라 변역(變易)함으로써 바뀌지 않는 이치와 항상 행하는 도리를 완전히 다하는 것이다[95)]라는 말에서 여헌이 역을 통해 수시변역(隨時變易)적 요소인 불역(不易)과 상행(常行)을 동시에 인정하는 주자(周子)의 시중(時中)[96)]적 중용의 도를 지향함을 알 수 있다. 덧붙여 정호(程顥)의 표현을 빌리자면 "중(中)은 중(中)이라고 말할 뿐이지만 어느 하나의 고정된 중(中)을 중이라고 해서는 안 된다."[97)]는 것이다. 이것은 공자가 일에 대처하는 탄력적인 입장 즉 '할 수 있는 일도 없고 할 수 없는 일도 없는(無可無不可)'[98)] "오로지 긍정하는 것도 없고(無適也) 오로지 부정하는 것도 없이(無莫也) 의(義)를 따르는"[99)] 적변(適變)의 중이라고 불 수 있다. '필연(必然)의 리(理)에 잘 도달하여 그 인사변통(人事變通)의 권도에 궁진함이 없는 것이다 때에 따라 변통(隨時變通)하는 자연상제(自然相濟)의 리(理)에 어김이 없는'[100)] 것이다. 그러므로 그에게 "떳떳함을 지키는 경도(經道)와 변(變)을 통하는 것을 권도(權道)가 한 길이다. 이것은 때에 따라 일에 따라 순리(順理)대로하고 의(義)에 마땅하게'[101)] 하기 때문이다. '변(變)'이 '상(常)' 가운데 있기도 하고(變在常中) '상(常)'이 '변(變)' 가운데 있기도(常在變中)[102)] 한 것이다. 이런 논리구조를 그는 「경위설」에

95) 『旅軒全書』, 「易卦總說」. "易者 所以隨時變易以盡 夫不易之理常行之道也"

96) 『中庸或門』. "子思之所謂中 以未發而言也 周子之所謂中 以時中以言也"

97) 『二程遺書』, 第十二. "明道先生語二, 中者且謂之中 不可堤一個中來爲中"

98) 『論語』, 「微子」. "逸民 伯夷 叔齊 虞仲 夷逸 朱張 柳下惠 少連 子曰 不降其志 不辱其身 伯夷 叔齊與謂 柳下惠 少連 降志辱身矣 言中倫 行中慮 其斯而已矣 謂 虞仲 夷逸 隱居放言 身中淸 廢中權 我則異於是 無可無不可"

99) 『論語』, 「里仁」. "君子之於天下也 無適也 無莫也 義之與比"

100) 『旅軒全書』, 下, 『性理說』, 「宇宙說」. "惟聖人爲能達其必然之理 而默行其人事變通之權 不使之窮焉 若操人事之柄者 或不能隨時變通 有違於自然相濟之理 則召災致禍之機"

101) 『旅軒文集』, 卷六, 「學部名目會通旨訣」. "守常曰經 通變曰權 此則隨時低昂 因事輕重 而無非所以順於理適於義 故曰經權一道也"

서 일관된 것(常) 리(理)는 기(氣)에 대한 경(經)이고 변화는 것(變) 기(氣)는 리(理)에 대한 위(緯)[103]로서 상변(常變)이 상수(相須)하는[104] 것으로 설명한다.

역의 삼의(三義) 가운데 음양 이기(二氣)의 승강취산의 변화하는 객관적인 기의 세계와 인간의 능동성을 강조하는 불역의 리의 세계를 만족시키고자 하는 의도이다. 다르게 표현하면 "정(靜)이 있고 동(動)이 있는 항상성(常)인 리(理)"[105]에 근거하여 동정(動靜)한다[106]는 것이다. '변역(變易)함으로써 바뀌지 않는(不易) 이치'[107]를 다하는 것이다.

이것은 '집기양단(執其兩端)'[108]하는 대지(大知)의 탕왕(湯王)이 '중을 잡아 쓰되 일정한 방향이 없는'[109] 것처럼 모든 가능성에 스스로 열린 자세이고, 공자가 스스로 앎과 알지 못함을 명확히 아는 것을 진정한 앎[110]이라고 언설하면서 마치 무지(無知)하듯이 '공공여(空空如)'한 빈 마음으로 '고기양단(叩其兩端)'[111]하는 그런 자세다. 사(事) 물(物) 시(時) 위(位)가 달라지는 세상의 상황을 보면서 거기에 가장 적중한 길에 대한 모색이

---

102) 『旅軒全書』, 下, 『性理說』, 卷1, 「圖書發揮篇題」. "用不離體 變在常中 …… 體不離用 常在變中."

103) 『性理說』, 「經緯說」. "理乃道之經也 氣乃道之緯也 …… 指其常一者而謂之理 指其變化者而謂之氣 則理固經於氣 而氣固緯於理矣"

104) 『旅軒全書』, 下, 「經緯說」. "不常則無以立體 不變則無以致用 常變相須 體用必待者 固理之自然也 道之常然也"

105) 『性理說』, 권5, 「經緯說」. "能動能靜之機 卽氣也 有動有靜之常 卽理也"

106) 『性理說』, 권3, 「太極說」. "非自能動靜也 卽以理而動靜"

107) 『旅軒全書』, 「易卦總說」. "易者 所以隨時變易以盡 夫不易之理常行之道也"

108) 『中庸』. "子曰 舜其大知也與 舜好問而好察邇言 隱惡而揚善 執其兩端 用其中於民 其斯以爲舜乎"

109) 『孟子』, 「離婁 下」. "孟子曰 …… 湯 執中 立賢無方"

110) 『論語』, 「爲政」. "子曰 由 誨女知之乎 知之爲知之 不知爲不知 是知也."

111) 『論語』, 「爲政」. "子曰 吾有知乎哉 無知也 有鄙夫問於我 空空如也 我叩其兩端而竭焉"

다. 결코 정지하지 않으며, 안정적이지 않으며 한정되지 않으면서도 항상 모든 가능성을 유지하는 것[112]이다. 그러므로 시중의 도란 천지의 이치에 거스르지 않는 적도(適度: to metrion)와 균형(to symmetron)[113]의 상태를 창출함이다.

여헌에게 세상은 가만히 멈추어 있는 곳이 아니라 음양의 변화에 언제나 변화하는 곳이다 그 변화에 있어 음양과 강유가 항상 바른 것은 아니다. 음양에 청탁(淸濁)이 있고 강유에 정조(精粗)가 있을 수 있다. 그렇다고 그것이 태극이 아닌 것은 아니다. 바로 그런 현상이 태극의 용(用)이다.[114] 그러므로 변화하고 유행하는 묘를 알아 균형을 놓치지 않는 것이 중요하다.[115] 이것은 주객미분의 근원적 주체를 확립하여 음양, 강유의 바름(正)을 얻어서 통명하고 중화한 덕을 구비하여 인극[116]을 세운 성인만이 가능하다.

4. 중화와 도덕세계의 구현

앞에서도 언급하였듯이 그에게 태극의 도란 유행(流行)하고 변화(變化)하는 용(用)이 있기 때문에 조화가 나온다.[117] 그리고 인간에게 그 변화하

112) 프랑수아 줄리앙, 『현자에게는 고정관념이 없다』, 한울, 2009, 183~194쪽.

113) 플라톤에 따르면 좋은 것(善)은 '자연의 이치를 거스르지' (para physin) 않는 조화로운 질서체계를 이루는 것으로 보고 적도가 인간의 행위와 관련될 때, 이를 중용(to meson)이라 일컫는다. 플라톤, 『국가 · 政體』, 박종현 역, 서광사, 2012, 35쪽.

114) 『旅軒續集』, 卷六, 「平說」. "然陰陽之有淸濁 剛柔之有精粗 亦莫非太極之用也 非是淸而精者 只出於太極 而濁而粗者 不出於太極也 變化流行之妙"

115) 『旅軒續集』, 卷六, 「平說」. "惟聖人者 得陰陽剛柔之正 備通明中和之德 而立此人極矣"

116) 유승국, 『東洋哲學硏究』, 槿域書齊, 1983, 298쪽.

117) 『旅軒續集』, 卷六, 「平說」. "故理之一者 必有流行變化之用 然後造化出焉"

는 도의 뿌리는 음양인 인예(仁禮)와 의지(義智)이다.[118] 그리고 그 도의 공용은 세상이 '인간에 의해' 도덕세계로 구현된 문명(文明)한 세상이 되는 것이다. 따라서 삼재(三才)의 도는 반드시 세계와 자기에 대한 인식을 가지고 있는 인간에 의해 인덕이 발휘된 뒤에야 비로소 조화로운 천지가 된다[119]는 것이 그의 지배적인 생각이다. 추상적인 지적 작업도 급기야는 인간의 삶이라는 지극히 실천적인 문제연관 속에 그 지향점을 가져야 한다는 말이다.[120]

그렇기 때문에 여헌은 태극의 리를 현상세계의 궁극적인 존재근거로 해명하는 동시에 인간성으로 내면화되고 주체화된 도덕성이라고 강조한다. 앞에서도 언급하였듯이 그 주체화된 도덕성은 태극의 대대(對待)적 조화와 무극의 무대(無對)적 회통(會通)의 논리가 일치[121]하는 융화회통으로 나타난다. 그에게 태극의 용(用)인 음양 대대(對待)의 원리는 정반(正反)의 이분법적 논리구조가 아니라, 상대가 자신의 존재를 확보하고 상호성취의 관계를 맺고 있다는 것이다.

다르게 표현하자면 "체(體)인 경기(經氣: 일정한 기운)는 일정함(常)이 있으나 용(用)인 유기(游氣: 떠돌아다니는 기운)는 일정함이 없고(變) …… 체는 반드시 하나인데 용은 하나가 아니다."[122] 그렇지만 그 변화

118) 『旅軒續集』, 卷六, 「平說」. "所謂變化者 陰陽而已 陽便是天地之仁禮也 陰便是天地之義智也"

119) 『旅軒文集』, 卷七, 「道統說」. "故有天地必有人 然則三才之道 必至於有吾人之德 然後始備 而天之爲天 地之爲地者 得吾人然後乃可以爲覆載之大化 而太極之理 得盡其爲極之妙也"

120) 성명자, 「旅軒 역학에 있어서 '觀物'의 문제」, 『人文科學論文集』, 대전대인문과학연구소, 2012, 102쪽.

121) 김길환, 「장현광의 태극사상」, 『旅軒 張顯光의 學問과 思想』, 금오고과대학교 선주문화연구소, 1994, 127쪽.

122) 『旅軒續集』, 卷六, 「究說」. "體也 卽經氣也 …… 用也 卽游氣也 …… 體有常而用無常

(用)가 상(常: 體) 가운데 있기도 하고(變在常中) 상(常)이 변화(用)가운데 있어서(常在變中) '체용필대(體用必待)'하고 '상변상수(常變相須)'한다는 것이다. 그렇기 때문에 '경기와 유기 가운데에 일정함과 변함이 있으니, 모두 한 가지로 말할 수 없는 것이다.'[123] 그렇다고 "이것을 일정함이 없다거나 하나가 아니라고 이를 수 없다."[124]는 것이다. 마치 "음양을 나누어 말하면 두 기운이지만 똑같이 한 이치에서 나온 것을 가지고 말하면 한 기운이라고 이르는 것도 옳고(可), 혹 음이 되고 혹 양이 되는 것을 가지고 말하면 두 기운이라고 이르는 것도 옳다는 것이다."[125] "하나(太極)라는 것이 곧 스스로 무궁한 변화가 있고"[126]는 그 변화는 혼연한 일체로서 조화를 지향한다는 것이다. "태극의 자기 전개인 만물의 세계가 바로 하나인 태극이다."[127]라는 의미이고 "하나이면서 둘이고 둘이면서 하나"[128]라는 것이다. 이 같은 홀론[129]적 속성은 그의 사유체계 전체에 통용되는 논리로 그가 일원론적 세계관을 제시하는 근거이기도 하다.

이러한 그의 태도는 리(理)와 기(氣)를 각각 인정하면서도 본(本)과 발(發)로 리기(理氣)를 이해하는 것은 현상의 세계가 드러나는(氣) 것은 '리

體必一而用不一者"

123) 『旅軒續集』, 卷六, 「究說」. "故經氣之中 亦有常變 游氣之中 亦有常變 皆不可以一概言也"

124) 『旅軒續集』, 卷六, 「究說」. "則不可謂之無常 不可謂之不一也"

125) 『旅軒續集』, 卷六, 「究說」. "合而言之則一氣也 分而言之則二氣也 以其同出於一理 則謂之一氣可也 以其爲或陰或陽 則謂之二氣可也 大槪一而二 二而一者是也"

126) 『旅軒續集』, 卷六, 「平說」. "所謂一者 便自有無窮之變化"

127) 박재주, 『주역의 생성논리와 과정철학』, 청계, 2001, 261쪽.

128) 『旅軒續集』, 卷六, 「究說」. "大槪一而二 二而一者是也"

129) 홀론이란 말은 그리스어로 전체를 뜻하는 홀로스(holos)와 분자(혹은 부분)을 나타내는 접미어 온(on)을 조합한 합성어다. 부분 자체가 곧 전체이며 전체가 곧 부분이라는 이 이론은 전체와 부분이 유기체적인 관계에서 부분 하나하나가 주체적인 기능을 가지고 있다는 것이다. 박재주, 『주역의 생성논리와 과정철학』, 청계, 2001, 264~265쪽.

(理)의 기(氣)' 이고 본체(理)의 세계는 반드시 현상의 세계에 의하여 인식할 수 있으므로 리(理)는 '기(氣)의 리(理)'라는 것이다. 이것은 주자가 리기론에서 세계의 통일성을 강조하면서도 논리상으로 '리생기(理生氣)'를 주장한다는 면에서 리일원론(理一元論)의 성격을 가져 리가 절대시되는 것에 대한 문제점에 대한 여헌의 입장이다. 이러한 언급은 세계를 형이상과 형이하로 이원화시키는 심각한 모순을 제거하고자 한 의도이다.

따라서 여헌에게 태극의 리를 실현하여 도덕적 인간이 된다는 것은 하늘다움(이념적이고 추상적 가치를 추구)과 땅다움(현실적이고 실재적 가치를 추구)의 요소가 연계되어 병립(相竝)하는 존재[130]로 성명의 형기(形氣)가 되는 것이다.[131] 이것은 이론적이고 관념적인 인식의 차원을 거쳐 실천 속에서 도덕적으로 검증될 때 태극의 이치가 태극이 된 묘함을 다할 수 있다.'[132]는 것이다. 현실적 삶을 무시하여 마음을 공적(空寂)에 두고 도(道)를 허무(虛無)한 것으로 여기는[133] 것과는 거리가 멀다. 공자에게서 추상적인 성과 천도에 관한 이야기를 들을 수 없었다는[134] 자공의 말처럼 반드시 사리(事理)와 물칙(物則)에 알맞은 중(中)이 생활에서 실천[135]되어야 한다는 것이다.

그렇기 때문에 나흠순이 『악기』의 "사람이 태어나면서 정(靜)한 것은 하늘의 성이고, 사물에 감응해서 동(動)하는 것은 성의 욕망(欲)이다."[136]

130) 『旅軒文集』, 卷七, 「道統說」. "德充其所受乎天地之德 位塞其所中乎天地之責任 而可以謂之盡其道也"

131) 『旅軒續集』 卷六,「平說」 참조.

132) 『旅軒文集』, 卷七, 「道統說」. "三才之道必至於有吾人之德 然後始備 …… 而太極之理得盡其爲極之妙也"

133) 『旅軒文集』, 卷一, 「萬活堂賦幷序」. "不然則棲心空寂 擬道虛無者 不知吾心實與天地萬物相爲流通"

134) 『論語』, 「公冶長」. "子貢曰 夫子之文章 可得而聞也 夫子之言性與天道 不可得而聞也"

135) 『旅軒續集』, 卷五, 「晩學要會」. "道惟中 率性之謂道 準事理物則之謂中"

라는 구절을 인용하여 육구연이 타고난 욕망을 악으로 보는 견해를 비판하는 것처럼 그도 천리와 인욕을 선악으로 분속시켜 격렬한 긴장관계로 파악하는 것에 반대한다. 인욕이라 할지라도 천리에 부합되면 선이지 악이 아니다.[137] 이것은 '비록 인욕이라고 해도 인욕 가운데에는 천리가 들어 있다[138]라고 하여 욕망의 존재 자체에 관해서 그 정당성을 신중하게 유보하는 주자의 입장[139]을 계승 발전시킨 것이다. 그에게서 리의 실현은 리의 완전성이 리 자체로 실현된다고 보는 퇴계와 다르게 철저히 기를 통하여 이루어지는 것이다. 리의 실현은 형기의 매개를 통하여 이루어지는 사물과의 감응에서 벗어나서 이해되지 않았던 것이다.[140] 그에게 "도의 근본은 성도(性道)의 기틀에 감춰져 있고 정도(情道)의 발함에 달려"[141] 있다. 즉 태극의 리가 드러남(生)이 기로 보이는 형질과 운행이므로 "치우치고 지나친 폐해를 보고 본(本)과 말(末) 자체가 그렇고 체(體)와 용(用) 자체가 그렇다고 해서는 안 된다."[142]고 주장하는 것이 그의 생각이다.

여헌에게 천리와 인욕은 별개의 것이 아닌 것처럼 도덕기능과 감성기능은 별개의 것이 아니다. 인간에게 감성의 미발(未發)의 중(中)은 하나의 이념적 세계이기에 그 이념적 세계는 반드시 감성적이고 현실적 삶에서 절도에 맞을 때 진정으로 중화(中和)의 상태가 된다는 말이다. 그렇기 때

136) 『困知記』, 下. "樂記人性而靜天地之性也 感物而動性之欲也 一段義理精粹 要非聖人不能言 陸象山乃從而疑之 過矣 彼蓋專以欲爲惡也"

137) 『旅軒續集』, 卷五, 「晩學要會」. "欲焉而中其節 則乃爲是道之大端 豈爲道之病哉"

138) 『朱子語類』, 卷18. "人欲便也是天理里面做出來 雖是人欲 人欲中自有天理"

139) 溝口雄三 외, 『中國思想文化事典』, 김석근 외 譯, 민족문화문고, 2003, 186쪽.

140) 최원진, 「여헌 철학에서 태극의 포괄적 일원성에 대한 고찰」, 『여헌 장현광의 학문세계 3 태극론의 전개』, 예문서원, 2008, 142쪽.

141) 『旅軒續集』, 卷五, 「晩學要會」. "道之本 藏於性道之機 係於情道之發"

142) 『旅軒續集』, 卷六, 「平說」. "見其勝而戕 謂之本自本末自末 …… 見其偏而害 謂之體自體用自用"

문에 동정을 단순히 선악의 구도로 파악해서는 안 된다고 본다. "정(靜)할 때에 동(動)의 이치를 간직하고, 동(動)할 때에 정(靜)의 용(用)을 행하여, 정하더라도 허무에 빠지지 않고 동하더라도 정욕에 흐르지 않는"[143] 것처럼 말이다. 이것은 주자(朱子)가 주자(周子)의 '신묘만물(神妙萬物)'을 해석하며 "동(動)할 때도 정(靜)의 이치가 사라진 적이 없고, 정(靜)할 때도 동의 기미가 없는 적이 없다."[144]라고 한 말과 일치한다. 그도 주자가 지적한 것처럼 "건곤에 각각 동정이 있다."[145]는 것이다. 즉 건(乾)의 특징이 동(動)적이지만 건장(健壯)한 힘(直)이 드러날 때 생기는 움직임은 오히려 정(靜: 專, 가을 겨울휴식)하는 단계 속에서 있고, 건의 정은 건도의 변화가 곤도의 변화로 전환하게 하는 힘이 되고, 곤(坤)도 건과 마찬가지로 그 특징이 정(靜: 닫히다. 翕)적이지만 동(動)의 펴짐(闢)이 있기에 넓게 생하고(廣生), 지극히 유순하면서도 움직이는 것이 강하다[146]는 말이다.

여헌 역시 건곤 두 원리의 동질성(homogeneity)을 토대로 동정을 이분법적인 구조가 아니라 분합과 조합에 의한 중층적 작용 속에서 모순적이면서도 서로 상보하는 것으로 본다. 이것은 상호관련성 속에서 상의적 관계를 토대로 조화를 중시하는 고맥락적 사유패턴이다. 즉 "진취하는 가운데에 저절로 퇴양하는 도가 있고 퇴양하는 가운데에 실제로 진취하는 도가 있다. 그렇기 때문에 그 도는 하나"[147]라는 것이다. 그가 택뇌수괘

143) 『旅軒文集』, 卷一, 「萬活堂賦幷序」. "靜而涵動之理 動而行靜之用 靜不淪於虛無 動不流於情欲"

144) 『通書解』, 「動靜」. "是以其動也 靜之理未嘗亡 其靜也 動之機未嘗息 此周子所謂神妙萬物也"

145) 「繫辭傳」, 上, 6, 「本義」. "乾坤各有動靜"

146) 『周易』. "文言曰 坤至柔而動也剛 至靜而德方"

147) 『旅軒文集』, 卷六, 「明分」. "故進就之中 自有退讓之道 退讓之中 實有進就之道 所謂其道之一者是也"

(澤雷隨卦)의 상(象)에 대한 공자의 해석 '어두워지면 집에 들어가 편안히 쉰다(嚮晦入宴息)'에 대해서 "때를 따르는(隨時) 뜻이 크다."[148]라고 하여 때에 상응하는 처신을 높이 산 것도 이런 취지다. 무수(无首)의 중요한 요체가 시의(時宜)이므로 시류(時流)의 추이(推移)에 따라 그때그때마다 행동방침이 달라지는 시승(時乘)[149]이기 때문이다. 이것은 주자의 견해처럼 건(乾)의 근본과 작용이 강건(剛健)하기 때문에 항상 강이 지나칠(過) 수 있으므로 "강건을 체(體)로 하면서 유순(柔順)을 용(用)"[150]으로 하여 강유(剛柔)로 서로 구제하여야 한다는 의미이다. 이 같은 태도는 본심을 잃은 "불인자(不仁者)처럼 오래 곤궁함에 머물 수 없거나 오랫동안 즐거움에 머물 수 없는"[151] 태도와는 달리 궁하여도 넘치지 않는 군자다운 고궁(固窮)[152]이다. "험함을 행하면서 요행을 바라는 소인의 도가 아니라 평이함에 처하여 천명을 기다리는 군자의 도로서 처한 바에 따라 자연스럽게 행하여 분수를 지키는 것"[153]이다. "현재의 위치에 따라 행하고 그 밖의 것을 원하지 않는 중용의 도가 평이함에 처하는 덕"[154]이기도 하다.

덧붙이자면 이것은 일반 원칙, 상황, 그 결과를 철저하게 고려한 것으로 도덕의 구속성과 정당성을 선 그 자체에 두고 사람을 무시하는 도덕적 절대주의(moral absolutism)와 사람이나 상황만을 고려하고 원리나 규범을 도외시하는 도덕적 상대주의(moral relativism)[155]를 동시에 만족시켜

148) 『旅軒文集』, 卷三, 「十六卦排陳」. "大象曰 澤中有雷隨 君子以 嚮晦入宴息 臣以爲孔子取澤中有竊之象 止曰嚮晦入宴息 夫隨時之義 大矣"

149) 『周易』. "乾卦, 時乘六龍 以御天也"

150) 정병석 역, 『周易』, 을유문화사, 2010, 53쪽, '用九 見羣龍无首吉'의 27번 주 참조.

151) 『論語』, 「理仁」. "子曰 不仁者 不可以久處約 不可以長處樂"

152) 『論語』, 「衛靈公」. "君子固窮, 小人窮斯濫矣"

153) 『旅軒文集』, 卷六, 「明分」. "中庸曰 君子 素其位而行 不願乎其外"

154) 『旅軒文集』, 卷六, 「明分」. "故君子 居易以俟命 小人 行險以僥倖 …… 因其所素而行其自然者 非所以守其分乎 此則中庸之道 居易之德也"

야 한다는 것이다. 보편적이고 추상적인 원리나 규범은 특수하고 구체적인 상황을 떠나서는 존재의 의미를 가질 수 없기에 원칙과 융통, 불변과 변화, 옳음과 좋음, 이상과 현실, 보편과 특수 등의 통합을 말하는 것이다.[156]

하지만 도리에 합당한 자족과 자득에서 반드시 "행하지 말아야 할 것이 있으니 조화로워야 한다는 것(和)만 알아서 화(和)하려고만 하고 예(禮)로써 절제하지 않는"[157] 무기탄(無忌憚: 꺼리고 삼가 하지 않는)적 소인의 중용은 경계되어야 한다.[158] 예의 용도가 조화를 귀하게[159] 여기지만 반드시 예의 원칙에는 편당적인 동일(同)[160]을 막고 피차간의 차이를 인정하고 존중하는 것이 관건이다. 「서괘전」에서 "사물이 모인 뒤에 예가 있기 때문에 이(履)로써 받았다"[161]고 하였듯이 사물이 모이면 상하존비를 분별하는 것[162]이 예이다. 이괘가 바로 예이다. 뒤집어 말하자면 차별의 원칙인 예(禮)의 상징인 이괘(履卦)는 조화롭게 행동하는[163] 것이 핵심이다.

여헌이 '극기복례'에서 복례가 도심이라고 표현한 것도 조화에서 예의 회복이 중요하기 때문이다. 주자(朱子)의 말처럼 제멋대로의 조화로움이 아니라 예 가운데의 조화로움"[164]이다. 그러므로 그 리(履)의 의미 속에

---

155) 박재주, 『동서양 세계관과 윤리관의 만남』, 철학과 현실사, 2011, 359쪽.

156) 박재주, 『동서양 세계관과 윤리관의 만남』, 철학과 현실사, 2011, 358 376쪽.

157) 『論語』, 「學而」. "有所不行 知和而和 不以禮節之 亦不可行也"

158) 『中庸』. "君子之中庸也 君子而時中 小人之中庸也 小人而無忌憚也"

159) 『論語』, 「學而」. "禮之用和爲貴"

160) 『論語』, 「子路」. "子曰 …… 小人同而不和"

161) 「序卦傳」. "物畜然後有禮 故受之以履"

162) 『周易』, 「履卦」. "象曰, 上天下澤 履 君子以 辯上下 定民志."

163) 「繫辭傳」, 下, 7. "履以和行"

164) 『論語』, 細註. "朱子曰 禮之用和 是禮中之和 知和而和 是放敎和"

건괘의 무수(无首)처럼 '불처(不處: 제 자리에 처해 있지 않다)'[165]라는 의미가 내포되어 있음을 눈여겨 볼 필요가 있다. 그가 항괘 대상(大象)의 "…… 설 때에 방소를 바꾸지 않는다(立不易方)"를 "편벽되이 하나만을 지키고 고집하여 동(動)하는 자는 언제나 동하고 고요한 자는 언제나 고요함을 말한 것이 아니고, 반드시 동(動)과 정(靜)이 서로 이용되고(動靜相須) 굽히고 폄을 때에 맞게 한 뒤에야 항도(恒道)가 확립되어서 온갖 사업이 이루어진다."[166]는 것이 리(履: 禮)의 불처(不處)라고 볼 수 있다. 정(靜)할 때에 동(動)의 이치를 간직하고 허무에 빠지지 않고 있으면서도 유(有)에 얽매이지 않는 불처(不處)적 자세야말로 '화이불류(和而不流)'[167] 하고 '화이부동(和而不同)'[168]할 수 있는 것이다. 이때 예(禮)는 오로지 적(適: 긍정)하거나 오로지 막(莫: 부정)하지 않는 의(義)의 표현이라고도 볼 수 있다.

따라서 여헌에게 "중(中)의 리(理)는 인도(人道)의 경(經)이자 천지에 있어서는 태극의 리(理)이고 인심에 있어서는 본연지성이고 만사에 있어서는 당연의 법칙이다."[169] 그러나 "중의 이치가 이렇더라도 그 이치에 밝지 못하면 중을 알기 어렵고, 덕(德)에 나아가지 않으면 중을 잡기 어렵다."[170] 왜냐하면 "다름을 아는 자는 같음을 알지 못하고, 같음을 아는 자는 다름을 알지 못하기"[171] 때문이다. 마치 "태극은 똑같은 태극이나 통체태극(統體

---

165) 「雜卦傳」. "履 不處也"

166) 『旅軒文集』, 卷三, 「十六卦排陳」. "大象曰 雷風恒 君子以 立不易方 …… 然而立不易方者 非偏守執一 動者常動 靜者常靜之謂也 必須動靜相須 屈伸有時 然後恒道立而百業成"

167) 『論語』, 「陽貨」. "子曰 小子 何莫學夫詩 詩 可以興 可以觀 可以吳 ……"의 註(和而不流).

168) 『論語』, 「子路」. "子曰 君子和而不同"

169) 『旅軒全書』, 下, 「性理說」. "中之理 卽人道之經也 在天地 則太極之理 在人心則本然之性 在萬事則當然之則也"

170) 『旅軒續集』, 卷五, 「晩學要會」. "中之理則然矣 而不明於理 中難知也 不進於德 中難執也"

171) 『旅軒續集』, 卷六, 「平說」. "膠於耳目 泥於心思 知異者不知其同 知同者不知其異而"

太極)의 체(體)는 더하고 줄어듦이 없지만 각구태극(各具太極)의 용(用)의 음양에 청탁(淸濁)이 있고 강유에 정조(精粗)가 있듯이"[172] '같은 가운데 다름(同中有異)', '다른 가운데 같음(異中有同)'의 이치를 알지 못하기 때문이라는 것이다. 태극의 리를 구현하는 도덕세계에서 "음양이 서로 뿌리가 되고 서로 구제하는 용(用)이 있기에 편벽됨과 바름의 차별이 없을 수 없는"[173] '중화의 이치'를 아는 것이 관건이다.

5. 나가는 말

이상에서 여헌 장현광의 역학사상이 인간과 천지의 화해를 기반으로 해서 중정과 인극을 세워 중화와 도덕세계의 구현에 그 목표가 있다는 것에 대해 검토하였다. 이로써 그가 가지는 역학사상의 궁극적 목표의 근본적 특징 및 그 내용의 큰 틀과 거기에 실려 있는 문제의식과 해결의 묘책이 어떻게 드러나고 구체화되는가를 살펴보았다. 그가 도덕적 각성으로 당대의 제반 현실적 문제와 사상적 대립을 해결하려고 시도한 도덕적 이상은 요사이 여러 각도에서 부정적인 양상을 극복하려는 시도로 재기된 '도덕적 가치'에 유효한 관점을 제시하기에 충분하다. 그리고 이것은 유가적인 가치관의 확립과 실천이라는 문제와도 밀접하게 결부되어 있다.

여헌 역학사상의 궁극적 목표가 대립과 구별의 차별적인 세계상을 넘어서 소통하고 긍정하는 통합과 화합의 도덕세계의 구현이 인간과 천지

172) 『旅軒續集』, 卷六, 「平說」. "然陰陽之有淸濁 剛柔之有精粗 亦莫非太極之用也 非是淸而精者只出於太極 而濁而粗者 不出於太極也 變化流行之妙 自有不得不爾者矣"

173) 『旅軒續集』, 卷六, 「平說」. "所謂變化者 陰陽而已 …… 蓋陰陽 一先一後 一唱一和 必有互根相濟之用 …… 而旣有淸濁剛柔 則又有多寡不齊之分數"

의 화해에 그 기반을 둔 것이다.

이러한 천인의 화해의 기저에는 일관된 태극의 리(理)를 근거로 서로가 동일한 리를 공유한다는 것이다. 그리고 그 리는 마음으로 드러난다. 그 마음은 봄과 같은 호생(好生)의 마음으로 인간이 천과 유통(流通)하고 감통(感通)할 수 있는 근거이기도 하다. 이때 그 마음의 실체가 바로 성(誠)이다. 그러므로 그는 사성(思誠)의 인간이 되어 호생의 심을 발휘하여 성기성물(成己成物)하여 모든 생명체가 존재의 존재다움으로 창생(蒼生)하는 화해의 정신을 고취시킬 것을 주문한다. 이렇게 되면 인간은 천지 삼재의 사업, 성정(性情)의 도, 중화의 덕을 실천하여 천지와 화해[174]하여 개물성무하게 되고 성성존존(成性存存)하여 도의지문(道義之門)에 들어간다는 것이다. 이 같은 논리는 그의 성리학적 개념에도 적용되어 리적(理的) 기적(氣的)세계가 일원(一元)의 도(理)에서 비롯된다는 일원론적 리기경위설로 표현된다. 리적(理的) 세계와 기적(氣的) 세계가 대립하는 것이 아니라 상수(相須) 또는 필대(必待), 병행(竝行)[175]한다는 것이다. 『주역』에서 자기 자리를 고집하여 불화(不和)하는 천지비괘(天地否卦)보다 역동적인 상호교섭으로 조화를 꿈꾸는 생성적 생명과정인 지천태괘(地天泰卦)를 이상으로 여기는 것과 같은 원리이다.

이와 같이 역의 생성적 생명정신을 이어받아 대립되는 가운데 서로 연계 상보되면서 진정한 전체성은 천지와 그 덕을 합하는 인극을 세우는 일이다. 천에 위배되어 '걸어 다니는 시체'나 '달려가는 살덩어리'가 아니라 삼재의 도를 다하여[176] 몸의 한계를 벗어나 성명 가운데의 형기가 되

174) 『旅軒文集』, 卷六, 「事物論」. "則其受中參三之業 其可量耶 卽所以盡性情之道 致中和之德 位天地育萬物"

175) 『旅軒全書』, 下, 「經緯說」. "相須以就 竝行而成焉 …… 常變相須, 體用必待者 固理之自然也."

는 것이다.[177] 이것은 천지의 시종을 다하는 것으로[178] 개체적인 성명에서 우주적으로 확충하여 우주적 성명이 되는 것이다. 천지의 지성(至誠)한 주체적 조력자로서 자성(自性), 타인의 성(人性), 물성(物性)까지 다 이룬다[179]는 것이다.

이렇게 인극의 완성에 무엇보다 중요한 것은 사(事)·물(物)·시(時)·위(位)가 달라지는 세상의 상황을 보면서 거기에 가장 적중한 길에 대한 탄력적인 중도로 모든 가능성을 유지하면서 법칙을 놓치지 않는 것이다. 적도와 균형의 상태를 창출함이다. 이것이 그의 호 여헌에서 유무(有無) 어디에도 얽매이고 집착하지 않는 태도로 어느 때든 어느 곳이든 자족[180]하는 것으로 표현된다. 이 자족적 삶에는 반드시 역리를 바탕한 대자존재로서 상황윤리를 찾는 자반(自反)의 성찰이 선행되어야 하기에 그는 인간성으로 내면화되고 주체화된 도덕성의 상징을 태극에서 찾는다. 태극의 대대(對待)적 조화와 무극의 무대(無對)적 회통의 논리가 일치[181]하는 융화회통으로 대립을 스스로 포함하고 있으면서도 대립을 넘어서 병행(竝行)하는 조화이다. 이것은 교조적인 도덕적 절대주의도 아니고 우유부단한 도덕적 상대주의도 아니다. 그러므로 중화적 도덕세계의 구현에 반드시 태극의 용에 상반된 음양이 서로 뿌리가 되고 서로 구제하는 이치를

---

176) 『旅軒文集』, 卷六, 「明分」. "而至於在天地宇宙 亦須能盡其參三中立之道者 非吾人事業乎"

177) 『旅軒文集』, 卷六, 「人心道心說」. "不知性命爲形氣中性命 形氣爲性命中形氣"

178) 『旅軒文集』, 卷六, 「明分」. "則不以其身之始終爲始終 而有以啻夫天地之始終焉"

179) 『中庸』. "唯天下至誠 爲能盡其性 能盡其性 則能盡人之性 能盡人之性 則能盡物之性 能盡物之性 則可以贊天地之化育 可以贊天地之化育 則可以與天地參矣"

180) 『旅軒文集』, 卷七, 「旅軒說」. "曰吾之軒 旣在有無之間 寧有一定之形體 然其可安可樂之實 則無時不然 無處不然矣 請試言之"

181) 김길환, 「장현광의 태극사상」, 『旅軒 張顯光의 學問과 思想』, 금오공과대학교 선주문화연구소, 1994, 127쪽.

놓치지 않는 것이 중요하다. 다름을 인정하여 함께 길러지고 행하여 모순되지 않는 조화로운 세계다.

토암 이승여(土庵 李承如)의 도덕개화사상(道德開化思想)의 실천방법(實踐方法)*

| 양정숙 |

1. 서론

토암 이승여(土庵 李承如, 1874~1934)는 금강대도(金剛大道)를 창도하고 '도덕개화사상(道德開化思想)'을 바탕으로 인간에 대한 주체적 인식과 실천을 강조하였던 대종교인이자 대사상가이다. 그가 주창한 도덕개화사상은 천 · 지 · 인 삼재응합(三才應合)과 유 · 불 · 선 삼종일합(三宗一合), 심 · 성 · 신의 삼원합일(三元合一)로써 삼합사상(三合思想)을 철학적 기반으로 하고 있다. 그의 삼합사상은 전통적인 동양의 사유방식을 토대로 하고 있으며 만법귀일(萬法歸一) · 통삼대도(通三大道)라는 새로운 논리로 삼교의 사상을 원융회통(圓融會通)하여 하나의 도(道)로 통합하는 특성이

* 이 논문은 2013년 2월 취득 예정인 박사학위논문 「토암 이승여의 도덕개화사상연구」의 제5장 '도덕개화사상의 실천방법'을 정리한 것임.

있다. 그는 전통사상이 가지고 있는 문제점을 극복하고 새로운 시대에 맞는 종교혁신을 시도하였다.

토암의 종교혁신은 혁명이나 물리적 변혁에 의한 종교개혁이 아니라 인간 개개인의 도덕적 각성과 수양을 촉구함으로써, 도덕으로 만물이 개화되는 도덕이 완성되는 세상을 궁극적으로 지향(志向)한다. 다시 말해서 도덕적 타락으로 인해 야기되는 가정·사회·국가·자연의 무질서를 극복하는 문명의 방향과 삶의 이념을 도덕개화사상을 통하여 제시한다.

그는 문명의 대변혁기를 맞이하여 온 인류와 삼라만상이 화평하게 사는 세상을 열어가기 위해서 개인의 수양인 자수심성(自修心性)을 통해 도를 이루고 덕을 세우는 도성덕립(道成德立)을 강조한다. 나아가 광화중생(廣化衆生)하여 인간과 만물이 상생하는 조화로운 경지인 우주가화(宇宙(和)를 목표로 하였다. 토암 도덕개화사상의 궁극적 지향(志向)은 오만성업(五萬聖業)의 완수를 통해 도덕의 완전한 실현을 이루고자 하는 것이었다.

본고에서는 토암이 도덕개화사상을 실천하기 위해서 제시한 개인적인 심성수양과 사회적인 중생구제의 두 측면을 아울러 알아보고자 한다. 그는 개인적인 심성수양의 측면에서는 자수심성(自修心性)을, 사회적인 중생구제의 측면에서는 광화중생(廣化衆生)의 방법을 제시하였다. 본고에서는 도덕개화사상의 실천방법을 자수심성의 측면은 심성배합론(心性配合論), 가화·청결론(家和淸潔論)으로 나누어 살펴보고, 광화중생의 측면은 시인포덕(施仁布德)을 살펴보고자 한다.

2. 도덕개화사상의 실천방법

1) 자수심성

(1) 심 · 성배합론

토암은 천 · 지 · 인 삼재 중에서 인간을 도덕주체라고 보았다. 온 우주가 화평한 세상을 열어 가기 위해서는 도덕주체인 인간이 도덕적 자각을 바탕으로 그것을 실천함으로써 이루어진다고 보는 것이다. 그의 수양론 역시 도덕적 자각을 통해 본성을 회복하려는 실천행위로 연결된다. 궁극적으로 지향하는 바는 자수심성(自修心性)이라고 할 수 있다. 자수심성은 자아완성을 요체로 하며, 자아완성은 주체적 자각을 요구하는데, 그 주체(主體)와 대상은 인도(人道)에 있으며, 이러한 관점은 '나'를 통해서 주체적 자각(自覺)을 이루는 내재적(內在的) 신관(神觀)으로 나타난다. 즉 자아완성은 심 · 성 배합(配合)으로 시작하고, 심 · 성의 배합(配合)은 곧 도를 이루고 덕을 세우는 '도성덕립(道成德立)'으로 완성된다고 보았다.

토암은 도덕은 천하 만물 중에서도 만물의 영장인 인간에게 가장 완전한 형태로 구비되어 있는 것이라고 한다. 인간이 이렇게 만물 중에 가장 완전한 형태로서 특별한 존재로 인식되는 이유는 빼어난 기(氣)를 품수했기 때문이기도 하지만 인 · 의 · 예 · 지 · 신(仁義禮智信)이라 하는 오상(五常)의 도덕적 품성을 부여받았기 때문이다. 이는 "마음 가운데 하늘이 있고, 사람 가운데 도가 있다."[1], "도가 천지에 있으니 내 몸을 떠나지 아니하고, 덕은 일월에 있으니 내 심성을 떠나지 아니한다."[2]고 하는 말을

1) 『教諭文』, 「法界道理章」. "…… 心中有天하고 人中有道."

2) 『眞宗寶鑑』, 「道德實行章」. "道在天地하니 不離己身하고 德在日月하니 不離心性이라."

통해서도 확인할 수 있다. 결국 인간의 심성 속에 세상 만물의 모든 이치가 들어 있다는 것이다.

> "그 복을 내고 그 덕을 내는 것도 심성으로부터 흥하고, 그 죄를 취하고 그 화를 취하는 것도 심성으로부터 망한다. 그러므로 군자의 마음은 천지와 더불어 그 신령함을 합하니 그 신령함이 천지에 긴 봄이요, 소인의 마음은 물욕과 더불어 그 마음을 합하니 그 마음이 하루저녁 뜬 연기라. 비록 그러나 하루살이 벌레도 살고 천 년의 물도 살며 일 년의 풀도 살고 만 년의 나무도 사느니라."[3)]

토암은 특히 사람이 제일 신령(神靈)한데 사람 중에서도 그 마음이 제일 신령하다고 하였다. 이 마음은 천지(天地)와 더불어 그 신령함을 합하니, 부처가 되고 신선(神仙)이 되는 것은 다만 심성(心性)에 있는 것이라고 하였다. 인간이 구원(救援)에 이르는 길도 결국은 자신의 심성을 수련하는 데에 있다는 것이다. 그리고 심성을 수련한다는 것은 하늘로부터 부여받아 인간 마음에 본래적으로 자리한 도덕을 잘 드러나게 하는 노력이 된다.

여기에서 '심성을 수련한다.' 함은 심 · 성을 잘 배합하여 '심성이 묘합(妙合)되어 있는 것과 같은 상태로 만드는 것'[4)]이라고 한다. 그런데 이 심성이란 것은 마치 물과 불의 상극(相克)처럼 쉽게 묘합(妙合)될 수 있는 것이 아니다. 『태상대통경』에 보면, "고요한 것을 성(性)이라 하니 심(心)이

---

3) 『玄化眞經』. "生其福하고 生其德도 自心性으로 興하고 取其罪하고 取其禍도 自心性으로 亡하나니 故로 君子之心은 與天地로 合其靈하니 其靈이 天地長春也오 小人之心은 與物慾으로 合其心하니 其心이 一夕浮煙也라 雖然이나 一日之蟲도 生하고 千年之水도 生하며 一年之草도 生하고 萬年之木도 生하나니라."

4) 『教諭文』, 「誦羅成道章」, 1914. "…… 心性如卵에 水火相克하야 善惡交情하니."

그 가운데 있고, 동(動)하는 것을 심이라 하니 성이 그 가운데 있다. 심이 생하면 성이 멸(滅)하고, 심이 멸하면 성이 나타난다."[5]라고 하였다. 즉 마음이 생(生)하면 성품이 없어지고, 마음이 없어지면 성품이 나타나는 것이니, 이 상극적인 심성을 한데 잡아 배합한다는 것은 물과 불이 서로 섞일 수 있는 것보다 어렵다는 것이다.

그렇다면 이러한 심성을 배합할 수 있는 구체적인 방도는 무엇인가? 그것은 인간에게 선천적으로 부여된 '원신(元神)'으로써 천지(天地)의 일기(一氣)와 결합하는 것인데, 그렇기 때문에 토암(土庵)은 "나의 도가 하나로 꿰뚫는 것은 다만 영대(靈臺)에 있다."[6]라고 했고, 청학(靑鶴)은 "원신(元神)으로 더불어서 그 하나를 합하여 마음과 성품을 수련해서 그 진허(眞虛)로 돌아가면 만화도통(萬化道通)이 여여자재(如如自在)하리라."[7]고 하였던 것이다. 또한 "이런고로 군자가 몸을 닦음은 청등(靑燈=부처의 가르침)과 황권(黃卷=서적)을 가히 심성에 머무르게 하는 것이니 도에 통달함이여 반드시 더디게 해서 마음에 일컫게 되는 것이니 자연히 성공하는 것이니라."[8]고 하여 심성배합의 공부가 순간적으로 일어나는 것이 아니라 꾸준한 수행을 통해 가능하다고 하였다.

그런데 이렇게 심성을 수련해서 '하나'로 복귀한다는 것은 유·불·선 3교에서도 마찬가지로 가르치는 것이었다. 토암은 "유가(儒家)의 존심양성과 불가(佛家)의 명심견성, 선가(仙家)의 수심연성이 말은 비록 다르나

5) 『寶經』, 「太上大通經」. "…… 靜謂之性 心在其中矣요 動謂之心 性在其中矣라, 心生性滅하고 心滅性現하나니."

6) 『眞宗寶鑑』, 「如來布德仰頌章」. "吾道貫一이 只在靈臺."

7) 『道聖編年』. "與元神으로 合其一하야 修煉心性而歸其眞虛하면 萬化道通이 如如自在矣리라."

8) 『玄化眞經』, 16. "是故로 君子-修身은 靑燈黃卷을 可留於心性也-니 達道여 必遲而稱心也-니 自然成功也-니라."

심성(心性)은 하나인 것이다. 또한 유가의 사서오경이 비록 많다고 하나 다만 오륜(五倫)을 밝힘에 있고, 불가의 팔만대장경이 비록 자세하다고 하나 대자대비(大慈大悲)에 지나지 않고, 선가(仙家)의 도장경이 적은 것은 아니로되 다만 청정(淸淨)에 있을 따름이니, 오륜(五倫)과 자비(慈悲)와 청정(淸淨)이 합하면 합할 것이지 무슨 반대될 것이 있으리오."[9]라고 하였다. 그럼에도 불구하고 심성배합은 결국 심성의 공부인 바 심성수련의 구체적인 방법에 있어서는 성리학의 수양론을 원용한다.

> "배움은 흐트러지는 마음을 구하는 것으로부터 시작하는 것이요, 정성은 망령된 말을 하지 않는 것으로부터 시작하는 것이니, 이른바 정성이라는 것은 다른 것이 아니다. 다만 한결같이 독실하게 믿어 안으로 향해 공을 쓰는 것이니, 이 마음 밖에 다시 다른 공부는 없다. 한결같이 오래 쌓으면 자연 성숙하리니 주일무적(主一無適)하며, 정제엄숙(整齊嚴肅)하고 색화사창(色和詞暢)하여 투철하게 알고 착실하게 행하여 높이고 낮추는 예를 알면 이것이 공부의 요체가 된다."[10]

수양의 요건이 심성의 문제에 있다고 본 토암은 마음 밖에 다른 공부가 없다면서 구체적으로는 주일무적 · 정제엄숙 · 색화사창 등의 수양론을 강조하였다. 여기서 주일무적과 정제엄숙은 경(敬) 공부의 방법으로 특히

---

9) 『道聖蹟編年』. "故로 爲人處事-虛心而用之則寬而厚之하야 能成大器하고 爲人處事-實心而用之則淺而薄之하야 能成小器하나니 儒之存養과 佛之明見과 仙之修煉이 莫非其虛之修也라 心若虛竹이면 全受天地之氣而能大 能小矣리니 是豈非格物而致知也哉아."

10) 『大聖訓通攷』, 3-27. "學從求放心始오 誠自不妄語始니 所謂誠者는 無他라 只是一味篤信하야 向裏用工이니 此心之外에 更無他工夫也라 專一積久하면 自然成熟하나니 主一無適하며 整齊嚴肅하고 色和詞暢하야 見處네 要透徹하고 行處에 要着實하야 知崇禮卑하면 是爲做工之要也니라."

북송의 유학자 정이(程頤, 1033～1107)가 강조한 것이다. 주일무적은 마음을 한 곳에만 집중하여 다른 곳으로 가지 않게 한다는 것으로 내재적인 사려와 감정의 수양법이다. 내용을 풀어 보면 마음을 하나로 모아 사악함을 막아 내는 일에만 집중하고, 다른 사물에는 마음을 쓰지 말아야 한다는 것이다. 정제엄숙은 외면적인 행동거지와 용모를 단정하고 규범에 맞게 조심한다는 것이다. 내면적 수양에 비해 이런 외면적 수양이 덜 중요한 것처럼 보일 수 있으나, 외면이 장중하면 내면은 자연히 경의 상태가 될 것이고, 외면이 장중하지 못하면 내면은 태만해질 것이라는 논리에서 기인한다. 즉 안과 밖은 연계되어 있으니 함께 수양함으로써 고요한 마음의 상태를 유지할 수 있다는 것이다.[11] 아울러 얼굴빛을 온화하게 하고 말씨를 부드럽게 하는 색화사창(色和詞暢) 역시 외면적 수양의 방법이면서 그것이 내면의 공효로까지 연계될 수 있는 수양법이라고 하겠다.

그러나 수도(修道)에 있어서 내면적인 깨달음만 가지고는 완전한 결실을 거둘 수 없다고 한다. 그 깨달음이 외부로 드러나 행위로까지 옮겨야 하는 실천의 중요성을 강조하는데 제3대 도주인 월란도 "입으로 하는 도는 이루기 쉬우나 행동으로 하는 도는 어려우니 더러운 가죽을 벗고 더러운 몸을 닦아 청정한 가을 소리를 들어라."[12]라고 하며 도덕수행이 실천에 있음을 강조하였다.

또한 토암은 천리의 보존에 있어 "본뜻을 잃은 즉 천인(賤人)이 되고 본뜻을 얻은 즉 귀인(貴人)이 될 것이니 그러므로 성품대로 좇음을 도라 이르고 마음 미룸을 덕이라 이르니 그러므로 이생의 극락은 다만 심성에 있으니 마음 밭을 갈아라."[13]라고 하여 심성수련의 궁극처는 천리(天理)의

11) 陳來, 『송명성리학』, 안재호 옮김, 예문서원, 1997, 160~167쪽.

12) 『聖詩』. "道易成行道難하니 脫皮浴身聞秋聲하라."

13) 『玄化眞經』, 45. "本志를 失則爲賤人也오, 本志를 得則爲貴人也-니, 故로 率性曰謂之道

보존과 구현에 있다고 보고 있다. 토암은 심과 성의 관계를 일원적으로 파악하여 태극과 무극으로 나누어 설명하기를 "하늘과 땅으로 체(體)를 삼고 해와 달로 용(用)을 삼으니 체는 도가 되는 것이요 용은 덕이 되는 것이라. 성품을 좇으면 마음이 둥글어지고 마음이 둥글어지면 성품을 좇음이니 성품이란 것은 태극이요 마음이란 것은 무극인 것이라. 태극과 무극이 다만 마음과 성품에 있는 것이니라."[14]라고 하였으니, '소천지'인 인간이 천지(天地)의 도를 갖추고 있는 것을 심성(心性)으로 보았음을 미루어 짐작할 수 있다. 이처럼 우주의 중심은 인간이고 인간의 중심은 심성이라고 보는 논리로써 인간의 심성이 곧 천지의 중심임을 자각시키고자 심성 배합의 수련을 무단히 요구했던 것이다.

(2) 가화 · 청결론(家和淸潔論)

토암은 충 · 효 · 성경의 실천을 통해서 건곤부모의 심법을 가정에서 사회로까지 이르게 하였을 뿐만 아니라, 건곤부모의 덕이 우주만물에게까지 이르게 하는 수양의 방법으로 '가화(家和)'와 '청결(淸潔)'을 강조한다. 그는 우주 전체를 하나의 가정으로 보고 있으며, 건곤부모 안에서 탄생되고 화육되는 우주가화사상으로 확대시키는 데 있어 가화 · 청결론을 우주적 화평을 지향하는 매우 중요한 사상으로 정립하였다. '가화'는 전통적으로 내려오던 덕목인데, 이를 계승하여 창조적으로 발전시켜 우주가화로 확대한 것이다. '청결' 또한 도덕적 실천을 통하여 영성 회복과 생태윤리를 재정립하고 온 우주만물이 환경을 회복하는 데 있어 지켜 나아가야 할 덕목으로 강조된다. 토암은 가화와 청결에 대해 "첫째, 가화이니,

---

也오, 推心曰謂之德也-니, 故로 二生極樂은 只在心性也-니 爲田하라."

14) 『眞宗大全』, 10. "天地爲體하고 日月爲用하니 體爲道也오 用爲德也라. 率性心圓이오 心圓率性이니 性者太極이오 心者無極이라. 太極無極이 只在心性이니라."

가화 가운데에 오륜(五倫)이 있고, 둘째, 청결이니, 청결 가운데에 신선·부처가 있느니라."[15]라고 하여 가화·청결이 겁운에서 벗어나는 실천덕목으로 강조하고 있다. 좀 더 구체적으로 가화와 청결을 나누어 그 의미와 실천방법을 살펴보고자 한다.

① 가화론

토암은 "내 문하에 종사하고자 할진대는 먼저 가화하여 부모께 효도하고 형제간에 우애하여 인도(人道)를 밝히어라."[16]고 하여 가화의 중요성을 강조하였다. 가화는 개인으로서의 인간이 아니라 관계 속에서의 인간을 대상으로 한다. 그것도 자기와 가장 가까운 혈연 중심의 인간관계인 것이니, 무엇보다 가정의 화합이 개인윤리의 완성은 물론 사회·국가윤리로 확대되는 근본이라고 보았다. 그래서 "가화의 가운데 오륜이 있고, 오륜 가운데 도덕이 있으며, 도덕 가운데 소원성취가 있고, 소원성취 가운데 생극락이 있으며, 생극락 가운데 왕생극락이 있느니라."[17]고 했던 것이다.

또한 "사람의 길흉화복(吉凶禍福)이 하늘이 내려주시는 것이 아니라, 집안이 화목(和睦)하지 못하여 질고가 생기는 것이니라."[18]라고 하여 길흉화복의 현상에 있어서 가화가 중요함을 역설하였다.

토암은 새로운 종교를 창도했지만 수도생활이 가정을 떠나서 개인의

---

15) 『大聖訓通攷』, 2-26. "曰大刼이 臨矣라 汝等이 將從何以得生고 一曰家和니 家和之中에 有五倫이요 二曰淸潔이니 淸潔之中에 有佛仙이니."

16) 『大聖訓通攷』, 2-8. "又曰如欲從事於吾門인대 必先家和하여 孝父母友兄弟하여 以明人道하라 吾道는 只在明倫而已니라."

17) 『玄妙經』. "家和之中에 有五倫하고 五倫之中에 有道德하며 道德之中에 有所願成就하고 所願成就之中에 有生極樂하며 生極樂中에 有往生極樂也-니라."

18) 『大聖訓通攷』, 1-64. "聖師曰人之吉凶禍福이 非天降之라 家內不合則疾苦-生焉이라."

깨달음만을 요구하는 것으로 보지는 않았다. 오히려 관계 속에서의 인간의 도덕적 생활을 중시하였기 때문에 가화사상이 성립할 수 있었다. 그는 가화에 대하여 가족을 돌보지 않고 독신 출가수행 하는 불교의 모순점을 지적하며 그 대안으로 솔가수도(率家修道)를 강조하고 있다.[19] 일찍이 맹자가 위아주의와 겸애주의를 표방했던 양주 · 묵적의 사상을 '무군 · 무부'의 설이라고 비난한 것[20]과, 성리학자들이 불교가 출세간의 철학으로 인해 충 · 효의 윤리를 저버렸다고 비난한 것 등과 일맥상통하는 부분이다. 또 "인(仁)을 천하에 베푸는 자는 먼저 가도(家道)를 위할지니, 착함을 쌓는 아래에 첫째로 이르기를 진실로 함이요 둘째로 이르기를 옮김이요 셋째로 이르기를 구원함이라. 모두가 이 착한 것을 쌓음이며 만 가지 화함이 한결같음이니라."[21]라고 하여 온 세상을 향한 시인포덕의 방법도 먼저 가정에서의 도를 실천하는 것이 근본이 된다는 것을 말하고 있다.

가화사상은 온 집안 식구가 건곤부모를 신앙하면서 도를 즐거워한다는 가화락도(家和樂道)와, 온 집안이 도를 닦아 함께 성불한다고 하는 가화성도(家和成道)의 두 측면을 아우른다. "가화의 방도는 욕심 성품을 경계하여 참는 것으로 위주하고, 잘한 것은 가족에게 돌리고 잘못한 것은 나에게 돌리는 것이니, 모든 일이 이와 같으면, 집안에 어찌 불화가 있겠는가?"[22]라고 하여 지나친 욕심을 경계하고 포용하는 자세로 화합할 것

---

19) 『大聖訓通攷』. "옛날 석가의 운은 獨身修道하여 가족을 돌보지 아니하고 홀로 수행하였지만,乾坤父母運道엔 率家修道하여 가더라고 일가족이요 오더라도 일가족이라. 七世祖上離苦登樂의 道로 始終하나니라."

20) 『맹자』, 「滕文公 下」. "楊氏爲我, 是無君也. 墨子兼愛, 是無父也. 無父無君, 是禽獸也."

21) 『玄化眞經』. "施仁天下者는 先爲家道也-니 積善之下에 一曰故也오 二曰遷也오 三曰救也-라. 都是積善이며 萬化如一하니."

22) 『大聖訓通攷』, 1-38. "又曰家和에 萬事成이니 寶莫善於家和라 家和之方은 戒之慾心性稟하여 以忍爲主하고 善則歸於家族하며 不善則歸己하여 凡事如是면 家焉有不和者乎아."

을 강조하였고, "도덕은 빈천한 데서 나고 문장은 곤궁한 데서 나오니 세상에 부귀빈천으로써 그 마음을 움직이지 말라."[23]하였다. 다산 역시 강진 유배생활 중에 두 아들에게 보낸 편지에서 평생 근(勤)과 검(儉) 두 글자를 정신적 부적처럼 새기고 살라고 가르쳤다는 유명한 일화가 있다. 근면과 검소는 좋은 밭이나 기름진 땅보다도 나은 것이니 일생 동안 써도 다 닳지 않을 것이라고 하면서 근면하고 검소한 생활을 강조했던 것이다.[24] 근검이라는 중요한 생활태도는 이렇게 가정에서의 교육과 훈련을 통해 가능한 것이고, 그것은 단순히 부지런하고 절약하는 생활습성에서 끝나지 않고 청렴하고 정직한 태도를 배양해 주기 때문에 더욱 중요한 것이라고 생각된다.

가화를 이룰 수 있는 윤리 덕목은 부모와 자식 간의 사랑, 즉 자애와 효도를 들 수 있지만, 가장 기본적인 구성 요건으로 보았을 때는 부부관계의 윤리를 들 수 있다. 널리 알려진 바와 같이 『중용』에서는 이를 '부부에서 실마리가 지어진다.〔造端乎夫婦〕'는 논리로 제시하고 있다.

"군자의 도는 광대하면서도 은미하다. 부부의 어리석음으로도 가히 함께 알 수 있는 것이지만 그 지극함에 이르러서는 비록 성인이라 하더라도 역시 알지 못하는 바가 있는 것이다. 부부의 불초함으로도 가히 행할 수 있는 것이지만 그 지극함에 미쳐서는 비록 성인이라 하더라도 역시 할 수 없는 바가 있는 것이다. 천지가 크지만 사람에게는 오히려 유감이 되는 바가 있는 것이다. 그러므로 군자가 큰 것을 말하면 천하에 실을 수가 없고 작은 것을 말하면 천하에 쪼갤 수가 없게 된다. 『시경』에 이르기를, '솔개는 하늘에 날고 물고기는 못에

23) 『大聖訓通攷』, 3-8. "曰自古로 文章出於困窮하고 道德出於貧賤이니 欲爲道人인대 必能耐貧然後에야 乃可成就所願이요 不顧家事하고 專心從事라야. 庶可道成德立하리라."

24) 최희남, 『정다산의 경제윤리사상』, 김영사, 2007, 317쪽.

뛰고 있다.' 고 하였으니 그것이 위 아래로 드러남을 말한 것이다. 군자의 도는 부부에서 발단되나 그 지극함에 이르러서는 천지에 드러난다." [25]

군자의 도는 광대무변하면서도 그 이치가 쉽게 드러나지 않는다. 그래서 평범한 부부로서도 알 수 있는 바가 있지만 그 지극한 경지에 이르러서는 성인도 알지 못하는 바가 있는 것이다. 도를 실현하는 것 역시 평범한 부부로서도 행할 수 있는 바가 있지만, 전체적으로 본다면 성인도 행하지 못하는 바가 있는 것이다. 천지의 작용이 위대하지만 사람들로서는 자신의 입장에서 유감스럽게 생각하는 부분이 있다. 그러므로 군자라야 대소(大小)의 이치를 깨달은 사람이라고 할 만하다. 『시경』의 '연비어약(鳶飛魚躍)' 은 결국 만물을 생성하고 화육하며 유행하도록 하는 천지의 도가 드러난 것을 말하는 것이다. 결국 군자의 도는 평범한 부부의 관계에서 비롯되는 것이니 하찮게 보여도 그 지극한 경지에 이르면 천지에 그 효용이 꽉 차게 되는 것이다.

『도덕가』「부부장」에서는 "부부간에 하는 도리 공경(恭敬)밖에 또 있는가?" 라고 하여 서로 인격적으로 존중하고 화합할 것을 가르쳤다. 금강십계율에서는 '일부당일처(一夫當一妻)' 라고 하여 축첩을 금지하였으며, 금강실행십조(金剛實行十條)에서는 '별부부(別夫婦)' 라고 하여 부부 각자의 역할을 강조한다. 이를 현대적인 관점에서 보자면 부부간의 신뢰를 바탕으로 정절을 지켜야 하고 각자의 위치에서 책임을 수행해야 한다는 의미로 풀이할 수 있겠다.

---

25) 『중용』, 제12장. "君子之道 費而隱. 夫婦之愚, 可以與知焉, 及其至也, 雖聖人亦有所不知焉, 夫婦之不肖, 可以能行焉. 及其至也, 雖聖人亦有所不能焉. 天地之大也, 人猶有所憾. 故君子語大, 天下莫能載焉, 語小, 天下莫能破焉. 詩云鳶飛戾天魚躍于淵, 言其上下察也. 君子之道, 造端乎夫婦, 及其至也, 察乎天地."

그런데 가화의 범위는 가정에만 국한되지 않는다. 가정에서의 화합에서 범위를 확대하여 우주가화로까지 이어진다. 이 세계는 건곤부모가 낳은 하나의 가정으로 비유할 수 있기 때문에 그 사이에 있는 삼라만상이 모두 형제이며, 그들이 모두 화합할 때 우주의 평화는 달성될 수 있다는 것이다. 앞에서 살펴본 것처럼 천지는 부모이고 우주만물은 나와 형제라는 우주적 차원의 가족의식이 바탕이 된 것이다. 그 위에 우주가화의 주체적 존재로서의 인간이 있고, 만물의 영장인 인간은 우주의 모든 것에 대해 자비를 가지고 보살펴야 하는 의무를 가지는 것이다. 의무를 실천함에 있어서 토암은 유가적 인간관계를 중시하면서도 자비를 베풂에 있어서 어느 한 쪽으로 치우치거나 멀고 가까움을 차별하거나 대상을 가리지 않는 평등한 베풂[26)]을 강조한다.

② 청결론

토암은 도덕적 개화의 실천방법 중의 하나로 청결이 중요하다고 하였다. 이 점은 그의 수양론 특성이 현실생활과 밀착되어 있다는 것을 알게 한다.

> "도를 닦으려면 반드시 먼저 청결에 힘써야 할 것이니, 첫째는 심성청결이요, 둘째는 신체청결이며 셋째는 의류청결이요, 넷째는 음식청결이요, 다섯째는 가택청결이니 심법을 잘 써서 사욕의 잘못을 범하지 않는 것이 심성청결이요, 품행이 단정하고 수시로 목욕하는 것이 신체청결이며, 옷을 자주 빨아 더럽지 않게 하는 것이 의류청결이오, 비록 거친 밥에 나물국이라도 극히 정결한

26) 『玄妙經』, 28. "慈悲功德은 萬物同浴이라. 遐邇壹體하고 萬方咸寧하니 宜乎福遠이오 宜乎慶長이라. 慈悲其功이 無偏無私하시고 慈悲其德이 無近無遠하시니 何物不念이며 何類不念이시리오"

것이 음식청결인데, 그 요점은 물을 주의하는 데 있는 것이니, 음식 솥에 더러운 옷을 삶지 말고, 더러운 나무로 밥을 짓지 마라. 가택에 대하여는 때때로 물 뿌리고 청소를 해야 위생을 기할 수 있는 것이니, 생명은 화창한 데서 생기는 것이니라."[27]

토암은 이렇게 심성청결(心性淸潔), 신체청결(身體淸潔), 의류청결(衣類淸潔), 음식청결(飮食淸潔), 가택청결(家宅淸潔)로 구분하여 구체적으로 청결의 실천에 대한 중요성을 강조하였다. 이에 청학은 토암의 청결사상을 구체화하여 말하길, "청결이 안과 바깥이 있으니 마음과 성품이 안정함은 안 청결이요, 몸에 악한 행실과 더러움이 없고 의복, 음식, 거실에 힘써 정결함은 바깥 청결이니 안과 바깥이 함께 깨끗한 즉 거의 도에 가깝다."[28]하여 심성청결은 안 청결이고, 신체청결, 의복청결, 음식청결, 가택청결은 바깥 청결이라 하여 안과 밖이 청결해야 도에 가깝다고 하였다. 또한 "바깥도 맑고 안도 깨끗하며 환경이 다 맑아서 생명을 보존하는 도가 이루고 문명의 기틀이 이루나니 인생의 참 길이요 도가의 지극히 요긴함이라."[29] 하여 청결을 하면 환경이 맑아서 생명을 보존하는 도를 이루

27) 『大聖訓通攷』, 1-38-39. "欲爲修道인댄 必先於淸潔이니 一曰心性淸潔이요 二曰身軆淸潔이요 三曰衣類淸潔이요 四曰飮食淸潔이요 五曰家宅淸潔이니 善用心法하야 勿爲私慾之累-是爲心性淸潔이요 品行端正하고 沐浴及時- 是爲身軆淸潔이요 頻浣塵垢하야 鮮潔無汚-是爲衣類淸潔이오 雖疏食菜羹이라도 極精且潔이 是爲飮食淸潔이니 其要-在於注意井水오 勿烹穢衣於食鼎하고 勿以穢柴作飯하라 至於家宅하야는 時時灑掃然後에 宜於衛生故로 曰命生於和暢이라"

28) 『道聖訓通故』, 476. "曰道聖師父-常曰淸潔이 有內外하니 心性安定은 內淸潔也요 身無惡行汚穢하고 衣服飮食居室에 務要精潔은 外淸潔也니 內外俱潔則庶幾近道라 能立志高尙하야 邁進向上則自不染五濁이라"

29) 『道聖訓通故』, 306. "淸潔者는 外淸內潔而環境이 皆淸하야 保生之道-遂而文明之機-成하나니 人生之眞路요 道家之至要也라."

며 도가(道家)를 이루고 문명의 기틀을 세우는 데 있어 지극히 중요함을 말하였다.

토암이 강조한 다섯 가지 청결의 실천방법을 구체적으로 살펴보면 첫째의 심성청결은 수도(修道)생활에서 심성배합을 이루는 핵심으로 보고 있으며, 수도는 마음청결에서부터 시작됨을 강조하고 있다. 주자는 "마음이 곧 이치이다. 천하에 다시 마음 밖의 일이 있고, 마음 밖의 이치가 있겠는가?"[30]라고 반문하여 마음이 일신을 주재한다[31]고 보았다. 또한 선불교에서는 '마음이 부처(是心是佛)라는 믿음에서 출발한다. 마음은 허령불매하여 온갖 이치가 갖추어져 있고, 모든 일이 여기에서 나오니, 마음 밖에 이치가 없으며 마음 밖에 일이 없다[32]고 하여 수련함에 가장 핵심이 되는 덕목이다. 이런 마음을 맹자는 "마음을 배양함은 욕심을 적게 하는 것보다 좋은 것이 없다. 그 사람됨이 욕심이 적으면 비록 본심을 간직하지 못하는 것이 있다 하더라도 적을 것이며, 그 사람됨이 욕심이 많으면 비록 본심을 간직하는 것이 있다 하더라도 적을 것이다."[33] 마음에서 이욕(利慾) 내지 사욕(私慾)이 물질적 탐욕에 빠져 악으로 떨어질 수 있는 길을 열어 주고 있다면, 이를 통제함으로써 욕심을 제거하는 것이 마음을 다스리는 중요한 요체가 된다. 또한 "하지 말아야 할 것은 하지 않고, 하고자 하지 말아야 할 것은 하고자 하지 않아야 한다.〔無爲其所不爲, 無欲其所不欲〕"(「盡心上」)는 것에 대하여 다산(茶山)은 "'하지 말아야 할 것과 하고자 하지 말아야 할 것'은 도심(道心)에서 발동하는 것이니 천리(天理)

30) "心卽理也 天下又有心外之事 心外之理乎." 정규훈 외, 『동양사상』, 전통문화연구회, 2006, 225쪽.

31) 『주자어류』, 권5. "心者一身主宰"

32) 『전습록』,「육징록」. "虛靈不昧 衆而萬事出 心外無理 心外無事."

33) 『孟子』,「盡心 下」. "養心莫善於寡欲, 其爲人也寡欲, 雖有不存焉者, 寡矣, 其爲人也多欲, 雖有存焉者, 寡矣."

요, '하는 것과 하고자 하는 것'은 인심(人心)에서 발동하는 것이니 사욕(邪慾)이다. '하지 않고 하고자 하지 않는 것'은 인심을 극복하여 제어하는 것이요, '도심의 명령을 듣는다.'는 것은 이른바 자기의 사욕을 극복하고 예법으로 돌아가는 것이다."[34]라고 분석하고 있다.[35] 그것은 도심에서 발동하여 천리를 추구하는 길과 인심에서 발동하여 사욕을 따르는 길의 대립구조를 명확하게 대비시켜 밝히는 것이요, 나아가 인심을 극복하고 제어하는 과제와 인심이 도심의 명령을 따름으로써 사욕을 이기고 예법의 질서로 돌아가는 과제를 제시하는 것이다. 그만큼 마음의 올바른 실현을 위해서는 먼저 마음의 작용현상이 지닌 대립적 구조를 명확하게 인식하는 것이 중요함을 보여 주고 있다. 이러한 도심(道心)에 대하여 토암은 "부득이 소 갈 데 말 갈 데를 가더라도 도심은 변치 말라."[36]고 하였으며, 「태상대통경」에서는 인간세계에 있더라도 인심에 의해 만 가지 인연의 조화 속에 빠지지 말 것을 경계하였다.[37] 토암은 대 겁운에 대해서도 변치 않아야 할 도심에 대해서 강조하고 있다.

> "오호라. 대겁운(大劫運)이 임박했으니 너희들이 죽지 않고 살 수 있다면 새 세상에 인류 최고의 조상이 될 것이로되, 누가 능히 이와 같이 할 사람인가? 만일 죽고 싶지 않다면 반드시 도심(道心)을 변치 말지니."[38]

---

34) 『與全』, 〔2〕, 券6, 42. '孟子要義', "所不爲所不欲, 是發於道心, 是天理也, 爲之欲之, 是發於人心, 是私欲也, 無爲無欲, 是克制人心, 而聽命於道心, 是所謂克己而復禮也"

35) 금장태, 「다산의 『맹자』 해석」, 『心과性』, 서울대학교출판부, 2005, 19쪽.

36) 『大聖訓通攷』, 2-34. "聖師曰雖不得已牛往馬往이라도 勿失道心하고 日後復入하라"

37) 『寶經』, 「太上大通經」. "對境忘境에 不侵於六賊之魔 居塵出塵 不落於萬緣之化"

38) 『大聖訓通攷』, 1-18. "嗚呼라 大劫이 臨矣니 爾等이 能不死而生則爲曠世最上之祖어니와 誰能爲如是人乎아 若欲不死인대 必須莫變道心하라."

도심을 변치 않아 대 겁운에 빠지지 말도록 강요하여 심성을 수련하는 데 마음이 중요함을 말하고 있다.

두 번째 신체의 청결은 항상 품행을 단정히 하고 수시로 목욕하는 것을 말한다. 이에 대하여 청학은 "그 행실을 독실히 하면 하늘이 반드시 복을 주실 것이며 이생에 군자요, 저 생에 신선부처가 되려니와 만일 이와 반대로 성인의 가르침을 모독하여 음란하고 악한 일을 방자히 행하면 이는 금수에 다를 것이 없고 죽어서는 아귀축생이 되리니 극락과 지옥이 여기서 판단하는지라. 가히 두렵지 아니하며 가히 삼가 하지 아니하랴!"[39] 하며 행실의 음란함을 경계하여 부지런하고 깨끗하게 닦아서 청결하게 살 것을 강조하였다. 토암이 도덕적 실천으로 청결을 강조함은 이 시대의 진정한 생태윤리의 재정립과 우주만물의 환경을 회복하는 데 있어서 아주 중요한 단초가 된다고 볼 수 있다.

세 번째 의복청결은 의복을 자주 빨아 입어 더럽지 않게 하는 것이다. 또한 사치한 것을 취하지 말고 검소한 것을 취하는 것이며, 호상 시 의복은 오래 착복하지 말고 즉시 세탁하도록 하였다. 현대사회에서는 의복이 점점 문화적 기호로써 중시되면서 명품선호, 모피사용으로 인한 동물학대, 청소년들의 무분별한 고가상품 선호 등의 문제를 야기하고 있다. 그런 점에서 볼 때 그가 말한 '비록 헤진 옷이라도 자주 세탁하여 입을 것'을 강조한 것은 근검수덕과 청빈한 생활로 낙도(樂道)하는 실천적 생활을 통해 인간이 훼손시킨 자연을 회복시키는 길 또한 청결에 있음을 강조한 것이다.

네 번째는 음식의 청결이다. 음식은 생존을 의해 필수적이지만 생태윤

39) 『道聖訓通故』, 266. "信篤其行則天必降福而此生君子요 來生仙佛이어니와 反是而冒濫聖訓하야 恣行淫惡之事면 是無異於禽獸而死爲餓鬼畜生이니 極樂地獄이 於是判矣라 可不畏哉며 可不愼哉아 爾等은 戒勤精修하야 信奉聖訓하라."

리의 재정립을 위해서도 중요한 문제이다. 토암은 '청결 · 정식(淨食)'을 제시하였다. 특히 주육불식(酒肉不食)에 대하여, "술은 성품을 치는 미친 약이오, 고기는 마음을 아프게 하는 슬픈 물건이라."[40], "천지는 만물을 생하는 것으로 마음을 삼는 것이라. 만물이 생함에 각각 그 부여한 바 이치를 얻나니, 이것이 곧 인(仁)이다. 생함을 좋아하고 죽임을 미워하는 것은 사람과 만물이 같거늘, 세상 사람들이 그 입과 창자의 욕심을 채우고자 하여 함부로 희생과 짐승을 죽이나니, 이것이 어찌 하늘의 생하는 이치를 좇는 것이겠는가? 사람이 자식을 낳음에 기르기 어려운 것과 일생병을 안고 사는 것이 다 전생에 살생한 과보(果報)이니라."[41]라고 하였다. 여기에서 토암은 천지 만물의 인의 마음을 해치고 함부로 살생하는 죄를 범하지 말고, '불식어육류'로써 계율로 삼아 청결한 음식으로 자비한 심성을 길러 배합하면 그 가운데 신선부처가 있다고 하였다. 이는 토암이 자비를 베푸는 공덕을 먼저 살생을 금하는 것을 우선으로 하고 있으며, 그것은 호생지덕을 쌓아 천지의 만물을 생하는(生生之德)의 이치를 마음에 실천하는 길임을 『현묘경』[42]을 통해서 강조하였다.

음식청결은 앞으로 채식 위주의 식단으로 변화할 수 있도록 계몽되고 실천되어야 한다. 이것은 단순한 환경보호론이 아닌 이 세계에 대한 심오한 형이상학적 이해가 인도하는 세계평화의 길이다. 개체만이 아닌 다중(多衆)이 사는 길이요, 사람만이 아닌 지구가 사는 길이다.[43] 이것은 토암

---

40) 『大聖訓通攷』, 3-28. "吸煙은 害於腦神宮淸明之氣하고 酒는 亂性亂血亂氣之物이요 魚肉은 非殺生이면 不可得이니 道家禁絶이 可也니라."

41) 『大聖訓通攷』, 1-61. "曰天地-以生物爲心故로 萬物之生에 皆得其所賦之理하니 是所謂仁也-라 好生惡死는 人與物이 也어늘 世人이 欲充其口腸之慾하여 恣殺牲禽하니 此豈順天生生之理乎아 人之生子難育과 一生抱病이 皆前生殺生之果報也-라."

42) 『玄妙經』, 30, "行慈悲事하고 休殺生心하라. 至重生命이 最慘殺生이니 好放其生하고 切戒其殺하라"

이 이루려고 했던 우주가화의 건설에 있어 환경 겁난을 극복할 수 있으며, 공존공영의 우주적 평화를 이룰 수 있는 것이라고 본다. 또한 '불식어육류'의 도덕적 실천을 통하여 모든 인류가 영성[44]을 갖게 될 때 우리 인류는 평화로운 공동체인 하나의 우주가정을 건설하게 될 것이다.

다섯 번째 가택의 청결과 관련하여 "실내외를 수시로 청소하되, 거미줄이나 하수구, 기타 이불 등을 모두 청결히 해야 하며, 출타할 때에도 음식 유를 가려서 깨끗한 음식을 먹어야 하며, 전염병 등이 유포될 때에는 파리, 모기와 병균을 전염하는 동물을 잡아 청소함이 가하다."[45]라고 하여 세부적인 내용까지 일일이 열거하였다. 1930년대의 시대적인 상황을 상기해 보면 청결치 못하여 전염병이 만발하였던 시기였기에 가택청결에 대하여 강조했던 것이다. 이는 현대의 이름 모를 전염병에 대한 대안의 예시로써 재해석되어 일상화시켜야 한다. 실제로 토암은 신도들의 가정을 방문하여 집안을 순시하고 가택의 청결함을 확인하였다고 한다.[46]

43) 정세근, 「한국 신종교의 미래와 역할: 금강대도신론」, 금강대도 종리학회 세미나 자료집, 1999, 51~52쪽.

44) 김지하는 영성이란 "그것은 기이하고 신비로운 것이 아니라 자기 안에 우주생명이 살아 있고 모든 사람 안에 우주생명이 살아 있음을 인정함으로써 서로 공경하며 동식물과 무기물 속에도 우주 삼라만상 전체의, 눈에 보이지는 않으나 광활한 적막 속에서 끊임없이 창조적으로 활동하는 하나의 큰 생명의 테두리 속에 영겁의 한 흐름 속에 일치되고 있다는 이 믿음을 각성하고 실천할 때 바로 그것이 영성이며 영적 인간이라고 생각한다."라고 하였다. 김지하, 『타는 목마름에서 생명의 바다로』, 동광출판사, 1991.

45) 『大聖訓通攷』, 1-39. "又曰近來新聞紙其他字紙를 擧皆汚用於道路下水溝便所塵埃取場하니 極爲悶然者라 盖上帝以下列位聖神과 及各自祖上父母之名號-皆在於文字하니 從事於吾門者 宜敬惜字紙하여 勿爲汚用하라 古人이 有拾字紙於汚穢之中이면 必洗以香水하여 乾而燒火하니 此乃士君子百行之一也-니라 不食魚肉하고 雖昆蟲微物이라도 戒殺放生호대 至於五蟲하야는 不得不除也-니라."

46) 토암은 道人의 집을 수시로 순방하여 청결을 강조하였다. 일례로 "최봉선이 계사정월 1일 밤 꿈에 면포를 짜는데 대성사부님께옵서 사부님이 몸소 스스로 집안을

위에서 살펴본 바와 같이 토암은 가화를 한 가정의 화목함에 머무르지 않고 사회와 우주만물에까지 확대하고 있음을 알 수 있으며, 청결 또한 한 개인의 문제에서 사회와 우주까지 확대되어 실천할 덕목임을 강조하고 있다. 앞으로 가화청결사상은 현대에 맞게 재해석되어야 할 것이다. 생태윤리의 정립을 위해서는 개인적 · 사회적 관행을 바꾸는 것으로는 부족하고 우리의 세계관을 근본적으로 바꿔야만 한다. 이를 두고 환경론자들은 "인간의 생태의식을 계몽해야 하며, 인간과 식물, 동물, 지구의 통일성을 인정하는 생태적, 철학적, 영성적 접근이 필요하다."[47]고 말한다. 또한 킨젠바흐(R. Kinzelbach)가 말한 "우리가 당면하고 있는 생태학적 위기의 극복과 해결은 근본적으로 인간의 내면적 세계의 위기를 해결하지 않고는 불가능하다."[48]는 말은 인류의 근본적인 의식의 혁명을 요구하고 있다. 즉 환경에 대한 정체성을 확립하여 가치관을 전환하고 생활양식을 바꾸며 나아가서는 문명사적 전환이 이루어져야 한다.[49] 이러한 문제의식에 대해 토암의 가화 · 청결론은 그 이론적 근거와, 환경문제를 근본적으로 해결하려는 환경철학의 '생태학적 영성(ecdlogical spirituality)'을 제시하고 있다. 토암이 천지를 부모로 보고 우주 안의 삼라만상을 나와 같은 형제로 인식하는 것은 전 우주를 하나의 공동체로 보는 가치관을 전제로 하는 것[50]이기 때문이다. 이렇듯 천지를 하나의 가정으로 보는 '우

순시하시고 칭찬해 말씀하시기를 '잘했다. 가택의 청결함이여' 하시고 또 부엌을 보시고 경계하여 말씀하시기를 '북쪽을 향하여 칼질하지 말고 성미를 궐치 말라' 하시고 또 말씀하시기를 '아궁막이가(즉 분구) 제도에 맞지 않다' 하사 가르치시고 경계하심이 평시와 같이 하시다."라는 기록을 통해서도 확인할 수 있다.

47) J. R. 데자르뎅, 『환경윤리』, 김명식 역, 자작나무, 1999, 334~338쪽.

48) 진교훈, 『환경윤리』, 민음사, 1998, 18쪽.

49) 이재헌, 「금강대도의 생태 윤리사상」, 『금강대도 종리학 연구론』 II, 미래문화사, 2005, 221쪽.

50) 이정란, 「토암 이승여 '家和' 사상의 철학적 고찰」, 대전대학교 석사논문, 2012, 2쪽.

주가화'의 세계관 안에서 가화 · 청결론은 생태윤리를 정립하는 실천요인의 요체가 될 수 있을 것으로 본다.

2) 광화중생(廣化衆生) – 시인포덕(施仁布德)

도덕으로 개화되는 세상을 실현하기 위해서는 위에서 살펴본 바와 같이 자수심성으로 개개인의 수양을 이루고, 이를 바탕으로 널리 세상에 펼쳐 나가는 것을 토암은 광화중생으로 실천하려고 하였다. 우주가화를 실천하는 문제로 귀결되는 광화중생을 이르는 방법론인 시인포덕을 살펴보고자 한다.

시인포덕(施仁布德)을 하기 위한 덕목인 인(仁)은 공자가 가장 강조한 덕목으로 『논어』에서만도 수없이 언급된 공자철학의 핵심덕목이라고 할 수 있다. 인의 의미는 한마디로 정의할 수는 없지만 제자들의 질문에 대한 공자의 다양한 답변에서 그 의미를 추론해 볼 수 있다. 먼저 인에 대한 안연(顔淵)의 질문에 공자가 한 그 유명한 '극기복례(克己復禮)'의 답변이 있다. "자기를 극복하고 예로 돌아가는 것이 인이다. 하루라도 자기를 극복하고 예로 돌아가면 천하가 인으로 돌아갈 것이다. 인을 행하는 것이 자신에게 달렸지, 어찌 남에게 달렸겠는가?"[51]라는 것이다. 사람들로 하여금 사사로움을 극복하게 함으로써 천하의 모든 사람 · 사건 · 사물이 인의 원칙으로 돌아간다는 것이니, 이것은 자각을 통하여 나타나는 생활의 원리이며 생명이 가야 할 길이고 남의 손을 빌릴 수 없는 자립의 길이기도 하다.[52] 번지(樊遲)에게는 "사람을 사랑하는 것"[53], "거처할 때는 공손

---

51) 『論語』, 「顔淵」. "顔淵問仁, 子曰 克己復禮爲仁, 一日克己復禮, 天下歸仁焉, 爲仁由己, 而由人乎哉."

52) 蔡仁厚, 『공자의 철학』, 천병돈 옮김, 예문서원, 2009, 110~111쪽 참조.

히 하고, 일을 할 때에는 공경하며, 사람을 대할 때에는 성실해야 한다. 비록 오랑캐 땅에 가더라도 버려서는 안 된다."[54], "어려운 일을 먼저 하고 얻는 것을 뒤에 하면 인이라고 이를 만하다."[55]는 등으로 인을 말하였다. 또한 "자공이 '만약에 백성들에게 널리 은덕을 베풀고, 많은 사람들을 구제해 줄 수 있는 사람이 있다면 어떻겠습니까? 인하다고 할 수 있겠습니까?' 라고 묻자 공자께서 말씀하셨다. '어찌 인에서 그치겠는가? 틀림없이 성스럽다 해야 할 것이다. 요(堯) · 순(舜)임금조차도 그런 일을 못할까 걱정하셨다. 인한 사람이란 자기가 서고자 하면 남을 도와 서게 하고, 자기가 뜻을 이루고자 할 때는 다른 사람을 도와 이루게 해 준다.'"[56]라고 하였다.

이처럼 인은 다양한 의미를 지니고 있는데, '극기복례(克己復禮)'나 '선난후획(先難後獲)' 등은 수기(修己)적인 측면에서의 인을 말한 것이고, 애인(愛人) 및 공(恭) · 경(敬) · 충(忠), 그리고 '박시제중(博施濟衆)' 등은 대인(對人) · 대사(對事)적인 측면에서의 인이라고 할 수 있다.[57] 특히 인자(仁者)는 "자기가 서고자 하면 남을 도와 서게 하고, 자기가 뜻을 이루고자 할 때는 다른 사람을 도와 이루게 해 준다."라는 구절은 인이 나와 남의 올바른 도덕적 관계를 가능하게 해 준다는 것을 알게 하는 구절이다. 이에 대한 채인후의 다음 말은 인이 바로 시인포덕의 핵심요소임을 보여 주고 있다.

---

53) 『論語』, 「顔淵」. "樊遲問仁, 子曰愛人."

54) 『論語』, 「子路」. "居處恭, 執事敬, 與人忠, 雖之夷狄, 不可棄也."

55) 『論語』, 「雍也」. "仁者 先難而後獲, 可謂仁矣."

56) 『論語』, 「雍也」. "子貢曰如有博施於民, 而能濟衆, 如何, 可謂仁乎. 子曰可事於仁, 必也聖乎, 堯舜其猶病諸, 夫仁者, 己欲立而立人, 己欲達而達人."

57) 송인창, 『천명과 유교적 인간학』, 심산, 2011, 95쪽.

"인은 서(恕)에서 나와 남을 세우고〔立人〕 남을 이르게〔達人〕 할 뿐 아니라 만물을 윤택하게 하고 완성한다. 이는 인에 의거하여 드러나는 도덕행위를 말한 것으로, 이것이 점차 외부로 확대되어 가정과 국가와 천하를 일체로 만든다. 오직 '인을 실천하는 것'만이 내 마음의 진실함과 측은히 여기는 마음을 끊임없이 드러내 보이는 것이 되며, 여기에는 질적으로 깨끗함과 순수함만이 있을 뿐이다. …… 일상생활 속에서 '남의 마음과 내 마음을 비교하고, 내 마음으로 남의 마음을 헤아린다.'면 '서'는 자연히 실행된다. 따라서 자신을 세우면서 남도 세우고, 사람을 사랑하면서 사물도 사랑하게 된다. 이것이 바로 가까운 데서 터득하여 미루어 가는 것이며, 인을 실천하는 올바른 방향 역시 여기에 있다."[58)]

사회적 존재로서의 인간이 자기의 욕망과 이익만을 우선하지 않고 다른 사람을 배려하고 덕을 베풀 수 있는 것은, 이처럼 내 마음으로써 남의 마음을 헤아리는 데에서 출발한다. 인에 의거한 도덕행위가 점차 외부로 확장되어 갈 때 인간은 자신과 세계를 사랑하는 도덕주체가 되는 것이다. 그런 점에서 송인창 교수의 "이와 같은 인(仁)은 인 · 의 · 예 · 지 사덕을 내포한 전체적 자아의 주체성으로서 대물관계에 있어서는 '만물을 살리는 정신'으로 나타나는 바, 이는 천명의 자각을 통해서만 인생 최고의 이상적 가치로 발현된다. 이 인은 아(我)와 비아(非我), 내(內)와 외(外), 주(主)와 객(客)의 이분적 구조를 하나로 통일시키고, 더 나아가서는 인간으로 하여금 모든 구분적 경계를 뛰어넘어 혼연하게 우주와 한 몸이 되게 하여 천지화육에 능동적으로 참여할 수 있게 한다."[59)]라는 말은 바로 시

58) 蔡仁厚, 천병돈 옮김, 위의 책, 111~112쪽.
59) 송인창, 『천명과 유교적 인간학』, 심산, 2011, 99쪽.

인포덕에서의 인의 의미로 풀이하여도 좋을 것이다.

토암은 시인포덕을 구체적으로 제시한다. 그는 "하늘이 명한 것을 일러 도(道)라 하고 덕(德)을 행하는 것을 일러 사람이라 하니, 사생(四生)과 육도(六道)는 말하자면 한가지인 것이니라. 내 말을 살펴 들어서 사물을 궁구하고 조상에 합함은 군자의 길인 것이니 그로써 받들어 하늘을 공경하여 어짊을 베풀고 교화하라."[60]고 하였다. 사람은 하늘이 명한 도를 덕으로써 실현하는 존재이다. 불교에서 말하는 생물이 태어나는 네 가지 형태인 태생(胎生)·난생(卵生)·습생(濕生)·화생(化生)이나, 중생이 윤회하는 여섯 가지 지옥(地獄)·아귀(餓鬼)·축생(畜生)·수라(修羅)·인간(人間)·천상(天上)의 세계가 절대적인 것 같지만 결국 도를 행하는 인간의 덕성이라는 측면에서는 한가지로 볼 수 있다는 것이다.

토암은 시인포덕을 하는 마음의 공효를 이렇게 말한다. "완만하게 한즉 이로움을 얻고 바쁘게 한즉 공이 없으리니 생각생각마다 정성을 두어서 만물에 인을 베풀면 덕이 그 가운데 있으리니 천천히 걸어서 문으로써 공을 이루어라."[61]고 하여 인을 베푸는 데에도 정성스러움이 중요하며 정성스럽게 이루기 위해서는 완만하게 생각이 떠나지 않도록 해야 함을 말하고 있다. 또한 시인포덕하는 군자에 대해 다음과 같이 말하고 있다.

"인(仁)을 천하에 베푸는 자는 오직 군자이다. 오송(五松)이여, 지혜로운 자도 삼생(三生)의 인과에 미치고 지혜롭지 못한 자도 삼생의 인과에 미친다. 하늘을 위하는 것도 도덕이라 이르고 사람을 위하는 것도 도덕이라 이르니, 그러

60) 『玄化眞經』, 13. "天命曰謂之道也오 德行曰謂之人也-니 四生六道는 言則一也-니라 諦聽吾言하야 格物合祖는 君子之道也-니 以奉敬天하야 施仁教化하라."

61) 『玄化眞經』, 31. "是故로 緩則得利하고 忙則無功也-니 念念存誠하야 施仁萬物이면 德在其中也-니 緩步하야 以文成功하라."

므로 형제 삼천에 뜻을 세운 자 몇 사람인고. 금강 벗 교화하는 도를 저버리지 말고 마음을 기르고 성품을 길러서 중생을 교화하면 천지가 함께 기뻐하고 복을 내려 태평하게 해서, 배움이 넉넉하고 이름을 얻어 가히 군자의 도라 이를 것이니라."[62)]

'마음을 기르고 성품을 기르는' 자기수양을 거쳐 그것을 사회로 확대함으로써 중생 교화를 하는 군자에 대해 서술하고 있다. 사람들은 지혜롭든 그렇지 못하든 삶의 인과의 틀을 벗어날 수는 없다. 그러나 하늘을 위하고 사람을 위하는 도덕을 통해 군자로 거듭날 수 있다는 것이다.

이와 관련하여 토암은 또한 군자의 시인포덕이 성인에 미치는 공효를 다음과 같이 말하고 있다.

"군자여 대도(大道)로다. 선천과 후천이 존속함도 없고 사라짐도 없으니 스승과 제자가 전생에 인연으로 창고를 짓고 즐거움을 이루어서 구하고 화하니 도를 통달함이여 군자로다. 척도로써 이치를 궁구하고 이치로써 마음을 합하며 마음으로써 도를 이루고 도로써 벗을 사귀며 벗으로써 작은 것을 바꾸고 작은 것으로써 큰 것을 이루며 큰 것으로써 하늘을 공경하고 하늘로써 사람을 말미암으며 사람으로써 물건을 합하고 물건으로써 인(仁)을 베풀며 인으로써 성인(聖人)을 만든다. 그러므로 성인은 천지와 같으니라. 크고 높은 도덕이여, 크게 광명을 발하느니라."[63)]

---

62) 『玄化眞經』, 43. "施仁天下者는 惟人君子也-니 五松이여 智者도 及於三生之果하고 不智者道 及於三生之果하니 爲天者도 謂之道德也오 爲人者도 謂之道德也-니 故로 連枝三千에 立志者-幾人고 金友敎化之道를 不負하고 養心養性하야 敎化衆生이면 天地俱欣하사 降福太平하야 學優得名而可謂君子之道也-니라."

63) 『玄化眞經』, 49. "君子여 大道로다. 先天後天이 無存無滅하니 師友宿緣으로 作庫成樂하야 求之化之也-니 達道여 君子로다. 以尺究理하고 以理合心하며 以心成道하고 以道

크고 높은 도덕이 광명을 발하는 데에 이르기까지의 여러 단계를 나열하였는데, 이치를 궁구하고 마음을 합하며 도를 이루는 개인의 수행의 부분과, 수행을 바탕으로 벗을 사귀고 개인의 영역에서 더 나아가 보다 큰 것을 이루고 하늘과 인간과 사물의 영역으로 확대하여 인(仁)을 통해 성인이 되는 궁극적인 경지를 아우르고 있다. 성인은 이런 단계를 거치기 때문에 천지와 같고 성인이 실현하는 도덕은 극락세계를 지향하는 것이다.

3. 결론

이상과 같이 도덕개화사상을 실천하기 위한 방법으로는 개인적 수양인 자수심성이 중요하기 때문에, 이를 위해서 심성배합을 이루어 의성일관한 신앙을 우선시하게 된다. 개인적 자수심성을 이루기 위한 실천방법으로 충 · 효 · 성경과 가화 · 청결 대하여 알아보았다. 토암은 자수심성을 개인에서 가정으로 가정에서 사회로 이르는 방법으로 사회적 실천을 중시하였다. 그는 광화중생을 하기 위해서 시인포덕과 구제창생을 강조한다. 그는 개인의 수양인 심 · 성 · 신 삼원합일로 자수심성을 이루어 의성일관하는 믿음으로 건곤의 심법을 체득하라고 제시한다. 또한 심법을 전수받아 충 · 효 · 성경을 실천하여 도를 이루고 덕을 세우는 도성덕립을 지향한다. 그러나 토암은 여기에 머무르지 않고, 시인포덕과 제도중생으로 광화중생하여 천지동배(天地同配)를 이루어 만물의 화육에 동참할 수 있는 공능을 제시하고 있다.

交友하며 以友易小하고 以小成大하며 以大敬天하고 以天因人하며 以人合物하고 以物施仁하며 以仁作聖하니 故로 聖者는 如天地也-라. 巍巍道德이여 發大光明也-니라."

대종교(大倧敎)의 신관(神觀)에 관한 철학적 연구*

| 이근철 |

1. 서론

대종교는, 홍암 나철(弘巖 羅喆)이 1906년 서울역 근처에서 백봉(白峯)의 제자라는 두암 백전(頭岩 佰佺)으로부터 『삼일신고(三一神誥)』와 『신사기(神事記)』를 전해 받고, 1908년 도쿄에서 역시 백봉의 제자인 두일백(杜一白)으로부터 『단군교포명서(檀君敎佈明書)』 등을 받아 1909년에 오기호(吳基鎬), 이기(李沂), 정훈모(鄭薰模) 등과 함께 단군교(檀君敎)라는 이름으로 중광하였다가 1년 뒤에 지금의 이름으로 개칭한 종교이다. 대종(大倧)이란 천신(天神)이라는 뜻으로 대(大)자는 천(天)에 속하며 우리말로 '한' 이란 뜻이요, 종(倧)은 신(神)과 인(人)이 합쳐진 글자로서 우리말로는

* 이 논문은 2011년도 정부(교육과학기술부)의 재원으로 한국연구재단의 지원을 받아 연구되었음.

'검'〔神〕 또는 '얼'로 표현한다. 그러므로 대종이란 한얼이란 뜻으로, 대종교는 한얼님이 이 세상을 널리 구제하기 위해 내려온 종교라는 의미라고 한다.[1)]

대종교의 초기 경전은 『삼일신고(三一神誥)』와 『신사기(神事記)』, 그리고 홍암 나철의 『신리대전(神理大典)』과 백포 서일(白圃 徐一)의 『회삼경(會三經)』 등이라 할 수 있다. 『삼일신고』와 『신사기』는 대종교를 중광하면서 새롭게 만든 경전이 아니라 앞에서 말한 것처럼 예부터 내려오던 것을 홍암이 전달받아 대종교의 주요 경전으로 삼은 것이라고 하고 있다. 특히 『삼일신고』는 발해국 제3대 문왕(文王)이 백두산 석실(石室)에 봉장(封藏)한 것으로서, 19세기 말 백두산 도인 백봉(白峯)이 10여 년의 기도 끝에 얻어 『신사기』와 함께 홍암에게 전해졌다고 한다. 제1장은 한울에 대한 말씀으로서 천훈(天訓)이라 하고, 제2장은 한얼님에 대한 말씀으로서 신훈(神訓)이라 하며, 제3장은 한울집에 대한 말씀으로서 천궁훈(天宮訓)이라 하고, 제4장은 누리에 대한 말씀으로서 세계훈(世界訓)이라 하며, 제5장은 진리에 대한 말씀으로서 진리훈(眞理訓)이라고 한다. 특히 제2장은 대종교의 신관(神觀)을 이해하는 데 가장 기본이 되는 장으로 볼 수 있다. 『신사기』는 상고시대의 역사적 내용을 바탕으로 제1장은 조화의 내력으로서 조화기(造化紀)에 대해, 제2장은 교화의 내력으로서 교화기(教化紀)에 대해, 제3장은 치화의 내력으로서 치화기(治化紀)에 대해 말하고 있어 한임 · 한웅 · 한검 삼신(三神)의 역할을 이해할 수 있다. 『신리대전』은 『삼일신고』와 『신사기』를 근본으로 총 4장 이백열여섯 자로 구성된 비교적 짧은 경전이다. 제1장은 한얼님 자리로서 신위(神位)에 대해서, 제2장은 한얼님 도로서 신도(神道)에 대해서, 제3장은 한얼 사람으로서 신인(神

1) 강수원, 「한思想과 大倧教」, 『한思想과 民族宗教』, 일지사, 1990, 46~51쪽.

人)에 대해서, 제4장은 한얼님 교화로서 신교(神敎)에 대해서 말하고 있어 신관에 대해 종합적으로 말하고 있다. 그리고 『회삼경』은 삼일(三一)의 원리를 강해한 것으로 제1장은 세 검으로서 삼신(三神)에 대해, 제2장은 세 밝은이로서 삼철(三哲)에 대해, 제3장은 세 가달로서 삼망(三妄)에 대해, 제4장은 세 길로서 삼도(三途)에 대해, 제5장은 세 나로서 삼아(三我)에 대해, 제6장은 세 윤리로서 삼륜(三倫)에 대해, 제7장은 세 누리로서 삼계(三界)에 대해, 제8장은 세 모음으로서 삼회(三會)에 대해 말하고 있는데, 특히 제1장이 신관을 이해하는 데 많은 도움이 된다.

본 연구는 『삼일신고』와 『신사기』, 그리고 『신리대전』과 『회삼경』이 공통적으로 담고 있는 신관(神觀)을 중심으로 대종교의 신관을 철학적 관점에서 분석해 보고자 하는 것이다. 대종교의 경전으로는 이외에도 『천부경(天符經)』, 『참전계경(參佺戒經)』, 『팔조대고(八條大誥)』, 『진리도설(眞理圖說)』, 『구변도설(九變圖說)』, 『삼법회통(三法會通)』 등이 있지만 신관을 이해하는 데 직접 관련이 없기 때문에 간접자료로 참고만 하고자 한다. 신에 대한 관념은 신 그 자체에 대한 이해를 반영할 뿐만 아니라 신의 뜻을 중심으로 형성된 그 종교의 궁극적 가치와 지향성을 반영하고 있다. 특히 대종교는 단군에 연원을 둔 민족종교로서 외세에 저항하면서 우리의 고유성을 찾고자 노력하는 가운데 탄생되었다. 대종교 인사들이 중심이 된 한글운동 · 국사운동 · 고유사상운동 등의 국학운동(國學運動)은 민족정신의 회복을 위한 것이었고, 항일 무장투쟁은 이를 바탕으로 이루어졌다고 해도 과언이 아니었다. 그러므로 대종교의 기본 교리와 신관은 우리 민족 고유의 사상을 계승하고자 했다고 볼 수 있을 것이다.

대종교 관련한 연구물들은 아직까지 많이 나오고 있지 않다. 그나마 발표된 연구물들은 주로 단군민족주의, 또는 종교민족주의 차원의 단군운동이나 항일투쟁에 관한 내용이 중심이고 대종교 본래의 교리나 신관에 관한 연구물들은 매우 부족한 편이다. 그 중 대종교의 신관을 이해할 수 있는 단일 연구물로서는 안호상(「古代 韓國思想에 關한 硏究」, 『아세아연구』, 제5권, 고려대학교 아세아문제연구소, 1962; 「檀君의 宗敎의 哲學」, 『철학』, 제6집, 한국철학회, 1972; 「배달겨레의 三神哲學과 삼신신앙」, 『철학』, 제16집, 한국철학회, 1981), 김정신(「檀君信仰에 관한 經典 硏究」, 『정신문화연구』 32, 한국정신문화연구원, 1987), 강수원(「한思想과 大倧敎」, 『한사상과 민족종교』, 일지사, 1990), 박광수(「홍암 나철의 단군 신앙 운동 연구」, 『종교연구』, 한국종교학회, 2008), 이찬구(「삼일신고에서의 하늘과 하느님의 관계」, 『선도문화』, 제3집, 국제평화대학원 선도문화연구원, 2007) 등의 논문이 있고, 다른 민족종교와 함께 연구한 연구물로서는 홍범초(「근대한국 민족종교와 한국 고유사상-천도교 증산교 대종교의 하나님 사상을 중심으로」, 『단군학연구』, 제4호, 단군학회, 2001), 윤승용(「신종교의 경전에 대한 개설」, 『신종교연구』16, 한국신종교학회, 2007) 등의 논문과 정규훈(『한국의 신종교』, 서광사, 2001)의 단행본이 있다.

근대 한국 민족종교들의 교리 속에는 대부분 유 · 불 · 선에 직접 영향을 받은 흔적들이 있지만, 대종교의 교리 속에는 일면 유 · 불 · 선과 연결해서 이해할 수 있는 부분이 있지만 직접 말하고 있지는 않다. 뿐만 아니라 대종교는 다른 민족종교들의 직접적인 영향을 받은 흔적도 없어 나름대로 고유성과 함께 독창성을 지니고 있다. 그 바탕이 삼일철학(三一哲學)이다. 삼일철학을 바탕으로 신관(神觀), 창조관(創造觀), 내세관(來世觀), 인간관(人間觀), 윤리관(倫理觀) 등이 형성되어 있다. 특히 신관은 삼일철학을 바탕으로 일신(一神)과 삼신(三神)이 하나이자 셋으로 연결된 삼일신관(三一神觀)이다. 그러므로 대종교의 신관을 이해하기 위해서는 무엇보다 삼일신관(三一神觀)에 대한 이해가 있어야 한다. 그래서 본 논문에서는 먼저 일신(一神)에 대해 살펴보고 다음으로 삼신(三神)에 대해 살펴본 후, 일신(一神)과 삼신(三神)을 연결시킨 삼신일체(三神一體)에 대해 살펴봄으로서 대종교의 신관을 철학적 관점에서 고찰해 보고자 한다. 일반적으로 신관에 대한 연구는 종교적 관점에서 분석하는 경우가 대부분이지만, 본 논문에서는 경전을 중심으로 논리적 · 합리적 관점에서 철학적으로 분석하고자 한다.

2. 일신(一神)

대종교의 경전은 『삼일신고』와 『신사기(神事記)』로부터 시작된다. 그런데 『신사기』는 한임(桓因) · 한웅(桓雄) · 한검(桓儉)[2]의 삼신에 대한 기록이다. 그러므로 대종교의 일신(一神)에 대한 관념을 알아보기 위해 먼저 『삼일신고』의 신관을 살펴보고자 한다. 『삼일신고』의 첫 번째 장인 「천훈(天訓)」에는 우주의 존재원리로서의 천(天)에 대한 관념이 담겨 있다면, 두 번째 장인 「신훈(神訓)」에 다음과 같이 신(神)에 대한 관념이 담겨 있다.

> 한얼님〔神〕은 그 위에 더없는 으뜸 자리에 계시사, 큰 덕과 큰 슬기와 큰 힘을 가지시고, 한울〔天〕을 내시며 수없는 누리〔世界〕를 주관하시고 만물을 창조하시되, 티끌만한 것도 빠트리심이 없고, 밝고도 신령하시어 감히 이름 지어 헤아릴 길이 없느니라. 그 음성과 모습에 접하고자 원해도 친히 나타내 보이지 않으시지만, 저마다의 본성에서 한얼 씨알을 찾아보라, 너희 머릿속에 내려와

2) 대종교 경전에서는 이에 대한 한글 표기를 한임 · 한웅 · 한검으로 표기하고 있어 본 논문에서도 이에 따른다. 또한 인용한 경전의 내용은 『대종교경전』(대종교 종경 편수위원회, 대종교출판사, 2002)에 따른다.

계시느니라.[3)]

여기서 말하고 있는 신(神)은 더 이상의 위가 없는 으뜸 자리에 계시며 밝고도 신령한 일신(一神)으로서 대덕(大德)과 대혜(大慧)와 대력(大力)이라는 세 가지의 성격을 가지고 있으면서, 천(天)을 내시고 세계를 주관하시며 많고 많은 사물을 만드시는 세 가지의 작용을 하시는 분이라 할 수 있다. 「천훈」의 천은 원리요 본체이므로 그 표현이 추상적일 수밖에 없지만, 「신훈」에서 말하는 신은 인격을 가지고 천지인에 직접 관여하므로 보다 구체적인 표현이 필요한 것이다. 그래서 본 장에서는 신의 성격과 역할을 설명하고 있는데, 일신(一神)은 체(體)라 할 수 있고 삼 성격과 삼 작용은 용(用)이라 할 수 있어 삼일신(三一神)의 관념을 나타내고 있다고 볼 수 있다. 『삼일신고』의 신이 일신(一神)을 말한다는 것은 "한얼님은 그 위에 더없는 으뜸 자리에 계시사(神 在無上一位)"라는 내용으로 알 수 있고, 뒤에 나오는 「천궁훈(天宮訓)」의 "한얼님이 계신데(一神攸居)"라는 내용과 「세계훈(世界訓)」의 "한얼님이 뭇 누리를 창조하시고(一神 造羣世界)"라는 내용으로도 알 수 있다. 그리고 「신훈」의 내용을 크게 두 단락으로 나누어 보면 "한얼님은 그 위에 ~ 헤아릴 길이 없느니라."까지는 지고무상(至高無上)한 천(天)의 자리에 있는 신의 본위(本位)에 관한 내용으로서 체(體)라 할 수 있고, "그 음성과 모습에 ~ 내려와 계시느니라."까지는 무소부재(無所不在)하여 사람에 임해 있는 신의 변화에 관한 내용으로서 용(用)이라 할 수 있어, 일신(一神)의 삼 성격 · 삼 작용과 함께 체와 용으로 신의 본위와 변화를 설명하고 있다.[4)]

3) 『三一神誥』, 제2장, 「神訓」. "神 在無上一位 有大德大慧大力 生天 主無數世界 造兟兟物 纖塵無漏 昭昭靈靈 不敢名量 聲氣願禱 絶親見 自性求子 降在爾腦."

체용론은 일반적으로 형이상학적 존재를 연구할 때 실체와 그 작용, 또는 원리와 현상으로 연결하여 설명하는 이론체계를 말하는데[5], 불교의 철리를 중국적 사유로 기술하는 과정에서 삼국시대 위(魏)나라의 철학자인 왕필(王弼)이 정립한 이론으로 알려져 있으므로 환단(桓檀)시대부터 내려왔다고 하는 『삼일신고』와 연결하는 것을 무리라고 볼 수 있다. 그러나 현재 전해오고 있는 『삼일신고』는 「봉장기(奉藏記)」에도 나타나 있는 것처럼 예부터 전해 내려오던 것을 고구려 시대에 번역한 것이 발해를 통해 전해 내려온 것이다. 상고시대부터 내려온 경전이라고 하기에는 내용과 체계가 매우 세련되어 있어, 당시 철학적 체계에 맞게 다시 정리했다고 볼 수 있다.[6] 그리고 『삼일신고』를 체용론으로 이해한다고 해서 『삼일신고』가 반드시 체용론을 바탕으로 기술되었다는 의미는 아니다. 『삼일신고』에는 체용론을 직접 언급하고 있는 문장은 보이지 않는다. 단지 체용론을 빌어 이해하면 그 의미를 이해하기가 쉬운 면이 있다는 것이다.

「천훈」의 천(天)이 비인격적인 우주만물의 근원적 존재원리라면, 「신훈」의 신(神)은 인격적인 존재로서 지고무상의 위치에 계시면서도 무소부재하신 모든 만물의 주재자이다. 그러므로 『삼일신고』에서 말하고 있는 신(神)은 천(天)[7]을 내시고 세계를 주관하시며 만물을 창조하신 상제이자

---

4) 『三一神誥』, 제2장, 「神訓」, 〈講〉, 『譯解倧經四部合編』, p.18. "本訓 可分兩段 聲氣以上 主言天神 以下 並言人神 以見人物之原天 又篇中兩「在」字 最玩味處 前者 言神之本位 惟一無二 體也 後者 言神之變化 無所不在 用也."

5) 體用을 실체와 작용으로 볼 때, 실체에 대해서 사변적인 실체인 본체로 보기도 하고 물질적인 실체인 형질로 보기도 하는 등 의견이 다양하지만 여기서는 신의 성격상 본체로 볼 수 있다.

6) 이근철, 「『三一神誥』의 '天'에 관한 철학적 고찰」, 『道敎文化硏究』, 제36집, 2012, 306~307쪽.

7) 여기서의 天은, 「天訓」의 원리이자 본체로서의 天과 달리, 형상화된 모습 또는 작용으로서 공간적 의미를 가지고 있는 天이라 할 수 있다. 이는 『三一神誥』의 전체 구성

일신(一神)이다. 이에 대해 『신리대전』 제1장 「신위(神位)」의 "한울〔天〕에서는 그보다 더 위에 계신 이가 없으시며, 만물에서는 그보다 더 비롯된 것이 없으시며, 사람에게서는 그보다 더 먼저 된 이가 없으시니라."[8]에 대한 주석에서 다음과 같이 말하고 있다.[9]

> 한얼님〔神〕이 온갖 조화의 임자가 되시사 천지개벽이 시작되기도 전에 계셨으니, 임금 자리에 계신 이로 누가 이보다 위일 것이며, 또 만유의 조종(祖宗)이 되시사 근본 것이 생기기도 전에 계셨으니, 아버지 자리에 계신 이로 누가 이보다 비롯일 것이며, 또 온갖 이치의 근원이 되시사 원시인이 개화되기도 전에 계셨으니, 스승 자리에 계신 이로 누가 이보다 먼저일 것이랴. 한울〔天〕로서 말하면 구름 천둥 모든 신령들이 다 그 아래요, 물건으로서 말하면 동물 식물 온갖 종류가 다 그의 기르심이요, 사람으로서 말하면 황인종 백인종의 모든 조상들이 다 그의 후손이라. 이로써 보면 그 위에 더없는 위가 이 위며, 그보다 더 비롯 없는 비롯이 이 비롯이며, 그보다 더 먼저 없는 먼저가 이 먼저이니라.[10]

을 통해서 알 수 있다. 즉, 『三一神誥』는 「天訓」, 「神訓」, 「天宮訓」, 「世界訓」, 「眞理訓」의 五訓으로 分章되어 있는데, 「神訓」에서 '한울을 내시며, 수없는 누리를 주관하시고 만물을 창조하시되,' 라고 하는 것은 바로 뒤에 나오는 '「天宮訓」, 「世界訓」, 「眞理訓」과 연결해서 이해할 수 있는 것이다. 「天宮訓」은 한울에 대하여, 「世界訓」은 누리에 대하여, 「眞理訓」은 인간과 만물에 대하여 기술하고 있다. 그러므로 여기서의 天은 神國이자 天宮이 있는 공간적 의미라 할 수 있다.

8) 『神理大典』, 제1장, 「神位」. "在天無上 在物無始 在民無先."

9) 이 주석과 함께 『神理大典』의 모든 주석은 백포 서일이 한 것으로서 『대종교경전』과 『譯解倧經四部合編』에 모두 실려 있다.

10) 『神理大典』, 제1장, 「神位」, 註. "神 爲萬化之宰 在太元未肇之前 位君道者 孰上於是 爲萬有之宗 在原物未生之前 位父道者 孰始於是 位萬里之源 在初民未開之前 位師道者 孰先於是 以言乎天 則雲雷諸靈 皆其下矣 以言乎物 則動植諸類 皆其育矣 以言乎民 則黃白諸祖 皆其後矣 由是以觀 則無上之上 是上也 無始之始 是始也 無先之先 是先也."

일신(一神)은 온갖 조화의 임자로서 임금이요, 만유의 조종으로서 아버지이며, 온갖 이치의 근원으로서 스승이다. 구름과 천둥과 모든 신령들이 그 아래요, 동물과 식물 등 온갖 종류가 그의 기르심이며, 모든 조상들이 그 후손이므로 그보다 더 위가 없고 그보다 더 비롯이 없으며 그보다 더 먼저가 없다는 것이다. 그런 의미에서 일신(一神)은 최고·으뜸·첫 번째라 할 수 있다. 『삼일신고』뿐만 아니라 대종교의 모든 경전에서는 신(神)을 䄙으로 표기하고 있다. 『삼일신고』와 『신사기』는 고대로부터 전해 온 것이라 하더라도 나머지 경전에까지 신(神) 자 대신에 䄙 자를 사용하고 있는 것은, 䄙 자가 단순히 『삼일신고』와 『신사기』에서 사용된 고자(古字)라서라기보다는 제신(諸神)과는 차별화된 지고무상(至高無上)의 신이라는 것을 강조하기 위해서라고 볼 수 있다. 그러므로 대종교 경전에서 말하고 있는 일신(一神)은, 기독교에서 말하는 일체의 다른 신을 부정하고 하나밖에 없는 절대자로서의 유일신이라기보다는 뒤에서 논구할 삼신(三神)과 일체가 될 수 있으면서 최고·으뜸·첫 번째가 되는 한 분의 신이라고 볼 수 있다.

유일신을 신앙하는 대표적인 종교로는 유대교·기독교·이슬람교 등이라 할 수 있을 것이다. 이 세 고전적인 종교에서 유일신은 일체의 다른 신을 부정하는 영원한 존재로서의 절대자, 거룩하고 신실함을 보여 주는 최고선의 원천으로 간주된다. 또한 이 유일신은 인격적인 신이기 때문에 주도권과 의도를 갖고, 자연적 세계와 질서뿐만 아니라 윤리적 세계와 질서를 창조하고 주재하는 분으로 이해된다. 그러므로 유일신은 창조와 섭리, 그리고 심판의 신으로서 유일의 초월적 존재인 것이다.

이에 비해 한국의 신에 대한 관념 속에서 유일신이 정립된 근거를 찾기는 쉽지 않다. 신관(神觀)에 대해 구체적으로 다룬 문헌도 없지만 민간 신앙 속에 보이는 신은 범신론 혹은 다신론에 가깝다고 할 수 있다. 그런 가운데 구한말 선교사들 중에서는 한국의 고유한 신이 '하나님'이라는 유일신이라고 하면서 이를 기독교의 신을 번역할 때 차용해서 사용한 경우도 있지만,[11] '하나님'이란 명칭이 유일신을 말하는지에 대해 그들이 제시하는 구체적인 문헌도 없고 신뢰성 있는 사례도 부족하다. 일반적으로 우리 민족은 신의 명칭으로 하나님과 함께 하느님, 하늘님 등으로 사용해 왔기 때문에 유일이라는 의미보다는 고대부터 내려온 천(天) 사상의 한국적 표현이라고 볼 수 있다.

대종교에서 말하는 일신(一神)의 '일(一)'은 우리말 '한'에 함축적으로 나타나 있다. 그러므로 대종교 경전에서는 일신(一神)을 '한얼'이라고 한다. 안호상은 '한'과 관련 있는 우리말 전체를 열거하면서 '한'이 내포하고 있는 의미를 무려 22개나 제시하고 있는데, 여기에는 하늘 · 하나님뿐만 아니라 최고 · 으뜸 · 우두머리 · 크다 · 높다 · 밝다 등 존중과 경외의 대상을 지칭하는 의미를 포함하고 있다.[12] '한'은 모든 만물을 주관하는 경외의 대상으로서 하나님 · 상제 · 신의 의미로 사용되었고, 가장 근본적이고 지고무상의 위치에 있으므로 최고 · 으뜸 · 우두머리라는 의미로도 사용되었으며, 가장 높은 곳에서 모든 만물을 고루 비춰 준다는 의미에서 크다 · 높다 · 밝다 · 태양이라는 의미로도 사용되었던 것이다.[13] 그렇다고 해서 일신은 절대자로서 인간 위에 군림하고 지배하고자 하는 맹신의 대상이 아니다. 『삼일신고』 제2장 「신훈」에서 일신은 "그 음성과 모습에 접하고자 원해도 친히 나타내 보이지 않으시지만"이라고 하였으므로 구

11) 이에 대해서는 윤성범의 「桓因 桓雄 桓儉은 곧 '하나님' 이다」(『한국논쟁사』, 청람문화사, 1976)와 함께 김종서의 『잃어버린 한국의 고유문화』(한국학연구원, 2007)를 참고하기 바람.

12) 안호상, 『국민윤리학』, 배영출판사, 1977, 147~150쪽.

13) 이근철, 『천부경철학연구』, 모시는사람들, 2011, 87쪽.

원이나 기복의 대상이 아니며, "저마다의 본성에서 한얼 씨알을 찾아보라, 너희 머릿속에 내려와 계시느니라." 고 하였으므로 인간의 본성 속에 살아 있는 존재라 할 수 있다.

그러므로 『삼일신고』에서 말하는 일신은 초월성과 함께 내재성을 갖고 있는 신이라고 할 수 있다. 앞에서 인용한 것처럼 "한얼님〔神〕은 그 위에 더없는 으뜸 자리에 계시사, ~ 감히 이름 지어 헤아릴 길이 없느니라." 라고 하여 신의 초월성을 말하면서도, 바로 이어서 "그 음성과 모습에 접하고자 원해도 친히 나타내 보이지 않으시지만, ~ 너희 머릿속에 내려와 계시느니라." 라고 하여 신의 내재성을 말하고 있는 것이다. 또한 신의 내재성에 대해서는 제5장 「진리훈」의 '반진일신(返眞一神)' 이라는 표현에서도 알 수 있다. '반진일신' 은 인간에게 내재된 세 가지의 속성인 '성(性)·명(命)·정(精)' 의 '삼진(三眞)' 을 회복하면 신과 하나가 된다는 것이다. 이와 같이 대종교의 신관은, 기독교적 유일신관과는 달리 지고무상의 위치에 있으면서도 모든 인간성 속에 존재하고 있다고 하여 신의 초월성과 내재성을 조화시키고 있음을 알 수 있다. 이와 같이 신의 초월성과 내재성을 조화시키고 있음에 대해 굳이 범재신관(汎在神觀, Panentheism)이란 표현을 빌지 않더라도 동학 등 민족종교에서 공통적으로 찾을 수 있는 관념이라 할 수 있어 우리 고유 사상의 융합적 특징을 볼 수 있는 신관이라 할 수 있다.

3. 삼신(三神)

우리나라에는 삼신에 대한 관념이 오래전부터 내려오고 있었다. 건국신화를 중심으로 한 상층부의 지도적 관념과 생명의 근원으로서의 삼신할머니에 관한 민간 신앙적 관념까지 한민족의 기본적이고 원초적 신념이나 신앙체계로 내려왔던 것이다. 그러나 이에 대한 철학적 체계나 원리에 대한 정설이 없는 가운데 19세기 말부터 20세기 초에 걸쳐 민족사상 진영에서부터 논의가 이루어지기 시작했다. 그 대표적인 사람이 신채호(申采浩)와 최남선(崔南善)이라 할 수 있다. 신채호는 중국역사의 천일(天一)·지일(地一)·태일(太一)의 삼일신(三一神)과 천황(天皇)·지황(地皇)·태황(泰皇)의 삼황(三皇) 개념을 우리나라의 삼신(三神)·삼성(三聖)과 같은 종류로 보고 있다. 또한 삼일신(三一神)을 마한(馬韓)·변한(卞韓)·진한(辰韓)의 나라 이름과 연결시켜 이해하면서 상제(上帝)와 천사(天使)와 최고 최상의 신이라고 하고 있다.[14] 최남선 역시 삼신에 대한 이해가 중국이나 만주 일대의 동북아시아에서 오래전부터 있어 왔다고 지적하고 있다.[15]

그런데 『태백일사(太白逸史)』에는 "삼신(三神)이란 천일(天一)·지일(地一)·태일(太一)을 말한다. 천일(天一)은 조화(造化)를, 지일(地一)은 교화(敎化)를, 태일(太一)은 치화(治化)를 주관하는 것이라."[16]고 하여 천일(天一)·지일(地一)·태일(太一)을 조화·교화·치화와 연결시키고 있는데, 『신사기』에서는 이를 다시 한임(桓因)·한웅(桓雄)·한검(桓儉)桓因·桓雄·桓儉과 연결시켜 조화주 한임·교화주 한웅·치화주 한검이라 하고 있다. 그리고 『신리대전』 제1장 「신위(神位)」에서는 "한얼님은 한임〔桓因〕과 한웅〔桓雄〕과 한검〔桓儉〕이니라."[17]라고 하면서 "한임은 조화의

---

14) 신채호 원저, 『조선상고사』, 박기봉 옮김, 비봉출판사, 2006, 95~96쪽.

15) 최남선, 「조선상식문답」, 『육당최남선전집3』, 현암사, 1973.

16) 『太白逸史』, 「三神五帝本紀」. "三神 曰天一 曰地一 曰太一 天一 主造化 地一 主敎化 太一 主治化."

17) 『神理大典』, 제1장, 「神位」. "神者 桓因 桓雄 桓儉也."

자리에 계시고, 한웅은 교화의 자리에 계시고, 한검은 치화의 자리에 계시니라."[18]고 하여 『삼일신고』의 일신(一神)의 한얼님과 『신사기』의 삼신(三神)의 한임 · 한웅 · 한검을 연결시키고 있다. 조화주라고 하는 것은 그 신이 초월적 존재라는 것, 또 그러한 위치에서 만물을 만들고 기르는 주체라는 것을 말하고, 교화주라는 것은 인간과의 관계에서, 끊임없이 인간과의 접촉을 통해 신의 뜻을 알리고 가르치는 일을 하는 주체를 말하며, 치화주라는 것은 구체적으로 인간의 모습으로 나타나 하나의 현신인(現神人)으로써 다스리는 존재라는 뜻이다.[19]

『신리대전』의 조화주로서의 한임과 교화주로서의 한웅과 치화주로서의 한검에 대해 주석하기를 다음과 같이 하고 있다.

> 만들고 돌리고 진화시키고 기르는 것을 조화라 하고, 도를 세우고 교훈을 드리우는 것을 교화라 하고, 나라를 세우고 정사를 베푸는 것을 치화라 하나니, 요약해 말하면 한임은 아버님 자리요, 한웅은 스승의 자리요, 한검은 임금의 자리니라.[20]

예부터 우리나라에서는 사람의 태어남과 삶과 발전에 가장 중요하고 근본이 되는 것은 아버지와 스승과 임금이라 하여 이 셋을 '삼 마루〔三宗=三根本〕'라 하였다.[21] 그러므로 조화주 한임은 천부(天父)요, 교화주 한웅

18) 『神理大典』, 제1장, 「神位」. "因爲造化之位 雄爲敎化之位 儉爲治化之位."

19) 이은봉, 「단군신화에 나타나는 삼신사상의 종교적 의미」, 『國學硏究』 제7집, 국학연구소, 2002, 8~9쪽.

20) 『神理大典』, 제1장, 「神位」, 註. "陶鈞亭毒 曰 造 入道垂訓 曰 敎 建極施政 曰 治 約言則因者 父位 雄者 師位 儉者 君位也."

21) 안호상, 「배달겨레의 三神哲學과 삼신신앙」, 『철학』, 제16집, 한국철학회, 1981. 151쪽.

은 천사(天師)며, 치화주 한검은 천군(天君)이라 할 수 있는데 이를 『대종교경전』을 바탕으로 번역하여 도식화하면 '한임〔桓因〕=만드는 님(造化主)=한울 아버지(天父)', '한웅〔桓雄〕=가르치는 님(敎化主)=한울 스승(天師)', '한검〔桓儉〕=다스리는 님(治化主)=한울 임금(天君)'이라 할 수 있다.

『신사기』 제1장 「조화기(造化紀)」에는 조화의 내력을 기록하면서 "조화주는 한임이시니 한울나라를 여시어 뭇 누리를 만드시고 큰 덕으로 만물을 되게 하시며 기르시느니라."[22]라고 시작하고 있다. 이는 『삼일신고』 제2장 「신훈」의 "한얼님〔神〕은 그 위에 더없는 으뜸 자리에 계시사, 큰 덕과 큰 슬기와 큰 힘을 가지시고 한울을 내시며, 수없는 누리를 주관하시고 만물을 창조하시되,"라는 내용과 비슷하다. 그런데 『신사기』 제1장 「조화기」의 한임은 『삼국유사(三國遺事)』에 실려 있는 「단군신화」의 환인(桓因)과 달리 직접 한울과 누리와 만물을 창조하고 주관한다. 「단군신화」의 환인은 이미 창조된 세상에 그 아들인 환웅(桓雄)을 내려 보내 홍익인간(弘益人間)하고 재세리화(在世理化)할 수 있도록 도와주는 역할만 하고 있다. 「단군신화」에는 세상의 창조에 대한 언급이 없고 나라를 건국해 가는 과정을 기술하고 있다. 그리고 환인은, 최고의 권위를 지닌 지고지상(至高至上)의 신으로서 최고의 아버지신이요 세상을 주관하는 주재신(主宰神)이지만, 직접 모든 일을 하지 않고 자신은 뒤에 있으면서 아들을 앞세워 이루고자 하는 격절신(隔絶神)이라 할 수 있다. 이에 비해 『신사기』의 한임은 세상을 직접 창조하고 주관하고 있는 것이다. 그러므로 한울 아버지로서 조화주라 표현하는 것이다. 그리고 한웅은 교화주로서 백성들을 가르치는 역할을 맡고 있다. 이는 환웅 중심의 「단군신화」와 달리 한임과 한웅의 역할을 조화주와 교화주로 균등히 배분하여 조화(調和)를

22) 『神事記』, 제1장, 「造化紀」. "造化主 曰 桓因 開天國 造羣世界 大德 化育甡甡物."

이루고자 함이라 할 수 있다. 한검의 치화주로서의 역할도 마찬가지이다.

계속해서 『신사기』 제1장 「조화기」에서는, 조화주가 신령과 밝은이들에게 땅에 가서 협동하여 하늘의 공을 밝힐 것을 명령하고 있다. 그리고 사물은 낳음이 없는 것도 있고 낳음이 있는 것도 있는데, 낳고 변화하기 위해서는 음양이 필요하니 암수가 짝함으로써 번식하여 서로 전해 멸하지 않도록 명령하였다. 이에 신령과 밝은이들이 그 명령대로 직분을 행하여 온갖 동식물들이 지어졌다고 말하고 있다. 이와 같이 먼저 동식물들이 지어진 후에 최초의 인간으로 나반(那般)과 아만(阿曼)이 있어 서로 짝하고 그 자손이 나뉘어 황(黃)·백(白)·현(玄)·적(赤)·남(藍)[23] 빛깔의 다섯 종족이 되고 나아가 황인족을 중심으로 네 지파가 더 나눠지는 과정을 말하고 있다. 이는 음양과 오행설을 바탕으로 하고 있으면서도 기독교 『성경』의 「창세기」와 유사함을 부인할 수 없다. 물론 『신사기』는 서론에서 말한 것처럼 『삼일신고』와 함께 홍암이 백두산에서 수련한 도인들로부터 전해 받은 것일 뿐 서문이나 발문이 없어 누가 어느 때 만든 것인지는 알 수 없으므로 기독교의 영향을 받았다고 단정할 수 없다. 고대부터 내려온 것이라면 당연히 기독교와 연결 지을 수가 없고, 기독교가 전래된 후에 지어진 것이라고 해도 대부분 민족종교의 특징이 서구사상에 저항하는 면이 있기 때문에 역시 기독교의 영향을 받았다고 쉽게 단정할 수는 없다.

그리고 『신사기』 제2장 「교화기」에는, 교화의 내력을 기록하면서 "교화주는 한웅이시니 한얼님으로서 사람이 되시사, 큰 도를 세우고 큰 교화를 베풀어 어리석은 백성들을 감화시키시되, 「한얼님 말씀」을 널리 펴시사 뭇 사람들을 크게 교훈 하시니라."[24]라고 시작하면서 한웅이 무리를

23) 이는 '황-토, 백-금, 흑-수, 적-화, 청-목' 이라는 五行의 색과 연결된다.

교화하는 내용으로 『삼일신고』 전문을 싣고 있다. 그런데 『삼일신고』에는 교화를 직접 언급한 내용은 없고 「천훈」·「신훈」·「천궁훈」·「세계훈」·「진리훈」 등을 담고 있는데, 특히 「진리훈」을 통하여 사람 스스로에 의한 수행에 관해 언급하고 있다. 「진리훈」에는, 원래 사람은 삼진(三眞)인 성(性)·명(命)·정(精)을 온전하게 받았으나 미지(迷地)에 태어나면서 삼망(三妄)인 심(心)·기(氣)·신(身)에 뿌리를 박아 선악(善惡)과 청탁(淸濁)과 후박(厚薄)으로 복화(福禍)와 수요(壽殀)와 귀천(貴賤)이 있게 되었으므로 지감(止感)과 조식(調息)과 금촉(禁觸)하여 한뜻으로 수행하면 삼망을 돌이켜 삼진으로 나아가 본성을 통달하고 모든 공적을 다 닦는다〔性通功完〕고 하고 있다. 그래서 『신사기』는, 한웅이 무리들에게 『삼일신고』를 통해 하늘과 신, 하늘나라와 세계 창조 및 인간 수행의 원리를 가르치는 것을 교화라고 보는 것이다. 그리고 발해의 태조 대조영(大祚榮)의 동생 대야발(大野勃)이 썼다는 『삼일신고』의 서문에는 "이 『삼일신고』는 진실로 머릿속에 보배로이 간직한 가장 높은 이치요, 뭇 사람들을 '밝은 이'가 되게 하는 둘도 없는 참 경전이니, 그 깊고 오묘한 뜻과 밝고 빛나는 글이야말로 범인의 육안으로는 엿보아 알 수 있는 것이 아니니라."[25]고 한 말로 볼 때 『삼일신고』의 가치를 짐작할 수 있다. 그러므로 교화주 한웅이 백성들을 교화함에 있어서 한얼님 말씀인 『삼일신고』를 가르치는 것보다 더이상이 없다고 본 것이라 할 수 있다.

『회삼경(會三經)』 제1장 「삼신(三神)」에서도 다섯 가지 물건을 마련하고, 다섯 가지 교훈을 깨우치며, 다섯 가지 일을 베푸는 것에 대해 말하면

---

24) 『神事記』, 제2장, 「敎化紀」. "敎化主 曰 桓雄 以神化人 立大道 設大敎 感化蠢蠢民 演「神誥」 大訓于衆."

25) 『三一神誥』, 序. "若三一神誥者 洵神府寶藏之最上腦珠 化衆成哲之無二眞經 精微邃玄之旨 靈明炳煥之篇 有非肉眼凡衆之所加窺測者也."

서, 다섯 가지 가르침은 첫째 한울, 둘째 한얼님, 셋째 한울집, 넷째 누리, 다섯째 참이치라는 『삼일신고』의 분장(分章)을 말하고 있어 역시 『삼일신고』를 가르치는 것을 교화로 보고 있다. 그러면서 "모두 다 있고 모두 다 싸안는 것을 한울이라 하고, 지극히 밝고 지극히 신령스러움을 한얼님이라 하고, 오직 착함과 오직 덕스러움을 한울집이라 하고, 변하고 바뀌어 한결같지 않음을 누리라 하고, 셋이자 하나임을 참이치라 하느니라."[26]라고 『삼일신고』의 내용을 설명하고 있어 『삼일신고』가 교화의 중심이 되는 경전임을 다시 한번 알 수 있다.

『신사기』 제3장 「치화기(治化紀)」에는 치화의 내력을 기록하면서 "치화주는 한검이시니 다섯 가지 일을 맡으사 크게 인간을 이롭게 하시며, 나라를 처음 세우사 법통을 억만 세에 드리우시니라. 세 선관과 네 신령에게 명령하사, 공경스레 직분을 주시어 인간의 삼백예순여섯 가지 일을 맡아 다스리게 하시니라."[27]라고 시작하고 있는데, 이는 「단군신화」의 내용으로 볼 때 한검, 즉 단군의 역할이 아니고 환웅의 역할이라 할 수 있다. 사실 「단군신화」 기록에서는 단군이 구체적으로 어떤 일을 했는지에 대해서 잘 알 수 없다. 도읍과 나라 이름을 정하고 또한 몇 번에 걸쳐 도읍을 옮기다가 물러나 산신(山神)이 되었다는 것이다. 그렇지만 도읍과 나라 이름을 정했다는 것으로 볼 때 통치자로서의 역할을 수행했다고 볼 수는 있다. 그런데 『신사기』에서는 치화주를 한검이라고 하면서 인간세계를 다스리는 내용을 구체적으로 기록하고 있다. 팽우(彭虞)에게 우관(虞官)이 되어 토지를 맡게 하고, 신지(神誌)에게 사관(史官)이 되어 글자를 맡게

26) 『會三經』, 제1장, 「三神」. "盡在盡容 謂之天 至昭至靈 謂之神 惟善惟德 謂之天宮 幻遷不一 謂之世界 卽三卽一 謂之眞理."

27) 『神事記』, 제3장, 「治化紀」. "治化主 曰 桓儉 主五事 弘益人世 肇建極 垂統万万世 命三僊四靈 敬授職 主治人間三百六十六事."

하고, 고시(高矢)에게 농관(農官)이 되어 농사를 맡게 하고, 지제(持提)에게 풍백(風伯)이 되어 명령을 맡게 하고, 옥저(沃沮)에게 우사(雨師)가 되어 병을 맡게 하고, 숙신(肅愼)에게 뇌공(雷公)이 되어 형벌을 맡게 하고, 수기(守己)에게 우사(雲師)가 되어 선악을 맡게 하고, 비서갑신모(匪西岬神母)에게 길쌈을 맡게 하여 남녀와 부자와 군신의 제도가 정해졌다는 것이다. 그리고 「단군신화」의 단군을 한검으로 표현하고 있는 것은, 한임 · 한웅과 함께 모두 한얼이라는 점을 나타내기 위해서 '단' 대신에 '한'으로 표현하고 치화주로서의 임금이라는 의미의 우리말 '검'[28]으로 표현했다고 볼 수 있다.

그리고 『회삼경』 제1장 「삼신」에서는 치화의 다섯 가지 일을 곡식 · 명령 · 병 · 형벌 · 선악이라고 하면서 "심고 거둠을 제때에 하여 백성들이 주림이 없고, 시키고 본받음을 맞게 하여 백성들이 어긋남이 없고, 좋은 방법으로 미리 손써서 백성들이 일찍 죽지 아니하고, 간악한 일이 일어나지 않아 백성들이 송사가 없고, 상과 벌을 분명히 하여 백성들이 범죄함이 없느니라."[29]고 하여 「단군신화」에서 환웅이 신시(神市)를 세우고 곡(穀) · 명(命) · 병(病) · 형(刑) · 선악(善惡) 등을 주관하여 세상을 다스린 내용과 유사하지만 여기서는 환웅의 역할이 아니라 치화주 한검의 역할로 본 것이다.

그런데 『신리대전』의 제3장 「신인」에서는 "한얼 사람〔神人〕은 나타나 형상이 계시며, 행하여 말씀이 계시며, 움직여 함이 계시느니라."[30]라고

28) 한검의 '검'은 神이란 말인 동시에 또 임금(임검=님검=君, 王, 帝)이란 말이다(안호상, 「古代 韓國思想에 觀한 硏究」, 『아세아연구』, 제5권, 고려대학교 아세아문제연구소, 1962, 18쪽.

29) 『會三經』, 제1장, 「三神」. "稼穡以時 而民無飢 行效得宜 而民無違 預施以道 而民無札 姦宄不興 而民無訟 勸懲必信 而民無犯."

30) 『神理大典』, 제3장, 「神人」. "神人 見而有形 行而有言 動而有爲."

하여, 한얼의 도(道)는 모습도 없고 말씀도 없고 함도 없는 듯하지만 하늘에서 내려온 한얼 사람은 구체적으로 모습도 있고 말씀도 있으며 함도 있다는 것이다. 이어지는 『신리대전』의 "다섯 종족을 기르시며, 다섯 가지 가르침을 펴시며, 다섯 가지 일을 베푸시느니라."[31]고 한 것에 대해 다음과 같이 주석하고 있다.

> 다섯 종족은 황인족, 백인족, 흑인족, 홍인족, 람인족들이요, 다섯 가지 가르침은 한울, 한얼님, 한울집, 세계, 진리에 대한 말씀이요, 다섯 가지 일은 곡식, 명령, 질병, 형벌, 선악에 대한 정사니라.[32]

여기서 다섯 종족은 『신사기』 제1장 「조화기」에 나오는 다섯 종족을 말하는 것이므로 이를 기르는 일은 조화주로서의 일이며, 다섯 가지 가르침은 제2장 「교화기」에 나오는 『삼일신고』의 오훈(五訓)을 말하는 것이므로 이를 펴는 일은 교화주로서의 일이며, 다섯 가지 일은 제3장 「치화기」에 나오는 다섯 가지 일을 말하는 것으로서 이를 베푸는 일은 치화주로서의 일이라고 할 수 있다. 그러므로 신인(神人)의 역할은 조화주, 교화주, 치화주 모두라 할 수 있는데, 이에 대해 『회삼경』 제1장 「삼신」에서도 '다섯 가지 동식물'을 마련하고 '다섯 가지 교훈'으로 깨우치고 '다섯 가지 일'을 베푼다고 하여 『신사기』와 『신리대전』의 내용을 따르고 있다.

결국 「단군신화」에서는, 환인은 최고의 권위를 지닌 지고지상의 신이지만 직접 나서지는 않고 그 아들 환웅이 중심이 되어 인간세상을 적극적으로 교화하였으며 단군은 비로소 조선을 세워 통치한 것으로 기록되어

---

31) 『神理大典』, 제3장, 「神人」. "育五族 敷五訓 施五事."

32) 『神理大典』, 제3장, 「神人」, 註. "五族 黃白玄赤藍之種也 五訓 天神天宮世界眞理之誥也 五事 穀命病刑善惡之政也."

있지만, 대종교 경전에서는, 한울에 계셔서는 한얼님으로서 한임·한웅·한검의 세 자리이듯이 인간에 계셔서는 한배검으로서 아버님·스승님·임금님의 세 자리로서 각각 조화·교화·치화의 역할을 균등히 배분하여 맡고 있는 것이다. 그러면서도 한임·한웅·한검이 하나이며, 아버지의 역할·스승의 역할·임금의 역할이 모두 하나로서 조화·교화·치화가 하나라고 하고 있다. 이에 대해서는 『신리대전』 제3장 「신인」의 마지막 구절인 "한울의 세 검님〔三神〕과 사람으로서의 세 마루〔三宗〕가 그 뜻은 한 가지이니라."[33]고 한 내용에 대한 다음과 같은 주석을 통해 이해할 수 있다.

> 한울에 계셔서는 한얼님이요, 인간에 계셔서는 한배검이시라, 한얼님으로서는 한임, 한웅, 한검 세 자리시요, 한배검으로서는 아버님, 스승님, 임금님 세 자리시니 두 가지 뜻이 없느니라.[34]

4. 삼신일체(三神一體)

한국고대의 신 관념에 대해 이능화(李能和)는 "대개 환인(桓因)·환웅(桓雄)·환검(桓儉)을 세상에서 삼신(三神)이라 한다."[35]고 하여 우리나라의 고유한 삼신을 환인·환웅·환검〔단군〕으로 보고 있다. 그런데 최남선(崔南善)은 우랄알타이 계통의 신 관념에서 가장 핵심적인 위치로 천신

33) 『神理大典』, 제3장, 「神人」. "天之三神 人之三宗 其義一也."

34) 『神理大典』, 제3장, 「神人」, 註. "在天惟 神 在人惟 宗 以神則因雄儉三位 以宗則父師君三位 無二義也."

35) 『朝鮮道教史』, 제3장. "蓋 桓因桓雄桓儉 世謂三神."

(天神)을 들고 있고, 손진태(孫晋泰)는 천신(天神)이 산신(山神)으로 변했다고 하면서 천(天) · 지(地) · 인(人)에 대해 언급하고 있으며, 현대에 와서 유동식(柳東植)은 고대의 건국신화를 바탕으로 천신(天神) · 지신(地神) · 인신(人神)의 관념을 체계화하였다. 유동식은 고대국가의 건국 시조들인 단군 · 고주몽 · 박혁거세의 탄생신화들 속에는 공통된 구조가 있는데, 곧 천(天)과 지(地)의 결합에 의해 인(人)이 탄생하는 것으로서 한마디로 '천 · 지 · 인'의 조화에 의한 시조의 탄생과 건국을 말하고 있다는 것이다.[36)]

그런데 건국신화를 바탕으로 한 천신 · 지신 · 인신의 관념은 천 · 지 · 인의 조화라기보다는 건국시조가 천과 지의 감응에 의해 탄생했다는 것을 강조함으로써 모든 초점을 '인'에 두고 신격화하고 신성화하여 통치자로서 정통성을 인정받기 위한 구조라고 볼 수 있다. 이에 비해 대종교의 조화신 · 교화신 · 치화신의 관념은 삼신(三神)의 역할을 중심으로 한 진정한 균형과 조화의 묘리(妙理)를 나타내고 있다. 물론 조화 · 교화 · 치화의 주체는 삼신이지만 그 대상이 되는 인간 세상을 균형과 조화로서 만들고 교화하고 다스리기 위한 역할 균분의 구조인 것이다. 그러므로 한얼일신(一神)이 조화주 한임 · 교화주 한웅 · 치화주 한검의 삼신(三神)으로 나타나 상호 작용하는 체와 용으로 연결되면서 역할의 균형과 조화를 이루고 있는 것이다. 이를 삼신일체(三神一體) 신관(神觀)이라 한다.

이에 대해 『신리대전』 제1장 「신위」에서는 "나누면 셋이요, 합하면 하나니, 셋과 하나로써 한얼님 자리가 정해지느니라."[37)]라고 하고 있고, 『회삼경』 제1장 「삼신」에서는 "하나이자 셋이니 주체로는 더없는 위에 사무

---

36) 유동식, 『한국무교의 역사와 구조』, 연세대학교출판부, 1997, 45쪽.

37) 『神理大典』, 제1장, 「神位」. "分則三也 合則一也 三一而 神位定."

치며, 쓰임으로는 더없는 끝에까지 다하시니라."[38]라고 하여 일신(一神)과 삼신(三神)을 체용으로 연결시켜 삼신일체(三神一體) 관계라는 것을 분명히 말하고 있다. 그리고 『신리대전』 제4장 「신교(神敎)」에서는 "하나만 있고 셋이 없으면 이는 그 쓰임이 없음이요, 셋만 있고 하나가 없으면 이는 그 주체가 없음이라, 그러므로 하나는 셋의 주체가 되고 셋은 하나의 쓰임이 되느니라."[39]라고 하여 일(一)과 삼(三)을 역시 체용으로 설명하고 있다. 『삼일신고』에서는 일신(一神)을 말하고 『신사기』에서는 삼신(三神)을 말하면서도 구체적으로 체용이란 표현이 없는데도 불구하고, 『신리대전』과 『회삼경』에서는 일신과 삼신을 연결하기 위해 체와 용을 적극적으로 활용하고 있는 것이다. 백봉(白峯)의 제자로부터 『삼일신고』와 『신사기』를 전해 받은 홍암이 『신리대전』에서 일신과 삼신을 체용으로 연결하여 삼신일체의 신관을 정립했다면, 백포는 영적 스승인 홍암의 신관을 이어받아 『회삼경』에서 삼신일체의 신관을 완성했다고 볼 수 있다.

『태백일사(太白逸史)』 「소도경전본훈(蘇塗經典本訓)」에는, "『삼일신고』는, 하나를 잡아 셋을 포함하고(執一含三) 셋을 모아 하나로 돌아옴(會三歸一)의 뜻으로 근본을 삼는다."[40]라고 하고 있는데, 이는 『삼일신고』 제2장 「신훈」에 나오는 일신(一神)의 삼 성격 · 삼 작용을 말하면서 또한 제5장 「진리훈」의 삼진(三眞) · 삼망(三妄) · 삼도(三途) 및 삼수행(三修行)에 대한 이치를 말하는 것이라 할 수 있다. 그리고 1975년에 대종교의 경전으로 편입된 『천부경』의 기본 구조 역시 마찬가지이다. 즉, 『천부경』의

38) 『會三經』, 제1장, 「三神」. "卽一卽三 體之 而達無上 用之 而窮無倪."

39) 『神理大典』, 제4장, 「神敎」. "有一無三 是無其用 有三無一 是無其體 故 一爲三體 三爲一用."

40) 『太白逸史』, 「蘇塗經典本訓」. "三一神誥 本 出於神市開天之世 而其爲書也 盖以執一含三會三歸一之義本."

전반부에서 '일석삼극(一析三極)'을 통하여 '일'이 나뉘어 '천지인'의 삼극이 되는 과정을 설명함으로써 '일' 속에 '삼'이 포함되어 있다는 집일함삼(執一含三)의 의미를 나타낸 뒤, 후반부에서 '인중천지일(人中天地一)'이라 하여 '천지인'의 삼극이 다시 사람 가운데서 하나가 됨을 천명함으로써 '삼'을 모아 '일'로 돌아간다는 '회삼귀일(會三歸一)'의 뜻을 분명히 한 것으로 볼 수 있다.[41]

그런데 '회삼귀일(會三歸一)'은 『법화경(法華經)』에도 나오는 말이다. 즉, 여기서 삼(三)은 보살(菩薩)·성문(聲聞)·연각(緣覺)의 삼승(三乘)을 나타내는 말이고 일(一)은 일승(一乘) 즉 불승(佛乘)을 나타내는 말로서 보살·성문·연각 등 삼승의 방편에 의해서 진실인 일승 즉 불승으로 들어가도록 한다는 뜻이다. 그러므로 『법화경』에서의 회삼귀일(會三歸一)은 일승으로 들어가기 위해서 삼승의 어떠한 방편으로도 가능하다는 말일 뿐 일승과 삼승의 상호관계를 언급한 것은 아니라고 할 수 있다. 이에 비해 『신리대전』과 『회삼경』은 체용론을 바탕으로 『삼일신고』의 일신(一神)과 『신사기』의 삼신(三神)의 관계를 삼신일체(三神一體)라고 설명하여 적극적으로 연결하고 있다. 특히 『회삼경』「해제」에서는 "이 경의 명의(名義)를 설명한다면 삼일신고 진리훈 찬송에 있는 '하나로부터 셋이 됨이여(自一而三) 참과 가달이 나누이도다. 셋이 모여 하나가 되니(會三之一) 헤맴과 깨침 길이 갈리네.'라 한 것의 본뜻을 취한 것이다."[42]라고 하여 '회삼귀일(會三歸一)' 대신에 '회삼지일(會三之一)'이라고 하고 있지만, 이는 '자일이삼(自一而三)'과 함께 『회삼경』의 핵심원리임을 강조하고 있다. 앞에서 언급한 것처럼 체(體)는 근본적이고 내재적인 것이요, 용

41) 이근철, 『천부경철학연구』, 모시는사람들, 2011, 248쪽.

42) 『會三經』, 〔解題〕. "此經名義說明 眞理訓-贊 自一而三 眞妄分圖 會三之一 迷悟判途 本旨取."

(用)은 체가 바깥으로 드러난 것을 말한다. 체가 독립적이긴 하지만 용에 의해 드러나고 용은 체에 귀속되므로 한얼 일신은 한임 · 한웅 · 한검의 삼신을 통해 드러나고 삼신은 일신에 귀속되는, 일신즉삼신(一神卽三神) · 삼신즉일신(三神卽一神)으로서의 상호 작용 관계에 있다는 것이다.

여기서 한얼의 자리를 설명하면서 일을 체로 정하고 삼을 용으로 정한 이유는 무엇인가? 이에 대해 『신리대전』 제1장 「신위」에서는 질문에 답하는 형식으로 다음과 같이 설명하고 있다.

> 하나라 함은 통합하여 말함이요, 셋이라 함은 따로따로 나누어 말함이라. 그러므로 세 검이 저마다 따로따로 그 얼을 가진 것이 아니라 주체는 하나요 쓰임은 셋이니라. 한 사람의 몸에 비유해도 또한 이 이치가 있으니, 남의 아버지로서는 바로 조화의 자리요, 남의 스승으로서는 바로 교화의 자리요, 남의 윗사람으로서는 바로 치화의 자리인데, 다만 사람은 비롯이 있지마는 한얼님은 위가 없을 따름이니라.[43)]

일은 통합하여 말한 것이요 삼은 나누어 말한 것이므로, 본체이자 주체인 한얼은 하나이지만 조화와 교화와 치화라는 각자의 작용과 역할을 하는 삼신은 셋이라는 것이다. 그런데 체를 일로 보면 그 용은 일 이외의 모든 수가 가능한데 유독 삼으로 용을 삼은 이유에 대해 『신리대전』 제4장 「신교」에서는 역시 질문에 답하는 형식으로 다음과 같이 설명하고 있다.

> 둘이란 것은 다함이 있으되 셋은 다함이 없느니라. 무릇 셈법의 하나로써 나

43) 『神理大典』, 제1장, 「神位」. "一者 統言之也 三者 各言之也 故三神 非各有其神也 主體則一 作用則三 譬著一人之身 亦有是理 爲人父 卽造化之位 爲人師 卽教化之位 爲人上 卽治化之位 但人則有始 而神則無上而已."

누는 것은 그 본수에 변함이 없고, 둘로써 나누는 것은 남음이 없고 셋으로써 나누는 것은 돌고 돌아 끝이 없는지라. 그러므로 천지의 이치는 하나로서 원칙이 되고, 셋으로서 변함이 되나니, 대개 조화와 교화와 치화의 세 가지에 하나만 모자라도 한얼님의 공적이 이루지 못할 것이며,[44]

삼을 용으로 삼은 이유는, 이는 둘로 갈라져 다해 버리는데 비해 삼은 무궁한 변화를 가져올 수 있기 때문이라고 하고 있다. 즉, 체인 일은 변하지 않는 근본원리인데 비해 용인 삼은 무궁무진하고 다양한 변화를 가져온다는 뜻이다. 그러므로 조화와 교화와 치화를 통해 세상 만물의 다양한 변화를 이루지만 이 세 가지 중 하나만 모자라도 한얼의 공적은 이루어지지 않는다는 것이다. 칼 융(Carl Gustav Jung)은 삼에 대해 영(靈: spiritus)의 성격을 가지고 있으며, 지모(地母: Mother-Earth)와 결합하여 인간자식을 낳을 수 있는 남성의 상징으로 보는 등 생성의 의미를 지니고 있다고 보아 삼 자체가 신적인 성격을 내포하고 있으며 다양한 생성을 가능하게 한다는 것이다.[45] 이처럼 삼은 동서를 막론하고 고대에서는 신성과 생성의 의미를 함께 가지고 있지만, 특히 우리 민족에게 있어서 삼은 다양한 문화 속에 나타나고 있는데 대종교에서는 일과 연결하여 독특한 삼일철학(三一哲學)을 바탕으로 한 삼일신관(三一神觀)을 확립한 것이다.

그런데 『삼일신고』의 삼일신관(三一神觀)은 앞에서도 언급한 것처럼 일신(一神)의 삼 성격과 삼 작용을 말하고 있는 것으로서 기독교의 삼위일체와는 차이가 있는 관념이다. 삼위일체설은 원래 유일신관의 기독교

---

44) 『神理大典』, 제4장, 「神敎」. "二 有盡 而三 則無盡也 凡數法 以一除者 不變原數 以二除者 分析無餘 以三除者 循環無窮 故 天地之理 以一爲常 而以三爲變也 蓋造敎治三者 缺一 則 神功 不可以成."

45) 칼 융, 『종교와 심리학』, 이은봉 역, 경문사, 1980, 89쪽.

에서는 없는 이론으로서 로마 제국이 기독교를 국교로 삼은 직후 당시의 신학자들이 만든 이론이며, 매우 격렬한 논쟁의 과정을 거쳐 325년 니케야 공의회에서 정식 교리로 공포되었다. 기독교의 삼위일체는 성부와 성자와 성령을 하나로 보기 때문에, 일신(一神)과 삼위(三位)가 체와 용으로 연결된 것이 아니라 일신(一神)과 나머지 이위(二位)가 동격(同格)이면서 동체(同體)로 보는 것이다. 그러므로 일신(一神)과 삼 작용 또는 삼 성격이 체와 용으로 연결된 『삼일신고』의 삼일신(三一神) 관념과 기독교의 삼위일체 관념과는 근본적인 차이가 있다.[46] 이에 비해 『신리대전』과 『회삼경』의 신은 한임 · 한웅 · 한검 삼신으로서 조화 · 교화 · 치화의 세 가지 역할을 하면서도 모두 한얼이라는 일신에 속한다는 점에서, 성부와 성자와 성령이 각자의 역할을 하면서도 모두 하나로 보는 기독교의 삼위일체설과 유사하다. 그러나 기독교의 삼위일체설이 단순히 삼위를 하나로 보는 데 반해, 『신리대전』과 『회삼경』에서는 역시 체용론을 바탕으로 하여 일신이 삼신으로 작용하고 삼신이 일신에 귀속하는 일즉삼(一卽三) · 삼즉일(三卽一)의 상호관계로서의 삼신일체(三神一體)를 말하고 있어 보다 철학적인 논리 구조를 갖추고 있음을 알 수 있다.

이상으로 『삼일신고』와 『신사기』, 『신리대전』과 『회삼경』을 종합하여 삼신일체에 대해 정리해 보면 다음과 같다. 한얼은 더없는 으뜸 자리에 계신 분으로 활동과 자리에 따라 한임과 한웅과 한검으로 나타나니 삼신일체이다. 큰 덕으로써 온 누리와 온갖 것을 다 만들며, 큰 지혜로써 온 누리와 온갖 것을 다 가르치며, 큰 힘으로써 온 누리와 온갖 것을 다 다스린다. 하늘에 계셔서는 한임 · 한웅 · 한검이요, 인간에 계셔서는 아버지 · 스승 · 임금이다. 그러므로 한얼은 조화주이자 한울 아버지인 한임이요,

46) 이근철, 「『三一神誥』의 天에 대한 철학적 고찰」, 『道教文化研究』, 제36집, 2012, 306쪽.

교화주이자 한울 스승인 한웅이요, 치화주이자 한울 임금인 한검이다.

이와 같이 대종교의 삼신 관념은 「단군신화」의 환인 · 환웅 · 단군으로 이어지는 3대(代)의 개념이 아니다. 이에 대해 안호상은 "『삼국유사』나 『제왕운기』에서 한임과 한웅천왕과 한배검을 3대로 여기게 된 그 근본 원인과 목적은 한얼과 사람 세상, 특히 한얼과 한배검과의 관계를 일반에게 가장 알기 쉽게 하려는 수단과 방편이요, 결코 한임과 한웅천왕과 한배검이 사실 3대가 되어서 그런 것은 아니다."[47]라고 하고 있다. 한임 · 한웅 · 한검은 모두 하나인 한얼로써 우주 만물을 창조하는 조화의 권능과 인간을 가르쳐 깨우치는 교화의 권능과 만물과 만백성을 기르고 다스리는 치화의 권능을 가지고 있기 때문에, 조화주로서 작용할 때는 한임이고 교화주로서 작용할 때는 한웅이며 치화주로서 작용할 때는 한검으로서, 인간사회에 있어서는 어버이며 스승이며 임금이라는 것이다. 한마디로 한얼은 체가 되고 한임 · 한웅 · 한검은 용이 되는 관계라 할 수 있다. 그러므로 「단군신화」의 환인 · 환웅 · 단군을 대종교에서는 종교적 차원의 삼신(三神)으로 승화시켰을 뿐만 아니라 삼신이 곧 일신이라는 삼신일체(三神一體) 신관을 정립한 것이다.

5. 결론

동학(東學)에서 궁극적 존재로 받드는 천주(天主), 또는 천(天)은 원시유교의 상제천(上帝天), 자연천(自然天) 및 리법천(理法天) 관념과 직접 연

47) 안호상, 「古代의 韓國思想에 關한 硏究」, 『아세아연구』, 제5권, 고려대학교 아세아문제연구소, 1962, 23쪽.

결되며, 수운(水雲)이 구사한 "수인사 대천명(修人事 待天命)" 역시 호인(胡寅)이 말한 "진인사 대천명(盡人事 待天命)"의 다른 표현이라 할 수 있고, 이를 전제로 한 정심(正心), 수신제가(修身齊家), 삼강오륜(三綱五倫) 또는 오상(五常)의 실천 및 성격의 역설은 어느 하나도 빠짐없이 유학의 수양설에 속한다고 볼 수 있다.[48] 뿐만 아니라 수운이 공자를 성인으로 찬양하는 점이라든가 구체적으로 유학의 경전들을 인용한 점 등 동학이 유학의 영향을 받은 부분을 여러 군데에서 확인할 수 있다. 증산교(甑山教)의 증산(甑山) 역시 제자들을 가르칠 때 유교 경전을 종종 사용했으며, 특히 『대학』을 도술을 통하는 수단으로 이해했을 뿐만 아니라 제자들에게 인생의 지침서로 외워 주기도 했다. 또한 증산은 구체적으로 '번뇌', '시방세계', '전생'이라는 불교 용어도 사용했으며, 불교의 기본적 교리인 인과응보설과 윤회설을 긍정했다는 점에서 불교의 영향도 짐작할 수 있다.[49] 그리고 증산은 동학의 현실 개벽과는 다른 차원인 천지개벽을 말하였지만 『용담유사』를 자주 인용하는 등 개벽을 중심사상으로 하고 있다는 점에서 동학의 영향을 받았다고 볼 수 있다.[50] 그리고 원불교(圓佛教)의 소태산(少太山)은 대각 후 조선의 전통 종교와 신종교를 몸소 살펴본 후 금강경(金剛經)을 보고는 "진리에는 심천(深淺)이 있는 바 그 본지(本旨)와 진리를 발명(發明)하기에는 불법(佛法)이 가장 으뜸이라."고 밝히고 불법을 주체로 하여 교법을 선양할 것을 내정하였다. 물론 원불교는 재래 불교의 본존으로 되어 있는 석가모니불 대신 일원불로 대치시키는 등 전통 불교와는 근본적으로 차이가 있지만 불교적 경향을 지니고 있다고 할 수 있다. 또한 종교의 기본 성격을 도덕으로 인식하고 있는 점에서는 유

48) 정규훈, 『한국의 신종교』, 서광사, 2001, 25~26쪽.

49) 정규훈, 위의 책, 50~55쪽.

50) 정규훈, 위의 책, 61~65쪽.

교와 매우 근접한 종교관을 지니고 있다고 볼 수 있다. 『주역』의 무극(無極)과 태극(太極)을 허무적멸(虛無寂滅)의 진경(眞經)으로 보고, 공자의 인(仁)을 허무적멸의 자리로 보며, 『대학』의 명명덕(明明德)이 허무적멸이 아니면 명덕을 밝힐 수 없다고 보면서 허무적멸로 도의 체(體)를 삼고 인의예지로 도의 용(用)을 삼아야 한다는 점은 유교와 직접 연결해서 이해할 수 있는 부분이다.[51] 그리고 교단의 최초 시기에는 증산교의 의례를 행했으며 그 교리에 따라 포교하여 사람들을 모았던 점[52] 등으로 볼 때 어느 정도 증산교의 영향을 짐작할 수 있다.

이에 비해 대종교는 지감(止感) · 조식(調息) · 금촉(禁觸)이라는 삼수행법[53] 등에서 도교의 영향을 받은 부분은 어느 정도 보이나 유학이나 불교 등의 영향을 직접 받은 부분은 보이지 않는다. 도교는 우리 고유의 선교(仙教) 또는 신교(神教)와 직접 연결할 수 있는 부분이 있어 이를 외래 사상의 영향이라고 보기는 힘들다. 이에 대해 『회삼경』의 「해제」에서 "대종교는 유교 · 불교 · 도교의 세 교를 포함한 것인데, 이 경전은 실로 불교의 묘법(妙法)과 유교의 역학(易學)과 도교의 현리(玄理)에 관한 오묘한 뜻이 갖추어진 것이므로"라고 했지만 이는 최치원(崔致遠)의 난랑비(鸞郎碑) 서문에 나오는 "우리나라에 현묘(玄妙)한 도(道)가 있으니 가로되 풍류라 한다. 이 가르침을 베푼 근원은 선사(仙史)에 상세히 기록되어 있거니와 실로 세 교를 포함한 것으로서"[54]라는 기록과 연결하여 말한 것이라 할 수 있다. 즉, 대종교는 유교 · 불교 · 도교의 영향을 받은 것이 아니라 이

51) 정규훈, 위의 책, 92~93쪽.

52) 박용덕, 「정산종사와 태을도」, 『원광』, 1989, 63쪽.

53) 이에 대한 상세한 내용은 이근철의 「三一神誥에 나타난 한국 선도의 수행법」(『道教文化研究』, 제33집, 한국도교문화학회, 2010, 65~94쪽)을 참조하기 바람.

54) 『三國史記』. "國有玄妙之道 曰風流 說教之源 備詳仙史."

미 그 속에는 유교 · 불교 · 도교의 내용이 포함되어 있다는 말이다. 또한 대종교는 당시의 다른 민족 종교에 직접 영향을 받은 흔적도 보이지 않는다. 이는 대종교가 새롭게 창교한 것이 아니라 그전부터 내려오던 단군교(檀君敎)의 정신을 이어받아 중광했기 때문이라 할 수 있다.

대종교의 신관을 한마디로 표현하면 일신(一神)을 체로 하고 삼신(三神)을 용으로 한 삼신일체(三神一體)의 신관이라 할 수 있다. 여기서 체로서의 일신(一神)은 또한 용(用)으로서의 삼 작용과 삼 성격을 가지고 있는 삼일신(三一神)이라 할 수 있다. 그리고 대종교에서는 일신(一神)을 '한얼'이라고 하여 우리말 '한'이 가지고 있는 하늘 · 하나님뿐만 아니라 최고 · 으뜸 · 우두머리 · 크다 · 높다 · 밝다 등 존중과 경외의 대상을 지칭하는 의미를 모두 내함(內含)하고 있다. 그러면서도 일신(一神)은 기독교적 유일신의 의미라기보다는 초월성을 가지면서도 모든 만물과 인간성 속에 내재하는 내재성을 함께 가지고 있는 신이라 할 수 있다. 일반적인 서양 종교에서는 신의 두 속성 중 하나가 선택적으로 적용이 되는 데 비해 대종교의 신관에서는 융합적 관계를 이루고 있는 것이다. 일신(一神)의 성격 속에 초월성과 내재성이 융합되어 있는 것은 동학의 신관에도 나타나는 특징이기도 하지만 대종교의 신관에는 이에 더 나아가 삼신(三神)이 융합되어 있다.

그런데 대종교의 삼신(三神)은 고대 동북아시아에서 공통적으로 사용하고 있는 천신 · 지신 · 인신이라는 삼재(三才) 신관 대신에 조화신 · 교화신 · 치화신이라는 역할 중심의 독창적인 신관이다. 이는 桓因〔한임〕 · 桓雄〔한웅〕 · 桓儉〔한검〕을 말하면서도 「단군신화」에는 보이지 않는 창조에 대해서도 적극적으로 말하고 있고, 또한 「단군신화」와 달리 한임과 한검의 역할에 대해서도 구체적으로 말하고 있어 신의 전능성과 함께 균형과 조화라는 삼신(三神)의 역할을 말하고 있다고 할 수 있다. 이는 대종교의 신관이 「단군신화」 등을 통해 전해 내려온 고대의 삼신 관념을 이어받으면서도 나름대로의 독창성을 보이는 면이라고 할 수 있다. 그러면서도 한얼이 조화주 한임 · 교화주 한웅 · 치화주 한검의 세 자리이듯이, 한배검 또한 아버님 · 스승님 · 임금님의 세 자리라고 하여 일과 삼의 체용으로 설명하면서 하늘에서의 한얼과 인간세계에서의 한배검이 하나라고 한다. 이와 같은 대종교의 삼신일체적 신관은 기독교의 삼위일체설과는 달리 집일함삼(執一含三)과 회삼귀일(會三歸一)을 중심으로 한 체용론적(體用論的) 신관(神觀)이라 할 수 있다.

그러므로 대종교의 신관은 우리 고유의 신관을 이어받아 고유성을 지니고 있으면서도, 초월성과 내재성이 융합된 일신론과 조화 · 교화 · 치화라는 역할 중심의 삼신론이 체와 용으로 연결된 삼신일체라는 관념을 이루어 나름대로의 독창성도 함께 지니고 있다고 할 수 있다.

토암 이승여(土庵 李承如)의 '효(孝)' 사상 연구*

| 이미경 |

1. 서론

지난 20세기 말부터 '세계는 하나'라는 슬로건과 '오직 정보만이 살 길'이라는 신념은 오늘을 살아가는 사람들로 하여금 주변을 둘러볼 여유조차 없게 만들었다. 또한 눈부신 과학의 발달로 물질적 풍요는 이루었지만 인간성 상실은 이미 '미래의 충격'이 아니라 지금의 현실로 다가왔고, 환경은 생존을 위협하는 지경에 이르렀다.

풍부한 과학적 지식을 갖춘 개인은 스스로의 능력에 자만한 나머지 이기주의가 팽배해졌고, 인류 전체의 일체감이나 목적성을 상실하고 말았다는 것이 오늘 우리의 현주소이며, 이를 해결하기 위한 대안으로 과학과 철학이 만나고,[1] 과학과 종교가 만나며,[2] 종교와 종교가 만나고 있다.[3]

---

* 이 논문은 2012년 취득한 석사학위논문을 축약 · 정리한 것임.

이러한 만남을 통하여 우주 만물을 개개로 분리하는 것이 아니라 전체적인 입장에서 조망하는 특징을 지니고 있는 동양적 사고에서 오늘 우리의 당면 과제인 '전체로 돌아가는 길'에 동참하여 창조적인 대안을 제시하는 것은 그리 어렵지 않다.[4)]

필자는 우주 만물 자체를 위협하는 존재는 인간에 있다고 보았다. 사람들만이 자연을 파괴하고 우주 질서를 어지럽히는 주체가 되므로 사람이 파괴하지 않으면 자연은 원래의 상태를 회복할 수 있다는 문제의식에서 '전체로 돌아가는 길'의 해결 대안을 '효(孝)'라고 보았다.

왜냐하면 인간관계에 있어서 부모가 자식을 낳아 친히 무릎 아래 기른 것이 관계의 첫 출발이고 자식이 부모에게 효도(孝道)하는 것이 가장 근본이 되는 것이기 때문이다. 또한 효(孝)는 백 가지 행동의 근본이 되는 윤리 덕목으로 여겨져 왔으며, 토암이 강조한 도덕적 삶 역시 '효(孝)'의 실천을 가장 중요한 근간으로 보았기 때문이다. 이에 토암 이승여의 효(孝) 사상을 철학적으로 구명하고, 이를 바탕으로 그가 창도한 금강대도 체계와 어떻게 긴밀하게 연결되는지 고찰해 보고자 한다.

동양의 전통에서 '효(孝)'는 가장 근본이 되는 윤리 덕목으로 여겨져 왔으며, 가족 윤리 개념에 국한되지 않고 사회윤리로 확장되었다. 토암이 강조한 도덕적 삶 역시 '효(孝)'의 실천을 가장 중요한 근간으로 보았기

---

1) Gerald M. Edelman , 『신경과학과 마음의 세계』, 황희숙 역, 범양사, 1998, '마음이 어떻게 뇌에서 생겨나는가'를 설명한 책이다.

2) Paul Davis, 『현대물리학이 발견한 창조주』, 류시화 역, 정신세계사, 2000.

3) 카톨릭의 교황은 이스라엘을 방문하여 히틀러의 유태인 학살 당시 교황청이 침묵했었던 것에 대해 사과하며 용서를 구하고 있다. 또한 교회를 통해서만이 구원된다는 생각에서 한 걸음 물러나 교회 밖에서도 구원받을 수 있음을 시사한 점 등이 이를 입증한다.

4) Itzhak Bentov, 『宇宙心과 정신물리학』, 류시화 · 이상무 역, 정신세계사, 1997, 26쪽 참조.

때문에 필자는 토암의 '효(孝)' 사상에 대한 이해가 토암 철학사상의 체계를 구명하는 데에 필수적이라고 생각한다.

이에 본 논고에서는 먼저 효의 본질적 의미를 한국 사회에서 뿌리 깊은 전통을 이루어 온 유교의 사상을 배경으로 인간이 가지는 보편 가치인 효의 의미를 살펴볼 것이다. 또한 많은 경전들 속에서 효의 도리를 따라서 덕을 다스림〔孝順攻德〕을 강조한 불교의 효(孝)사상을 고찰하고자 한다. 토암(土庵)의 '효(孝)' 사상에 있어서는 국가는 의식부모(衣食父母)요, 육체를 주신 부모는 골육부모(骨肉父母)요, 정신을 주신 부모는 심성부모(心性父母)즉 건곤부모(乾坤父母)라 하며 세 부모에 대한 '효(孝)'를 강조한다. 두 번째 토암(土庵) '효(孝)' 사상의 철학적 기반은 천지(天地)의 화육(化育)속에서 모든 만물을 형제로 보며 천지의 덕(德)을 실행하여 천지화육(天地化育)에 동참하는 인간이 되도록 하는 천 · 지 · 인(天 · 地 · 人) 삼재사상(三才思想)과, 선천의 시대의 유 · 불 · 선 삼교를 그 근원에 입각하여 만법귀일하는 토암의 유불선삼종일합사상의 측면으로 살펴 볼 것이다.

마지막으로 토암이 주장하는 효사상의 궁극적 목표에 대하여 알아볼 것이다. 토암은 효사상의 궁극적 목표를 이루기 위해서는 도덕적 실천과 수련을 강조하였는데 실천 방안으로 충 · 효 · 성경 · 가화 · 청결을 들을 수 있다. 이러한 도덕적 실천과 수련을 통하여 육체의 부모에겐 '칠세조상이고등락(七世祖上離苦登落)'이라는 춘추향사를 누릴 수 있도록 하였고, 심성의 부모인 건곤부모는 도덕사업을 통하여 천지화육에 동참할 수 있는 도덕군자를 만들어 우주가화를 이루고자 하였다.

토암의 효사상에 대한 선행 연구가 거의 없다 보니 연구가 많이 어려웠지만 효사상에 대한 올바른 이해와 효에 대한 사상 정립을 위해서 이번 논문을 쓰게 되었다. 이런 연구를 위해 효에 대한 내용이 담겨 있는 유가의 경서와 금강대도의 대성경(大聖經)을 중심으로 한 1차 자료와 기존의 연구 성과를 참고하여 연구를 진행하고자 한다. 이러한 작업을 통하여 효의 본질적 의미를 살펴보고, 토암의 '효(孝)' 사상이 현대사회가 안고 있는 도덕성 타락의 위기와 사회의 병리현상을 극복할 하나의 대안이 될 수 있는가를 밝혀 보고자 한다.

2. 효(孝)의 개념

1) 효의 일반적 의미

'효(孝)'의 사전적 의미는 '어버이를 정성으로 섬기는 일'이지만 효(孝)는 인간이 인간답게 살아가고자 할 때 가장 먼저 실천해야 하는 도리이며, 인간의 인격 형성과 덕(德)의 바탕이 되며 모든 교육이 따르고 좇아야 할 핵심 덕목(德目)이다. 효는 대체로 두 가지 관점에서 해석해 볼 수 있는데, 첫째는 '孝' 자를 '考'(생각할 고)와 '子'(아들 자)의 합성어로 보는 관점이다. 즉 효는 부모와 자식이 서로를 생각하며 위하는 마음이라는 것이다. 둘째, '효' 자를 '老'(늙은이 노)와 '子'(아들 자)의 합성어로 해석하는 관점이다. 즉 효는 어른을 공경하고 부모님에 대해 자식으로서의 사랑과 정성을 다하여 부모님의 기대에 부응하여 마음을 편안하게 해 드리는 것으로 해석하는 것이다. 효도 사상은 중국에서 유교가 전해 오기 훨씬 이전부터, 한민족 고유의 원초적 사유로서 전해 오고 있었다. 『환단고기(桓檀古記)』[5]의 「단군세기(檀君世紀)」 조서(詔書)의 다음 예는 많은 참고가

5) 계현수 편저, 『환단고기』, 이민수역, 한뿌리, 1986 참조.

된다.

“너희는 오직 어버이로부터 났으며 어버이는 하늘에서 내려왔으므로 오직 너희는 어버이를 공경하여야 하늘을 공경하는 것이 되어 나라에 미치게 되는 것이다. 이것이 곧 충효(忠孝)인 것이다. 너희가 이 도(道)를 잘 본받으면 하늘이 무너지는 일이 있어도 반드시 먼저 벗어나 화를 면할 것이다.”[6)]

또한 고조선 시대의 3대 단군 ‘가륵(嘉勒, B.C. 2150)’[7)]의 임금 때부터 전해 오는 ‘중일사상(中一思想)’[8)]에는 “임금이 마땅히 의로워야 신하가 마땅히 충(忠)을 행하고 부모가 마땅히 자식을 사랑해야 자식이 마땅히 효(孝)를 행하며, 부부는 마땅히 서로 존중해야 한다.”[9)]는 내용이 잘 나타나 있다. 이는 공자 사상보다도 무려 1600여 년이나 앞선 우리 민족의 고유 사상임을 알 수 있다. ‘효(孝)’란 자식들의 어버이에 대한 마음과 몸을 다한 정성을 말하는 것으로 인간이 인간답게 살아가고자 할 때 가장 먼저 실천해야 할 도리요, 인간의 인격형성의 근본이 되는 것이다. 김충열 교수는 “우리의 생을 아득한 과거로부터 영원한 미래로 연결시켜 주는 근원적 생명 의지가 바로 효(孝)”라고 하였다. 말하자면 효(孝)는 과거와 미래를 현재라는 실재에서 접속시키는 공능(功能)이며, 그것은 또 모든 생명

6) 『檀君世紀』. “爾生惟親親降自天惟敬爾親乃克敬天以及于邦國是乃忠孝爾克體是道天有崩必先脫免”

7) 단군가륵 - 제3세 단군 B.C. 2182년 즉위 45년간 재위.

8) 『환단고기』. “檀君嘉勒三年弗如來 子杜羅門立乙巳九月天王 曰天下大本在於吾心之中一也人失中 一則事無成就物失中一則體乃 君心惟危衆心惟微全人統均立中勿失然後乃定于一也”

9) 『환단고기』. “惟中惟一之道爲父當慈爲子當孝爲君當義爲臣當忠爲夫婦當相敬爲兄弟當相愛老少……”

체가 과거로부터 이어받은 유전으로서 지속력의 원천이기도 하다[10]는 것이다.

2) 유교의 효

한국에서 유교는 정치, 윤리, 교육 등 현실적 측면에서 그 주역을 담당하였고 유교의 사회적 역할이 중대한 만큼이나 유교 이념의 인식이 심화되고 다양하게 성숙해졌으며[11] 유교적 가치관은 뿌리 깊은 전통을 이루어 왔다. 그중에도 효사상(孝思想)은 시대에 따라 그에 대안 인식과 실행방법이 반드시 일치하지는 않았으나 전통 사회에 있어서 가치관의 중핵을 이루어 온 일관된 이념이었다고 볼 수 있으니, 효사상은 곧 민족의 오랜 역사를 통하여 내우외환으로부터 보존해 온 근원적인 사상이며 민족문화를 유지, 발전시키는 데 있어서 중요한 역할을 하였다.[12]

특히 현실적 측면에서 한국 사회에서 뿌리 깊은 전통을 이루어 온 유교는 공자의 사상을 바탕으로 중요한 역할을 담당하였으며 공자는 인(仁)[13]을 인간됨의 최고 준칙으로 삼고, 인도(人道)를 실천하려면 반드시 인(仁)한 마음씨와 태도로 어버이를 섬기는 '효(孝)'와 인(仁)한 마음씨와 태도로 형을 따르는 '제(悌)'로부터 시작해야만 한다고 하였다. 인간은 살아가면서 여러 가지 인간관계에 있어 지켜야 할 덕목들이 있지만 부모가 자식을 낳아 친히 무릎 아래 기른 것이 모든 인간관계의 첫 출발이기 때문에

10) 김충열, 『유가윤리 강의』, 예문서원, 1994, 45쪽 참조.
11) 금장태, 『한국 유교의 과제』, 2004, 서울대학교 출판부, 1쪽 참조.
12) 이동준, 「유교의 충효사상」, 『현대인의 충효사상』, 대한교육문화연구소, 1977, 62쪽.
13) 『論語』, 「學而篇」. "有子曰, 其爲人也孝弟 而好犯上者鮮矣 不好犯上 而好作亂者 未之有也. 君子務本本立 而道生孝悌也者 其爲仁之本與."

자식이 부모에게 효도(孝道)하는 것이 가장 근본이 되는 것이다.

『효경(孝經)』에서 공자는 효도의 시작을 자기 몸을 건전하게 보존, 유지하는 것이라고 보았다.[14] 이것은 부모님께서 주신 내 몸부터 공경할 줄 아는 것이 효도의 시작이며 효도는 모든 도덕의 근본[15]인데 도덕을 행하기 위해서는 몸이 건강해야 정신도 건강하여 효도를 할 수 있다는 것이다. 그런 까닭에 사람의 자식 된 자는 제 몸과 정신을 소중히 지켜 나가는 것이 효도의 시작이며 입신[16]하여 도를 행해서 후세에 이름을 날려 부모를 드러내는 것이 효의 끝[17]이라 하였다.

증자는 효(孝)의 종류를 세 가지로 분류[18]하였는데 소효(小孝)는 힘을 사용하고, 중효(中孝)는 공(功)으로 하는 효(孝)이며 대효(大孝)는 효심을 영구히 유지해야 한다고 설파하였다. 부모가 나를 정성껏 키운 은혜를 그리워하며, 신체의 피로를 잊고 온 힘을 다해 부모를 봉양하는 것, 이것은 힘으로 하는 효도라 할 수 있다. 인의(仁義)를 존숭하고 무사히 의(義)를 행하는 이것을 공(功)으로 하는 효(孝)라 하는 것이다. 사랑하는 마음을 많은 사람에게 넓혀 사랑하며, 부모가 돌아가신 후에도 사람들이 예를 갖추고 제사에 참가하게 하는 것 이것은 영구히 효심을 유지하는 것이라고 할 수 있다. 그래서 증자(曾子)도 다음과 같이 말했던 것이다.

> 효자가 노부모를 봉양하는 데는 마음을 즐겁게 해 주고, 그 뜻에 어긋나지 않도록 하고 눈과 귀를 즐겁게 해 주며 그 잠자리를 편안하게 해 주고 음식에

---

14) 『孝經』, 「開宗明誼章」. "體髮膚 受之父母 不敢毁傷 孝之始也"

15) 앞의 주석 3번 내용.

16) 立身: 學問을 닦고 心身을 수양하여 어떠한 경우에도 흔들리지 않고 의연히 자신을 지킬 수 있는 人格의 完成을 이른다.

17) 『孝經』, 「開宗明誼 章」. "身行道 揚名於後世 以顯父母 孝之終也"

18) 『禮記』, 「祭義篇」. "孝有三, 小孝用力, 中孝用勞, 大孝不匱"

> 있어서는 성심껏 봉양하되, 효자의 몸이 다 할 때까지 해야 한다. 효자의 몸이 다할 때까지라는 것은 부모의 명이 다할 때까지 효도를 다한다는 것이 아니며 그 효자가 자신의 목숨이 다할 때까지 효도를 다함을 말하는 것이다. 그러므로 부모가 사랑하는 것은 효자 역시 이를 사랑하고 부모가 공경하는 이는 효자도 역시 공경한다. 개와 말일지라도 모두 그렇거늘 하물며 사람에 있어서랴.[19]

이것은 효도라는 것이 부모의 명이 다할 때까지 효도를 다 한다는 것이 아니며 그 효자 자신의 목숨이 다할 때까지 효도를 다함을 말하는 것이다. 효자의 목숨이 다할 때까지 효도를 해야 한다는 의미는 바로 제사를 지내야 한다는 것에 있다.

유교의 가족적 도덕규범으로서 '효도'는 그 출발점을 자기 자신에 대한 사랑에 근본을 두고 있다. 곧 유교에서 가정의 뿌리는 가족의 구성원인 개인이며, 가정을 화목하게 이끌어 가고 한 나라와 천하를 다스리는 근본도 자신의 인격을 연마하는 '수신(修身)'에 있고, 수신하여 도리를 실천하는 삶〔修身行道〕에 있는 것이다.[20]

이상과 같이 유교의 효에 대해서 살펴보았다. 다음은 불교의 효에 대해서 알아보도록 한다.

3) 불교의 효

효(孝)는 모든 덕(德)의 근본으로서 도(道)가 효에서 실천되므로 여러

19) 『禮記』, 「內則篇」. "曾子曰 孝子之養老也, 樂其心, 不違其志, 樂其耳目, 安其寢處, 以其飮食忠養之, 孝子之身終, 終身也者, 非終父母之身, 終其身也, 是故父母之所愛亦愛之, 父母之所敬亦敬之 至於犬馬盡然, 而況於人乎!"

20) 금장태, 『한국유교의 과제』, 서울대학교출판부, 2005, 80~185쪽 참조.

종교가 모두 효를 실천 덕목의 근본으로 삼아 존중하고 있는데 불교에서도 마찬가지이다. 천하의 유위적(有爲的)인 것에서 목숨보다 중요한 것은 없다. 그래서 부모에 의해 목숨이 있는 까닭에 부모를 앞세우는 것이다.[21) 불교는 모든 중생이 다 불성을 가지고 있어 모두가 성불할 수 있다는 인간 존엄, 인간 평등관을 가지고 있을 뿐만 아니라 연기사상(緣起思想)[22)]을 가지고 모든 존재는 상호 관계 속에서만 그 존재가 가능하다고 본다. 따라서 인간의 지금 모습은 무수한 인연의 은혜로 가능하게 된다고 본다. 『대보부모은중경(大報父母恩重經)』에 이르기를 "여래는 본래 나고 죽는 동안 일체의 중생이 여래의 부모였고 여래 또한 일찍이 중생들의 부모였느니라."[23)] 하였다. 이것은 삼생의 인연 속에서 모든 존재는 상호 관계 속에서만 존재가 가능하다고 생각하는 불교의 연기사상에 의하여 인간세에 존재하는 모든 사람들은 나의 부모였다는 것이다. 이것으로 보아 불교의 효사상은 연기법에 의한 은혜를 알고〔知恩〕, 은혜를 갚는〔報恩〕 사상이 그 근원임을 알 수 있다. 이러한 지은(知恩) · 보은(報恩) 사상은 일체 중생을 부모로 보고 효순공양(孝順供養)해야 한다고 하여 효도 또한 보살도(菩薩道)의 실천행(實踐行)으로 보고 있는 것이다.

불교 경전 중에서 효에 대한 내용으로 『부모은중경』[24)]과 『대승본생심지관경』, 『우란분경(盂蘭盆經)』이 있다. 『우란분경(盂蘭盆經)』은 유교의 뜻에 맞지 않는 불교적 효도의 독자적인 형식을 지닌다. 그것은 죽은 뒤의 구제이기 때문이다. 그 외에 석가모니가 열반에 드시기 전 당신을 낳

---

21) 이동형 편저, 『불교의 효』, 수문출판사, 1995.

22) 緣起思想: 삼라만상 중 홀로 존재하는 것은 아무것도 없고, 서로서로 관계를 가지면서 존재한다고 하는 것.

23) 『大父母恩重經』. "此一堆枯骨 或是 我前世翁祖 累世爺孃 吾今禮拜."

24) 위의 책. "左肩擔父 右肩擔母 硏皮止骨 骨穿至髓 澆須彌山 經百千匝 猶不能報 父母深恩."

은 어머님을 추모하기 위해 도리천에 나아가 설법한 『지장보살본원경(地藏菩薩本願經)』이 있다. 불교에서는 부모의 은혜를 갚기 위해서 다음과 같이 설명하고 있다.

> "부모의 은혜를 갚으려면 부모를 위하여 이 경을 쓰거나 베끼고, 부모를 위하여 이 경을 읽고 외우며, 부모를 위하여 죄와 허물을 참회하며, 부모를 위하여 삼보에게 공양하며 부모를 위하여 재계를 받아 지니며, 부모를 위하여 보시하여 복을 닦을 것이다."[25]

만일 이렇게 하면 효도이며 경(經)을 만든 공덕으로 부모는 천상에 태어나게 되어 여러 즐거움을 받으며 영원히 지옥의 고통을 벗어나게 된다는 것이다. 불교의 효는 인과응보의 윤리적인 면을 통하여 접근하였으며, 현세적인 복락의 관념을 강조하였으며 주로 어머니의 효를 많이 다뤘다는 것을 알 수 있다.

4) 토암의 효

토암(土庵)의 '효(孝)' 사상에 있어서는 국가는 의식부모(衣食父母)요, 육체를 주신 부모는 골육부모(骨肉父母)요, 정신을 주신 부모는 심성부모(心性父母) 즉 건곤부모(乾坤父母)라 하며 세 부모에 대한 '효(孝)'를 강조한다. 의식부모에 대한 효는 충으로 육체를 주신 부모는 효로 정신을 주신 심성부모에겐 성경으로 표현된다.

---

25) 위의 책. "欲得報恩 爲於父母 書寫此經 爲於父母 讀誦此經 爲於父母 懺悔罪愆 爲於父母 供養三寶 爲於父母受持齋戒 爲於父母 布施修福 爲於父母."

토암은 후천 시대에서의 윤상의 덕목을 유교의 오륜삼강과 · 불교의 계살방음과 선교의 심청신안에서 찾았으며[26] 우주를 한 가정으로 보고 모든 만물을 건곤의 자식으로 보았다.

> 천지(天地)는 부모(父母)라 하고 일월(日月)은 형제(兄弟)라 하며 성진(星辰)은 붕우(朋友)라 하였으니 천하지인(天下之人)이 누가 형제 아니 되며 누가 붕우 아니 되리.[27]
>
> 천지는 부모시니 우주 만물을 나와 형제라 해도 과언이 아니니요, 사람이 만물의 영장이니 비록 금수, 곤충, 초목이라도 마땅히 사랑하여서 함부로 죽이거나 꺾지 말아야 하느니라.[28]

이것은 하늘의 도(道)와 땅의 덕(德)으로 만물을 잉태하고 길러 주는 은혜를 받으니, 천지 사이에 태어난 인간은 자연히 천지를 부모같이 받아들여야 하며 천지의 덕으로 성장하는 것은 마치 자식이 부모의 양육을 받은 것과 똑같다는 것이다. 인간은 천지(天地)를 본받아 가면서 진보를 구한다. 마치 자식이 부모의 가르침 속에서 진보를 구하는 것과 똑같다. 참찬천지(參贊天地)에 대해서 토암은 다음과 같이 말하고 있다.

> 하늘은 하늘의 도를 행하고, 땅은 땅의 도를 행하나니, 사람이 그 사이에 처하여 능히 하늘을 근본 삼고 땅을 법 받아서 사람의 도를 닦아 밝히고, 천지의 화육(化育)에 참여하여 돕는다면 이것이 곧 대인의 일이요, 하늘 또한 어기지

26) 금강대도 총본원, 『寶經』, 18쪽. "儒家之法은 五倫三綱이니 仁義로 三和하고 佛家之法은 戒殺防淫이니 酒肉을 不食하며 仙家之法은 心淸神安이니 心性을 安定하라."
27) 금강대도 총본원, 『도덕가』, 제1권, 금강대도 총본원, 1953, 1-1쪽.
28) 금강대도 총본원, 『성훈통고』, 편집본, 1-6번.

아니할 것이니라.[29]

이것은 인간의 위치를 천지와 같이 봄과 동시에[30] 천도와 지도와 인도가 각각 본성을 잘 지키고 가야 할 길을 가도록 도덕사업을 하는 것이 건곤부모의 역할이며 건곤의 자식인 중생들은 부고의 뜻을 받들어 행하는 것이 효의 실천이라고 본 것이다. 효의 실천 역시 도덕군자가 되어 천지사업에 동참하는 것이다. 그리하여 토암은 다음과 같이 말하지 않을 수 없었던 것이다.

내 문하에 종사하고자 할진대 먼저 가화하여 부모께 효도하고 형제간에 우애하여 인도(人道)를 밝히어라. 금강대도는 오직 윤상을 밝히는 데 있을 따름이니라.[31]

이는 인간이 천지의 큰 은혜에 의해서 보호되고 길러진다는 사실을 자각하고 천지화육(天地化育)에 동참하는 도덕군자(道德君子)가 되고자 한다면 하늘의 뜻에 충(忠) · 효(孝) · 성경(誠敬) · 가화(家和) · 청결(淸潔)을 깨쳐 몸소 실천할 수 있어야 한다. 이렇게 하였을 때 골육부모(骨肉父母)는 칠세조상이고등락(七世祖上離苦登樂)의 기쁨을, 심성부모(心性父母)는 우주 전체의 화평(和平)으로 우주가화(宇宙家和)를 이룰 수 있다고 보는 것이다. 결국 토암의 '효(孝)'는 건곤부모에 대한 효를 바탕으로 동양의 천 · 지 · 인(天 · 地 · 人) 삼재(三才)의 세계관(世界觀)과 참찬천지(參贊天

29) 금강대도 총본원, 『성훈통고』, 편집본, 금강대도 교화교무원, 2003, 3-10번.
30) 장승구, 「토암 사상의 철학적 고찰」, 『종리학 연구』. 제2호, 금강대도 종리학회, 2002, 88~92쪽.
31) 위의 책 9-3번.

地)의 가치관을 독창적으로 승화시켜 새로운 종교 체계로 발전시킨 것이라고 볼 수 있다.

3. 토암『효』사상의 철학적 기반

1) 天·地·人(천·지·인) 삼재사상(三才思想)

천·지·인 삼재사상을 가장 확실히 신봉했던 사람들은 다름 아닌 우리 한민족이었고 지금까지도 우리들의 삶 깊숙이 뿌리박혀 있다.[32] 이러한 천지인 삼재사상은 하늘과 땅과 사람이 천지화육에 동참하여 천도와 인도가 하나로 합일되는 것을 말한다.

이것은 천도의 자연법칙과 인도의 도덕법칙이 조화를 이루어 유불선 삼종일합과 천지인 삼재융합의 문제로 체계화하였다는 것을 알 수 있다.[33] 또한 토암이 최고의 가치로 제시한 도덕은 일반적 의미의 도덕개념이 아닌 천지인 삼재사상과 유불선 삼종일합 사상의 도덕이라고 볼 수 있다.[34] 다음의 예문들이 그 점을 확인하게 해 준다.

군자의 덕행이 한결같고 전일하여 한 번도 쉬지 않으니 생각 생각에 정성을 두어서 대도를 증명하라. 도가 이루고 덕이 섬이여! 군자의 만 년이어늘 그런

---

32) 이 점에 대해서는 이은봉, 『한국고대종교사상』, 집문당, 1984, 참조.

33) 양정숙, 「금강대도 사상의 특성과 구현의 패러다임」, 『미래사회의 사상적 정립과 금강대도 종리학』, 금강대도남천포덕일백주년기념 학술대회 기조발표논문, 금강대도종리학회, 2010, 24쪽.

34) 위의 논문, 67쪽 참조.

> 고로 누룸〔중앙〕으로써 거해서 천지인〔유불선〕 삼합으로 덕을 쓰거라. 충성과 효도와 성경과 인과 예와 지와 오륜과 삼강과 대자대비와 원만한 공덕은 군자의 대도이니라.[35]

여기서 말하는 군자(君子)의 대도(大道)란 충 · 효 · 성경 · 가화 · 청결 등을 포함한 "인간을 인간이게 할 수 있는 완전하고도 특유한 인간존재의 실천 그 자체"를 가리킨다.[36] 그것은 단순히 "사람과 사람과의 관계의 문제"[37] 뿐만 아니라 "사람과 하늘, 사람과 땅, 사람과 귀신과의 관계 문제"라는 함축까지도 동반한다.[38] 즉 인간은 건곤부모가 내려 주는 호생지덕의 은혜에 감사하고 하늘의 명에 따라 순종하고 천지의 호생지덕하는 마음을 닮아 천지화육에 동참할 수 있는 도덕적 인간이 되는 것이 천지께 효도하는 것이라고 해석해 볼 수 있겠다. 송대 신유교의 선구자인 장재는 건곤부모와 동포에 대하여 다음과 같이 노래한 바 있다.

> 건은 아버지라 칭하고 곤은 어머니라 칭하니, 우리들은 천지 사이에 서로 섞여서 존재하는 조그만 존재다. 그러므로 천지의 기는 나의 몸체를 이루고 천지의 근원은 나의 성(性)이 된다. 따라서 백성은 나의 동포요, 만물은 나의 친구다.[39]

---

35) 금강대도 총본원, 『玄妙經』. "君子德行이 一一不息하니 念念存誠하야 大道를 證明하라 道成德立이여 君子萬年이늘 故로 以黃居之하야 三合用德하라 忠孝誠敬과 仁義禮智와 五倫三綱과 大慈大悲와 圓滿功德은 君子之大道也니라."

36) 허버트 핑가레트, 『공자의 철학』, 송영배 옮김, 서광사, 1993, 28쪽.

37) 와쓰지 데쓰로, 『인간의 학으로서의 윤리학』, 최성묵 옮김, 이문출판사, 1993, 10쪽.

38) 송인창, 위의 논문, 67쪽.

39) 『張載集』, 「正蒙」, 乾稱. "乾稱父, 坤稱母, 予玆藐焉, 乃混然中處. 故天地之塞 吾其體, 天地之師吾其性, 民吾同胞, 物 吾與也"

장재에 따르면 우주는 하나의 가정으로서 건곤을 부모님으로 모시고 천하의 모든 중생은 동포요 형제가 된다는 것이다. 동포의 포(胞)라고 하는 것은 태(胎)의 옷으로, 아우가 어머니 태(胎) 가운데 있을 때 형의 태를 빌어서 있다가 십삭이 지나 태어나니 이것을 동포(同胞)라 한다. 이것은 하늘을 아버지로 하고 땅을 어머니로 하는 이 세상 모든 중생들은 동포(同胞)요, 형제가 된다는 것이다. 금강대도 제2대 도주인 청학(이성직, 1913~1957)도 천·지·인(天·地·人) 삼재(三才)의 상호 관계를 다음과 같이 표현한 바 있다.

> 사람이 아니면 천지도 이치를 나타내지 못하고, 천지가 아니면 사람과 만물도 기를 받지 못하나니, 이것을 이른바 사람이 있은 연후에 천지가 자리를 얻을 수 있는 것이요 천지가 있은 연후에 사람이 생명을 얻는다는 것이니라. 비유하자면 닭이 알을 낳고 알이 닭을 낳는 것이니, …… 무엇이 크며 무엇이 작으리오. 하나의 원리로 볼진대 삼재의 도가 같지 아니한 바가 없다.[40]

이에 따르면 천지인은 분리할 수 없는 관계이며 어느 하나라도 빠지게 되면 우주는 그 존재 가치를 상실하게 된다는 것이다. 이러한 사고는 동양의 전통적 세계관인 천·지·인 삼재합일의 사유 구조와 거의 일치되는 것으로 볼 수 있다. 뿐만 아니라 건곤부모의 성덕(聖德)은 이 세계의 중생뿐 아니라 천지 사이에 만물들 모두에게 미치기에 건곤부모님의 아들, 딸로서 상호 존중하며 화합해야 한다고 말한다.

---

40) 금강대도총본원, 『대정경』, 370쪽.

2) 유 · 불 · 선(儒 · 佛 · 仙) 삼종일합사상(三宗一合思想)

천지인이 합일된 세계를 지향하는 천지인 삼재사상은 토암의 효(孝)사상을 이루는 핵심이며 우주 만물은 오로지 건곤부모의 호생(好生)하는 덕(德)에 의한 태생(胎生)이며 일월성신과 천하의 모든 중생이 동포요 형제가 된다고 보는 것이다. 이와 함께 토암의 '효'사상을 이루는 또 하나의 핵심 사상으로 유 · 불 · 선(儒 · 佛 · 仙) 삼종일합사상(三宗一合思想)을 들을 수 있다.

유 · 불 · 도 삼대 종파의 사상은 널리 인간을 이롭게 하라는 홍익인간의 윤리와 함께 우리 민족 윤리사상의 근저가 되었고 민족주체의식을 형성하는 힘이 되어 가정윤리와 사회윤리를 확립하는 전통문화의 주체적 역할을 했다.[41] 그러나 그 심층에는 외래 사상을 수용하기 이전, 한민족 고유의 원초적 사유가 작동하고 있었음을 유의할 필요가 있다. 신라 말의 대표적 지식인 최치원은 다음과 같이 말한다.

> 우리나라에는 현묘한 도가 있으니 '풍류(風流)'라고 한다. …… 실로 유 · 불 · 도 삼교를 포함한 것으로 많은 사람을 접하여 교화한다. 예를 들어, 들어오면 집에서 효도하고 나가면 나라에 충성하는 것은 공자의 뜻이며, 무위(無爲)에 처하여 말없는 가르침을 행하는 것은 노자의 종지이며, 여러 악을 짓지 않고 여러 가지 선을 봉행하는 것은 석가의 교화이다.[42]

위에서 나타나듯이 중국의 삼교 사상이 전래되기 훨씬 이전부터 삼교

41) 심우섭, 『傳統文化硏究』, 제14집, 「한국 전통문화 속의 효 사상」, 2004, 115쪽.
42) 최영진 외, 『한국철학사』, 2009, 새문사, 5쪽.

의 사상적 요소를 담고 있는 우리 고유의 사상 형태를 가지고 있었다는 것이다. 토암의 말에 따르면 유교(儒教)의 종지는 오륜삼강(五倫三綱)이고 불교(佛教)는 대자대비(大慈大悲)이고 선교(仙教)는 심청신안(心淸身安)이다.

이처럼 유불선이 각각 주장하는 것이 서로 다르지만, 본래의 목적은 인간이 천명으로 간직한 성품을 탐욕으로 어지럽혀진 상태에서 벗어나 본래의 모습으로 회복시키는 데 있다는 것이다. 이를 위해 마음을 간직하고 성품을 배양하여 자신의 인격 기반을 확립해 가는 수양이 요구되고 있다. 따라서 천명(天命)을 알지 못하면 인격의 올바른 실현이 불가능하다는 인식은 바로 근원적으로 천명을 통하여 구원이 가능함을 말해 주는 것이다.[43)]

토암은 개도 37년(甲戌)[44)]에 제자들에게 유불선 삼합의 가장 높은 법문으로 경계하여 말하기를 "하늘이 만물을 내매 사람보다 더 귀함이 없고 가장 신령한 것이 또한 사람인데 가장 영귀한 바는 그 윤리와 도덕이 있음을 말미암음이니 그렇지 아니하면 무슨 영귀한 것을 가히 말할 것이 있으리오."[45)]라고 하였다. 이것은 인간의 본성은 천명에 그 근거를 두고 있으며 일체의 사회윤리도덕은 인성에서 유래된 것임을 말한 것이다. 인간의 심성에 내재한 존재 원리로서의 덕성(德性)은 선천적이고 선험적인 것이며, 인간이라면 누구나 공통적으로 구유하고 있는 것이다.

이상에서 토암(土庵) 효사상(孝思想)의 철학적(哲學的) 기반(基盤)을 천 · 지 · 인(天 · 地 · 人) 삼재사상(三才思想)과 유 · 불 · 선(儒 · 佛 · 仙) 삼종일합사상(三宗一合思想)으로 알아보았다. 천지인 삼재사상에 있어 인간은 하늘 성품을 이어받아 천지부모의 화육 속에서 성장한 이후 자연스

43) 금장태, 『한국유교의 과제』, 서울대학교출판부, 2004, 185쪽.
44) 토암이 태어난 해를 개도 원년으로 한다.
45) 금강대도 총본원, 『성적제강 』, 해석본, 16쪽.

럽게 천지에 대하여 효도를 다해야 하며, 천지에 대한 효도는 천지를 모범 삼아 본받으라는 것으로 천지의 덕(德)을 사람의 덕(德)으로 삼으라는 것이다. 이 천지의 덕(德)을 실행하는 것은 천지를 도와 행하는 것으로 바로 천지의 화육에 참여하여 도우는 것〔參贊天地之化育〕을 뜻한다. 이렇게 천지부모에게 효도를 다하기 위해서는 끊임없는 도덕적 실천과 수련이 필요한데 토암은 그 해법을 유 · 불 · 선 삼종일합에서 찾았고 이 도덕적 실천의 요체를 충 · 효 · 성경 · 가화 · 청결로 수련은 심성배합으로 요약하였다. 다음은 토암이 도덕적 실천의 요체를 충 · 효 · 성경 · 가화 · 청결로 요약 주장한 내용을 살펴보고 토암 '효'사상의 궁극적인 목표에 대해서 알아보도록 한다.

4. 토암 '효' 사상의 실천방안과 궁극적 목표

1) 실천방안

(1) 충(忠) · 효(孝) · 성경(誠敬)

현대사회에는 봉건시대와 같은 신하의 충(忠)이 요구되지 않는다. 특히 우리나라의 선비들은 충(忠)보다는 효(孝)를 우선하는 것을 당연히 여기고 있다. 그러나 토암은 '인생삼은 사지여일(人生三恩 事之如一)'[46]이라 하여 골육은 부모에게서 받고, 의식은 국가에게서 받으며 도덕은 스승에게서 받는 것이니 국가 · 스승 · 부모 세 어른을 똑같이 섬겨야 한다[47]고

46) 각주 6번 참조.

47) 금강대도 총본원, 『성훈통고』, 편집본, 8-1. 사람은 세 분의 은혜로 사는 것이라. 고로 국가와 스승과 부모의 은혜는 같은 것이니 똑같이 섬길지니라. 효는 백행의 근본

한다. 그러나 토암이 더 중시한 것은 물론 성경(誠敬)이다. 이 성경(誠敬)에 대해 다음의 예문이 그 단적인 증거가 된다고 할 수 있다.

> 군사부는 일체이지만 부자는 그 닦은 바에 따라 가는 길이 각각 다르고 군신, 부부, 형제가 또한 그러하지만, 사제지간(師弟之間)은 도(道)로써 서로 합하여 심법(心法)을 전수하기 때문에 차생에 동좌동락(同坐同樂)하여 도덕에 나아가 업(業)을 닦아 후세에 덕택과 이로움을 권하고 함께 아름다운 이름을 죽백(竹帛)에 남기며, 천궁(天宮)에서 훗날 또한 무궁하게 동좌동락하리니 사제의 인연이 가장 충차대한 것이다.[48]

이렇게 보면 성경(誠敬)은 충(忠)이나 효(孝) 못지않게 중요한 덕목(德目)이며 인간이 추구해야 할 가치 중에서 제일 높은 가치가 된다. 그것은 성경이 '사람을 가르치고 이끌어 주며' 도덕에 나아가 업(業)을 닦아 후세에 덕택과 이로움을 주는 덕목이 되기 때문이다.[49] 그런 면에서 필자는 현대사회에서 무너져 가는 교권을 회복할 수 있는 유일한 대안이라고 생각해 본다.

토암은 충·효·성경을 잘 실천토록 하기 위해 삼성제군을 앞세워 감찰하게 하였다.[50] 즉 관성제군(關聖帝君)은 '충'을 관장하는 신명이며, 문창제군(文昌帝君)은 효를 관장하는 신명이고 부우제군(孚佑帝君)은 성경(誠敬)을 관장하는 신명이라고 하였다. 그런데 충·효·성경이 똑같이 중요한 것이지만 각각 그 실천의 도리는 다른 바가 있는 것이다. 다음의 예

이니 효를 지극히 하면 만사가 그 가운데 있으리라.

48) 같은 책, 6-72-1번.

49) 송인창, 앞의 논문, 「토암 이승여의 철학사상과 현실인식」, 73쪽.

50) 이상환, 「한국 신종교의 삼성제군 역할 연구」, 공주대학교 석사학위논문, 2010, 46쪽.

문에서 이 점을 보다 확실하게 뒷받침해 준다.

군사부는 일체이니 부모와 자식은 친함이 있는 고로 부모가 잘못이 있거든 자식이 세 번 간하되 듣지 아니하시면 소리 높여 울면서 따르고, 임금과 신하는 의리가 있어야 하므로 임금이 잘못이 있거든 신하가 세 번 간하되 듣지 아니하면 자리를 내놓고 물러가며, 스승과 제자는 도가 있어야 하는 고로 도가 옳으면 나아가고 옳지 않으면 물러가는 것이니, 만일 의심이 생겨 판단할 수 없는 것이 있다면 성경을 다해 물을 것이요, 만일 도가 아니라고 생각하여 간쟁한다면 이는 제자의 도리에서 벗어나는 것이다. 따라서 무간무은(無諫無隱)이 스승 섬기는 도리이니라.[51]

우선 충성에 있어서는 '유간(有諫) · 무은(無隱)[52]', 효도(孝道)에 있어서는 '유간(有諫) · 유은(有隱)', 그런데 성경(誠敬)에 있어서는 '무간(無諫) · 무은(無隱)'이니 간쟁할 수도 없고 숨길 수도 없다는 것이다. 이렇듯 충 · 효 · 성경이 각각 그 실천의 도리가 다르다고도 볼 수 있지만 마음에 있어서는 정성 성(誠)[53] 자가 무엇보다 중요하다는 것이다. 토암은 나라에 대한 충성과 부모님에 대한 효도와 스승님께 정성으로 공경함을 도덕적 실천의 방법으로 보았으며 유가의 핵심덕목인 인(仁)과 의(義)로써 천지의 호생지덕 하는 성품을 본받아 천지화육에 동참하는 도덕적 인간이 되도록 한 것이다.

---

51) 같은 책, 1-73-1번.
52) 논문 원문 참조.
53) "誠" 에 대하여 논문 원문 참조.

(2) 가화(家和)

유교적 도덕규범의 실천방법은 자신의 내면적 성품에 뿌리를 두고 출발하지만 가정을 통해서 사회로, 가까운 곳에서부터 먼 곳으로, 점점 확산시켜 가는 확장 체계라고 할 수 있다. 토암은 이러한 문제점을 절실히 느끼고 도덕적 실천의 종목으로 육친가화(六親家和)를 주장하였다.

> 여섯 가지 친족이 집이 화하매 그 아버지가 자식을 가르치는 것과 그 자식이 부모에게 효도하는 것과 그 지아비가 아내에게 화하는 것과 그 아내가 남편에게 순히 하는 것과 그 형이 아우에게 우애함과 그 아우가 형에게 공경하는 것은 인륜의 큰 도라. 세 가지를 두려워하고[54] 네 가지를 아는[55] 군자여 문자를 살피고 기틀을 넓히여 덕을 천하에 쓰는 군자가 되게 하라.[56]

유가는 사람을 우주의 중심이자 만물 중에 가장 뛰어난 기(氣)이자 천지의 대성자(大成者)라고 정의한다. 그러한 개개 인간들을 유한함에서 무한으로 이어 주고 은미한 원초 단위에서 우주 전체로 현현하게 하는 핵이 바로 부부요, 『주역』에서 말하는 "성성존존(成性存存), 도의지문(道義之門)"의 공능을 지닌 것이 가정이다.

그런 까닭에 군자의 도(道), 즉 유가의 이상이 실현되는 도(道)는 부부로부터 시작한다고 한 것이다. 그리고 『주역』 가인괘(家人卦)[57] 「彖辭下

---

54) 三畏: 천명(天命) 및 대인(大人)과 성인(聖人)을 경외함.

55) 四知: 두 사람만의 비밀이라도 하늘이 알고 땅이 알고 상대와 내가 알고 있는 것.

56) 『敎諭文』, 「五倫家和章」. "六親 家和 其父之敎子 其子之孝親 其夫之和妻 其妻之順夫 其兄之友弟 其弟之恭兄 人倫之大道也 三畏四知之君子 諦文廣機 用德天下之夫"

57) 『周易』, 「家人卦」, 彖辭下傳. "彖曰 家人은 女 正位乎內하고 男이 正位乎外하니 男女正이 天地之大義也라 家人이 有嚴君焉하니 父母之謂也라 父父子子兄兄弟弟夫夫婦婦而家道正正 家而天下定矣리라"

傳」에서 부부의 위치를 다음과 같이 말하고 있다.

"한 가정을 단위로 해서 볼 때 여자는 집의 안쪽에 위치하고 남자는 집의 바깥쪽에 위치한다. 이렇게 남녀가 각기 자기 자리에 위치하면 이것이 부부가 된다. 이는 하늘이 위에 위치하고 땅이 아래에 위치해서 천지라는 구조 공간을 이루는 것과 같은 이치에서 온 것이다. 부부로 구성되는 가정이라는 권위가 주어지니 그것이 부모다. 부모의 질서를 하나의 인간생존의 질서 단위로 해서 아버지는 아버지답게, 아내는 아내답게〔父父·子子·兄兄·弟弟·夫夫·婦婦〕 행한다는 윤리 질서가 형성된다. 이 가정을 단위로 한 인간 질서는 그대로 외부로 확장되어 나아가 천하의 질서가 된다. 그러므로 만일 가정의 인간 질서가 바로 서지 않으면 따라서 사회, 국가, 천하의 질서는 뿌리를 잃는다."

단란하고 행복한 가정은 온 가족이 자기의 도리를 다하면서 사랑하고 존중하는 가운데 이루어지는 것이다. 그것의 시작이 부부 관계에서부터이다. 그러나 토암이 주장하는 가화는 천지를 부모라 하여 우주를 한 가정으로 보고 그 안에서 하늘의 도와 땅의 덕으로 자라는 모든 만물들과의 가화를 이루고자 하였다. 작게는 가정이라는 울타리 안에서 가족끼리 가화를, 나아가 학교라는 울타리에서 친구끼리 가화를, 사회에서는 직장이라는 울타리에서 동료끼리의 가화를, 국가에서는 세계라는 울타리에서 각국의 나라끼리의 가화를 더 나아가 우주가화를 이루고자 했다.

한편 토암이 제시한 가화는 단순한 의미의 육친가화만을 의미한다기보다는 좀 더 깊은 철학적인 의미가 들어 있다.[58] 토암은 이 세계를 하나의 가정으로 보고 그 사이에 있는 삼라만상이 모두 형제이기에 다 같이

58) 이재헌, 『건곤부모님과 금강대도 진리』 I, 2003, 미래문화사, 191쪽.

화합할 때 우주의 평화는 달성될 수 있다는 것이다. 이렇듯 토암은 온 우주 만물에까지 우주가화적인 차원에서 형제자매요, 붕우로 인간을 명명하고 있다. 그러한 생각 속에는 내 자녀들이 내 몸을 빌어 태어났고 내가 키우고 있다고 해서 나만의 자녀로 고집하고 한 가정 또는 일신의 안위를 위해서 가르치는 미시적인 차원보다는 거시적으로 생각해서 건곤부모의 자녀손으로 키워야 한다는 메세지가 들어 있다고 하겠다.[59)]

그런데 그 가화는 토암이 "내 문하에 종사하고자 할진대는 먼저 가화하여 부모께 효도하고 형제간에 우애하여 인도를 밝히어라. 금강대도는 오직 윤상을 밝히는데 있을 따름이니라."라고 말한 것처럼 효(孝)가 바탕을 이루고 있다. 앞에서 말한 인간의 근본도리, 즉 효(孝)의 실천이 곧 가화의 가장 중요한 방도인 것이다.

(3) 청결(淸潔)

토암은 청결을 다섯 종류로 구분하였다.

도를 닦으려면 반드시 먼저 청결에 힘써야 할 것이니, 첫째는 심성청결이요, 둘째는 신체청결이며, 셋째는 의류청결이요, 넷째는 음식청결이요, 다섯째는 가택청결이니 심법을 잘 써서 사욕의 잘못을 범하지 않는 것이 심성청결이요, 품행이 단정하고 수시로 목욕하는 것이 신체청결이며, 옷을 자주 빨아 더럽지 않게 하는 것이 의류청결이오, 비록 거친 밥에 나물국이라도 극히 정결한 것이 음식청결인데, 그 요점은 물을 주의하는 데 있는 것이니, 음식 솥에 더러운 옷을 삶지 말고, 더러운 나무로 밥을 짓지 마라. 가택에 대하여는 때때로 물 뿌리고 청소를 해야 위생을 기할 수 있는 것이니, 생명은 화창한 데서 생기는 것이니라.[60)]

---

59) 박현숙, 위의 논문, 64쪽.

첫 번째는 제일 중요한 심성청결(心性淸潔)이다. 심성청결이란 마음을 잘 써서 사욕(私慾)의 잘못을 범하지 않는 것이다. 주자(朱子)는 "마음이 일신의 주재이다."[61]라고 하여 마음이 신체를 주재하는 지위를 지니고 있는 사실을 마음의 기본성격으로 확인하고 있다.[62] 또한 다산[63]은 "사람의 몸은 비록 운동과 지각이 있지만, 운동과 지각의 위에 또 도의지심(道義之心)이 있어서 주재가 된다."[64] 하고 좀 더 구체적으로 묘사하여 "사람이 지각 · 운동하고 식(食) · 색(色)을 추구하는 것은 금수(禽獸)와 다름이 없지만, 오직 도심(道心)이 발동함은 형체도 없고 기질도 없으며, 영명(靈明)하고 통혜(通慧)한 것이 기질에 깃들어서 주재가 된다."[65]고 언급한 바 있다.

이처럼 마음은 우리 몸을 주재하는 주인이다. 그렇지만 인간은 또한 몸을 가지고 있어 식(食)과 색(色)의 지배를 받는다. 그래서 사람에게는 언제나 두 가지 의지가 서로 반대되면서 일시에 함께 발동하게 되는데 여기에서 선(善)과 악(惡)이 갈라지게 되며, 도심(道心)과 인심(人心)이 교전(交戰)하고 의(義)가 이기는가, 욕(慾)이 이기는가가 문제가 된다. 토암은 이러한 도심(道心)에 대하여 『성훈통고』에서 "부득이 소 갈 데 말 갈 데를 가더라도 도심(道心)일랑 변치 말라."[66]는 가르침으로 어쩔 수 없는 상황에 처했더라도 올바른 길에 대한 마음은 변치 말라는 것으로 인간세계에 있더라도 인심(人心)〔眼耳鼻舌身意-六賊之魔〕에 의해 만연지화(萬緣之化)

60) 금강대도 총본원, 『성훈통고』, 편집본, 1-38번.

61) 『주자어류』, 권5. "心者 一身之主宰"

62) 금장태, 『心과 性』, 서울대학교출판부, 2005, 8쪽.

63) 다산 정약용(茶山 丁若鏞, 1762~1836)은 『孟子要義』를 저술하였다.

64) 『與全』〔2〕, 권6, 24, '孟子要義'. "人身雖有動覺, 乃於動覺之上, 又有道義之心爲之主宰"

65) 『與全』〔2〕, 권6, 24, '孟子要義'. "大抵人之所以知覺運動, 趨於食色者, 與禽獸毫無所異, 惟其道心所發, 無形無質, 靈明通慧者, 寓於氣質, 以爲主宰."

66) 금강대도 총본원, 『성훈통고』, 편집본, 2-34-1번.

에 빠지지 말 것[67]을 경계하였다.

토암은 심성수련을 통하여 마음을 깨끗하게 정화시키도록 한 것이며 이것은 마음을 닦아 깨끗이 하여 한 점의 사념이나 사욕이 없게 하는 것을 가리킨다.[68] 그래서 심성청결은 마음을 잘 써서 사욕(私慾)의 잘못을 범하지 않는 것이라고 한 것이다.

두 번째는 음식의 청결이다. 음식은 인간이 살아가는 데 있어 없어서는 안 될 기본이기에 그만큼 중요하며 특히 수도하는 사람에게는 많은 영향을 끼친다. 음식청결에 있어서 특히 강조한 것은 어육류를 먹지 않는 것이다. 이생에서는 도덕군자가 되고 내생에서는 신선부처가 되는 것이 도인들의 목표라고 볼 때 수도하는 사람들은 채식 위주의 식사를 해야 한다는 것이다. 특히 우주를 한 가정으로 보고 천지(天地)의 화육(化育) 속에서 성장한 이후 하늘〔天〕을 근본(根本) 삼고, 땅〔地〕을 법 받아서, 사람〔人〕의 도(道)를 닦아 밝히고, 천지(天地)의 화육(化育)에 참여해야 한다는 당위성을 기반으로 도덕사업을 하고자 했던 토암의 천지인 삼재사상에 있어 채식 위주의 식사는 매우 중요한 의미를 갖는다고 하겠다.

세 번째는 신체의 청결이다. 이 청결은 단순히 목욕을 하는 것뿐만이 아니라 행실을 바르게 해야 한다. 요즘 사회문제로 대두되고 있는 성범죄 또한 신체를 청결하게 유지 못하고 있는 것으로 봐야 할 것이다. 이렇듯 토암의 도덕적 실천의 삶은 인간이 가야 하는 올바른 길〔道〕, 길 중에서도 가장 완벽한 길, 또는 마땅히 가야 할 길로서 '소당행지로(所當行之路)'[69]

67) 금강대도 총본원, 『寶經』, 「太上大通經」. "對境忘境에 不侵於六賊之魔 居塵出塵 不落於萬緣之化"

68) 『周易』, 「계사전(繫辭傳)」. "聖人이 以此로 洗心하여 ……"

69) 이 점에 대해서는 송항룡(宋恒龍), 『동양철학의 문제들』, 여강출판사, 1997, 34~36쪽 참조.

라고 할 수 있다.

네 번째는 의복의 청결이다. 고가의 좋은 옷을 입어 낭비하는 삶을 살기보다는 더럽지 않게 자주 빨아 입고 검소한 삶을 취하라는 것이다.

다섯 번째는 가택의 청결이다. 수도하는 집에는 신명이 수시로 감찰하고 조림하기 때문에 가정에서 어육을 조리하거나, 흡연을 하여 집의 기운을 탁하게 하면 안 되기에 청결을 유지해야 한다. 이와 같이 청결은 대도의 가장 중요한 실천 덕목 중의 하나며 신앙인의 수도에 있어 기본자세로서 매우 중요한 것이다.

토암은 호생지덕(好生之德)하는 천지의 마음을 헤아려 만물에게 부여된 이치〔仁〕를 따르도록 하였다. 이것은 천지인이 합일하여 천지화육에 동참한다는 천지인 삼재사상 측면에서 청결사상이 아주 중요한 사안임을 알 수 있다. 이것은 더욱 심도 있게 연구하여 하나의 논문으로 나와야 할 중요한 실천 덕목이라 생각한다.

2) 궁극적 목표

(1) '칠세조상이고등락(七世祖上離苦登樂)'

앞에서 살펴본 바에 의하면 토암은 도덕사업을 통하여 중생들에게 도덕군자가 될 것을 희망하였으며 끝없는 자기 수련을 통하여 천지화육에 동참하도록 만들려고 했던 것이 토암 '효'사상의 핵심을 이룬다. 그러기 위하여 충 · 효 · 성경 · 가화 · 청결이라는 끊임없는 도덕적 실천과 수련할 것을 교화하였고, 이를 따르는 중생에게 천도봉불(遷度奉佛)을 통하여 '칠세조상이고등락(七世祖上離苦登樂)'이라는 춘추향사를 누릴 수 있도록 하였다.

천도봉불은 앞에서 살펴본 부모의 사후 구제만이 아니라 과거 7대의 부모에게까지 미치는 불교의 『우란분경(盂蘭盆經)』의 '효(孝)'와 같은 맥락으로 볼 수도 있겠으나 기복적인 차원에서 좋은 곳으로 가도록 하는 천도제가 아니라 건곤부모가 중생 구제의 대임을 맡고 도덕적으로 개화되는 세상을 만들어 가는 도덕사업을 하는 데 있어 평생을 건곤부모 슬하에서 동참한 것에 대한 선물이라고 말 할 수 있다. 이것은 내생에서의 신선과 부처로서 성사건곤부모(聖師乾坤父母)와 더불어 영광을 누릴 수 있는 길을 열어 준 것이라는 데 커다란 의의가 있는 것이다.[70)]

천도봉불을 하면 금강대도에서는 1년에 2회 제사를 지낸다. 토암은 그만큼 제사를 중시하였다. 제사는 선조의 공덕과 보본반시(報本反始)하는 정신을 기림과 동시에 선조의 공덕과 제사 의식을 빌어서 자손을 교화하는 데 그 목적을 두고 있다.[71)] 그런 점에서 제사는 효(孝)와 불가분의 관계에 있다고 할 수 있다.[72)] 일찍이 『예기(禮記)』[73)] 「제통편(祭通篇)」에서도 효자가 부모 섬기는 세 가지 도리를 말하였다.

> 제사는 죽은 부모를 추모하여 효를 계속하려고 행하는 것이다. 효란 휵(畜: 따른다는 것)으로 도리에 맞고 윤리에 위배되지 않도록 해야 올바른 육인 것이다. 그러므로 효자가 어버이를 섬기는 데에는 세 가지 도리가 있다. 살아 계신 동안은 봉양하고 돌아가시면 상장을 거행하며 상이 끝나고 나서는 때에 맞게 제사를 지내는 것이다. 그래서 봉양하는 동안에는 효순의 정도를 보고, 상을 치름에 있어서는 비애의 정도를 보며, 제사에는 경애의 정도 및 정기적으로

70) 박현숙, 「덕성사건곤부모님의 생애와 사상」, 금강대도 종리학회, 2009 발표 논문 참조.

71) 임홍임 지음, 『유가의 효도사상』, 이상임 옮김, 143쪽.

72) 魯語: 祀. "昭孝也"

73) 『禮記』라는 책은 현재 존재하는 13경 중에서 『小戴禮記』이다. 임홍임 지음, 『유가의 효도사상』, 이상임 옮김, 에디터, 2002, 132~139쪽 참조.

제사를 지내고 있는가, 아닌가를 본다. 이상의 세 가지 도리를 다하는 것이 바로 효행이다.[74]

이처럼 부모의 제사를 지내는 의의(意義)는, 생전의 다하지 못한 봉양(奉養)을 보충하고 계속하여 그 효(孝)를 다하는 것이다. 또한 어버이를 제사 지내는 것은 효도(孝道)의 완성이면서 또한 효도(孝道)의 지속(持續)이다.

유학의 입장에서 볼 때 제사의 의미는 어버이를 가슴에 품는 것이다.[75] 자손이 조상을 생각하며 잊지 않는 마음이 제사(祭祀)를 통해 드러나며 제사는 조상을 추도하는 감정의 표현이고 제사의 목적은 부모를 기리는 효심(孝心)의 표현인 것이다. 그리고 효친(孝親)의 의의(意義)는 인도(人道)를 따르고 인륜(人倫)을 위배(違背)하지 않는 데 있다는 것을 알 수 있다.

천도봉불은 중생들의 몸이 다할 때까지 뿐만 아니라 금강대도가 유지되는 한 영원히 춘추향사를 받을 수 있다는 것이다. 증자가 분류한 효(孝)의 기준에 따르면 금강대도에서 신앙하다 천도봉불된 부모는 오만 년 동안 춘추향사를 받는다고 볼 때 대효(大孝)를 실천하는 중생들이라고 봐야 할 것이다. 또한 '칠세조상이고등락(七世祖上離苦登樂)'은 천지인(天地人) 삼재사상(三才思想)에 따라 천지화육(天地化育)에 동참할 수 있는 인간이 되기 위해 노력하는 중생들에게 천지건곤부모(天地乾坤父母)이자 미륵부처가 준 선물이 아닐 수 없는 것이다.

---

74) 『禮記』, 「祭通篇」. "祭者, 所以追養繼孝也, 孝者, 畜也, 順於道不逆於倫, 是之謂畜, 是故孝子之事親也, 有三道焉, 生則養, 沒則喪, 喪畢則祭, 養則觀其順也, 喪則觀其哀也, 祭則觀其敬而時也. 盡此三道者, 孝子之行也."

75) 황광욱, 『동양철학콘서트』, 두리미디어, 2010, 66쪽.

(2) '우주가화(宇宙家和)'

토암이 '효(孝)'사상을 통하여 궁극적 목표인 '칠세조상이고등락(七世祖上離苦登樂)'과 함께 이루고자 하였던 것이 천지만물이 함께 조화를 이루어 살아가는 우주가화였다. 나를 낳아 준 부모와 형제들이 모여 자연과 함께 가정에서의 가화를 이루고, 친족들이 모여 자연과 함께 육친가화를 이루고 친구들이 모여 자연과 함께 학교에서의 가화를 이루고, 동료들이 모여 자연과 함께 직장에서의 가화를 이루고 직장인들이 모여 자연과 함께 사회에서의 가화를 이루고, 나라들이 모여 자연과 함께 세계에서 가화를 이루다 보면 토암이 추구하고자 했던 우주가화는 자연히 이루어지는 것이다.

이것은 토암이 "천지를 부모라 하고 일월을 형제라 하며 성신을 붕우라 하였으니 천하지인이 누가 형제 아니 되리." 하고 한 것과 "천지는 부모시니 우주 만물을 나와 형제라 해도 과언이 아니요, 사람이 만물의 영장이니 비록 금수, 곤충, 초목이라도 마땅히 사랑하여서 함부로 죽이거나 꺾지 말아야 한다."는 가르침에서 건곤부모가 낳은 천지를 하나의 가정으로 보고 일월성신과 함께 모든 만물을 형제와 붕우로 본다는 것이다.

그 안에서 만물의 영장인 인간에게 유교의 오륜삼강과 불교의 계살방음과 선교의 심청신안의 가르침으로 천지인이 합일되어 천지화육에 동참할 수 있는 도덕군자를 만들어 우주가화를 이루는 도덕사업을 하고자 토암은 이 땅에 미륵부처로 화신한 것이다.

5. 결론

이상의 연구를 통해 토암 『효(孝)』사상의 철학적 기반 그리고 실천방안과 궁극적 목표를 살펴보았다.

'효(孝)'란 자식들이 어버이의 뜻을 따라 마음과 몸을 다한 정성을 말하는 것으로 인간이 인간답게 살아가고자 할 때 가장 먼저 실천해야 할 도리요, 인간의 인격 형성의 근본이 되는 것이다. 본디 효(孝)란 인간이 생명을 하늘의 이치에 따라 부모님에게서 얻게 되면서 가장 먼저 접하게 되는 사랑의 감정이다. 앞에서 살펴본 바와 같이 토암은 효의 실천 방법으로 육친부모에겐 유가의 효와 불가의 효를 따르고 천지부모에겐 충·효·성경·가화·청결 등 구체적 덕목의 실천으로 도덕군자가 되어 천지화육에 동참할 수 있는 도덕적인 인간이 될 것을 주장한다는 것이 토암 효사상의 중심 내용이라 할 수 있다. 토암은 도덕사업을 통하여 도덕적 인간이 되고자 효도하는 중생들에게 개인적으로는 천도봉불을 통하여 '칠세조상이고등락'을 이루고 '차생군자'요 '내생선불'의 사원성취를 염원하게 하였다. 이는 현생에선 '도덕군자'요, 내생에선 '신선부처'가 되는 것을 말한다. 이를 통해 건곤부모는 천지를 하나의 가정으로 보고 천지만물이 모두 화합하여 우주적 가화를 이루고자 하였다.

오늘날 근대 서구화 기독교화의 물결에 따른 과학문명의 발달과 사회구조의 다변화, 그리고 정신적 가치관의 혼란 속에서 '효(孝)'사상은 그 본의를 살려 올바른 사회 구현에 활용되지 못하고 있는 실정이다. '효'는 유교의 전통 사회에서만 필요하였던 것으로 보고 전통 윤리는 낡은 전근대적인 가치라고 배척하고 망각하는 현실이 실로 안타깝다. 이러한 현대인의 가치관 전도와 윤리도덕의 타락은 토암의 '효'사상을 고찰함으로써 어느 정도 그 대안이 될 수 있을 것이라고 기대해 본다.

토암 이승여 '가화(家和)' 사상의 철학적 고찰*

| 이정란 |

1. 서론

1) 연구목적

사람은 태어나면서부터 혈연을 중심으로 하는 가족이 모여 생존과 생활을 영위하기 위해 가정을 이루고 살아간다. 가정은 사람들이 살아가는 최초의 사회적 환경으로서의 기본적인 바탕이 된다. 가정에서의 생활방식과 문화는 사회에 대한 시각과 가치관을 형성시켜 주며, 거기에서 비롯되는 화목과 도덕성은 바로 사회생활의 여러 가치와 직결된다. 곧 건전한 사회를 형성하는 중요한 요인으로 작용하게 되는 것이다. 이러한 점에서 한 가정의 올바른 문화 형성은 가족들의 문화뿐만이 아니라 사회문화를

* 이 논문은 2012년 취득한 석사학위논문을 축약 · 정리한 것임.

형성시키고 발전시키는 원동력이 되는 것이다. 그러므로 한 가정의 문화를 말해 주는 가풍 형성은 매우 중요하다. 이에 대해 전통적으로 전해 내려온 것이 가화(家和)라는 개념이다. 특히 동양 사회에서는 유교 윤리의 바탕 위에서 가정윤리의 체계를 형성하였다. 즉 가정윤리는 효를 중심으로 가족들의 도덕성을 함양시키고자 하는 것이며, 도덕으로 인간다운 삶의 지평을 열고 한 가정의 문화인 가풍을 형성하고자 했던 것이다.

토암(土庵) 이승여(李承如, 1874～1934)[1]는 전통적으로 내려오던 가화를 창조적으로 계승하여 발전시키고 실천케 하였다. 즉 가정과 가족들과의 화목에 대해 강조하고 각성시켜 전통 사상을 창조적으로 계승하였고, 이러한 가화사상을 체계화하여 우주로 확대하여 발전시켰다는 점에서 토암 이승여 가화사상의 중요성은 빛을 발한다고 하겠다.

토암의 가화사상은 개인의 한 가정 단위에만 머무르지 않고 사회와 우주로 확대하였다는 데 특이점이 있다. 천지를 부모로 하고 우주 삼라만상을 모두 나와 같은 형제로 인식하는, 전 우주를 하나의 공동체로 보는 가치관을 전제로 하는 것이다. 이것은 생명에 대한 깊은 애정을 근원으로 한다. 우주 전체는 모두 한 부모 아래에서 탄생되고 생육되어진 형제이기 때문에 우주는 한 가정을 이룬다는 것이다.

우주가화사상은 개인주의적이고 이기적 · 배타적인 세계관을 지양시키고, 가정과 가족을 가족중심주의로만 몰아붙여 사회에 유해한 요인으로 인식하는 편견들을 해소시킬 수 있을 것이다.

---

1) 민족종교인 금강대도를 창도한 창도주로써 1874년 5월 19일에 강원도 통천군 답전면 포항리 외금강에서 태어났다. 토암은 이세상의 인간성의 말살과 혼란의 원인을 도덕성의 타락으로 보았다. 토암은 이러한 인간 도덕성의 회복은 점차적인 도덕개화를 통해서 이루어진다고 보았다. 이러한 도덕은 심성배합으로 인한 심성신의 합일과 유도의 오륜, 불도의 자비, 선도의 청정을 핵심으로 하는 유불선의 삼합과 그리고 성과 경의 실천을 통한 천지인의 합일로 완전해진다고 보았다.

작게는 한 개인부터 가정을 이루어 사회와 우주로 확대한다는 가화사상은 올바른 가정의 가치관의 정립을 통하여 행복한 가정의 모습을 사회와 우주로 확대하여 세계 평화를 도모하는 것을 목표로 하고 있다. 이러한 점을 유념하여 필자는 그 당위적이고 실천적인 면들을 토암의 가화사상을 중심으로 분석하여 철학적으로 규명해 보고자 한다.

2) 연구방법 및 범위

토암(土庵) 이승여(李承如)는 한말 일제 강점기의 대 종교인이자 대 사상가이다.[2] 민족의 존재 가치가 위협받는 시대를 살면서도 거기에 굴하거나 야합하지 않고 오직 종교 지도자로서 민족의 정기를 고취시키고 현세에서 도덕을 축으로 한 이상 세계[3]를 건설하고자 주력하였다. 그는 이 시기에 분립되어 있던 유불선의 세 종교를 융합하여 전통 종교를 새롭게 정립하고 새 시대에 맞는 방향과 이념을 제시하여 그만의 독창적인 도덕사상으로 체계화하였다. 토암의 저서들을 살펴보면 이러한 그의 사상이 잘 나타나 있는데, 도덕을 주제로 하여 방대한 양의 글을 쓰고 이를 실천할 것을 제자들에게 설교하였다. 그리고 도덕은 사람과 거리가 먼 고차원의 관념이나 형이상학적인 것이 아니라 일상생활에서 실천으로 실현되는 것이라고 강조하였다. 이러한 토암의 도덕사상 중에서 퇴색한 인륜을 바로 세우는 방책인 가화를 항상 중요시하고 그 실천을 강조하였는데, 이는 가화사상이 사람의 도덕을 바로 세우는 중추적인 사상이라고 본 것이다.

---

2) 장승구, 「토암사상의 철학적 고찰」, 금강대도종리학회, 『종리학연구』, 2집, 2002, 87쪽.

3) 송인창, 「토암 이승여의 철학사상과 현실인식」, 금강대도 종리학회, 『미래사회의 사상적 정립과 금강대도』, 2010, 55쪽.

이러한 가화사상은 우리가 알고 있는 보편적인 개념인 한 가정에서의 가화에만 머무르지 않는다. 이것은 전 우주를 하나의 가정으로 봄으로써 이 세상의 모든 자연과 사람이 가족과 같은 존재라는 인식을 통해 도덕이 바탕이 되어 우주의 상생과 화합을 이룸으로써 전 우주적 화평의 세계를 추구하는 사상인 것이다. 이러한 점에서 토암의 가화사상은 유 · 불 · 선 사상을 토대로 한 사상이라고 할 수 있는데, 이는 토암의 현실 인식이 반영되어 성립된 것이라고 할 수 있다. 예를 들면『대학』의 '수신제가치국평천하(修身齊家治國平天下)'와 '대동세계(大同世界)'와도 연결되는 관념으로써, 이처럼 토암이 동양 사상을 창조적으로 계승했다는 점에 착안하여 동양 사상에 있어서 가화사상의 근원적인 요소들을 찾아보고 가화의 본질적 의미를 고찰하여 어떻게 그것이 토암의 가화사상으로 정립되었는지 그 체계를 살펴보고자 한다.

이 연구는 문헌 고찰의 방법을 중심으로 하였다. 1차적으로는 유 · 불 · 선 삼교의 경전들과 금강대도의 경전을 기본 자료로 하였고, 2차적으로는 다양한 연구서들을 참고하였다. 토암 사상을 연구하는 1차 자료로는『대성경(大聖經)』중에「교유문(敎諭文)」,「현묘경(玄妙經)」,「삼청현화경(三淸玄化經)」,「도덕가(道德歌)」등을 중심으로 가화사상의 논리적인 근거들을 찾아보고, 또한 그의 제자들과의 문답기인『대성훈통고(大聖訓通攷)』를 통해 그 현실 적용의 궤적들을 살펴보고자 한다. 이러한 자료들과 함께 금강대도『종리학 총서』를 비롯한 종리학회[4]에서 발표된 논문들과 기타 연구 결과물을 중심으로 연구를 진행해 나가고자 한다.

4) 금강대도의 사상을 연구하고 장려하기 위한 목적으로 2000년도에 발촉된 자체 내의 학술단체이다.

2. '가화(家和)'의 철학적 의미

1) 가화(家和)의 개념

가정은 인간이 임하는 최초의 사회적 환경이며, 가정은 사회의 영원한 학교라고 말한다.[5] 이러한 가정의 의미를 좀 더 자세히 살펴보면 첫째로, 모두가 인식하고 있는 한 개인이나 가족이 생활하는 장소, 즉 거주지를 의미한다. 또 인간이 태어났거나 양육된 장소로도 보고 있으며, 좋아하는 장소이거나 휴식처로도 생각한다. 그리고 어떤 것이 생겨나고 발생된 장소를 의미하기도 하고 또 동물이나 식물의 자연환경에서의 서식지를 의미하기도 한다.

다음으로는 가화에서 철학적 의미를 부여해 주는 '화(和)'에 대하여 살펴보도록 하자.

화(和)는 사전적 의미로는 화하다 · 답하다 · 알맞다 · 평온하다 · 합치다 · 절도에 알맞은 행위 등을 뜻한다.[6] 이러한 화(和)의 일반적인 의미와 함께 설문해자의 본래적인 의미를 파악해 봄으로써 좀 더 근원적인 화의 개념에 대하여 알아보고자 한다. 설문해자에 의하면 '화(和)'는 "상응야(相膺也)"라고 해설이 되어 있다.

이러한 '가(家)'와 '화(和)'에 대하여 그 어원적인 의미를 바탕으로 하여 개념 정의를 해 보았다. 앞의 내용들을 토대로 하여 가화의 개념을 유추하여 정리해 보면 가(家)와 화(和)에 대한 다양한 의미들 중에 가는 가족들의 안식처, 보금자리를 말하고 화는 가정 안에서의 혈육으로 이어진

5) 유영주 외, 『가족발달학』, 교문사, 1990, 3쪽.

6) 성낙양, 『동아백년옥편(탁상판)』, 2007.

가족들의 정이 있는 화목함을 말한다. 화목함이란 곧 행복이라는 가치관과 연결된다. 이것은 "가화만사성(家和萬事成)"[7]이라고 하여 전래되었는데 모든 일이 가정에서부터 비롯되고 가화를 이루면 모든 일이 잘 이루어진다고 한다. 이것으로 보면 가화가 모든 일을 시작하고 완성하는 데 있어서 기본이 됨을 말한다. 그리고 가정 안에서 나와 부모, 형제, 가족 모두가 화목함을 말하고, 가정이 안식처가 되며 생명 탄생과 양육의 근원이 되는 것을 의미한다. 가화는 이렇게 가정이 바르게 자리함과 편안함을 의미한다. 이러한 의미에서 '가화'는 휴식처이고 안식처이자 생육의 근원인 가정이 제 역할을 할 수 있도록 하는 기능을 한다. 가족 구성원들이 모여 함께 살아가면서 온 가족이 어떻게 하면 윤택하고 즐겁게 사는가를 목표로 하는 것이 가화이다. 그러므로 가화는 가정에서 가족들과의 관계가 사랑을 바탕으로 하여 형성된 화목함이다. 아울러 집안을 화목하게 가꾸어 가는 것이다. 또한 '가화(家和)'를 이루려 할 때는 가족 구성원 각자의 충실한 역할이 지대한 영향을 끼친다.

2) 가화(家和)의 철학적 의미

가정에서의 가족의 행복을 추구한다는 것만으로도 가화는 충분한 철학적 의미를 갖는다. 가족의 행복이라는 말로 축약되는 가화에 대하여 고대 문헌을 토대로 철학적 근거들을 살펴서 좀 더 포괄적이고 다양한 철학적 의미들을 찾아보고자 한다.

『주역(周易)』, 「서괘전(序卦傳)」에서 찾아보면 "이(夷)는 부상을 입은 것이니 바깥에서 부상당한 사람은 반드시 집으로 돌아오기 때문에 가인

7) 『명심보감』. "子孝雙親樂 家和萬事成."

괘로 받았다."[8]라고 하였다. 또 소식은 『동파역전(東坡易傳)』에서 "사람이 궁하면 근본으로 돌아가는데 병이 생기거나 괴로우면 부모를 부르기 때문에 부상을 입으면 집으로 돌아간다."[9]라고 하였다. 이러한 것으로 볼 때 사람은 밖에서 상처를 입고 힘들게 되면 반드시 안으로 들어오게 된다. 그리고 위로해 주는 사람은 바로 부모인 것이다. 이렇게 가정이라는 것은 상처 입은 몸을 치료해 줄 뿐만 아니라 특히 마음에 입은 상처까지도 치료해 주며, 또 우리의 일상생활 속에서도 하루 일과를 마치고 편안히 쉬고 재충전을 하게 해 준다. 그러므로 가정은 몸과 마음이 다시 살아나는 곳이다.

다음으로 가정은 인간관계의 기본[10]임을 들 수 있다. 가정은 혼자서 사는 곳이 아닌 가족과 함께 생활하는 공간이다. 이러한 점에서 여러 가지의 인간관계가 복합적으로 모여 있는 최초의 단위이며, 인간관계를 쌓아가는 가장 실제적인 훈련 장소이기도 하다.

다음은 '화(和)'에 대하여 살펴보도록 하자. 화에 대한 철학적 의미에 대하여 『중용(中庸)』 제1장을 보면 화는 사람의 마음이 바르게 쓰여짐을 말함과 그것이 세상에 끼치게 되는 영향까지도 의미한다. 이러한 방법에 있어서 절도에 알맞음을 준칙으로 내세운 것이다. 여기에서 절도라는 것은 상황에 맞지 않는 과함을 자제함과 누구나 상식적으로 그 상황에 알맞은 도리에 어긋남이 없는 행동을 의미한다. 그리하여 한 치의 오차 없이 그 상황에 들어맞는 것을 의미한다. 이러한 점에서 보면 '화(和)'는 마음이 감정을 통해서 밖으로 나타나 주위 사물이나 상황에 맺은 관계가 질서나 절도에 알맞은 상태[11]를 말한다고 할 수 있다.

8) 『周易』,「序卦傳」下. "夷者傷也, 傷於外者必反其家, 故受之以家人."
9) 蘇軾, 『東坡易傳』. "人窮則反本, 質通則呼父母, 故傷則反於家."
10) 김충렬, 『유가윤리강의』, 예문서원, 2011, 70쪽.

이상으로 '가(家)'와 '화(和)'에 대한 내용들을 살펴보았다. 이것을 바탕으로 가화에 대한 철학적 의미를 유추해 보면 한 가정 안에서 가족들이 도덕 실천을 바탕으로 질서나 절도에 맞게 생활하는 것이라고 할 수 있다. 이러한 가화에 대한 철학적 의미들을 먼저 『서경(書經)』의 다음 구절을 통해 살펴보자.

> "큰 덕을 밝힘으로써 구족(九族)을 친애하였다. 구족이 이미 화목해지자 백성들을 교화했고, 백성들이 밝은 덕을 알자, 여러 나라를 합하여 하나로 하였다."[12]

위의 예문에서는 가화의 방법을 큰 덕으로 하였다는 것이며, 큰 덕을 바탕으로 한 가화는 백성을 교화할 수 있는 근원이라는 것을 알 수가 있다. 이러한 점에서 가화의 개념을 유추해 보면 가화는 가족을 덕으로써 사랑하는 것이며, '가화만사성'의 의미처럼 인간관계의 모든 일사에 있어서 기본적인 요건으로 작용함을 알 수가 있다.

3) 토암 사상에 나타난 '가화(家和)'의 의미

토암은 기본적으로 가정에서 도를 닦음을 생활화해야 한다고 주장하고 있다. 그와 제자들의 문답기인 『대성훈통고(大聖訓通攷)』에서 '도가(道家)'라는 말을 사용하여 가정에 대한 기본 입장을 도의 가정, 도를 추구하는 가정이라고 말하고 있다.

---

11) 김충렬, 『중용 · 대학강의』, 예문서원, 2007, 117쪽.

12) 『書經』, 「堯典篇」. "克明俊德, 以親九族. 九族旣睦, 平章百姓, 百姓昭明, 協合萬邦."

"빈한한 걸 탄식하지 말라. 궁한 가운데 마음을 굳게 함은 도가(道家)의 근본이니 모름지기 가난한 걸 견디어 도를 닦으면 오는 머리에 복록을 어찌 가히 헤아리리요."[13]

여기에서 '도가(道家)'라는 것은 도가 있는 가정, 도를 추구하는 가정을 의미한다. 토암은 개인적으로 물욕을 없애는 것에서부터 도를 닦고, 그것이 한 가정의 가풍이 됐을 때 그것이 그 가정의 도를 이루는 기본적인 요소임을 말하고 있는 것이다.

도(道)를 추구하는 가정으로서의 가(家)의 의미와 함께 토암은 화(和)에 대해서도 언급하였는데 그 내용을 『보경(寶經)』의 「명교장(明敎章)」에서 찾아볼 수 있다.

"첫째는 심성신을 맑게 하는 것이니 천명을 받들어 가화하고 둘째는 다섯 가지 덕이니 인의예지신으로써 도를 즐거워하고 가난함을 편히 여기며, 셋째는 아홉 번 굴러 공부하는 것이니 잊지 말고 계속 생각하라. 유가의 법은 오륜(五倫)과 삼강(三綱)이니 인(仁)과 의(義)로써 삼화(三和)하고 불가의 법은 죽이는 것을 경계하고 음란한 것을 막는 것이니 술과 고기를 먹지 말며 선가의 법은 마음이 맑고 정신이 편안한 것이니 심성을 안정하라."[14]

---

13) 금강대도 총본원, 『大聖訓通攷』(미출간), 12쪽. 도를 추구하는 데에 있어서 한 가정에서 기본적으로 가난함을 견디어 내는 것과 그러한 고통 속에서도 마음이 부를 갈망하는 욕심에 흔들리지 않고 사는 것이며, 그렇게 견디어 도를 닦으면 나중에 기본적으로 그에 걸맞은 복을 받게 될 뿐만 아니라 그 이상의 복도 받을 수 있다는 것이다.

14) 금강대도총본원, 『寶經』, 「明敎章」, 1992. "一日三淸이니 奉命家和하고 二日五德이니 樂道安貧하며 三日九轉이니 轉輾反仄하라. 儒家之法은 五倫三綱이니 仁義로 三和하고 佛家之法은 戒殺防淫이니 酒肉을 不食하며 仙家之法은 心淸神安이니 心性을 安定하라."

위의 예문에서 주시해서 볼 구절은 '삼화(三和)'[15]한다는 구절이다. 삼화란 불교의 용어로써 육근(六根)·육경(六境)·육식(六識)의 세 가지의 화합을 의미한다.[16] 불교에서는 이 삼화를 통하여 구체적인 의식(意識)이 형성된다고 본다.

불교에서는 모든 심적 활동은 감각기관인 육근(六根)과 감각기관의 대상인 육경(六境)과 인식주체인 육식(六識)이 합쳐졌을 때에만 일어난다고 설명하고 있다.[17] 이러한 것으로 보면 삼화도 인간의 심적 활동을 의미하며, 의식과 감각과 외재 사물과의 조화를 의미한다. 그리고 이러한 근(根)·경(境)·식(識)의 더하지도 모자라지도 않고 어느 한편으로 치우침이 없는 화합을 말한다.

그런데 토암은 인의(仁義)로서 삼화해야 한다고 하였다. 인(仁)과 의(義)는 유가 철학에서 말하는 심성 수양의 방법이며, 실천의 요체이고 목표이다. 그리고 토암은 이 인의에 대하여 「교유문(敎諭文)」 1권 '인의도덕장(仁義道德章)'에서 "도(道)의 근본은 어진 데서 나고 덕(德)의 근원은 의리에서 난다."[18]고 하여 인의가 도덕의 근본이요, 근원임을 말하고 있다. 이것으로 볼 때 토암은 삼화(三和)를 하는 데 있어서 인간의 마음이 주체

---

15) 『보경』에 나타난 이 부분에 대한 해석은 부자, 부부, 형제의 화합이라고 말하고 있다. 이것을 이렇게 육친에만 해당시키면 오륜의 군신유의, 붕우유신, 장유유서와 삼강의 군위신강은 육친이 아니므로 해당되지 않는다. 이러한 점에서 필자는 불교사상의 '삼화'라고 결론지어 해석을 하였다. 본문에서 필자는 삼화는 인간의 심적 활동이고 의식과 감각과 외재 사물과의 조화를 의미한다고 하였다. 그러므로 "인의(仁義)로 삼화(三和)해야 한다."는 구절은 곧 내면적이고 내재적인 도덕을 인과 의로써 함양하는 것을 말하는 것이다. 이것은 곧 심성수련의 의미와 상통한다고 보인다.

16) 김관응 감수, 『불교학대전』, 불서출판 홍법원, 1990, 782쪽.

17) 고익진, 「아함법성의 체계성 연구」, 동국대학교 출판부, 1990, 73쪽 참조.

18) 금강대도 총본원, 『大聖經』 2권, 「教諭文」 1권, '人義道德章', 2001. "道之本源은 出於仁하고 德之本源은 出於義니 仁者는 天地之股肱이요 義者는 日月之眼目이니 仁出於道하고 義出於德하니."

가 된 도덕성을 근본으로 하여야 함을 주장한 것임을 알 수 있다.

화에 대한 새로운 시각은 토암의 심성배합론(心性配合論)에서도 찾아볼 수가 있는데 토암은 심성을 서로 떨어질 수 없는 짝과 같은 관계이자 공동체로 보았다.

'배합(配合)'이라는 말에는 어떤 것을 만들기 위해 일정한 비율로 원료를 한데에 섞어 만들어 내는 것을 말한다. 이러한 것으로 볼 때, 심성배합이라는 말에는 조화와 화합의 의미도 포함이 되며, 이러한 조화와 화합을 통하여 기존과는 다른 성숙된 어떤 것이 만들어지는 것이다.

이상 토암이 말하는 화(和)에 대한 내용을 심성배합론에서 찾아보면 조화와 화합으로써 합일(合一)을 이루어 좀 더 성숙된 어떤 것을 창출하는 것이며, 그 창출된 어떤 것은 곧 도덕(道德)이라는 것이다. 그리고 조화와 화합에 머무르지 않고 합하여서 하나의 또 다른 완성된 어떤 것을 만드는 것이며 조화와 화합의 뜻은 물론 아울러 합한다는 뜻도 포함을 하고 있다. 그리고 합한다는 것은 조화와 화합의 지향하는 바이며, 이러한 점은 유·불·선 삼종일합사상이나 토암의 심·성·신(心性身), 천·지·인(天地人), 정·기·신(精氣神)의 각각의 합일(合一)을 말하는 삼합(三合)사상에서도 잘 나타나 있다.

지금까지 살펴본 가와 화의 이러한 의미들을 바탕으로 하여 토암의 가화사상이 형성되었는데, 가화를 도덕 실천의 기본이자 핵심적인 사안으로 보았다.

토암은 "집안이 화목하여야 만사가 이루어지니 반드시 가화로써 주장을 할 것이로대 네가 능히 네 아내를 저버리고 배반하겠느냐?"[19]라고 하여 가화가 만사를 이루는 근본임을 말하는 동시에 그 근본은 가족과의 화

19) 위의 책, 33쪽.

목에 있다는 것을 강조하여 가화를 이루는 구체적이고 근원적인 이유에 대하여 설명하고 있다. 또 "집안이 화목함에 만사가 이루어지니 보배가 집안이 화목함보다 더 착함이 없느니라."[20]라고 하여 '가화'를 이룬 것이 곧 보배라고 비유하고 있다. 이것은 가화에 모든 행복의 근원이 내재해 있으며 우리가 일반적으로 가치 있다고 생각하는 의미가 다른 부(富)나, 명예(名譽)나, 권력(權力)이 아니라 한 가족이 모두 화목하게 사는 것이 소중하다는 것을 의미한다. 이러한 가화의 중요성은 토암이 가화의 철학적 의미를 도(道)와 덕(德)에 두고 있다는 점에서 그 두드러진 특성을 보인다. 가화는 오륜(五倫)이라는 도(道)의 실천으로 인해 발현되는 덕(德)이라고 보았다. 그러므로 토암의 가화는 가정의 화목함만을 뜻하는 것이 아닌 가정을 도를 이루는 요체로 봄으로써 그 안에서 도덕(道德)이 생성되고 베풀어지는 역할도 하는 것이라고 한다. 이렇게 가정에서의 도덕이 생성된 것이 곧 가화이다. 그리고 가화를 하면 소원성취(所願成就)를 이루고 왕생극락(往生極樂)을 할 수 있다고 하였다.

3. '가화(家和)' 사상의 내용과 실천 방안

1) 육친가화(六親家和)

육친가화(六親家和)는 토암이 말한 도(道)를 추구하는 가정에서 가정의 기본 구성원인 부자, 형제, 부부의 혈육으로 맺어진 육친이 도덕적 인륜을 바탕으로 서로에 대한 사랑과 화합으로 화목한 가정을 이루는 것을 의

20) 위의 책, 47쪽.

미한다. 아울러 같은 혈연으로 맺어진 혈족간의 사랑과 화합도 이르는 말이다. 이러한 내용은 「교유문(教諭文)」의 '오륜가화장(五倫家和章)'과 「현묘경(玄妙經)」의 내용을 통해서 알 수가 있다. 그리하여 천하에 덕을 펴는 것은 가화를 이룸으로부터 가능하고 가화가 지향하는 바는 세상에 덕을 펴는 군자를 만들어 내는 것과, 가화가 이루어졌을 때 도덕이 있는 것처럼 세상에도 도덕을 존재하게 하고 실천하게 하는 것이다.

(1) 안빈낙도(安貧樂道)

토암은 가난하여도 편안히 여기고 도를 즐거워하는 것을 항상 가정에서의 도를 이루는 데 꼭 필요한 필수 조건인 것처럼 가화를 이야기할 때에 먼저 선결해야 하는 조건으로 내세우거나 동반하는 요인으로 설명하고 있다. 먼저 수도를 하고 도를 실천하는 기본 요건으로 안빈낙도를 말하고 있는데 도가(道家: 도를 추구하는 가정)에서의 필수적인 사항이며, 가화를 하는 데 기본이면서도 동반되어지는 사안으로 보았다.

그러므로 이러한 인간사와 함께 떼려야 뗄 수 없는 관계인 물질에 대한 욕심을 버려 마음이 흔들림과 괴로움에서 벗어나 안정되고, 초월하여 도를 추구하고 그 도를 즐기라는 것을 의미하는 것이다.

(2) 효도

토암은 효(孝)를 "백 가지 행실의 근본이요, 만 가지 법의 높음이라."[21] 고 하여 효가 윤리도덕의 기본이자, 모든 도덕에 있어서 가장 높은 위치를 차지하고 있음을 말하였다. 이것은 토암이 "사람이 부모에게 효도를 하면 천지도 또한 공경한다."[22]고 하며 제자들에게 설법한 내용에서도 잘

---

21) 금강대도 총본원, 『大聖經』 2권, 「玄妙經」. "故로 孝는 百行之本이요, 萬法之宗이니."

나타나 있다. 또 토암은 효를 "만 가지 착함 중에 제일인 것은 효도요 만 가지 악함 중에 제일이 되는 자는 불효이니라."[23]라고 하여 효를 하면 선을 행하는 것이고 불효를 하면 악을 짓는 것이라고 하여 효의 중요성을 강조하였다. 그리고 토암은 효의 실행과 불이행을 기준으로 선과 악을 판가름하고 이러한 효 자체가 도덕의 범주 안에 속함을 명시하였다.

그리고 『도덕가』에서 "육친가화 일삼을 제 효성부모 제일이라."[24]라고 하여 진정한 가화는 효를 통해서 이루어짐을 말하였다. 이것은 곧 효를 통해 인도를 밝히는 것이며, 도덕의 실현이 되는 것이다. 여기에서 가화에서의 효의 위치와 중요성을 찾아볼 수 있는데 효를 실천하는 것은 곧 가정에서의 인륜의 모든 실천을 포함하는 개념이라고 할 수 있다.

(3) 부부의 화합

부부화합의 길을 토암은 먼저 부부간에는 서로 공경을 해야 한다고 하였다. 그의 저서 『도덕가』의 「부부장」에서 보면 "부부간에 하는 도리 공경밖에 또 있는가?"[25]라고 하여 부부간에 기본적으로 서로 존중하고 소중히 여겨야 함을 말하고 있다. 이것과 아울러 토암은 「교유문(教諭文)」의 '오륜체향장(五倫體鄉章)' 에서 "남편에게 공경하고 아내에게 화하며"[26]라고 하였고 또 '오륜가화장(五倫家和章)' 에서는 "그 남편이 아내에게 화하는 것과 그 아내가 남편에게 순히 하는 것"[27]이라 하여 부부화합의 방

---

22) 금강대도 교화교무원, 『대도는 담담한 물과 같으니』, 2007, 107쪽(8-8).

23) 금강대도 총본원, 『大聖經』 2권, 「玄妙經」. "萬善爲一者는 孝也오 萬惡爲一者는 不孝也니라."

24) 금강대도 총본원, 『道德歌』, 「父子章」, 1986, 3쪽.

25) 금강대도총본원, 『道德歌』, 「夫婦章」, 1986, 5쪽.

26) 금강대도총본원, 『大聖經』 2권, 「教諭文」 4권, 2001, '五倫體鄉章'. "孝於親而忠於君하고 敬於夫而和於婦하며."

법에 대해 구체적이고 현실적인 방안을 제시하고 있다. 이것은 부부의 도리는 먼저 서로를 존중하는 것이며 남편은 아내의 의견을 존중하고 받아들이며, 아내는 남편을 존경하고 유순한 마음으로 대해야 한다는 것이다. 「진종보감(眞宗寶鑑)」에 보면 "덕스러운 행실은 어짊이니 집은 육친에 있도다. 남편과 아내가 참으면 육친이 화합하고 남편과 아내가 참지 않으면 육친이 화합하지 못하리니 서로 참고 서로 화합하여 집안의 화목함으로 도를 즐거워하라."[28]라고 하여 참음이란 곧 덕행이고, 가화를 이루는 데는 이러한 덕행의 마음이 기본이며, 가화를 성사시키는 요건이며, 이러한 덕행은 부부간에 서로 노력해야 한다는 것이다. 이렇게 서로 참고 배려하는 속에 온 가족의 화목과 화합이 이루어지는 것이니 또한 부부화합이 육친가화를 하는 데 중요한 역할을 하는 것을 설명하고 있다.

토암은 이러한 가화의 요건으로써 참음의 미덕과 함께 부부화합을 이루기 위해서는 남편의 외도를 금지하는 것 또한 강조하였다. 이러한 토암의 사상에 대해 금강대도에선 10가지 경계해야 할 덕목인 금강십계율(金剛十戒律) 중의 하나인 '일부당일처(一夫當一妻)'[29]로 규정하였다. 신앙생활에 있어서 실천하고 경계해야 할 사항으로 하여 금강대도를 신앙하는 도인들에게 실천・실행하게 하고 있다.

---

27) 위의 책, 「敎諭文」 1권, '五倫家和章'. "六親이 家和에 其父之敎子와 其子之孝親과 其夫之和妻와 其妻之順夫와 其兄之友弟와 其弟之恭兄은 人倫之大道也라."

28) 금강대도총본원, 『大聖經』 1권, 「眞宗寶鑑」 상권, 2001, '天道人道勸諭章', 2001. "天道曰人이요 人道曰倫이요 德行曰賢이니 家在六親이라 家妻忍之면 六親和合하고 家妻不忍이면 六親不合하리니 相忍相和하야 家和樂道하라."

29) 금강십계율의 내용은 다음과 같다. 一. 勿欺天地人, 二. 心身淸淨潔, 三. 鍊性克己慾, 四. 敬惜字書紙, 五. 言行重如山, 六. 戒殺濟衆生, 七. 不食魚肉類, 八. 一夫當一妻, 九. 勿取他人物, 十. 勿犯罪過誤.

(4) 가화청결(家和淸潔)

가족을 사랑으로 대하고 서로 화목하게 지내려면 먼저 가족을 사랑할 수 있는 마음 자세를 함양하기 위해 모든 욕심을 다스리고 사랑을 줄 수 있는 심성의 수련이 필요하다. 그리고 이러한 심성수련의 정도가 화합하는 데 있어서 긴밀한 영향을 미치고 또 가화의 질을 결정한다. 이처럼 심성수련(心性修鍊)이 가화에 미치는 영향은 매우 큰 것인데 스스로 심성을 연마하여 자수심성(自修心性)을 이룬 깨끗한 마음으로 가화를 하는 것과 아울러 가족 전체가 심성수련을 바탕으로 하여 도덕을 실천하고 생활화하는 것을 토암은 가화청결이라는 말로 정의하고 있다.

가화청결은 개인은 물론 한 가정이 심성수련을 이루어 맑고 깨끗한 기운이 흐르는 가정, 곧 도덕 실천이 가풍이 된 가정을 말한다. 그리고 한 치의 결여됨도 없는 깨끗한 도덕 실천으로 가화를 해야 함을 말하는 것이며, 이렇게 하여 가정의 분위기나 가족들의 마음이 도덕적으로 청정(淸淨)한 상태에 이름을 말하는 것이다. 이러한 가화청결(家和淸潔)은 개인과 가정에서부터의 심성수련의 중요성을 강조하고 있는 것이며, 가정에서부터의 깨끗한 도덕성을 강조하고 있다.

(5) 오륜(五倫)

"그런고로 가화하는 가운데에 오륜이 있고 오륜의 가운데에 도덕이 있으며, 도덕의 가운데에 소원성취가 있고 소원성취의 가운데에 생극락이 있으며 생극락 가운데에 왕생극락이 있느니라."[30]

30) 금강대도 총본원, 『大聖經』 2권, 「玄妙經」, 2001. "故로 家和之中에 有五倫하고 五倫之中에 有道德하고 道德之中에 有所願成就하고 所願成就之中에 有生極樂하며 生極樂中에 有往生極樂也니라."

위의 예문에서 토암은 가화를 이루어 가는 과정 속에 오륜이 존재한다고 하였다. 이것으로 오륜과 가화의 관계를 규정지어 보면 오륜의 목표, 오륜이 지향하는 바는 가화인 것이며, 가화는 오륜을 통해서 내재해 있는 도를 덕으로 실현시킨 것이다. 또 오륜은 가화의 한 방법이며, 가화를 이루어 가는 실천의 중심으로 삼아야 한다는 것이다. 이러한 오륜에 대해 토암은 7가지 큰 인륜이라고 하여 오륜에서 파생시킨 내용을 첨부하여 중요한 덕목으로 거론하고 있는데 그것을 살펴보면 다음과 같다.

> "하늘과 땅이 한 기운이거늘 음과 양이 사귀어 화해서 만물을 키워 내니 만물의 많은 가운데 오직 사람이 가장 신령함이라. 어찌하여 가장 신령하다 하는가? 아버지는 사랑하고 아들은 효도함이 있고 임금은 의롭게 하고 신하는 충성스러움이 있으며 남편은 온화하고 부인은 순함이 있고, 형은 우애하고 동생은 공손함이 있으며, 어른을 공경하고 어린이를 사랑하고, 같은 종족 간에 화목함이 있으며 붕우 간에 신실함이 있으니 위에 열거한 이 7가지는 인륜의 큰 도가 되니라."[31]

이처럼 토암은 전통적인 오륜에만 의존하지 않고 중생을 구원하는 도로써 엄수해야 할 도덕을 확장하여 강조하였다. 이와 더불어 토암은 금강실행십조(金剛實行十條)[32]라는 조목으로 규정하여 금강대도 신앙의 덕목으로 실천하도록 하였다. 여기에는 오륜과 7가지 큰 인륜은 물론 조상 신

31) 앞의 책, 「玄妙經」. "天地一氣어늘 陰陽交泰하야 稟生萬物하니 萬物之衆에 惟人이 最靈也라. …… 此七者는 人倫之大道也니라."

32) 금강실행십조는 금강대도를 신앙하는 신도들의 실천강령으로 敬天地, 禮佛祖, 奉祖先, 孝雙親, 守國法, 重師尊, 別夫婦, 愛兄弟, 睦宗族, 信朋友를 말한다. 이것은 토암이 직접 작성하여 제자들에게 전하여 실천하도록 하였다.

봉과 함께 미륵불과 천지에 대한 공경을 말하고 있어 인간관계에만 그치는 것이 아닌 천지와 신앙 대상에 대한 공경 의무도 첨부하였다.

2) 중생가화(衆生家和)

토암은 『도덕가』에서 다음과 같이 말한다.

> "천지(天地)는 부모(父母)라 하고 일월(日月)은 형제(兄弟)라 하며 성신(星辰)은 붕우(朋友)라 하였으니 천하지인(天下之人)이 누가 형제(兄弟) 아니 되며 누가 붕우(朋友) 아니 되리"[33]

천지를 한 부모로 모시는 천하의 모든 사람들은 가깝게는 형제와 같고 멀게는 붕우와도 같다. 형제는 혈족 관계에서 부모 다음으로 가까운 사이이며, 혈족이 아닌 타인과의 관계에서 붕우는 가장 친밀한 관계를 말한다. 이것은 세상 중생 모두를 친근한 관계로 인식해야 한다는 것이다. 또한 천하의 사람들을 가족처럼 여기고 한 부모를 모시는 형제라고 생각하고 서로 간에 사랑하고 평화롭게 살아가야 한다는 것이다. 이것은 가족을 사회로 확대하여 형성된 인간관으로 혈연적 한계를 뛰어넘어 사회와 일체성을 강조하고 있다. 또한 공공 사회를 향해 인간존중사상을 기본으로 하여 가족과 사회 간의 경계를 없애는 공동체적 세계관임을 알 수 있다. 이것은 바로 이 세상의 중생(衆生)들 간의 도덕 실천(道德實踐)에 의한 조화(調和)와 화합(和合) 그리고 상생(相生)을 목적으로 하는 중생가화(衆生家和)[34]를 말한다. 이러한 중생가화에서 중생이 일반 대중들을 의미하고

---

33) 금강대도총본원, 『道德歌』, 「日月兄弟章」, 1986, 69쪽.

이 대중들은 사회에 모여 함께 공동생활 집단을 형성한다는 점에서 이것은 곧 사회의 화합과 조화를 말하는 사회적 가화라고 해도 무방하다. 그리고 여기에는 사회적인 측면에서의 인륜적인 도덕 실천을 강조한다. 여기에서 가화의 구체적 내용은 실제적으로는 사람 간의 사랑과 존중, 평화를 말한다. 이러한 중생가화의 주축을 이루는 사상으로는 '심성형제자매사상(心性兄弟姉妹思想)'이 있다. 심성형제자매는 협의적 개념으로는 토암의 제자들과 금강대도를 신앙하는 신도들을 일컫는 말로서 토암의 도덕을 배우고 심성수련을 하기 위하여 토암의 문하에 입성한 사람을 가리킨다. 그러나 중생가화사상이 온 세상의 모든 사람들을 천지를 부모로 하는 형제요, 성신과 같은 붕우라고 말한 점을 고려하면, 제자나 신도에만 그치는 것이 아니라 모든 사람은 평등하다는 사고를 바탕으로 하여 범인류적이고 세계적으로 해석을 해야 한다고 본다.

(1) 충(忠)

"국가와 스승과 부모는 일체이니, 국가의 은혜는 입혀 주고 먹여 주는 것이며, 스승의 은혜는 가르치고 이끌어 주는 것이며, 부모의 은혜는 낳고 길러 주는 것이니, 스승의 가르침이 아니라면 누가 인륜(人倫)의 도(道)를 알겠는가?"[35]

군사부의 은혜를 알고 보답하는 도리는 인륜(人倫)의 도(道)라고 하였다. 그리고 그 은혜란 국가는 삶의 기본인 의식주의 책임과 스승은 올바른 도덕 교육과 부모는 골육을 낳고 길러 주시는 은혜인 것이다. 이 군사부에 대한 도리는 동일시해야 하지만 스승으로부터 배우는 충과 효를 이

---

34) 여기에서 중생이라고 하는 것은 불교에서 말하는 살아 있는 모든 생명체를 의미하는 것이 아니고, 일반 대중만을 한정지어 지칭한다.

35) 위의 책, 같은 쪽(8-3).

세상의 가장 중요한 도덕으로써 강조하고 지켜야 함을 다음과 같이 강조하였다.

> "…… 그런고로 예로부터 성인이 순순히 설교하사 만세에 가르침을 드리시니 가르치는 것이 그 무엇인고? 오직 이 충성과 효도니라. 충성을 떠나고 효도를 떠나면 부처도 아니요 신선도 아니니라."[36)]

토암은 충성과 효도를 옛 성인들로부터 전수받아 지켜야 할 도덕 원리이자 실천 사항으로 보았으며 또한 이러한 충과 효의 도덕 실천이 사람의 한계를 극복하고 탈피하여 해탈할 수 있는 원칙임을 말하였다.

또 토암은 충의 가치와 본질적인 의미에 대하여도 말하였는데 "가로대 충성과 가로대 효성과 가로대 정성과 가로대 공경은 천도의 떳떳함이요 인도의 벼리니라."[37)]라고 하여 충이 효와 성경과 함께 이것은 하늘의 뜻인 천도이며, 사람이 꼭 실행해야 하는 인도에 있어서 중심 역할을 하는 것이라고 하였다.

(2) 성경(誠敬)

토암은 스승에 대한 도리를 "부모를 섬김으로써 스승을 높이고"[38)]라고 하여 스승은 부모와 같은 존재로서 효도를 다하는 정성으로써 공경해야 함을 말하고 있다. 그리고 "배움에 스승과 벗이 없으면 큰 걸음을 이루기

---

36) 금강대도 총본원, 『大聖經』 2권, 「玄妙經」, 2001. "故로 自古聖人이 諄諄設敎하사 垂敎萬世하시니 敎者其何오 惟此忠孝라 離忠離孝면 非佛非仙也니라."

37) 금강대도 총본원, 『大聖經』 2권, 「玄妙經」, 2001. "曰忠曰孝와 曰誠曰敬은 天道之常이오 人道之綱이라."

38) 앞의 책, 「玄妙經」. "奉天以守王法하고 事父母以尊師傳하며."

어려울 것이요."[39]라고 하여 스승이 단순히 가르침의 주체일 뿐만이 아니라 배움을 크게 이룰 수 있도록 이끌어 주는 존재임을 말하고 있다. 또한 토암은 다음과 같이 말하면서 스승에 대한 절대적인 믿음을 가질 것을 강조하였다.

> "선생이 소금 짐을 지고 물속으로 들어가라고 해도 의심치 아니하고 믿어 행할 수 있어야 나의 제자라 할 만하다."[40]

이처럼 토암은 한 스승을 대하는 데 있어서 한 치의 의심이 없는 절대적인 믿음을 강조하였다. 소금 짐을 지고 물속으로 들어가면 소금은 바로 녹게 되어 쓸모가 없게 된다. 이처럼 이성적인 판단과 상식으로는 이해를 할 수 없는 일일지라도 오직 스승을 대하는 마음가짐에는 절대적인 믿음을 가져야 한다는 것이다. 마치 내가 효도를 다해야 하는 부모를 의심하지 않는 것처럼 말이다. 그리고 이러한 절대적인 믿음이 없이는 사제지간이 형성될 수 없음을 말하고 있다. 이렇게 스승에 대하여 절대적인 믿음이 바로 서는 것을 토암은 사도확립(師道確立)이라고 한다.

(3) 붕우신실(朋友信實)

토암은 친구 간의 도리인 붕우유신(朋友有信)에 대하여 붕우신실(朋友信實)[41]이라는 말로 표현하였다. 친구 간에는 완전무결한 믿음으로 꽉 차 있어야 함을 말하고 있는 것으로, 이것은 신의(信義)의 극치를 표현한 것이다.

---

39) 위의 책, 「玄妙經」. "學無師友면 難成大步오."

40) 금강대도 교화교무원, 『대도는 담담한 물과 같으니』, 2007, 29쪽(2-11).

41) 금강대도 총본원, 『寶經』, 「明教章」, 1992, 19쪽.

붕우의 문제는 중생가화에서 중요한 부분이라고 할 수 있는데 이것을 토암은 붕우신실이라는 말로 표현하여 강조한다. 토암은 친구 간에 서로 행해야 할 도리로서 『도덕가』의 「붕우장」에서 "제월광풍(霽月光風) 좋은 때에 심덕(心德)으로 사귄 벗은 절절시시(切切偲偲) 일을 삼아 모진 행실 경계하고 착한 일로 인도(引導)하며 어진 행실 사모하여 도덕군자(道德君子) 사귀어 붕우유신(朋友有信) 되어 보세."[42]라고 하여 심덕(心德)으로 친구를 사귀어야 하며 선행을 쌓아 도덕군자가 될 수 있도록 함께 인도해야 한다는 것을 강조한다.

이러한 심덕에 대하여 토암은 인(仁)과 의(義)라고 말하고 있는데 다음의 예문을 보면 알 수 있다.

> "붕우(朋友) 간에는 신의(信義)가 있다고 하니 어떤 것이 진실한 벗인가?! 장기바둑으로 벗을 사귀면 가난할 때 소원해지고 술자리에서 벗을 사귀면 깨었을 때 소원해지고, 재물로 벗을 사귀면 일어날 때 소원해지고 인(仁)과 의(義)로 벗을 사귀면 필요할 때 아첨하지 않느니라."[43]

(4) 인인교정(隣人交情), 장유유서(長幼有序)

토암은 『보경』의 「명교장」에서 '인인교정(隣人交情)'[44] 하라고 말하고 있다. 인인교정이란 이웃 간에 서로 나누는 인정(人情)으로서 이웃 간에 형제같이 지내는 정을 말한다. 이것은 육친가화에서 부모에게 효하는 마

---

42) 금강대도 총본원, 『道德歌』, 「朋友章」, 1986, 7쪽.

43) 금강대도 총본원, 『大聖經』 1권, 『眞宗寶鑑』 상, '天道人道勸諭章', 2001. "朋友有信하니 如何朋友오 博奕交友면 貧時疎意오 酒席交友면 醒時疎意요 財氣交友면 起時疎意오 仁義交友면 用時不諛니라."

44) 금강대도 총본원, 『寶經』, 「明教章」, 1992, 19쪽. "隣人交情하고 朋友信實하면,"

음과 애형제하는 마음을 사회로 확대한 것이며 연장자와 연소자의 관계에 대한 질서유지와 화합을 목적으로 규정된 것이다. 토암은 이것에 대하여 "어른을 공경하고 어린이를 사랑함이 있고"[45]라고 하여 장유 간에 서로 지켜야 할 도리로써 공경과 공손함을 말하였으며, 이것을 "일곱 가지 인륜의 큰 도" 가운데에 포함시킴으로써 사람이 꼭 행해야 할 도리라고 하였다.

3) 우주가화(宇宙家和)

우주가화(宇宙家和)는 우주를 하나의 공동체로 해석하고 그것을 소우주인 인간의 삶에 착안하여 천지를 부모라 하고 우주만물을 형제라고 하여 전 우주를 하나의 가정으로 본다는 관점에서 그 이면에는 우주구성원리(宇宙構成原理)를 포함하고 있으며, 천지부모가 우주 만물을 낳았다는 시각에서 우주생성원리(宇宙生成原理)이기도 하다. 그리고 전 우주가 한 가정으로 구성원들이 서로 화목하게 조화와 화합을 이루어 운행되어야 한다는 관점에서 보면 우주상생원리(宇宙相生原理) 또한 포함하고 있는 것이다. 이렇게 우주를 한 가정이라고 볼 수 있는 근원적 이유는 건곤이 이 세상을 낳고 기르는 부모라는 이론이다. 우주적 가화를 이루는 데 있어서는 무엇보다도 건부와 곤모인 부모의 역할이 중요하다고 할 수 있는데 그것은 건부(乾父)와 곤모(坤母)가 조화(調和)를 이루고 제 위치에서 평등한 지위를 가져야만 가능하다고 한다. 이것이 바로 '건곤정위사상(乾坤正位思想)'을 말함이다.

이러한 건곤정위사상(乾坤正位思想)은 건부와 곤모의 도(道)를 말하는

45) 위의 책, 「玄妙經」. "有兄友弟恭하며 有敬長愛幼하고 有宗族和睦하며 有朋友信實하니 此七者는 人倫之大道也니라."

것이라고 할 수 있다. 그동안 동양의 전통적 세계관에서는 천(天)과 지(地)의 관계를 수직적으로만 보았다. 그러므로 자연적으로 사랑을 베풀어 만물(萬物)을 상생(相生)시켜야할 곤모(坤母)의 능력이 제대로 발휘되지 못했던 것이다. 그러나 곤모의 지위가 건부와 대등하게 상승하여 평등해짐으로 인해서 모든 불평등의 존재들까지도 귀천이 없이 평등하게 된 것이다. 이러한 건곤정위사상으로 천지부모와 삼라만상이 조화와 상생을 이룰 수 있게 되었다. 이러한 건곤정위사상과 아울러 우주가화를 이루는데 있어서 중시되는 사안이 천인합일(天人合一)의 문제이다.

토암은 그의 저서 전반에서 도덕 실천을 기반으로 한 천인합일을 주장하고 있다. 그 근거를 제시해 보면 "하늘마음이 곧 사람의 마음이니 내 마음을 속이면 하늘을 속이는 것이다."[46], "마음을 알고 성품을 앎이여 하늘을 체받아 이치를 살피어,"[47] 등이다. 이것은 토암의 사상을 포괄하는 개념이며 도덕성의 회복을 통해 천인합일로 완성된다는 것이다.

4. '가화(家和)' 사상의 궁극적 목표

1) 가화성도(家和成道)

가화성도(家和成道)란 한 가정에서 가화(家和)로써 도덕(道德)을 이룬다는 의미와 도덕 실천으로 가화를 이룬 그 구성원 모두는 도덕군자(道德君子)가 된다는 것을 기본 개념으로 한다. 또한 가정에서 도덕군자가 배

46) 금강대도 총본원, 『大聖經』 2권, 「教諭文」 1권, '禍福報應章', 2001. "天心이 人心이니 欺心이면 欺天이라."

47) 위의 책, 「教諭文」 2권, '期其命化章'. "知心知性이여 體天察理하야 忠孝爲本하니,"

출되듯이 가정에서부터 도덕이 실현되어야 함을 강조한 말이기도 하다.

이 말 속에는 육친의 가화성도를 기본으로 해서 세계로 확대하여 우주가화까지 도성덕립(道成德立)이 됨을 말하고 있다. 이것은 한 가정으로 보았을 때는 가족의 목표이자 가화의 결과인 것이다. 개인적으로 가화성도의 공효(功效)에는 '사원성취(四願成就)'가 있다.

2) 도덕개화세상(道德開化世上)

토암은 오늘날의 세계를 선후천이 교역하는 시기로 보고는 있으나 다른 신종교들처럼 천지가 개벽하는 시기로 보지 않고 다만 인간의 도덕성이 개화되는 시기로 보고 있다. 이것을 도덕개화세상[48]이라 한다.[49] 이것은 타락한 도덕성을 회복하여 인간 본래의 도덕성을 개화를 통하여 되찾는 것을 의미한다. 도덕개화라는 말은 사람의 도덕개화를 말하는 것이고 이러한 관점은 하늘과의 합일 관계도 포함이 되어 있다. 이러한 도덕개화를 실천하는 데 있어서 사람이 태어나면서부터 갖는 가정의 역할이 중요하다. 그래서 토암은 가정에서부터의 도덕개화를 가화를 통해 이루려 했고, 이것을 전 우주로 확대하여 우주가화를 실현하고자 했던 것이다. 사람이 주체가 된 도덕개화는 가화의 궁극적인 목표가 되며, 다른 한편으로 가화로부터 이루어짐은 실현방법이 되기도 한다. 도덕개화세상이라는 개념은 도덕으로 개화하여 열어가는 세상을 말한다. 이러한 점에서 한 가정의 가화를 통해 도덕을 추구하고 이루어 실천하는 생활이 사회로 나아가

---

48) 도덕개화사상은 금강대도 삼종대학 교수 이재헌에 의해 처음으로 소개되었다. 이 사상은 이재헌에 의해 2001년도 금강대도 종리학회에서 주최한 삼종대성전 기념학술대회에서 「이토암 선생의 도덕개화사상」이라는 논문에서 처음으로 발표되었다.

49) 이재헌, 『금강대도 종리학연구론 II』, 미래문화사, 2010, 104쪽 참조.

인간 세계에 도덕의 실현을 이루고 또 이것을 기반으로 해서 광범위하고 초월적인 우주가화를 통해 전 우주적 도덕의 실현으로 도덕개화세상을 만듦으로써 이 세계의 도덕의 완성을 실현시키고자 한 것이다.

3) 광화중생(廣化衆生)과 대도증명(大道證明)

(1) 광화중생(廣化衆生)[50]

광화중생(廣化衆生)은 널리 중생을 교화(敎化)한다는 의미로 중생을 변화하게 하는 방법이고 도를 베풀어 주고 덕을 펼쳐 주는 것이다. 따라서 광화중생은 도덕으로 중생을 교화하여 깨달음을 얻게 해 주고 도덕의 길로 인도해 주는 것을 의미한다. 이 속에는 제도중생(濟度衆生)의 의미와 선도포덕(宣道布德)의 의미도 포함이 된다. 광화중생에서의 핵심은 교화인데 교화로 부처가 중생에게 자비(慈悲)를 베푸는 차원의 광화중생의 의미와 부처의 심법(心法)을 받아 도덕을 체득한 군자가 다른 중생을 교화하는 것을 의미한다. 광화중생은 도를 체득하고 실천한 교화자가 자비심으로 해야 하고 또 내재적 존재인 미륵불의 자비로 이루어짐을 말하였다. 이것은 사람의 능력 범위 안에서 중생을 교화하는 것과 사람이 극복할 수 없는 한계는 사람의 염원(念願)과 정성(精誠)에 대한 감응으로 구세주인 미륵불의 자비에 의해 극복될 수 있다는 것이다. 그러므로 광화중생은 도덕을 습득한 군자와 부처가 자비를 베풂으로써 이루어지는 것이다. 이것이 바로 광화중생의 진정한 의미라고 할 수 있다.

---

50) 광화중생은 금강대도 3대 도주인 이월란에 의해 정립된 토암의 사상이다. 월란은 그의 시대에 나아가야 할 방향과 종교로서의 목표를 광화중생으로 제시하였고, 중생을 구원하는 방법이자 포교의 한 방법으로 삼았다.

(2) 대도증명(大道證明)

토암은 "충(忠) · 효(孝) · 성경(誠敬)은 인지본(人之本)이요, 대도증명(大道證明) 오륜가(五倫家)"[51]라고 하였다. 이것은 충(忠) · 효(孝) · 성경(誠敬)은 인간의 근본이 되는 것이고 오륜(五倫)을 지키는 가정에서부터 도덕(道德)은 증명이 된다는 것을 의미한다. 앞의 내용에 부합되는 말로써 토암은 가화(家和)하는 가운데에 오륜이 있다고 하였다. 결국 오륜을 실천한다는 것은 가화를 실행케 하는 한 방법으로서 서로 불가분의 관계이며 토암이 도덕의 시작과 완성은 가정에서부터 시작됨을 말하고 있는 것이다. 이것에 대해서 토암은 「명교장」에서 자세하게 설명하고 있는데, 대도증명(大道證明)은 가화로부터 비롯되는 것이니 대도증명을 할 수 있는 방책은 결국 가화를 철저히 실행하는 것이라고 할 수 있다. 대도증명은 개인적으로는 심성신의 수련과 가화를 실천하여 개체로서의 인격과 도덕을 완성하고 군자로서의 위상을 확립함으로써 가능하다. 그리하여 타인을 교화하고 도덕적으로 귀감이 되는 것을 말하는 것이다. 이러한 것을 세계와 우주로 확대하면 천지를 부모로 한 한 가정에서 조화와 상생을 이루는 도덕이 바로 선 즉 도성덕립된 세상으로 도덕은 증명이 되는 것이다.

5. 결론

앞에서 고찰해 본 토암의 가화사상은 작게는 개인을 위한 가정에서부터 시작하여 도덕의 실천으로 화목을 이루어 사회와 우주로 확대해 나가

51) 금강대도에 입도를 하면 발급되는 입도 허가증의 뒷면에 기재된 내용 중 일부분이다. 이것은 토암이 직접 자작한 시라고 한다.

는 사상이다. 곧 가화사상은 우주가화라는 개념으로 우주를 하나의 유기체로 보는 공동체적 세계관을 말하며, 도덕 실천을 바탕으로 하여 상생과 화합을 목표로 한다는 점에서 그 가치를 지닌다. 그리고 가화를 통하여 도덕이 개화되고 중생이 구제된다는 점에서 가정의 의미와 도덕의 중요성을 재인식시키고, 이 세계의 평화를 위한 방법을 가화를 이룬 가정에서 찾아야 함을 제시하는 중요한 사상인 것이다. 이러한 점에서 볼 때 가화사상은 현대사회에서 물질적 가치가 최고의 자리를 차지하고, 지극히 개인적이며 이기적인 인간의 삶만이 중요하다는 인식에서 벗어나, 우리가 함께 '어우러짐'이라는 태도에 무게 중심을 두어야 할 때임을 말하는 것이라고 본다.

이 세상을 한 가정으로 보고 세상의 모든 사람과 생명들을 한 가족으로 본다는 점은 현대의 분리적이고 개인적인 가치관을 친근한 관계로 인식시켜 '우리 함께'라는 가치관을 형성시켜, 고도의 산업화와 과학의 발달로 인해 경시되었던 생명과 인간의 존엄성을 다시 회복시킬 수 있는 데 어느 정도 기여할 수 있을 것으로 기대해 본다.

| 제3부 |

동양문화와 술수학

명리학의 명(命) 개념과 현대적 해석*

| 고영택 |

1. 서론

이 글의 목적은 명리학의 명(命) 개념과 음양오행에 대하여 현대적 관점에서 철학적으로 분석 검토하는 데 있다. 명리학은 우리의 전통 문화사와 학술사에서 매우 중요한 대상이다. 하지만 학자들은 명리학에 대해 언급을 꺼려하고 한 발짝도 다가서려 하지 않았다. 우리가 명리학이라는 문화를 대하는 바람직한 태도는 동정적이고 전반적인 이해를 하는 것이다. 역사는 명리철학에 영향을 줄 수 있고, 철학으로서 명리학은 또한 역사에 영향을 줄 수 있다. 모든 철학체계가 그러하듯이 명리학도 특별한 정신과 사상체계가 있다. 명리학 연구는 한편으로는 명리철학사 연구를 통하여 그 철학체계가 인간에 대해서 수립한 이론을 고찰할 수 있다. 명리학을

* 본 논문은 논자의 박사논문 「중국 三大 命理書에 나타난 '命'과 '인간존재'에 대한 철학적 照明」 중에 일부를 재편집한 것임. 해당하는 내용에 대해서는 따로 주)를 달지 않는다.

올바로 이해하기 위해서는 무엇보다 먼저 그 전통문화로서 명리철학의 역사를 정리한 책부터 읽어야 한다. 그것으로 명리학의 영역을 깊이 있게 이해해 가는 바탕이 되어 그에 대하여 공평하게 판단할 수 있게 된다. 명리학의 생성과 역사적 연원을 이해함으로써 명리학은 하나의 완전한 학문적 체계가 있고 충분히 연구할 만한 학술적 대상임을 확인할 수 있을 것이기 때문이다.

명리학은 그 자체가 매우 복잡한 문화현상인데다가 수천 년 간의 기나긴 역사의 흐름 속에서 수많은 인위적 요소까지 끼어들었다. 그 속에는 지배계급의 의도적인 봉건윤리 도덕관이 반영되어 있을 뿐만 아니라 헤아릴 수 없이 많은 산명술사들의 주관적인 견해까지 뒤섞여 있다.[1] 이렇듯 명리학은 하나의 민속 문화와 학술대상이 되어 왔기 때문에 우리들은 여기에 대해 비판적인 연구가 필요하다. 우리가 명리철학을 공부하는 이유는 강호(江湖)의 역술을 강단(講壇)의 학문으로 체계화하자는 데 있다. 이러한 과정은 명리학이 학문으로 평가받기 위해서도 반드시 필요하다고 본다. 전통문화로서의 명리학을 올바르게 이해하기 위하여 먼저 명(命) 관념에 대하여 철학적 입장에서 고찰이 선행되어야 할 것으로 본다. 이를 위해서 본 논문에서는 명(命)과 천명(天命)의 문제, 명(命)의 본질적 의미에 대하여 알아볼 것이다. 그 다음 음양오행의 연원에 대해 검토하고, 명리학의 현대적 해석에 대하여 고찰하겠다.

1) 洪丕謨 · 姜玉珍, 『中國古代算命術』, 「自序」, 上海, 上海三聯書店, 2006, 3쪽. "命理文化本身就是一個非常複雜的文化現象, 加之在長達數千年的歷史長河中, 它又不可避免地被摻進了衆多的人爲因素, 其中 不僅有反映統治階級意志的封建倫理道德觀, 而且更有不計其數算命術士主觀上有意無意的摻雜."

2. 명리학의 명(命) 개념

명리학(命理學)은 한 개인의 출생시점을 기준으로 사주팔자라는 정형화된 명리이론의 틀로서 그 사람의 운명을 묘사하고 예측하는 학설이다. 명리학이 연구하고 탐구하는 대상은 개인이 일생을 살아가는 동안의 길흉화복에 관련된 운명(運命)이다. 인간은 대중사회 속에서 활동하는 것이기 때문에 명리학의 명(命)은 본질상으로 세속적이다.

문헌학적으로 '명(命)'의 사전적 의미는 '시키다(使)', '명령하다(令)', '천명(天命)', '운명(運命)', '녹명(祿命)' 등 여러 가지 뜻이 있다.[2] 『설문해자』에 '명(命)'자는 구(口)와 령(令)의 회의(會意)인데 이는 '입으로 하게끔 하다(口令)'에서 나온 것으로 '명령'의 뜻을 나타낸다. 명(命)이라는 글자의 원래 의미는 인격적인 하늘이 내려 준 명령이다. 이러한 명(命) 개념이 은대(殷代)에서 주대(周代)에 걸쳐 전통적인 종교관에 토대를 둔 상제에 의한 명(命) 관념이 존재했음을 보여 준다.[3] 이후 전국시대 제자백가의 사상에도 이와 같은 명(命) 관념이 받아들여지게 된다. 예를 들어, 『논어』에서 명(命)은 크게 두 가지로 분류할 수 있다. 첫 번째는 천(天)으로부터 부여받은 '운명적인 명(命)'을 말한 것으로 "불행히도 명이 짧아 죽었습니다."[4]라고 한 경우가 그것이다. 두 번째는 '사명적인 명(命)'으로 천(天)이 준 덕(德)의 완성이나 주문화(周文化)의 계승 등 공자가 자각한 명(命)이다.[5] 맹자가 "그 도(道)를 다하고 죽는 사람은 바른 명(命)이며, 죄

2) ① 使也: 『說文』. "命使也." ② 令也: 『禮記』, 「內則」. "不較並命. 注)命爲使令." ③ 政令: 『禮記』, 「樂記」. "故樂者天地之命. 注)命數也." ④ 天命也: 『論語』, 「憲問」. "道之將行也與命也." ⑤ 運命也: 『淮南子』, 「繆稱訓」. "命者所遭於時也." ⑥ 生之長短也: 『禮記』, 「樂記」. "則命不同矣. 注) 命生之長短也."

3) 溝口雄三 외 編著, 『中國思想文化事典』, 김석근 외 역, 민족문화문고, 2003, 132쪽 참조.

4) 『論語』, 「雍也」. "不幸短命死矣."

를 지어 갇혀 죽는 사람은 바른 명(命)이 아니다."[6]라고 한 데서 드러나듯이 사람의 삶과 죽음, 재앙과 복록(福祿)은 모두 명(命)으로부터 말미암은 것이라 하였다. 이처럼 공맹은 자주적이고 주체적으로 할 수 있는 것과 자주적이고 주체적으로 할 수 없는 것으로 나누어 전자를 천명이라 했고, 후자를 운명이라 생각하였다.

명(命)과 천명(天命)의 문제에 있어서, 명(命) 개념의 기원은 은주(殷周)의 종교 관념에서 명(命) 혹은 천명(天命)은 인격적 상제(上帝)의 의지를 구비한 것을 가리킨다.[7] 은(殷)나라의 점복(占卜)이 암시하는 관념은 명(命)이다. 주나라는 천(天)이 제(帝)를 대체하였다. 천(天)과 인간의 생명에 연관 지어 의지적으로 표출된 것이 이른바 '천명(天命)'이다. 하늘의 의지와 명령을 포함하고 있는 천명(天命)이란 용어는 서주시대 문헌에 처음 나타난다. 『서경』에 "나의 태어남은 하늘에 달려 있다."[8]라고 한 것에서 알 수 있듯이, 인간은 하늘에 의하여 생명을 부여받은 소산적 존재이다. 그것은 천(天)은 인간을 낳았고 그래서 천은 인간생명의 시원이 된다.

춘추시대에 이르러서는 명(命)의 의미가 확대되고 더욱 진일보하여 일반민중의 도덕근거로서의 명(命)이 되었다. 인간의 부귀(富貴) · 빈천(貧賤) · 수요(壽夭) 등을 의미하는 운명의 명(命) 개념도 이때 출현하였다. 이후 운명의 명(命)은 일반 사회대중 사이에 널리 퍼지게 되었다.[9] 그러므로 선진유가의 천명(天命)은 이중적인 의미를 갖고 있는데 도덕적 측면의

---

5) 亦塚忠 · 金谷治 외, 『中國思想概論』, 조성을 역, 이론과 실천, 1987, 62쪽.

6) 『孟子』, 「盡心章句上」, 第二章. "盡其道而死者 正命也. 桎梏死者 非正命也."

7) 陸致極, 『中國命理學史論 一種歷史文化現象的研究』, 「命的觀念」, 上海, 上海人民出版社, 2008, 18쪽. "命的觀念, 起源很早. 在殷周宗教觀念里, 命惑天命, 是指具有人格的上帝之意志."

8) 『書經』, 「商書 · 西伯戡黎」. "我生不有命在天."

9) 徐復觀, 『兩漢思想史』 卷二, 「王充的命運觀」, 臺灣, 學生書局, 1985, 626쪽 참조.

뜻으로 사명(使命)이고, 개인적 측면의 운명(運命)이라는 두 가지 뜻이다.

유가의 천명사상은 "하늘이 만민을 낳았다."[10]는 사상에 그 연원을 둔다. 공자가 "사시가 운행되고, 모든 만물이 거기서 생겨난다."[11]라는 그 말이다. 자사(子思)는 이를 계승하여 "하늘이 사람에게 명한 것을 우리의 존재법칙인 본성이라 하고, 그 본성을 따르는 것을 도라고 한다."[12]는 중요한 가르침을 전개하였다. 자사(子思)의 뒤를 이어 맹자는 "그 마음을 다하는 자는 본성(性)을 알게 된다. 본성(性)을 알게 되면 하늘(天)을 알게 된다."[13]라고 하여 천명사상을 보다 체계화하고 심화시켰다. 여기서 인간의 본성(性)은 하늘로부터 부여받은 것으로 천명이라고 규정한 것이다.

한대(漢代)에 들어오면서 유학자들은 음양오행설과 참위설(讖緯說)을 근거로 하여 천명을 인간의 운명과 결부시켜 해석했다. 유가의 운명론은 이른바 '삼명설(三命說)'로 정착하게 된다. 후한(後漢) 초기 유학자들의 학설을 기록한 『백호통의』에 "명(命)에는 세 가지가 있다. 목숨의 명(命)으로 수명(壽命)이 있으니 주어진 수(數)로 보존한다. 우연히 만나는 명(命)으로 조명(遭命)이 있으니 난폭함을 만난다. 따르는 명(命)으로 수명(隨命)이 있는데 실행에 대응한다."[14]라고 하여 삼명설을 주장한다. 이러한 삼명의 설에 대하여 왕충(王充, 27~97)은 『논형』에서 당시에 유행하던 삼명설을 부정하는 대신에 인간의 운명은 모두 우연에 의해 결정된다는 명정론(命定論)을 주장하였다. 그는 또한 '성(性)'과 '명(命)'으로 나누

---

10) 『詩經』, 「大雅 · 蒸民」. "天生烝民."

11) 『論語』, 「陽貨」. "四時行言 百物生焉."

12) 『中庸』, 第一章. "天命之謂性 率性之謂道."

13) 『孟子』, 「盡心章句上」. "盡其心者 知其性也. 知其性 則知天矣."

14) 『白虎通義』, 「壽命」. "命有三科 以記驗 有壽命 以保度 有遭命 以遇暴 有隨命 以應行習 壽命者 上命也 若言文王受命唯中 身亨國五十年 隨命者 隨行爲命 若言怠棄三正 天用勦絶其命矣 遭命者 逢世殘賊 若上逢亂君 下必災變暴至 夭絶人命 沙鹿崩于受邑是也."

어 보는 관점을 형성하였다. 한 개인에 있어서 행위의 좋고 나쁨, 재주와 지혜의 높고 낮음이나 능력의 강약은 성(性)으로 결정되고, 부귀(富貴)·빈궁(貧窮)·수요(夭壽)는 명(命)으로 결정된다는 것이다.

인간의 삶을 운명의 측면에서 보면 세상 만물에는 한계가 있다. 운명이란 인간의 능력을 벗어난 자아(自我) 외적인 명수(命數)의 길고 짧음이나 부귀·이달이고, 사명이란 자아(自我) 내적이고 하늘이 부여한 덕성 내지 천도의 구현으로 해석하고 이해하는 입장이다. 그러한 관점에서 공자가 "도(道)가 장차 행해지게 되는 것도 명(命)이요, 도(道)가 점차 없어지게 되는 것도 명(命)"[15]이라고 한 데서 천(天)과 명(命)을 해석한 말에서 분명해진다. 도(道)가 쇠퇴하여 행해지지 않는 것은 물론 일종의 운명적 한계이다. 그러나 도(道)가 크게 행해질 때에도 역시 사람의 힘으로는 어찌 할 수 없는 운명이 존재한다. 명리학에서는 "천명은 기수(氣數)에 관한 것이고 인명은 오행을 품수한 것인데 기수와 오행이 구별될 수 있겠으며 천명과 인명이 어찌 다름이 있겠는가."[16]라고 하여 도가 행해질 때에도 어쩔 수 없는 운명이 있음을 말하고 있다. 천명과 인명이 다르지 않으니 인명은 곧 천명이다. 이는 유가의 천명사상이 반영된 것으로 볼 수 있다. 따라서 명리학에서 말하는 운명에는 유가적 요소가 녹아든 것으로 이해하게 된다. 이처럼 유가적인 입장에서 명(命)은 크게 도덕적 수양을 바탕으로 한 성명(性命)이 있고, 사람의 능력으로는 어찌할 수 없는 필연적인 운명(運命)이 있다. 그러므로 명(命)의 두 가지 뜻에 대하여 성명(性命)은 하늘이 명령한 것이고, 운명(運命)은 객관적 한계와 제약을 나타낸 것으로 말한다.

15) 『論語』, 「憲問」. "道之將行也與命也. 道之將廢也與命也."

16) 『淵海子平』, 「碧淵賦」. "天命關乎氣數 人命稟乎五行 氣數五行何以殊 天命人命何以異."

이와 같이 명(命)의 본질적 의미에 대하여 거론하려면 반드시 '세속의 명'과 '유가의 명'을 구분하는 데서 시작한다. 유가사상은 언제나 '윗사람의 일을 말하지 않는다(爲尊者諱).'라고 하면서 봉건미신을 받들어 모시는 거리의 산명활동과는 명백하게 한계지어 구분하려 한다. 실제로 '유가의 명'은 '세속의 명'의 의미를 함께 가지고 있다.[17] 이처럼 유가에서는 본질적으로 세속과 구분하려고 한다. 그렇지만 인간이 태어남은 하늘로부터 명(命)을 받은 것이니, 유가의 명(命) 속에는 산명에서 말하는 세속적인 명(命)의 의미도 포함하고 있는 것이다. 그런 의미에서 공자는 "명(命)을 알지 못하면 군자(君子)가 될 수 없다."[18]라고 말한 것이 아닌가 생각된다. 여기에서 공자가 말한 명(命)을 유가(儒家)에서는 '천명(天命)'이라고 해석한다. 하지만, 일반 세속적인 관점에서 말하자면 그것은 하늘로부터 인간의 받은 명(命)으로 '운명(運命)'이다. 그것은 세속적으로 말하면 운명이겠지만, 사명감을 갖고 살아간다면 또한 유가적인 천명(天命)이라 할 수 있을 것이다. 여기에서 알 수 있듯이, 유가는 운명의 존재를 인정하고 사람의 행동과 희망은 운명의 규제를 벗어날 수 없음을 받아들이고 있는 것이다. 『맹자』의 다음 구절은 이를 잘 말해 주는 확실한 증거가 된다 하겠다. "하려던 것이 아닌데도 그렇게 되는 것은 하늘의 뜻이고, 부르지 않았는데도 닥쳐오는 것은 명(命)이다."[19] 이는 자신의 의지와는 상관없이 닥쳐오는 일에 명(命), 즉 운명이 있음을 인정한 것이다. 이처럼 공맹(孔孟)은 모든 것이 명(命)에 의해 최종적으로 결정된다는 입장에서 명(命)

---

17) 何麗野, 『八字易象與哲學思維』, 「術數對中國古代哲學思想發展的重要影響」, 北京, 中國社會科學出版社, 2004, 130쪽. "提到命, 必須就 '世俗之命' 與 '儒家之命' 作一辨說. …… '爲尊者諱' 的味道, 總是希望把儒家思想同街上的算命活動區分開來. 可以說, 儒家之命兼有世俗之命的意思."

18) 『論語』, 「堯曰」. "不知命 無以爲君子也."

19) 『孟子』, 「萬章章句上」, 第六章. "莫之爲而爲者 天也. 莫之致而至者 命也."

을 인간의 존재방식으로 자각한 것이다. 이와 관련하여 왕충은 『논형』에서 "인간은 기(氣)를 품부 받아 태어나며 기(氣)를 머금고 자란다. 귀한 것을 얻으면 귀한 사람이 되고 천한 것을 얻으면 천한 사람이 된다."[20]라고 하여 운명으로서의 명을 규정하고 있는데 이것이 자연 명정론(命定論)이다. 이는 후대의 명리학에서 '인간의 명'을 추산하는 논법의 단서를 제공한 것이다.

이후 송대(宋代)에 이르러 기명(氣命)에 대하여 본격적인 논의가 이루어진다. 자평명리학 또한 이 시대에 체계화되었다. 기명(氣命)에 대하여 이정(二程)은 "사람은 오행 가운데 빼어난 기(氣)를 받았다. 이것은 천지의 청명하고 순수한 기(氣)에 의해 생겨났으니"[21] 만물의 영장이 되었다는 것이다. 이와 같은 시대에 체계화된 명리서에 기(氣)로서 운명을 해석하고 있는데, 『연해자평』에 "하늘이 생한 인간은 천지의 정기인 음양·오행을 품부 받았기 때문에 만물의 영장이 되었다."[22]라고 말한 그것이다. 그리고 주자(朱子, 1130~1200)는 "맑은 기를 얻어서 총명하지만 복록을 누리지 못하는 자도 있고, 또한 탁한 기를 얻어서 복록은 누리지만 지혜롭지 못한 자도 있으니 모두 기수(氣數)에 관한 것이다."[23]라고 하였다. 이러한 내용은 현대 명리서에 나타난 명리이론과 다르지 않다. 예를 들면, 『연해자평』에 인간은 천(天)의 소생자로서 "음양을 품부 받아 천지간에 생하였고"[24] "천명은 기수에 관한 것이고 인명(人命)은 오행을 품수한 것이다."[25]라는 주장과 부합되고 있다. 이로 미루어 볼 때 주자도 명(命)

---

20) 『論衡』, 「命義」. "人稟氣而生 含氣而長 得貴則貴 得賤則賤."

21) 『河南程氏遺書』, 「伊川先生語 四」. "人乃五行之秀氣 此是天地淸明純粹氣所生也."

22) 『淵海子平』, 「繼善篇」, 註. "人稟二五之數 猶天地之生物以成形 人得萬物之靈."

23) 『朱子語類』, 「太極天地」. "故有得其氣淸 聰明而無福祿者 亦有得其氣濁 有福祿而無知者 皆其氣數使然."

24) 『淵海子平』, 「寶法」. "夫稟陰陽而生天地間."

을 믿었다는 것이다. 이와 같이 송대(宋代) 이학(理學)에서는 리(理)와 기(氣)에 의해서만 구성되어 있는 이 세계에서 명(命)은 하늘로부터 인간에게 내려지는 것이다. 지금까지 명(命)에 대한 내용을 보면 인간의 생사(生死)·수요(壽夭)와 부귀(富貴)·빈천(貧賤)이 모두 부여받은 음양오행의 기(氣)로부터 말미암는다고 생각하였다. 그러므로 명리학에서 명(命)은 음양오행의 기(氣)의 장단과 후박(厚薄)·청탁(淸濁)에 의하여 수요(壽夭)와 길흉(吉凶)·화복(禍福)에 차이가 있게 된다. 이러한 논리는 성리학(性理學)에서 말하는 명(命)의 개념과 맥을 같이하는 것임을 알 수 있다.

3. 음양오행에 대한 평가

명리학은 '처음 명(命)을 품부 받은 시점'에서 개인의 운명을 탐색한다는 대담한 가정에서 출발한다. 명리학에서 인간의 명(命)은 음양오행의 기(氣)가 상생(相生)하고 상극(相剋)하는 작용에 의하여 수요·장단과 길흉·화복이 나타나는 것으로 본다.

음양(陰陽)은 서주(西周) 말기에 처음으로 기(氣)적인 내용이 나타난다. 이후 『회남자』에 "천지의 정기(精氣)는 음양이 되고, 음양의 정기는 춘·하·추·동의 사시(四時)가 되며, 사시의 정기가 흩어져 만물이 된다."[26] 라고 하였다. 음양의 기(氣)가 분화되어 춘·하·추·동 사시가 되고 만물을 이룬다는 것이다. 또한 「역위·건착도」에 나타나는 "양(陽)의 움직임은 나아가는 것이니 기(氣)가 자람을 취상한 것이고, 음(陰)의 움직임은

25) 『淵海子平』, 「碧淵賦」. "天命關乎氣數 人命稟乎五行."

26) 『淮南子』, 「天文訓」. "天地之襲精爲陰陽 陰陽之專精爲四時 四時之散精爲萬物."

물러나는 것이니 기(氣)가 사라짐을 취상한 것이다."[27]라는 구절은 음양의 개념에 대해 구체적으로 잘 표현해 주는 대목이다. 그러므로 음양은 천지의 근본이고 변화하는 본체이며 죽고 사는 것의 시작이다. 양(陽)은 하늘이라 주야로 끊임없이 변화하지만, 음(陰)은 땅이라 제자리에서 형체를 이룬다. 양(陽)은 앞으로 나아가고 자라나는 모양을 취한 것이고 음(陰)은 뒤로 물러나고 사라지는 모양을 취한 것이다. 『노자』에 이르기를 "도는 하나를 낳고, 하나는 둘을 낳고, 둘은 셋을 낳고, 셋은 만물을 낳는다. 만물은 음을 등에 지고 양을 품으면 충기로써 조화를 이룬다."[28]라고 하였다. 여기에서 알 수 있듯이 천지의 근본은 하나이며 하나에서 음양으로 분화되기 시작하여 사시(四時)가 구분되고 만물을 이룬다. 그러므로 음양은 하나의 추상적인 원동력이고 하나가 만물을 이루게 하며, 또 나누어서 만물의 근원이 된다.

원시의 오행설은 은상(殷商)의 오방(五方) 관념으로 거슬러 올라간다. 은나라 사람의 생활에서 중요하게 자리 잡은 방위관념이 기초가 되는 '오(五)'의 체계는 바로 오행설이 처음으로 시작되는 유래라고 생각했다.[29] 오행이 처음 나타난 저서는 『상서』「홍범」이다. 전국시대 말기에 오행은 음양사상과 융합하기 시작하였다. 이때 오행은 이웃한 것끼리 상생하고, 하나 건너 상극한다는 두 가지 순환배열이 정립되었다. 진한(秦漢)시대에 음양오행설은 이미 완벽하게 되었다. 『춘추번로』에 "양(陽)은 하늘의 기이고 음(陰)은 땅의 기이다."[30] 또 "하늘과 땅의 기는 합해지면 하나가 되

27) 王立文 編輯, 「易緯・乾鑿度」, 『中國古代易學叢書』, 北京, 中國書店, 1998. "陽動而進 …… 象其氣之息也. 陰動而退, …… 象其氣之息也."

28) 『老子』, 四十二章. "道生一, 一生二, 二生三, 三生萬物, 萬物負陰而抱陽, 冲氣以爲和."

29) 陸致極, 『中國命理學史論』, 「五行溯源和陰陽五行說」, 52쪽. "原始的五行說可以追溯到殷商的五方觀念. 殷人原是東方的部落, 方位的觀念在生活中自然就很 重要. …… 這里顯露了殷人尚五的傳統."

고, 나누어지면 음양이 되며, 다시 나누면 사계절이 되고 줄지어 놓으면 오행이 된다."[31]라고 음양오행의 개념을 전개하였다. 이와 같이 그는 전국시대부터 내려온 음양오행의 사상을 흡수하여 자연계와 인류사회의 질서와 변화의 규칙을 설명한 것이다. 여기서 음양은 끝나면 시작된다는 '음양종시'의 개념과 오행은 상생·상극한다는 중화(中和)의 기(氣) 사상을 형성하였다. 이러한 음양종시와 오행이 상생(相生)·상극(相剋)한다는 논리는 산명술을 포함하여 오늘날에 '음양오행'으로 해석되는 모든 분야에서 응용되고 있는 가장 근본적인 논법이다.

명리학은 음양오행의 기(氣)의 변화에 의해 명(命)의 미세하고 미묘한 이치를 궁구하는 것이다. 그것은 한 개인의 출생시점을 기준으로 하는 그 사람의 운명을 묘사하고 예측한다. 사주팔자는 사람의 출생시간을 "년·월·일·시"의 천간과 지지의 두 자씩 모두 여덟 자로 구성되어 표기한 것이다. 말하자면 명리학은 인간이 과거와 미래에서 명의 수요장단과 부귀빈천을 능히 예측할 수 있다는 믿음 위에 성립된 것이다. 이것으로 말하자면 명리학은 산명술(算命術)이며 그 자체의 이론체계로 본다면 거기에는 학술과 사상이 내포되어 있다. 하지만 그 산명술이 오랜 세월 동안 전수되어 내려오는 과정에서 수많은 술수가들이 끼어들었기 때문에 미신이라는 신비한 외피를 덮어쓰기도 하였다. 그러하기 때문에 음양오행에는 항상 '미신'이라거나 비과학적이라는 비판이 있어 왔다.

근세의 학자들은 유가사상의 정수(精髓)를 드러내는 데 뜻을 둔 사람조차도 음양오행을 미신(迷信)이라고 배척한다. 그러나 음양오행은 고대 중국인의 체험세계를 상징한다. 음양오행은 여러 상(象)을 통섭(通攝)하는

30) 『春秋繁露』, 「人副天數」, 第五十六. "陽 天氣也 陰 地氣也."

31) 『春秋繁露』, 「五行相生」, 第五十八. "天地之氣合而爲一, 分爲陰陽, 判爲四時, 列爲五行."

기본적인 일차적 상(象)이다. 음양오행과 그것에 통섭되는 여러 상을 미신이라 하는 것은 분명히 서양 문화의 체험세계에 따라 고대 중국의 문화 표상에 내린 일종의 평가(評價)이다. 현대의 어휘 가운데서 미신과 가장 대립적인 말은 과학(科學)이다. 이 두 가지는 어떤 의미에서는 일종의 사실(事實)을 가리키지만 더욱 많은 경우 그것은 평가를 의미한다. 또한 현대 어휘에서 평가라는 의미로 가장 자주 쓰이는 것은 과학이라는 말이다. 그러나 평가는 갖가지 권력을 빌릴 때가 많다.[32)] 예를 들면, 여러 가지 정황으로 볼 때, 고대 중국철학의 발전은 술수의 영향을 받았다. 그러나 고대 중국의 철학사상에 대한 술수활동의 영향은 심각하게 과소평가되어졌다. 심지어 근본조차도 소홀하게 생략되었다.[33)] 이는 신중국(新中國)이 건립된 이후, 중국의 많은 도시에 미신을 타파하는 과학교육을 진행함으로써 오행은 신비술수의 이론적 지주가 되어 자연히 비판의 대상이 되었다.[34)] 가장 희극적인 예는 고대 중국 방술의 하나인 중의학(中醫學)이 미신으로부터 일약 과학으로 변하게 된 것이다. 여기서 미신이나 과학이 일종의 평가임을 알 수 있다. 근대 과학이 주객 분열의 체험세계의 상징이라면 미신은 대상과 내가 하나가 되는 체험세계의 상징이라는 데 있다.[35)] 다시 말해서 중의학(中醫學) 그 자체로는 조금도 변한 것이 없는데, 어느 때는 미신으로 금지되고 또 다음에는 과학이 되었다. 그것은 갖가지 권력에 의해 평가가 변화한 것일 뿐이다.

---

32) 시에 쏭링(謝松齡), 『음양오행이란 무엇인가?』, 김홍경 · 신하령 역, 연암출판사, 1995, 252쪽 참조.

33) 何麗野, 『八字易象與哲學思維』, 「術數對中國古代哲學思想發展的重要影響」, 127쪽. "在許多情況下, 中國古代哲學發展是受術數影響的. 術數活動對中國古代哲學思想的影響是被嚴重低估, 甚至就是根本被忽略了."

34) 유소홍, 『오행, 그 신비를 벗긴다』, 송인창 · 안유경 역, 국학자료원, 2008, 19쪽.

35) 시에 쏭링(謝松齡), 앞의 책, 김홍경 · 신하령 역, 253쪽 참조.

우리나라의 경우도 이와 크게 다르지 않다. 교육정책에서도 음양오행의 명리학은 항상 미신의 범주를 벗어나지 못했다. 이는 정부기관이라는 권력을 빌려 음양오행을 미신이라고 평가토록 한 것임을 말한다. 이것은 현대 과학에 의해 평가 그 자체가 변화한 것을 극단적으로 보여 준다. 사실상 자연과학 자체의 발전과정 중에도 '미신'이 존재했었다. 그것은 당시 과학체계에 대한 맹신에 의한 것이었다. 천지의 역수(曆數)는 스스로 운행하는 것인데, 다만 인간에 의해 평가에 따라 과학이 되기도 하고 미신이 되기도 하여 달라지는 것이다.

음양오행이 통섭하는 체험세계의 모든 것은 우주와 인생 전체의 상(象)이다. 음양오행과 그것이 통섭하는 여러 상(象)이 미신이란 말은 분명히 '상(象)에 집착하여 뜻을 잊은 것'이다. 다시 말해 상(象)에 가려 상(象)이 나타내는 체험세계를 보지 못한 것이다. 우리가 상(象)을 보는 것은 결국은 상(象)을 잊고 은폐를 제거하기 위해서이다. 이들 미신으로 간주되는 체험세계의 상(象)에서 가장 중요한 것은 이른바 술수(術數)이다. 술수는 모두 체험세계를 모사(模寫)하고 표상(表象)한 것일 뿐만 아니라 하늘이나 도(道)에 대한 모사이다. 그러나 이런 술수가 '보편화', '대중화' 됨에 따라 불가피하게 미신으로 향하게 되었다. 미신의 근원은 '날마다 쓰면서도 모르는' 중생들이 '상을 찾느라 뜻을 잊어버리거나' 기(器)를 이용하여 도(道)를 잊어버린 경우이다. 그 기술만 구하여 그 도(道)를 알고자 하지 않는 것은 '근본(根本)을 버리고 말단(末端)을 취한' 것이다. 그러한 심리적 기제는 오늘날의 과학지상주의, 물질만능주의라는 미신과 별로 다를 게 없다.[36] 명리학은 고대 음양오행학설의 사유형식을 빌려서 이에 대응하는 규칙을 탐구하여 사주팔자의 표준적인 형태로 발전하게 되었다. 여

36) 시에 쑹링(謝松齡), 앞의 책, 김홍경 · 신하령 역, 256~25쪽 참조.

기에는 어떠한 약간의 신비스러운 내용도 포함하고 있지 않다. 당(唐)나라 이후 광범하게 유행한 술수는 산명술(算命術)로서 명리학이다. 이 또한 체험세계의 상징으로서 음양오행의 상(象)으로 모두 천(天)·지(地)·인(人)이 포함되어 있다. 명리학은 음양오행의 상(象)에 통섭되며 천도(天道)·지도(地道)·인도(人道)의 관계성에 따른 체험세계의 상징이다. 그것은 시대의 변화와 지역의 차이 그리고 사람과의 관계로 통섭된다.

명리학은 사람의 출생시간과 생명에 잠재된 인생역정 사이에 대응관계를 찾아서 밝히는 것이다. 분명한 것은 이러한 대응관계가 결정적인 것이 아니라 개념적인 관련성 한 가지가 출현한 것에 불과하다. 이 때문에 사람의 출생시간과 인간의 삶의 과정에 있어서 몇몇 특정 기간에 확실히 어떤 이해하기 어려운 대응관계가 존재한다. 그것이 일어날 확률은 자연과학의 법칙 그것보다 훨씬 적다. 명리학의 묘사와 예측이 백발백중 정확하고 오류가 없다고 한다면, 그것은 무모한 산명자가 상업목적을 위한 황당무계한 말일 뿐이다.[37] 이것은 오늘날 음양오행을 미신이라고 평가하게 되는 가장 큰 요인 중에 하나가 된다. 그렇다면 산명술이 미신인가에 대하여 묻는다면, 이는 사람들 스스로 그에 대한 평가를 내리도록 하는 것이다. 이제부터 산명술이 학문이라는 정당한 평가를 받기 위해서 명리학은 강호의 역술에만 머무르지 말고 제도권 강단의 학술로 한 단계 격상되어야 한다. 그러하기 위해서는 명리학의 이론체계를 논리적으로 증명하고, 학술적으로 정리해 나가야 한다.

37) 陸致極, 『中國命理學史論』, 「傳統命理學的現代詮釋」, 6쪽. "在人的出生時間跟其生命過程中 呈現出來的某些特征之間, 若確實存在著某種對應關系的話, 那它發生的機率必然是遠遠低於自然科學中的規律. 期待命理學的描寫和預測能百發百中, 精確無誤, 這要不是沒攤算命者招徠生意的商業旗號, 那就是無知者的癡人說夢."

4. 명리학의 현대적 해석

내가 존재하기에 만유(萬有)도 존재하듯이, 명리는 나 자신과 만유의 관계이다. 그런 관점에서 명리학은 사람(人)과 하늘(天), 사람과 땅(地), 사람과 사회(社會), 사람과 사람의 소통을 문제 삼는 철학이라고 할 수 있다.

천도는 천시(天時)로서 세월의 흐름이니 역사가 되고, 삶이 싹트는 뿌리이고, 나의 조상이니 만법의 근본이 된다. 이에 대해 『연해자평』에서는 "천간을 천(天)이라 하고, 년은 뿌리(根)가 되고, 년은 조상이 된다."[38]라고 하였으며, 『적천수』에는 "삼원(三元)은 만법(萬法)의 근본이다."[39]라고 하여 천도는 만법의 근본으로 풀이한다. 그래서 인간은 조상으로부터 면면히 이어지는 가계(家系)에 의해 태어나고 삶을 영위한다. 이것은 인간이 땅에서 태어나 점점 성장하는 상태에 비유할 수 있다. 이와 관련하여 『이정유서』에 "하늘에서는 천도(天道)가 되고 땅에서는 지도(地道)가 되며 인간에게서는 인도(人道)가 된다."[40]라고 하였다. 이것은 '사람과 하늘', '사람과 땅', '사람과 사회', '사람과 사람'의 관계 속에서 소통함을 말한다. 이와 같은 내용으로 볼 때 명(命)의 이치에는 성리학의 이론이 명리학에 스며들었음을 보여 주는 대목이라 하겠다. 그것은 『적천수』에 "천도에는 따뜻하고 차가운 기(氣)가 있어 만물을 발육시킨다. 사람이 받을 때 지나쳐서는 안 된다."[41]라는 대목에서도 이를 확인할 수 있다. 인간이 천도(天道)에서 만물을 발육시키는 한난(寒暖)의 기운을 받을 때, 어느 한쪽으로 치우쳐서는 안 된다는 중화의 논리이기도 하다. 천도란 시대의 흐

---

38) 『淵海子平』, 「詳解定眞論」. "以干爲天. …… 以年爲根, …… 以年爲祖上."

39) 『滴天髓』, 「天道」. "欲識三元萬法宗 先觀帝載與神功."

40) 程顥 · 程頤, 『二程遺書』. "但在天則爲天道 在地則爲地道 在人則爲人道."

41) 『滴天髓』, 「寒暖」. "天道有寒暖, 發育萬物. 人道得之不可過也."

름으로 곧 천시(天時)이니 그 시대의 흐름에 맞춰서 살아가야 됨을 이른다. 그러므로 시대〔天時〕가 달라졌다면 그 시대를 살아가는 사람들이 살아가는 내용 또한 달라질 것이기 때문에 명(命)을 추산하는 방법도 변화시켜야만 한다. 명리학은 천지의 음양오행을 근본으로 하여 형성된 것으로 천지(天地)의 변화라는 자연의 질서에서 명(命)의 해답을 찾고자 하는 것이다. 『연해자평』에서 "천도는 오히려 차고 이지러짐이 있는데 어찌 인사에 반복됨이 없겠느냐."[42]라는 구절은 이를 단적으로 말해 주는 대목이라 하겠다. 인간은 천지 · 음양의 기를 받아 생하였으니 '하늘적인 존재'이다. 하늘아래 땅위에서 살아가는 인간의 명은 시대의 흐름에 영향을 받는다. 그래서 왕충(王充)은 "나라의 명(命)은 사람의 명(命)을 이기고 인명(人命)은 녹명(祿命)을 이긴다."[43]라고 말한 것이리라. 인간은 시대라는 기운의 영향을 받으면 명(命)의 기(氣)를 뛰어 넘는다. 시대의 흐름에 따라서 같은 명이라도 그 삶은 달라질 수 있기 때문이다. 오늘날 세대차이라는 말, 그것은 시대의 흐름에 따라 인간의 삶이 차이를 반영한 것이라 하겠다.

인간은 하늘의 기(氣)를 받고 태어나서 땅에서 살아가는 존재이다. 땅은 하늘이 생한 것을 받아 화육하고 생장(生長)하고 수장(收藏)하여 다시 새로운 생명을 싹트게 한다. 명리서에 말하듯이 천시(天時)라는 시간의 흐름은 변함없지만, 지도(地道)라는 지역과 사회에 따라 그 속에 살아가는 사람들의 변화속도는 차이가 있게 된다. 시간이 멈춘 듯이 느리게 변하는 사회가 있는가 하면, 가히 천지개벽하듯이 변화하는 사회도 있다. 그래서 『연해자평』에 이르기를 "지지는 명의 기초를 이루며 삼한과 수명

42) 『淵海子平』, 「人鑑論」. "天道尙有盈虧 人事豈無反覆."

43) 『論衡』, 「命義」. "故國命勝人命 壽命勝祿命."

의 종시를 펼친다."[44]고 하였던 것이리라. 모든 만물은 땅에서 낳고 자라서 땅에서 끝나고, 땅은 만물을 품으며 만물이 존재하는 가장 근본이 된다. 그러므로 『자평진전』에 "만물은 땅에서 나서 땅으로 돌아가는"[45] 것이라고 한 것이다.

인간은 땅에서 낳고 앞날에 대한 기다림으로 살아간다. 기다림에 대하여 『적천수』에 이르기를 "땅에는 건조하고 습함이 있어서 온갖 무리를 생성한다. 사람은 그것을 받을 때 어느 한쪽으로 치우치면 안 된다."[46]고 하는 것이다. 천도는 사시(四時)를 순환하며 땅에서 건조하고 습함에 따라 명(命)에는 변화가 일어난다. 그러므로 인간이 어느 쪽으로 향하여 어떤 나라로 가서는 어느 지방의 어떤 지역사회에서 어떠한 부류의 사람들과 어울려 사느냐에 따라 그 명(命)은 달라질 것이다. 모든 인간은 누구나 삶에 있어서 부귀영화를 바라지만 항상 바라는 것이 모두 이루어지는 것은 아니다. 인간이 삶에는 언제나 길흉이 교차함으로 음지가 양지되고 양지가 음지로 되는 법이다. 이러한 삶의 변화에 대하여 『주역』에서 "진퇴와 존망의 이치를 알아 정도를 잃지 않는 자는 오직 성인일 뿐이다."[47]라고 하였듯이 땅의 도(道)는 가득 찬 것을 변화시켜 겸손한 데로 흐른다. 지나치게 자기 관점에서 사물을 보려는 것은 땅의 이치를 벗어남이며, 땅의 본래적인 덕성을 잊어버리는 일이 된다. 인간은 위로 올라갈 줄만 알고 올라가면 내려가게 됨을 모른다. 나아갈 줄만 알고 멈출 줄을 모른다면 운명이 비색해질 수 있다. 그러므로 나아가고 물러서며 보존하고 망하는

---

44) 『淵海子平』, 「造微論」. "支作其命 佈三限壽元終始."

45) 沈孝瞻, 徐樂吾 評註, 『子平眞詮評註』, 「論十干十二支」, 台北, 武陵出版有限公司, 2002, 評註. "萬物成於土而歸於土."

46) 『滴天髓』, 「燥濕」. "地道有燥溼 生成品彙 人道得之不可偏也."

47) 『周易』, 「乾卦」. "知進退存亡而不失其正者 其唯聖人乎."

이치를 알아서 물러설 때 물러서고 멈출 때 멈춰 섬으로써 정도(正道)를 잃지 않아야 하는 것이다. 인간에게 있어서 땅의 문제는 사시운행을 본받아 밝은 미래를 위해 때를 기다리는 것이라 하겠다.

하늘의 도리가 있고, 땅의 도리가 있으며, 사람의 도리가 있다. 천지와 인간의 도리를 함께 아우를 때 인간이 인간답게 된다. 하늘이 주재하는 음양의 시간 변화가 땅에서는 사시(四時)의 순환으로 나타난다. 그러한 사시의 순환 속에서 명리(命理)는 인간에게 구체적으로 실현되어 있는 숨겨진 천리를 밝히는 것이라 하겠다. 명리학은 사주팔자라는 체계화된 명리이론으로 사람의 명(命)을 보고 해석하는 것이다. 그것은 인간의 명(命)을 거울에 비춰 보듯〔鑑命〕이 사주팔자를 명리이론에 대입시켜서 해석하는 것으로 통변(通辯)이다. 명리가들이 감명하고 통변하는 데는 보는 사람〔타자〕의 주관이 개입될 수 있다. 그러하기 때문에 통변의 결과가 절대적인 것이 아님을 인식할 필요가 있다. 그것은 내가 다른 사람의 명(命)을 보고 해석하는 것일 뿐으로, 주도적으로 관리하거나 주재(主宰)하는 주체가 될 수는 없기 때문이다. 따라서 간명(看命)의 결과는 적중하기도 하고 그렇지 못할 경우도 있다. 명(命)의 이치(理致)는 하늘이 변화하는 만큼이나 조화가 깊고 은미(隱微)하니 인간의 지혜와 힘으로 알아내기 어렵다. 그래서 인간의 명(命)을 아는 것은 하늘을 아는 것만큼 어렵다. 다만 명리서에는 인생의 길흉이 정해져 있다고 한 것이지, 술사들이 감명(鑑命)하는 그것이 정해진 운명이라고 말한 것이 아니다. 그러므로 명리서는 명리가들이 감명하는 자세에 대하여 잡된 생각을 없애고 마음을 바르게 가져야 된다는 것이 일관된 논지이다. 그래서 감명하고 통변하는데 어느 한 가지에 집착하면 안 된다. 마음은 세상을 비추는 거울이라고 하였다. 감명을 하기 위해서는 거울처럼 마음이 맑아야 깨끗한 거울에 사물을 비춰 보듯이 명을 제대로 보고 해석할 수가 있게 된다. 감명(鑑命)하기 위해서 명리가들이 지녀야 할 자세는 성현의 가르침〔法〕을 널리 배워서 끊임없이 공부하고 수양하는 것이다. 그러므로 통변은 경험적 학습을 통하여 자기완성과 사회교화를 실천하는 것이라 하겠다.

5. 결론

우리가 명리학으로 철학을 공부하는 이유는 강호의 역술을 강단의 학문으로 체계화함으로서 한 단계 격상시키자는 데 있다. 명리학의 명을 거론하려면 반드시 '세속의 명'과 '유가의 명'을 구분하는 데서 시작한다. 일반 세속적인 명(命)의 길흉(吉凶)은 인간이 생전에 하늘에 의해 정해진 것이다. 당대(唐代)이후 광범하게 유행한 산명술(算命術)은 체험세계의 상징으로서 음양오행의 상(象)에 통섭되며 모두 천(天)·지(地)·인(人)이 포함되어 있다.

명리학은 고대 음양오행학설의 사유 형식을 빌려서 이에 대응하는 규칙을 탐구하여 사주팔자라는 표준적인 형태로 발전하였다. 사주팔자는 간지(干支)의 음양이 서로 대응하여 끊임없이 순환·불식하고 오행의 기(氣)가 상생·상극하는 원리로 추론한다. 이는 명(命)의 수요장단과 부귀빈천을 능히 예측할 수 있다는 믿음 위에 성립된 것이다. 명리학에서 체계화된 명리이론으로 명(命)을 보고 해석하는 것이 감명(鑑命)이다. 그것은 감명하는 사람의 주관이 개입될 수 있기 때문에 절대적인 것이 아니다. 인간의 명(命)을 보고 해석하는 것은 그 명(命)을 관리하거나 주재(主宰)하는 주체가 될 수는 없다. 그러므로 명(命)의 이치(理致)는 하늘이 변화하는 만큼이나 조화가 깊고 은미(隱微)하니 인간의 지혜와 힘으로 알아내기 어렵다. 명리서에 인생의 부귀(富貴)가 정해져 있다고 한 것이지, 술사들이 감명한 그것이 운명이라고 말한 것이 아니다.

오늘날 명리학을 미신(迷信)이라 하는 것은 일종의 평가(評價)이다. 음양오행으로 통섭되는 명리학에는 어떠한 신비적인 내용을 포함하고 있지 않다. 명리학이 미신(迷信)인가에 대해 사람들이 스스로 평가를 내리도록 하는 것이다. 이를 위해서 명리학의 이론체계를 학술적으로 정리하고 논리적으로 증명함으로써 제도권 강단의 학술로 한 단계 격상시켜야 한다. 명리학은 사람과 사람의 관계에서 소통을 문제 삼는 철학이다. 시대의 흐름에 따라 생겨나는 세대차이의 한계를 명리학으로 소통시킬 수 있을 것으로 본다. 따라서 명리학은 명(命)을 보고〔鑑命〕 통변(通辯)하는 것으로 경험적 학습을 통하여 자기완성과 사회교화를 실천하는 것이다. 이는 신명의 이치를 인격화해서 덕을 쌓음으로써 궁극적으로는 평천하하는 데 있다 하겠다.

풍수사상에 있어서 '동기감응(同氣感應)'의 철학적 고찰*

| 류호기 |

1. 서론

본 논문은 풍수사상(風水思想)의 핵심이론인 '동기감응(同氣感應)'의 문제를 철학적인 관점에서 고찰하고자 하는 데 그 목적이 있다. 풍수사상은 우리나라를 비롯하여 중국과 일본 등 동아시아에서 오랜 세월 동안 민중들의 생활 전반에 걸쳐서 많은 영향을 끼쳐 왔다. 풍수지리는 삶의 터전인 땅을 살아 있는 유기체로 보는 관점에서 출발한다. 어떻게 보면 땅은 살아 있다는 정도가 아니라 모든 만물의 생명의 원천이 거기에 들어 있기에 바로 우리들의 어머니라고 보는 것이 땅에 대한 풍수사상의 기반이 된다.[1] 풍수지리란 자연현상을 합리적으로 이해하여 인간생활에 유익

* 이 논문은 2013년 2월 취득 예정인 석사학위논문을 축약 · 정리한 것임.
1) 최창조, 『한국의 풍수지리』, 민음사, 1994, 13쪽.

함을 추구하는 학문이다. 풍수(風水)란 장풍득수(藏風得水)[2]의 준말로 물을 얻고 바람을 잘 갈무리하는 것으로, '바람'과 '물'로 땅의 이치를 논하는 학문이라고 표현할 수 있다. 그런 점에서 풍수는 땅과 공간의 해석과 활용에 대한 우리나라를 비롯한 동아시아 민중의 고유 사상이면서 땅이 인간생활에 미치는 길흉을 판단하는 상지학(相地學)이며, 감여(堪輿)·지리(地理)·복택(卜宅)·지술(地術)·지학(地學) 등으로 부르기도 한다. 또한 음양오행설을 바탕으로 한 토지관과 동양적 자연관이라고도 표현할 수 있다.

풍수지리의 본질은 지중생기설(地中生氣說)와 감응설(感應說)이다. 지중생기는 살려 주는 기 즉 생기(生氣)를 강조한다. 지중생기설은 땅속에는 생기가 끊임없이 흘러 다니고 기가 모인 곳을 찾는 것이 풍수라는 것이다. 감응설은 같은 기운은 서로 통한다는 이론이며, 땅에 대한 숭배이며 지모사상(地母思想)에 근거하고 있다.[3] 풍수지리학의 본질은 살아 있는 생기가 모여 있는 곳을 찾아 조상의 유골을 모시거나 살아 있는 사람이 거주할 공간을 마련하는 것이다. 곽박이 지었다고 전해지는 『장서(葬書)』[4]에 "장사 지내는 것은 생기를 타는 것이다."라는 말이나 "오행의 기는 땅속을 흘러 다닌다."[5]라고 한 것처럼 사자(死者)나 생자(生者) 모두 생기와 연관되어 있음을 알 수 있다.

---

2) 『葬書』, 「內篇」. "風水之法 得水爲上 藏風次之."

3) 박시익, 『한국의 풍수지리와 건축』, 일빛, 2004, 171쪽.

4) 『葬書』는 일명 『錦囊經』, 또는 『葬經』이라는 이름으로 전해지는 풍수지리에 관한 고전이며, 『葬書』란 이름으로 사고전서에 수록되었다. 국내에서는 허찬구 역주, 『장서역주』가 있으며, 『장경』이란 이름으로 『지리천기회원』에 수록된 것으로 오상익 역해, 『장경』이 있으며, 규장각본인 『금낭경』은 최창조 역주, 『청오경·금낭경』 등이 있다.

5) 『葬書』, 「內篇」. "葬者乘生氣也" "五氣行乎地中." 번역은 『장서역주』, 허찬구 역주, 비봉출판사, 2005를 저본으로 하였으며 이하 『葬書』의 번역도 같음.

풍수에 관한 국내의 선행연구 논문은 수백 편이 될 만큼 다양한 분야에서 활발하게 연구가 이루어져 왔지만, 풍수사상의 핵심인 '기'와 '동기감응'에 관한 철학적 연구는 아직 미흡한 실정이다. 따라서 본고에서는 풍수사상에 있어서 '동기감응론'의 문제를 철학적 관점에서 고찰하고자 한다.

이와 같은 연구를 위해 주로 문헌분석의 방법을 적용하였다. 『청오경(青烏經)』, 『장서(葬書)』, 『명산론(明山論)』, 『지리신법(地理新法)』, 『지리인자수지(地理人子須知)』 등 풍수이론의 고전이라고 할 수 있는 전적과, 풍수사상과 연관된 기 관련 내용을 살펴볼 수 있는 다양한 동양의 고전, 그리고 선행연구 자료를 검토하고 분석하여 연구를 진행하였다.

2. 동기감응의 철학적 개념

풍수지리는 기본적으로 지기(地氣)와 천기(天氣)와 인기(人氣)의 상호 연관성에 관한 학문이며, 동기감응(同氣感應)이란 동류의 기는 서로 반응한다는 것이다. 풍수지리에서 유골과 땅과 후손을 연결하는 매개체가 기(氣)인데, 동기감응론은 주변의 기와 나의 기가 서로 감응하는 경우, 사람과 사람 간에, 조상의 기와 나의 기가 감응한다는 것이다.[6] 이외에도 사물과 사물 간의 감응, 토지와 그곳의 생명체와 감응, 천지신명과 사람과의 관계에서도 서로 감응현상이 일어난다.[7]

풍수지리의 핵심이론인 동기감응론의 기원에 대해서는 다양한 설이

6) 김두규, 『우리풍수이야기』, 북하우스, 2006, 85~86쪽.
7) 김혜정, 『중국고전의 풍수지리사상』, 한국학술정보, 2008, 107~108쪽.

있다. 『주역』의 중천건괘(中天乾卦)와 풍택중부괘(風澤中孚卦)에 '동기감응'이란 내용이 나오는데 먼저 건괘(乾卦) 구오(九五)를 살펴보면 "구오(九五)에 말하기를 '나는 용(飛龍)이 하늘에 있으니, 대인을 보면 이로울 것이다.'라는 것은 무슨 의미인가? 공자께서 말씀하셨다. 같은 소리는 서로 감응하고 같은 기가 서로 구하여 물은 습한 곳으로 흐르고 불은 메마른 곳으로 나아가고, 구름은 용을 따르며 바람은 호랑이를 따른다. 성인이 일어남에 만물이 우러러본다. 하늘에 뿌리를 두고 있는 것은 위로 친하고 땅에 뿌리를 둔 것은 아래와 친하니 각각 성격이 같은 동류끼리 서로 따른다."[8]고 하였다. 즉 모든 사물은 동류끼리는 어디서나 서로 응하고 있으며 인간 사회에서도 서로 비슷한 성향을 가진 사람끼리 서로 감응하기 마련인 것처럼 만물은 같은 유(類)를 따른다는 것으로, 풍수의 동기감응론과 일맥상통하고 있다.

부모와 자식 간의 동기감응의 측면을 살펴보면, 부모자식은 원래 같은 하나의 기이므로 부모의 유해가 지기(생기)를 받으면 서로 감응하는 것이 마치 귀신의 복을 받는 것과 같은 것이다. 『이정전서(二程全書)』의 「장설(葬說)」에서도 "무덤자리를 선정한다는 것은 그 땅의 미추를 정한다는 것이지, 음양가들이 논하는 화복을 추정하는 것은 아니다. 좋은 땅이면 그 곳에 모셔진 조상의 신령이 편안할 것이고, 그 자손도 번성할 것이며, 만약 나무의 뿌리를 잘 북돋워 주면 잎과 줄기가 무성해지는 이치와 같은 것이다. 땅이 나쁜 경우에는 이와는 반대로 된다."[9]고 하였다. 이는 조상의 유골을 길지에 잘 모셔야 후손이 편안해지며 만약 조상의 유골이 편안

---

8) 『周易』, 「文言傳」. "九五曰, 飛龍在天, 利見大人, 何謂也? 子曰, 同聲相應, 同氣相求, 水流濕,火就燥, 雲從龍, 風從虎, 聖人作而萬物覩, 本乎天者親上, 本乎地者親下, 則各從其類也."

9) 『二程全書』, 「葬說」. "卜其宅兆, 卜其地之美惡也, 非陰 陽家所謂禍福者也,地之美者則,其神靈安其子孫盛,若培壅其根而枝葉茂理固然矣.地之惡者則反是."

하지 못하면 후손도 편안하지 못하다는 것과, 아울러 조상의 유골을 모실 자리를 정할 때에는 아주 신중하면서도 정성을 다해서 정밀하게 정해야 한다는 교훈을 주고 있다. 이때 무엇보다도 중요한 것은 조상의 복택을 정할 때는 진심으로 조상을 위하는 마음으로 구해야지, 개인의 영달을 위해서 사사로운 마음으로 구하려고 하면 길지를 구하지 못하게 되는 경우도 있다고 한다.[10)]

만물의 근원인 기는 죽은 조상과 살아 있는 후손 간에는 같이 연결되어 있기에 서로 영향을 주고받는 관계이다. 죽은 조상에게 제사 지내는 것을 정성스럽고 소중하게 여기는 이유도 죽은 조상을 살아 있는 부모처럼 여기는 데 있으며, 그것은 조상이 자신의 근본임을 알기 때문이다.[11)] 제사라는 것은 인간이 천지신명과 조상에게 지극한 정성의 마음의 예를 표하는 것으로, 후손의 효성스러움과 조상이 후손을 보살피는 마음(同氣)이 서로 감응하는 것이 근본 원리이다.

조상과 후손 간의 동기감응론에서 곽박은 조상의 유골을 통하여 후손과 감응한다고 하였고, 채원정과 주자는 유골 이외에도 신령이 조상과 후손의 감응에 영향을 끼친다고 하였는데 특이한 사항은 친부모자식 간이 아닌 양부모와의 관계와 부부간에도 동기감응이 가능하며, 또한 조상의 유골을 매장이 아닌 화장을 하더라도 후손과의 동기감응이 가능하다는 것이다.[12)]

앞 장에서 살펴본 바와 같이 인간은 천기와 지기로 이루어진 묘합체(妙合體)이므로 동기감응의 주체는 인간일 수밖에 없다. 천 · 지 · 인 삼재는

10) 배상열, 「『산릉의장』의 풍수사상 연구」, 원광대학교 대학원 석사논문, 2005, 26쪽.

11) 김혜정, 『중국고전의 풍수지리사상』, 한국학술정보, 2008, 75~76쪽.

12) 민병삼, 「주자의 풍수지리 생명사상 연구」, 성균관대학교 대학원 박사논문, 2008, 261쪽.

우주를 구성하고 있는 기본단위이며 서로 영향을 주고받으면서 변화한다. 특히 삼재 중에서도 가장 중요한 존재는 바로 인간이다. 그 이유는 인간은 능동적으로 도를 자각하고 실천하는 도덕주체이기 때문이다. 천지와 인간은 셋이면서 동시에 인간에 의하여 그 셋은 하나로 포섭되고 조화된다. 즉 인간은 하늘의 이상성(理想性)과 땅의 현실성(現實性)을 주체적으로 자각하여 그것을 현실에 구현하는 존재이다.[13]

인간은 천지와 감통할 수 있는 존재이기에 풍수사상의 '동기감응'의 주체가 될 수 있는 유일한 존재이기도 하다. 천명의 주체적 자각이란 것은 타고난 본성의 절대성을 확보하고 자기의 존재의 근원인 천명과 교감(交感)·교통(交通)하고 합일하는 일이다.[14] 『주역』「계사전」에서 감통에 관하여 "역(易)은 아무런 생각하는 것이 없고 작위하는 일이 없어서 고요하게 움직이지 않다가 사물에 감응하여 마침내 천하의 모든 이치에 통달한다. 천하의 지극한 신묘함이 아니면 그 누가 이런 일에 참여할 수 있겠는가?"[15]라고 하였다. 감통은 천명을 자각하는 출발점이자 귀착점이다. 또한 감통의 감(感)은 감(感)과 함(咸)과 심(心)이 합해진 글자이고 주체가 대상과 마주할 때 발생하는 원초적인 현상을 말한다.[16] 감이 없으면 변화도 새로운 창조도 없기에 감통(感通)의 감은 음양의 조화 내지 관계가 깊은 것으로 교감의 의미가 강하다. 따라서 감(感)은 완전한 한마음을 이루

---

13) 송인창, 「신행정수도 건설에 대한 역철학적 조명」, 『철학논총』, 제42집, 새한철학회, 2004, 300쪽.

14) 송인창, 「『주역』에서의 감통의 문제」, 『주역의 근본원리』, 한국주역학회, 철학과현실사, 2004, 82~83쪽.

15) 『周易』, 「繫辭上傳 11장」. "易无思也, 无爲也, 寂然不動, 感而遂通天下之故. 非天下之至神, 其孰能與於此?"

16) 송인창, 「『주역』에서의 감통의 문제」, 『주역의 근본원리』, 한국주역학회, 철학과현실사, 2004, 85~86쪽.

는 교류작용과 같으며 교감의 의미로서 땅적인 세계와 관계 맺는 일이고 통(通)은 교통의 의미로서 하늘적인 세계와 관계를 맺는 일이다. 따라서 천명과의 감통과 교감 내지 합일을 궁극 목표로 하는 감통의 주체인 인간만이 동기감응의 주체가 될 수 있는 것이다.[17)]

풍수 고전에도 이러한 인간중심적 사유를 찾아볼 수 있다. 『금낭경』 「산세」편에 보면 "화복은 하루의 해를 넘기지 않는 것이니 이러하므로 군자는 신의 조화의 능력을 빼앗아 타고난 천명을 고칠 수 있는 것이다."[18)] 라고 하였으며, 그리고 채원정의 『발미론(發微論)』에서는 "이런 까닭에 산천이 융결하는 것은 하늘에 달려 있지만 그 산천을 마름질하고 재단하는 것은 사람에게 달려 있으니, 긴 것은 마름질하여 잘라 내어 짧은 것에 더해 주고 높은 것은 깎아 내어 낮은 것에 더하는 것은 당연한 이치가 아닌 경우가 없으니 …… 신의 공력을 훔쳐서 타고난 천명을 바꾼다면 하늘과 사이에는 틈이 없는 것이다."[19)]라고 하였다.

풍수사상에서 땅이라는 것도 그 땅을 보는 인간의 입장에 따라서 의미가 달라진다. 그런 점에서 풍수는 땅을 기본으로 하고 있지만 인간 중심의 공간 사상을 지향하였고, 또한 자연과 우주운행의 원리를 이용하여 하늘의 뜻을 돌이켜 적극적으로 공간을 창조할 수 있다는 인간의 주체적 공간관을 내포하고 있는 것이다.[20)] 결국 풍수사상의 동기감응의 주체는 인

---

17) 송인창, 「『주역』에서의 감통의 문제」, 『주역의 근본원리』, 한국주역학회, 철학과현실사, 2004, 86~89쪽.

18) 『錦囊經』, 「山勢」. "禍福不旋日, 是以君子, 奪神功, 改天命." 번역은 『靑烏經 · 錦囊經』, 최창조, 민음사, 2009을 참고하였음.

19) 『發微論』, 「裁成篇」. "是故, 山川之融結在天, 而山水之裁成在人. 截長補短, 損高益下, 莫不有當然之理 …… 奪神功改天命, 而人與天無間矣." 이화, 『조선조 풍수신앙연구』, 한국학술정보, 2005, 44쪽.

20) 이화, 『조선조 풍수신앙연구』, 한국학술정보, 2005, 44쪽.

간일 수밖에 없는 것이다.

3. 동기감응의 구조와 내용

앞에서 살펴본 것처럼 인간은 하늘의 기운과 땅의 기운이 합쳐져 생겨났다는 인식을 바탕으로 하늘의 기운과 땅의 기운의 이치를 체계적으로 살펴보고 이를 사상과 이론으로 발전시킨 것이 바로 풍수지리사상이다. 동기감응론은 주체(主體)인 인간과 땅이라고 하는 객체(客體)와 합일(合一)하는 이치이고 그것은 마치 음양의 묘합(妙合)과 같은 이치이다. 즉 동기감응은 인간인 주체와 땅인 객체의 문제이고 또한 음양의 문제이다. 따라서 동기감응의 구조를 이론적으로 접근하기 위해서는 음양과 오행이 무엇인지를 살펴볼 필요가 있다.

이 세계의 천지만물은 음양의 조화로 이루어져 있는데 『주역』에서는 우주생명의 원리를 태극이라 하였으며 태극이 음과 양을 낳고 다시 음과 양에서 하늘과 땅이 생겨났으며 그 속에서 만물이 생겨 삼라만상이 나타난 것으로 보았다.[21] 이처럼 천지만물 구성의 근본바탕이 되는 것은 음양으로서의 생기이지만 이 생기와 음양오행은 서로 상생하는 기(氣)이기도 하다. 천지만물의 원천인 생기는 음양과 오행의 결합으로 만들어지는 본질적인 기로, 만물을 구성하는 바탕이 되며[22] 기(氣)의 학문인 풍수사상의 이론적 토대인 동기감응론의 구조는 이러한 음양과 오행설을 기초로 하여 체계화되었다.

---

21) 『周易』, 「繫辭上傳 11장」. "是故易有太極, 是生兩儀, 兩儀生四象, 四象生八卦."

22) 박시익, 『한국의 풍수지리와 건축』, 일빛, 2004, 53쪽.

음양오행설은 음양론과 오행설로 구분하여 볼 수 있다. 특히 음양설은 인간을 포함한 우주만물의 흥망성쇠를 음양의 원리로 보는 사상으로, 모든 만물은 음양의 조화와 변화의 원리에서 발전한다고 보는 『주역(周易)』에 근거하고 있다. 오행론의 기원은 『서경(書經)』의 「홍범편(洪範篇)」에서 찾을 수 있는데, 인간이 삶을 영위하는 데 있어서 필수 불가결한 천지만물의 구성요소인 목(木)·화(火)·토(土)·금(金)·수(水) 오행의 작용에 의해 천변만화하는 현상을 설명한 것이다. 따라서 기의 학문인 풍수지리학의 이론적 배경은 음양론과 오행론이며, 음양론은 시간을 나타내고 오행론은 공간을 의미하므로 시공간을 아우르는 것이 음양오행론이다. 이 음양오행이 상생상극(相生相剋)하는 작용에 의해서 생멸한다는 것이 바로 음양오행의 원리를 적용한 풍수지리 사상인 것이다.[23]

풍수에서의 음양 개념은 산은 정(靜)하여 움직이지 않으므로 음이라 하고, 물은 동(動)하여 움직이므로 양이라고 하는 것으로 나타난다. 또한 내룡에서 높은 용맥을 음맥(陰脈)이라 하고 낮은 용맥을 양맥(陽脈)이라 하며, 풍수 현장에서 양래음수(陽來陰受)와 음래양수(陰來陽受)는 서로 짝이 된다. 또한 살아 있는 사람이 거주하는 공간을 양택(陽宅)이라 하며, 죽은 사람의 공간을 음택(陰宅)이라 한다.

오행론은 다섯 가지 기운(五氣)인 목기(木氣)·화기(火氣)·토기(土氣)·금기(金氣)·수기(水氣)를 이 세계의 구성 요소로 파악한 것이다. 우주 삼라만상에는 이 오행으로 표상되는 다섯 가지 질서와 법칙이 있으며, 아울러 우주의 기운이 취산하면서 순행하는 것을 상징하고 있다. 오행은 상생과 상극의 관계를 통해 서로 살려 주기도 하고 억제하기도 한다. 상생은 '목생화(木生火)·화생토(火生土)·토생금(土生金)·금생수(金生

---

23) 차태규, 『한국풍수학 개론』, 연문출판, 2005, 15~16쪽.

水)·수생목(水生木)'의 순서로 이루어지므로 '목 → 화 → 토 → 금 → 수'의 관계가 된다. 상극은 '토극수(土剋水)·수극화(水剋火)·화극금(火剋金)·금극목(金剋木)·목극토(木剋土)'의 순서로 이루어지므로 '토 ← 목 ← 금 ← 화 ← 수'의 관계가 된다. 이러한 음양오행 관념은 풍수지리 사상의 근간을 이루게 되었다.

동기감응의 내용은 인간인 주체와 대상이 되는 땅과 유골인 객체가 만나서 합일되어 나타나는 길흉화복(吉凶禍福)의 현상을 말하는 것이다. 즉 주체와 객체가 합일되어 나타나는 현상을 음택에서는 음덕(蔭德)이라 칭하고, 양택에서는 화복(禍福)이라고 칭하는 것이다. 음덕은 조상의 유골을 형기(形氣)와 이기(理氣)가 부합되는 길지에 모시게 되면 조상의 음덕이 후손에게 미치는 것을 말하며, 양택에서 화복은 형기와 이기가 조화를 이룬 생기 충만한 좋은 길지에 집을 짓고 거주하거나 또는 형기와 이기가 부조화를 이룬 곳에 집을 짓고 거주할 때 그 거주자에게 나타나는 감응현상을 말하는 것이다.

앞에서 살펴본 동기감응의 내용을 보면 결국 동기감응은 인간과 우주만물이 유기적으로 연결되어 상호 간에 영향을 주고받는다는 것이다. 인간은 자신의 내부적 에너지만을 근원으로 살아가는 존재가 아니다. 인간은 외부 환경과 끊임없는 상호작용을 통해 자신의 내부 에너지를 새롭게 변화시키거나 외부 환경에 적응하면서 살아간다. 여기서 말하는 외부환경을 통칭하여 천지(天地)라 할 수 있다.

천지의 '천'은 『주역』에서 '건(乾)'으로 표현되는데 『주역』「건괘 단전」을 보면 "크도다. 건원(乾元)의 작용이여. 만물이 이로서 말미암아 시작된다. 그리하여 하늘의 작용이 통괄하는 것이다. 구름이 흐르고 비가 내리면 품물이 형체를 이뤄 낸다."[24]라고 하였다. 이는 천이 바로 만물의 근원임을 의미하는 것이다. 또한 '지(地)'는 『주역』에서 '곤(坤)'으로 표현되는데 『주역』「곤괘 문언전」에 "건괘에서는 양창음화하고 곤괘에서는 천지의 기운이 서로 교감하여 변화가 일어나니 초목이 무성해진다."[25]는 내용이 나온다. 즉 하늘의 기운이 땅의 기운과 교감하여 만물의 시종(始終)을 주관함을 말하는 것이다. 하늘과 땅이 이렇게 교감하며 변화무쌍한 가운데 인간은 천지에 종속되기도 하지만 천지와 대(對)를 이루며 자유의지를 가지고 활동하는 존재이기도 하다. 이처럼 천지와 대대적 관계를 이루고 있는 인간 사이의 동기감응은 천인합일적 관점에서 설명할 수 있다.

천인합일의 다양한 이론들은 결국 '음양의 일원성'과 그 이치가 다르지 않다. 주돈이는 "태극은 음양이기가 섞여 정(靜)하여 음을 생하며, 양이 변(變)하여 음과 합하고, 상호 작용하여 수 · 화 · 목 · 금 · 토 오행을 낳는다. 그리고 오행이 이치를 좇아 분포되어 사시(四時)가 되며, 음양오행이 상교(相交)하여 만물과 인류를 낳게 된다."[26]라고 말했다. 음양은 이원적(二元的)이지만 태극(太極)이라는 일원(一元)을 그 모체로 삼고 있듯이 천인관계 또한 분리되고 대립되기도 하지만 그 근본은 하나라고 볼 수 있다. 이외에 천인관계를 이해하는 데 도움이 되는 또 하나의 관념으로 '천명사상'이 있다. '천명'은 말 그대로 '하늘이 인간에게 내린 명령'이다. 송인창 교수는 "천명은 고정 불변하는 속성을 가진 형이상학적 실체나 인간의 인식대상으로 현상의 배후세계에 실재하는 존재자가 아니라는 것을, 그리고 천명은 그것을 이해하고 해단하는 주체의 태도와 입장에 따라 그 내용과 의미도 다양해진다는 것을 강조한다."[27]고 했다. 이는 주재

24) 『周易』, 「乾卦 · 彖傳」. "大哉乾元! 萬物資始, 乃統天. 雲行雨施, 品物流形 (大明終始, 六位時成, 時乘六龍以御天. 乾道變化, 各正性命, 保合太和, 乃利貞. 首出庶物, 萬國咸寧"

25) 『周易』, 「坤卦, 文言傳」. "六四 : 天地 變化而 草木蕃"

26) 주백곤(朱伯崑) 外, 『주역산책』, 예문서원, 1999, 133쪽.

적이고 외재적인 천명이 아니라 인간의 주체적 입장을 강조한 것으로 풀이할 수 있다.

동기감응과 천인합일의 관계를 풍수적 입장에서 고찰한다는 것은 결국 풍수와 인간의 삶에 있어서 특정한 작용이 일방적으로 일어나는지 아니면 상호적으로 작용하는지를 파악하는 것이라고 생각된다. 이에 대해서 필자는 풍수와 인간은 상호 간에 영향을 미치는 관계라는 생각이다. 공자는 "새와 짐승과 함께 무리지어 살 수는 없다. 내가 이 사람의 무리와 함께하지 않고, 누구와 함께하겠는가?"[28]라고 말하였다. 이는 환경(풍수)의 영향을 인정함과 동시에 인기(人氣)의 중요성을 역설한 것이라고 생각된다. 사람과 사람이 희노애락을 함께하며 삶의 터전을 만들어 가는 것은 그 자체로 중요하며, 그렇게 만들어진 그 삶의 터전은 곧 그 사람들의 에너지에 물들어 천기(天氣)와 지기(地氣)를 형성한다. 따라서 풍수라는 것은 천기와 지기만으로 완성될 수 없는 것이라고 할 수 있다. 천지인 삼재 중에서 인간이 가장 고귀한 존재로서의 위상을 차지하고 있는 것은 바로 인간에게 이러한 능력이 존재하고 있음을 간파했기 때문이라고 생각된다. 결국 하늘과 인간의 감응은 언제나 완벽하고 평화로울 수 없으며, 음양이 역동적으로 변화하듯이 늘 변화하면서 때에 따라 적당한 조화를 이루는 데에서 비롯된다.

27) 송인창, 『先秦儒學에 있어서의 天命思想에 關한 硏究』, 충남대학교 박사학위논문, 1987, 75쪽.

28) 『論語』, 「微子」. "子路行以告. 夫子憮然曰: 「鳥獸不可與同羣, 吾非斯人之徒與而誰與?"

4. 동기감응의 현실적 구현

1) 동기감응과 효(孝)정신

동기감응을 통해 효(孝)정신을 구현하는 것은 인간이 풍수를 통하여 동물적인 삶을 벗어나서 인간다운 삶의 존엄성을 회복하는 것이다. 효는 모든 덕의 근본이자,[29] 부모를 섬기는 것이 사람 섬기는 것의 근본이 되며,[30] 효제는 그 인(仁)을 행하는 근본인 것[31]이니, 지선의 윤리도덕으로서 우리의 전통사회를 지탱해 온 사회규범이라고 할 수 있다.

효는 유교의 기본적 윤리규범의 하나이며 그 의미는 자식이 어버이를 정성으로 섬기는 도리이지만 비단 효의 의미가 부모를 섬기는 일에만 국한되는 것은 아니니, 효는 인간이 인간답게 살아가고자 할 때 가장 먼저 실천해야 하는 덕목이자 모든 행동의 길잡이이다. 『효경(孝經)』에 "대저 효라는 것은 덕의 근본이며 가르침이 그곳에서 비롯되는 것이다."[32]라고 하여 효도가 교육의 원천이 된다고 하였고, 「위정편(爲政篇)」에서는 "어버이가 살아 계실 적에는 섬기기를 예(禮)로써 하고 돌아가시면 예(禮)로써 장사지내고 제사 지내기를 예(禮)로써 하는 것이다."[33]라고 하였고, 「이인편(里仁篇)」에서는 "부모를 섬기되 부모에게 허물이 있으면 은미하게 간해야 하며 설사 부모의 뜻이 내 말을 따르지 아니한 것을 보면 더욱 공경하고 부모의 뜻을 어기지 말아야 하며 수고로운 일을 시켜도 원망하

---

29) 『孝經』, 「開宗明義章」. "夫孝德之本也"

30) 『孟子』, 「離婁章 上」. "事親事之本也"

31) 『論語』, 「學而篇」. "孝弟也者 其爲仁之本與"

32) 『孝經』. "夫孝德之本也. 敎之所由生也."

33) 『論語』, 「爲政篇」. "生事之以禮, 死葬之以禮, 祭之以禮."

지 않아야 한다."[34]고 하였다. 이와 같이 부모에게 효도하는 방법이 특별한 것이 있는 것이 아니고 공경하고 사랑하는 마음으로 섬기면 되고 어버이의 마음을 편안하게 해 드리면 된다는 것이다. 또 돌아가신 후에는 제례(祭禮)와 상례(喪禮)를 통해 효를 실천하는 것이다.

풍수사상과 효의 연관성은 장례(葬禮)절차를 통해서 나타난다. 부모님께서 돌아가신 후에도 살아 계신 생전과 같이 변함없이 효를 다해야 한다는 생각에서 부모님의 유해를 명당에 모시는 것이 효라고 생각하였다. 그래서 널리 좋은 자리를 구하고자 하는 효와 풍수사상이 결합되면서 조상의 유골이 편안하면 후손도 편안해진다는 논리가 형성되었고, 이는 묘지풍수가 발달하는 계기가 되었다.

이처럼 음택풍수는 효라는 목적을 달성하기 위한 수단의 역할을 하고 있으며, 이때 음택풍수가 풍수사상의 전부는 아님을 인지해야 한다. 장례절차에서 효의 관점과 음택풍수의 관점에서 살펴보면 효의 관점에서는 부모유체의 안장이며 제례에 의한 초혼재생의 전 단계라고 할 수 있으며, 음택풍수의 관점에서는 부모의 유해를 우주적 생태에 적합한 곳, 즉 명당에 안장하는 것이며 동기감응의 전 단계라는 의미가 있다.[35] 따라서 효(孝)나 음택(陰宅)풍수 모두 조상숭배와 연관성이 깊은 것이며 이 기본 정신은 땅에 묻힌 조상의 뼈가 그 땅의 생기를 받아 자손이 번성한다는 것이다. 아울러 풍수는 이러한 생기 충만한 좋은 땅을 구하는 기술이라고도 할 수 있는 것이며 뼈가 땅의 생기를 받는 것이나 후손에게 미치는 역학관계는 물리적 합리적인 과학이라는 잣대로는 설명할 수가 없는 것이 현실이다. 그렇다고 하더라도 이러한 영향 관계를 믿는 경우가 있기 때문에

34) 『論語』, 「里仁篇」. "事父母幾諫見志不從又敬不違勞而不怨"

35) 박판수, 「풍수사상과 효의 결합에 관한 고찰」, 2005, 121~123쪽.

묘지풍수는 존재할 수 있었던 것이다.[36] 이와 관련하여 음택풍수는 효 사상에서 출발하였지만 차츰 동기감응론과 접목되어 기복신앙으로 발전하는 경향을 보이면서 산송(山訟)의 원인을 제공하기도 하여 조선후기 실학파의 비판의 빌미를 제공하기도 하였다.

2) 동기감응과 주거환경

동기감응의 현실적 구현으로서 감응의 주체인 인간과 객체인 자연의 합일된 현상으로 표현된 것이 동기감응과 주거환경이며, 이는 『주역』에서 말하고 있는 보합대화(保合大和)[37]의 정신을 구현하는 것이라고 할 수 있다. 즉 상극의 세상에서 상생의 세상으로 나아가는 대화(大和)의 정신이다. 대화란 음양이 모이고 합쳐진 천지 사이의 조화된 기를 말하며, 보합(保合)이란 항상 존재하여 줄어들지 않으면서 하나로 모아서 흩어지지 않는 것을 말한다. 그러므로 보존하고 합하고 모으는 것을 보합대화라고 하는 것이다.[38] 따라서 보합대화의 정신은 인간공동체 구성원 전체의 화합과 융화를 이루게 하는 도덕의 근본원리이자 당위규범의 마지막 지향처라고 할 수 있으며, 회통과 조화를 추구하는 정신이며 상생을 바탕으로 하여 상호공존하고 번영케 하는 원리를 뜻하는 것이다.[39]

인간이 삶을 영위하는 주거지는 삼재적(三才的) 인간이 천지와 협력하여 만들어 낸 최적의 삶의 공간이며 보합대화의 정신이 구현되는 도덕공

---

36) 최길성, 『한국의 조상숭배사상』, 도서출판 예진, 1993, 115쪽.

37) 『周易』, 「乾卦, 彖傳」, "保合大和"

38) 『周易 상』, 정병석 역주, 을유문화사, 2010, 56~57쪽.

39) 송인창, 「權시 公思想의 철학적 체계와 融和精神」, 『대한철학회 논문집, 제90집』. 대한철학회, 2004, 249~250쪽.

동체라는 하늘적 의미가 강하다. 인간은 한순간도 시공간을 떠나서는 생활할 수가 없다. 즉 인간은 시간축과 공간축이 만나는 우주의 중심점에 위치하여 자신의 삶을 구축해 가는 시공간적 존재인 것이다.[40] 이러한 맥락에서 동기감응과 주거환경에 관하여 살펴보자.

앞 장에서 언급하였듯이 풍수지리는 인간과 자연이 함께 공존할 수 있는 것을 모색하는 정신에서 출발한다. 따라서 인간이 예로부터 자연의 흐름을 거스르지 않고 자연에 순응하고 자연을 이용하는 삶을 살아오는 과정에서 풍수지리가 자연스럽게 생겨난 것으로 추정할 수 있다. 이와 관련하여 '지오멘탈리티(geomentality)'란 땅을 보는 '마음 됨됨이', 또는 땅을 평가하는 마음의 틀로 변역할 수 있다. 한국 사람의 지오멘탈리티는 한국 사람들이 자신들의 산야를 보고 평하는 마음의 틀, 즉 다시 말해서 심성이다. 한국 사람들의 이러한 마음속에는 풍수사상이 그 근저에 자리잡고 있고 풍수설은 한국인들이 한국의 경관을 평가하고 이용하는 중요한 역할을 해 왔다.[41]

풍수지리를 이용 목적에 따라 음택(陰宅)풍수와 양택(陽宅)풍수로 분류하는데 그중에서도 양택풍수는 살아 있는 사람이 거주하는 공간인 주택이나 건물 등을 짓거나, 마을과 도읍지 등을 선정하는 것이다. 양택풍수는 우리의 삶이 펼쳐지는 공간을 주변자연과 긴밀하게 놓고 있다.[42] 음택과 양택을 가시적 현상으로 비교해 보면 양택은 지표의 지상에 위치하고 음택은 지하에 위치하며, 양택은 좌우 횡적 활동이 넓고 음택은 그렇지 못하고, 특히 양택은 활동력 있는 사람이 거주하기에 좌우 활동이 편리해

40) 송인창, 「신행정수도 건설에 대한 역철학적 조명」, 『철학논총』, 제42집. 새한철학회, 2004, 297~300쪽.

41) 윤홍기, 『땅의 마음』, 사이언스북스, 2011, 9쪽.

42) 윤천근, 『풍수의 철학』, 너름터, 2001, 14쪽.

야 하며 이때 좌우 활동이 편리하려면 상하 수직적 기운이 온전해야 한다. 인간은 직립형이며 직립이란 상하의 수직형태를 말하는데, 동물 중에 직립은 사람밖에 없다. 땅의 중력에너지가 수직이듯이 천기와 지기도 수직으로 상호 교통한다. 인간은 땅에 닿은 발로부터 수직으로 상승하는 지기와 감응하고 하늘에 솟은 백회정문으로 하강하는 천기와 감응하는 것이다. 지기와 천기의 교통 중심점에 인간의 마음이 존재하니 곧 자신의 주인인 마음이다. 이 주인은 자신을 다스려 내지만 그 주인 자체는 지기와 천기를 품수할 수밖에 없는 것이다.[43] 따라서 명당길지에서는 좋은 기운과 감응하고 흉지(凶地)에서는 나쁜 기운과 감응하는 것이다.

풍수지리학의 일반적인 양상은 자손의 번성과 유망한 미래와 복록, 튼튼한 지위를 구하고 자손의 절손을 크게 꺼리는 것이다.[44] 양택(陽宅)이란 일월성진(日月星辰)이 양명하게 비치는 곳을 말하는 것으로 생기가 응축되어 있는 터에 주변의 환경과 주거 조건이 조화롭고 풍수법에 맞을수록 그곳에 사는 사람의 부귀는 물론이고 인체의 생체리듬에도 지대한 영향을 미친다. 즉 양택풍수의 본질은 천지의 생기를 받아 인간생활에 유익함을 추구하는 것이며, 자연의 지세와 환경을 잘 활용하면서 인간의 복리를 도모하는 것이다. 일반적으로 양택은 납기 위주이므로 주변 보국이 중요한 역할을 하며 바람의 순환과 변동과도 조화를 이루어야 하고 입지로는 산줄기가 흘러내려 오다가 끝 부분이 좌우로 열리되 그 앞에 평탄 원만한 땅이 넓게 펼쳐져 있으면서 앞이 훤히 트여야 좋은 입지가 된다.[45] 이때 택지의 기운이 강해야 주변 산수(山水)의 역량과 조응할 수 있는 것이다.

---

43) 신평 저, 『풍수양택통론』, 관음출판사, 2006, 32~33쪽.

44) 장성규 외, 『완역풍수경전』, 문애원, 2010, 51쪽.

45) 홍종숙, 「양택론의 현대적 해석에 관한 연구」, 건국대학교, 석사논문, 2002, 15~16쪽.

『황제택경(黃帝宅經)』에서는 주택에 관하여 '오실오허(五實五虛)'[46]에 관하여 논하고 있다. 주택은 사람의 근본이며 거처가 편안하면 후손의 번창과 복록이 풍족하고, 그렇지 못하면 흉이 따른다는 것이다. 또한 주택에 관하여 논한 오실오허(五實五虛)는 집의 규모와 공간의 활용도 및 주변 환경과의 조화가 중요함을 역설하고 있다. 이 내용은 오늘까지도 주택풍수에서 많이 언급되고 있는 내용이다.

3) 인간과 자연의 친화

풍수란 인간의 논리와 땅의 질서 사이에서 합의점을 찾고자 하는 인간의 전통적인 지혜라고 정의할 수 있다. 아울러 풍수지리의 근본적인 의미와 목적은 자연과 인간의 조화와 융화에 따른 친화인데, 환경과 정신에 활기찬 생명력을 불어넣어 자신과 미래의 후손을 위해 더 좋은 환경의 땅을 찾는 데 있다. 여기서 땅을 보는 우리 고유의 안목이 두 가지인데 지형이나 기후나 토양이나 가옥이나 도로 등 눈에 보이는 것을 관찰하는 지리(地理)라는 분야와, 땅에 생명의 기운을 넣어주는 지기(地氣)라는 것을 살피는 풍수라는 분야를 합쳐 풍수지리(風水地理)라고 하는 것이다. 이 두 가지 모두를 살펴 조화로운 개발을 한다면 무분별한 개발은 어느 정도 막을 수 있을 것 같다. 즉 사람들은 땅을 철저히 소유와 이용의 대상으로만 생각하고 무분별한 난개발을 일삼고 있는데, 땅을 살아 있는 유기체적인

---

46) 『黃帝宅經』, "故宅者人之本. 人以宅爲家居, 若安卽家代昌吉, 若不安卽門族衰微. 墳墓川岡, 並同玆說 …… 宅有五虛, 令人貧耗 ; 五實, 令人富貴. 宅大人少, 一虛 ; 宅門大內小, 二虛 ; 牆院不完, 三虛 ; 井灶不處, 四虛 ; 宅地多屋少庭院廣, 五虛. 宅小人多, 一實 ; 宅大門小, 二實 ; 牆院完全, 三實 ; 宅小六畜多, 四實 ; 宅水溝東南流, 五實" 번역은 장성규 외, 『완역풍수경전』(문애원, 2010)을 저본으로 하였으며 이하 『黃帝宅經』 번역도 같음.

관점에서 접근하고 음양의 조화를 생각한다면 아마 무분별한 난개발이 일어나지 않을 것이다.[47]

인간과 자연의 친화라는 측면에서 생각해 볼 수 있는 것이 묘지문화이다. 사람은 죽으면 흙으로 돌아간다는 논리에서 출발한 묘지가 일부 몰지각한 사람들의 이기심과 맞물려 좁은 국토를 점유하고 호화스런 석물로 치장한 거창한 분묘로 인해 환경을 훼손하기도 한다. 장례 환경개선과 새로운 장묘문화의 형성이 필요한 시점이다. 이에 비해 풍수지리는 천지의 자연현상을 합리적으로 이해하여 자연환경을 보존하면서 국토이용의 합리성과 효율성을 극대화하고 주변의 자연환경과 조화된 균형개발로 인간의 편리와 안전을 추구하는 학문이다.[48] 이 원래의 취지가 접목되었으면 하는 바람을 가져 본다.

풍수사상의 타당성 여부와 과학적 증명여부는 논리적으로 어려움이 있는 것이 사실인데 그 이유는 풍수는 사람의 심리적인 현상을 포함하는 지리적인 공간현상의 문제를 단순하게 실증적 논리로 표현하는 데 어려움이 있기 때문이다. 또한 최근에는 서구의 생활방식과 과학적인 사고가 가시적인 자연환경관으로 자리 잡게 되었지만 그래도 한국인의 심리 내부에는 우리의 전통적인 자연관이라고 할 수 있는 풍수적인 사고가 아직도 자리하고 있는 실정이다. 하나의 예로서 과거에는 풍수의 입지론적인 측면이 강조되었다면, 현재에는 풍수의 상징적인 측면이 강조되어 의미를 부여하는 정서가 표현되고 있다. 따라서 동양의 순리와 서양의 합리가 조화를 이루게 되면 보다 완벽해질 것이며 자연과 인간의 친화를 가져올 것이다.[49]

---

47) 최창조, 『한국의 풍수지리』, 민음사, 1994, 20~27쪽.
48) 정경연 지음, 『정통풍수지리』, 평단, 2003, 21쪽.
49) 최명우 지음, 『한국최고의 명당』, 수문출판사, 2003, 11~12쪽.

풍수사상에 반영되어 있는 우리의 전통적인 환경사상에 관한 측면을 고찰하여 보면 첫 번째는 자연은 신비롭고 주술적인 힘을 가진 존재로 인식되어 왔으며 이러한 자연은 인간을 행복하게도 또는 불행하게도 할 수 있다고 보는 것이다. 풍수지리에서 자연을 신비롭고 주술적인 힘을 가진 존재로 보는 이유는 생기라는 개념을 벗어나서는 생각하기 어렵다. 천지만물을 생성하는 생기가 응결되어 있고 바람으로부터 생기를 보호할 수 있는 자연환경을 갖춘 장소에는 신비롭고 주술적인 힘을 간직하고 있다고 보는 것이다. 두 번째는 신비한 주술적인 힘을 가진 자연은 일반적으로 의인화 또는 인물화되어 있는 것이다. 풍수에서 주변의 산수를 동물이나 사물에 비유하여 물형론 또는 형국론으로 보는 것으로 자연이 그런 형상들과 같은 속성을 지닌 것으로 믿는 것이며 아울러 여러 형국에 따라 그 발복(發福)이 다양하다고 보는 것이다. 풍수에서 한 지역의 자연환경을 물형화(物形化)하는 것은 풍수설이 갖고 있는 중요한 자연관의 일부이다. 세 번째는 자연환경의 조화는 사람에 의해 쉽게 깨질 수 있고 또 고쳐질 수도 있는 것이다. 그래서 풍수에서는 자연환경을 함부로 개조하는 것을 금기시한다. 자연환경이 쉽사리 다치기 쉬운 이유는 지하의 지맥을 통해 흐르고 있는 생기 자체가 바로 쉽게 다치고 또 쉽게 다른 것으로 변하는 성질이 있기 때문이다. 생기는 음양의 기가 변하여 된 것인데 이것이 바람을 타면 쉽게 흩어져서 그 기능을 잃을 수가 있는 것이다. 또한 생기는 아무 곳이나 지천에 널려 있는 것이 아니고 풍수지리(風水地理)적으로 합당한 지형을 구비한 특정한 곳에만 있는 것이다. 명당길지의 자연환경은 다치기 쉬우므로 산수를 함부로 개조하면 생기가 손상되어 길지가 흉지로 변한다는 것이 풍수의 이치이다.[50)]

50) 윤홍기, 『땅의 마음』, 사이언스북스, 2011, 114 118쪽.

삶의 주체는 인간이지만 인간은 자연과 조화와 균형을 이룬 삶을 추구해야 하고, 이렇게 인간과 자연이 하나라는 인식으로 조화와 균형을 이루기 위해서는 인간과 산수(山水)가 서로 상생보완 관계를 유지해야 한다는 것이 풍수에서는 동기감응론으로 구체화되었던 것이다.

5. 결론

지금까지 살펴본 바와 같이 풍수사상의 핵심은 생기와 동기감응론이다. 우주천지 간의 삼라만상에 생명을 불어넣을 수 있는 것은 오직 생기뿐이며 이 생기와 감응하는 것이 동기감응이다.

풍수는 위로는 천문을, 아래로는 지리를 탐구하여 인간과 자연이 일체가 됨으로써 추길피흉(趨吉避凶)을 최고 목표로 한다. 인간은 하늘의 기운과 땅의 기운이 합쳐져 생겨났기 때문에 조상과 땅의 기운으로 삶을 영위하게 되는 것이므로 하늘의 기운과 땅의 기운을 살펴보는 이치가 체계적인 사상과 이론으로 발전한 것이 바로 풍수지리사상인 것이다.[51] 곽박이 지은 『장서(葬書)』에 생기가 충만한 좋은 땅에서 뛰어난 인재가 태어난다는 의미의 '인걸은 지령'[52]이라는 말은 인간과 자연의 관계에서 상호교감에 중점을 두었다. 따라서 풍수지리에서는 '이형찰기(以形察氣)'라고 하여 산천의 형상을 지기의 외형적 표출로 보고 좋은 생기가 모인 장소를 찾아 주거지로 삼거나 조상의 유골을 모시는 장소로 활용하였다.

풍수사상에 있어 이론적 토대인 동기감응론에서 동기(同氣)란 같은 기

---

51) 박시익, 『한국의 풍수지리와 건축』, 일빛, 2004, 53쪽.

52) 『葬書』, 「四庫全書本 註」. "地靈而人傑"

운을 의미하며 감응(感應)설은 같은 기운은 서로 통한다는 것이니 감응이라고 하는 것은 기가 전달되면서 일어나는 현상을 의미하는 것이다. 그래서 동기감응(同氣感應)이란 동류의 기는 서로 반응한다는 것으로, 주변의 기와 나의 기가 서로 감응하는 경우, 사람 과 사람 간에, 조상의 기와 나의 기가 감응한다는 것이다.[53] 이처럼 풍수지리는 기본적으로 지기(地氣)와 천기(天氣)와 인기(人氣)의 상호 연관성에 관한 학문이며, 동기감응론은 이외에도 사물과 사물간의 감응, 토지와 그 곳의 생명체와 감응, 천지신명과 사람과의 관계에서도 서로 감응현상이 일어난다는 것이다.

조선 중기 이후 유교의 효 사상과 더불어 기복신앙 및 추길피흉의 욕망이 내면화되면서 길지를 확보하고자 하는 욕망 등으로 지나치게 비대해진 음택풍수로 인하여 풍수사상의 동기감응론이 비판의 대상이 되는 경우가 많았다.

풍수지리에서 양택의 경우는 주변의 산수지리가 좋으면 그곳에 거주하는 사람에게 길한 기운이 미친다는 논리에는 별 무리가 없어 보이지만, 위에서 살펴본 것처럼 음택풍수에서는 아직까지 논란의 여지가 없는 것은 아니기 때문에 이 부분은 차후 계속 연구해야 할 과제 중의 하나가 될 것으로 보인다. 그리고 눈에 보이지 않는다고 해서 또 과학적으로 완벽하게 증명하지 못한다고 하여 풍수 자체를 부정하는 것 또한 문제가 있다고 본다. 눈에 보이지 않고 경험하지 못했다고 그것을 부정할 수 없듯이 현재의 과학 수준으로 평가하여 증명할 수 없거나 논리성을 밝혀내지 못했다고 하여 풍수전체를 매도하는 것은 지나친 논리의 비약이라고 할 수 있다.

결국 동기감응론은 자연의 이치를 통하여 천기와 지기 그리고 인의 결합을 통하여 인간 본의로서 자연계에서 지속적인 삶을 유지할 수 있는 논

53) 김두규, 『우리풍수이야기』, 북하우스, 2006, 85쪽.

리를 제시한 것이라고 할 수 있으며, 동기감응론은 인간존재의 우주적 생명에 대한 인식의 전환을 요구하는 것으로 해석할 수 있다. 그런 점에서 동기감응론을 좀 더 논리적으로 분석하여 객관화시킬 수 있는 능력의 배양이 필요한 시점이라 생각한다. 풍수가 건전하고 생활 속의 유익한 지혜가 될 수 있도록 더욱 더 많은 연구와 실증적 측면을 보강하는 각고의 노력이 필요하다고 하겠다.

『자평진전(子平眞詮)』에 나타난 인간(人間)의 명(命)과 자유의지의 문제*

| 송지나 |

1. 서론

세상 모든 만물은 생성되고 변화하는 연속된 과정에서 일정한 법칙을 갖는다. 인간은 변화하는 삶의 이면에 정해진 법칙이 있다고 보고 이를 운명(運命)이라 표현하였다. 이러한 운명은 대개 수명(壽命)과 길흉화복(吉凶禍福)의 운명의 두 가지 의미를 내포하는데, 둘 다 인간에게는 가장 큰 관심사가 아닐 수 없었다.

인간의 '명(命)'에 대한 관심은 고대로부터 현재에 이르기까지 어느 시대를 막론하고 사회 전반에 걸쳐 유행했다.[1] 이와 같은 인간의 명(命)에 대한 관심을 반영하는 것으로 산명술(算命術)의 발달을 들 수 있다. 그 중

* 이 논문은 본인의 2011년 대전대학교 석사학위논문을 축약한 것임.

1) 유소홍, 『오행, 그 신비를 벗긴다』, 송인창 · 안유경 역, 국학자료원, 2008, 370쪽 참조.

인간의 출생 시점을 기준으로 하는 사주팔자(四柱八字)에 음양오행의 변화 원리를 토대로 인간의 운명을 예측하는 기법에 관한 학문이 명리학(命理學)이다. 명리학은 사람이 태어난 년 · 월 · 일 · 시 간지(干支)의 사주팔자에 의해 명(命)의 요수(夭壽) · 장단(長短)과 부귀(富貴) · 빈궁(貧窮)이 결정된다는 믿음 위에 성립된 것이다.[2] 인간은 자신의 불확실한 미래에 관하여 불안함과 두려움을 느끼며 살고 있다. 자연의 법칙 아래 자신의 한계성을 깨닫고, 미래를 알고자 하는 욕구 때문에 명(命)을 예측하고 싶어 한다.

본 논문의 목적은 자평명리서(子平命理書)중 『자평진전(子平眞詮)』에 나타나 있는 명(命)과 자유의지의 문제에 대하여 조명하는 데 있다. 본 논문의 주제는 명리학에서 숙명론적인 정명론(定命論)이 아닌 명(命)의 자유의지를 전제로 한다. 이는 '자유(自由)'라는 의미에서 자유의지에 따르면 모든 게 가능하다는 자유의지 만능론(萬能論)을 말하고자 하는 것이 아니다.[3] 『자평진전』은 기본적으로 인간이 태어날 때 받은 사주팔자에 의해 나타나는 길흉 · 화복과 부귀 · 빈천이라는 운명 즉, 술수(術數)를 예측하는 술서(術書)이다.

술수의 기본 사상은 명(命)을 해석하는 것이며 술수활동은 '인간 운명의 예측'이다.[4] 지금까지 수술산명(數術算命)의 효과를 볼 것 같으면 그것

---

2) 고영택, 「중국 三大 命理書에 나타난 '命'과 인간존재에 대한 철학적 照明」, 대전대학교 박사학위논문, 2010, 3쪽 참고.

3) 예를 들어, 과거에는 치명적이었던 질병들이 현대 과학문명이 발달함에 따라 간단하게 치유됨으로서 많은 사람들이 장수하는 것은 인간의 의지에 따라 명(命)이 개선된 것이라 할 수 있다. 과거에 살았던 사람들이나 현대인들의 사주 구성은 별반 다르지 않을 것이다. 때문에 그것은 인간이 자유의지에 따라 삶이 달라진 것으로 볼 수 있다.

4) 유가는 귀신을 믿지 않으며, 전생과 후세의 인과보응에 대한 논의가 별로 많지 않다. 그렇지만 유가는 '명(命)'을 대단히 믿는다. 공자에 의하면 군자는 세 가지 두려워하는 것이 있는데 그 가장 중요한 바는 '천명을 두려워하는 것'이라고 하였다. 더 나아

은 진정으로 효용이 있다. 그래서 인간의 운명을 '예측'할 수 있다는 사실을 부정하지 않는다.[5] 이는 인간에게 선천적인 부귀빈천이 있다는 것에 의하여 증명된다. 이로써 '인명은 제 마음대로 되지 않는다.'는 사상은 유가 도덕사상의 구성을 전제로 하고 있음을 알지 않으면 안 된다. 술수활동의 임무는 산명을 통해 운명이 있음을 증명하는 실증 과정이다. 이등귀(李登貴)에 따르면 "선악의 행위를 통해 술수는 사람들에게 개인의 생사화복의 명을 바꾸는 것이 불가하지만은 않다는 사실을 훈계하고 있다. 선악의 취사선택을 통해 개인이 추구하고자 하는 도덕적인 자아를 완성하기에 충분한 이유가 될 수 있다."[6] 이것으로 개인이 추구하는 도덕적 자아완성을 제공하는 이유와 원동력을 십분 충족시키는 것이다. 그런 까닭에 술수활동은 중국 유가를 구성하는 문화적 사상의 기반이다.[7] 따라서 술수의 기본 사상으로서의 명리적 변증사상은 유가 학설의 한 줄기를 이어받은 것이다.[8] 본고에서는 명리학의 수술산명적(數術算命的)인 측면에

가서는 '명을 알지 못하면 군자가 될 수 없다.' 라고 말씀하였다. 공자 이후 명을 불신하는 사상가들은 오직 순자와 묵자 두 사람 뿐일 정도로 매우 적다. 기타 사상가들은 모두 '명' 을 찬동하였다. 물론 각자 '명' 에 대한 이해는 서로 완전히 같을 수는 없다. 그렇지만 '명' 에는 인생 운명이 내재되어 있다. 더욱이 중요한 것은 바로 사람의 운명을 가리킨다는 그 점에 의심하는 바가 없다. 술수의 기본 사상은 명을 해석하는 것이며 술수활동은 '인간 운명의 예측' 이다. 이와 같이 유가 지식인들이 산명적 술수를 중시하는 바는 당연한 이치이다. 李登貴 編輯, 『八字易象與哲學思維』, 北京, 中國社會科學出版社, 2004, 129쪽 참조.

5) 실제로 여러 가지 아주 많은 정황에서 그것은 완전하게 할 수는 없다는 점이다.

6) 만약 명이 좋지 않더라도 일심으로 선을 위하고 좋은 일을 많이 하면 이로 인하여 흉을 만나더라도 길하게 바꾸어 일생을 평안하게 살 수 있다. 명이 비록 좋더라도 단지 악을 따른다면 명이 변한다. 술수 서적에서 사람들에게 선을 행하여 좋은 명을 받을 것을 훈계한다. 李登貴 編輯, 앞의 책, 129쪽 참조.

7) 李登貴 編輯, 앞의 책, 128~129쪽 참조.

8) (宋) 徐子平, 『淵海子平』, 陳明・馬鳴 譯註, 北京, 中國廣播電視出版社, 2007, 出版說明 참조.

서가 아니라, 개인의 길흉화복의 명(命)을 바꾸는 것은 불가한 것이 아니라는 사실에 대하여 유가적 측면에서 자유의지와 관련하여 논하고자 하는 것이다.

본고에서 살펴볼 기본 연구대상인 『자평진전』은 일 위주(日 爲主)로 사주를 간명하는 자평명리서이다. 오늘날 명리학이라고 하면 대부분 자평명리학을 말하는 것이라 하여도 과언이 아니다.[9] 자평명리는 송대(宋代) 서자평[10]에 의해 체계를 갖추었다. 시대적으로 송대(宋代)에 이르러 신유학의 일파인 성리학은 하늘과 인간 간의 관계를 기존의 질서와 다르게 제시하고 발전시켰다. 성리학과 명리학의 체계화가 동시적이라는 사실은 매우 주목할 만한 것이다. 정주학파의 천인관계론의 두 가지 주요 측면은 하늘〔理〕과 인간〔性〕이 동일하다는 것과 하늘〔理〕과 인간〔欲〕이 대립적이라는 것이다.[11] 주지하다시피 '성명의리지학(性命義理之學)'의 준말인 성리학은 성덕의 가르침(成德之教)인 도덕주체의 수양(收養)을 무엇보다 중시하게 된다. 성리학이 인간의 주체적 노력을 강조했다면, 명리학은 성리학에서 충분히 설명하지 못했던 운명의 영역을 탐구 대상으로 한 것이다. 명리학은 음양오행으로써 명(命)의 이치를 궁구하여, 음양오행의 상

---

9) 시에 쑹링, 『음양오행이란 무엇인가?』, 김홍경 · 신하령 공역, 연암출판사, 1995, 443쪽 참조; * 자평명리의 시조라고 알려진 서자평(徐子平)의 『낙록자부서씨주(珞琭子賦徐氏注)』에 나타난 일간위주론(日干爲主論)과 인원장간론(人元藏干論)등이 제시되어 『낙록자부서씨주(珞琭子賦徐氏注)』가 자평명리의 효시임을 알 수 있다. 고영택, 앞의 논문, 17쪽 참고.

10) 서자평(徐子平, 五代末～宋初): 본명은 거이(居易), 자(字)는 자평(子平), 동해인(東海人)이며, 별칭은 사척선생(沙滌先生) 봉래수(蓬萊叟)라 불렸다. 명대 徐惟起의 撰『徐氏筆精』 8권에서 그를 오계인(五季人)이라 소개하고 있고 陳圖南과 더불어 화산에 은거하였다고 한다. *"서자평의 자(字)는 자평(子平), 동해인(東海人)으로 사척선생 또는 봉래수라 불렸으며, 태화 서쪽 당봉동에 은거했다." 萬民英 著, 『三命通會』, 「子評設辯」, 台北, 武陵出版有限公司, 2003, 482쪽 참조.

11) 풍우(馮寓), 『천인관계론』, 김갑수 역, 신지서원, 1993, 41~42쪽 참조.

생상극으로 일어나는 추길피흉(追吉避凶)의 현실적 문제에 치중하였다. 그럼으로써 인간이 삶에 있어 과거와 미래의 세계를 망라해서 일생 동안 걸어갈 길을 능히 예측할 수 있다고 보는 것이다.

명리학에서 인간의 삶이 사주팔자라는 명(命)에 의해서 결정되었다고 보는 것은 결정론적인 관점이다. 그러나 인간의 명(命)이 운(運)이라는 길을 따라 살아가는 동안에 끊임없이 변화한다고 보는 것은 비결정론적인 관점이다. 인간에게 정해진 운명이 있다고 하는 운명론적으로 보자면 지구 어디엔가 나와 동시에 태어나 삶을 영위하는 사람은 지금 이 순간 똑같은 선택을 하고 있어야 한다는 것이다. 즉 동일한 사주팔자를 가진 쌍둥이를 간명(看命)한다면 두 사람은 같은 운명으로 살아가게 될 것이라고 해석한다. 현실적으로 볼 때 쌍둥이의 삶에 서로 상통한 점이 많이 있는 것은 사실이다. 쌍둥이는 한 부모 아래 같은 환경적 요건을 타고났다는 것만으로도 이미 같은 운명이라고 볼 수도 있다. 하지만 천지만물의 주재(主宰)자로서 두 사람은 분명하게 독립적인 생명체이고, 인간은 자신의 행동과 결정을 통제할 수 있는 능력으로서 '자유의지'를 갖고 자신의 삶을 선택할 수 있다. 비록 한 날 한 시에 태어난 사람이라도 운명이 반드시 똑같을 수는 없는 것이다.

그러므로 명리이론에 의한 간명(看命)은 '객관적인 명'으로 해석될 수 있다. 대다수의 사람들은 '객관적인 명'을 절대 바꿀 수 없는 운명으로 알고 받아들이는 경우가 있는데, 이는 인간의 명(命)을 주재하는 것은 바로 나 자신이라는 주체성을 자각하지 못한 데 기인하는 것이라 하겠다.

『자평진전』에 나타난 명(命)의 개념을 올바로 이해하려면 그 철학적 입장에서의 고찰을 시도해야 할 것이다. 그러기 위해서는 명(命)의 본질적 의미는 무엇이며, 명(命)의 자각은 어떻게 가능한가를 구명(究明)하여야만 할 것이다. 따라서 본 논문에서는 『자평진전』에 나타난 명(命)의 의미와 인간은 '어떻게' 그 명(命)을 자각하고 구현하는가, 또 그에 따른 인간의 자유의지의 문제와 수양의 본질적 의미에 대하여 유가적 관점에서 살펴보고자 한다.

2. 본론

1) 『자평진전』에 나타난 명(命)의 의미

명리학(命理學)의 대상이 되는 운명으로서 명(命)의 이치는 조화가 깊고 은미(隱微)하여 인간의 지혜로 알아내기가 매우 어렵다. 인간은 명(命)을 자각하고 그 이치를 알아내고자 하는 것이다. 인간이 명(命)을 알고자 하는 그 궁극에는 자신의 능동적 노력을 통해 주체적으로 삶을 개선시켜 보려는 의지가 담겨 있다고 본다. 『논어』에서는 명(命)을 인간의 의지가 미치지 않는 운명적 의미와 결부시켜 말하고 있고, 모든 것이 명(命)에 의해 최종적으로 결정되는 존재 자각의 방식으로 이해했다. 이와 관련하여 『자평진전』에 나타난 명(命)의 개념에 대해서 파악해 보고자 한다.

명(命)의 개념은 서주(西周)시대까지 통치권과 관련된 천명(天命)이었다. 춘추시대에는 일반 민중에 대해서도 명(命)의 의미가 확대되었다. 인간의 빈천 · 부귀 · 수요(壽夭) 등을 의미하는 운명의 명(命) 개념도 이때 출현하였다. 이후 운명의 명(命)은 일반 사회대중 사이에 널리 퍼지게 되었다. 성명(性命)의 명(命)은 한대(漢代)에 이르러 학술상의 큰 문제로까지 논의되기 시작했다.[12] 명리학은 빈천 · 부귀 · 수요(壽夭) 등을 의미하

12) "西周及其以前之所謂命 都是與統治權有關的天命. 到了春秋時代 擴大而爲一般的命.

는 운명의 명(命)에 대하여 알고자 하는 것이다.

명(命)을 거론하려면 반드시 '세속의 명(命)'과 '유가의 명(命)'을 구분하는 데서 시작한다. 유가(儒家)사상은 언제나 거리의 산명활동과 명백히 한계를 긋고 구분하여 드러내기를 희망한다. 그러므로 유가의 명(命)은 세속의 명(命)과 다르다는 것을 기를 쓰고 말한다.[13] 여기에 대하여 풍우란(1894~1990)은 "일반 세속적으로 말하는 명(命)은 하늘에 의해 정해진 것으로 바로 우리들 일생의 길흉화복은 인간의 생전에 정해진 것이다. 상(象)을 보고 괘(卦)를 뽑아서 인간의 길흉화복을 알 수 있다. 유가의 명(命)은 사람의 일생 중에 만나게 되는 우주의 변화를 가리킨다. 이는 또한 사람의 힘으로는 어찌할 수 있는 것이 아니다."[14]라고 하였다. 그가 말한 유가의 명(命) 또한 사람의 힘으로는 어찌할 수 없는 운명적인 것임을 뜻한다. 『논어』에서도 "죽고 사는 것은 명(命)에 달려 있고, 부귀는 하늘에 달려 있다."[15]라고 하여 명(命)을 인간이 의지가 미치지 못하는 것으로서의 운명적 의미를 갖고 말하고 있다. 이렇게 볼 때, "유가의 명(命)과 세속의 명(命)을 구분하는 것은 결코 그렇게 명확한 것은 아니다. 그야말로 유가의 명(命)은 세속의 명(命)의 의미를 함께 가지고 있다."[16]

송명(宋明) 유학에서는 천명의 의미로서 '명령(命令)의 명(命)'이 있고, 운명적으로 정해졌다는 의미로 '명정(命定)의 명(命)'이 있다. 명정(命定)은 객관적인 한계와 제약을 나타낸다.[17] 천명으로서 명정이 있다는 것은

…… 如貧賤富貴壽夭等 這便在春秋時代出現了命運之命的觀念 此後命運的命 更普及於社會大衆之間. 而性命之命 乃成爲漢代學術所追求的大標誌." 徐復觀, 『兩漢思想史』, 臺灣, 學生書局, 1985, 卷二, 「王充的命運觀」, 626~627쪽 참조.

13) 李登貴 編輯, 앞의 책, 130쪽 참조.

14) 李登貴 編輯, 앞의 책, 130쪽 참조.

15) 『論語』, 「顔淵」. "死生有命, 富貴在天."

16) 李登貴 編輯, 앞의 책, 131쪽 참조.

유가에서도 사람에게 있어 운명의 존재를 인정한 것이라 할 수 있다. 인간은 하늘이 정한 운명이란 한계와 제약에서 벗어날 수 없는 것이다. 『연해자평』의 다음 구절은 명리학에서의 운명에 관하여 잘 대변해 주고 있다.

> 하늘이 이미 사람을 낳았음에 인간에게는 각자의 명(命)이 있다.[18)]

인간의 명(命)은 하늘로부터 받은 것으로 벗어날 수 없는 운명임을 말하고 있다.

송대(宋代) 리학(理學)에서는 리(理)와 기(氣)에 의해서만 구성되어 있는 이 세계에서 명(命)은 하늘로부터 인간에게 내려지는 것이다.[19)] "천도가 내려와 사람에게 부여한 것이 명(命)이다."[20)]라고 한 그것이다. 북송시대의 주돈이(周敦頤, 1017~1073)는 하늘이 내려 준 명(命)을 받은 "인간은 음양오행의 수기를 받아서 만물의 영장이 되었다."[21)]라고 하여 기(氣)는 운명에 결정적인 영향을 주고 있음을 말하고 있다. 이러한 사상은 동시대에 체계화된 자평명리서인 『연해자평』에 "인간은 천지의 정기인 음양·오행을 품부받았기 때문에 만물의 영장이 되었다."[22)]라는 이치와 다르지 않다. 따라서 명리학에서 "인명(人命)은 오행을 품수한 것."[23)]이라는 점은 송대 리학자들이 주장하는 명(命)의 개념과 서로 통한다고 볼 수 있다.

송대 이후에 명(命)에 대한 해석은 주자의 그것을 선행하는 제 해석을

---

17) 蔡仁厚, 『孔孟荀 哲學 : 공자의 철학』, 천병돈 역, 예문서원, 2002, 179쪽 참조.
18) 『淵海子平』, 卷三, 「幽微賦」. "天旣生人 人各有命."
19) 溝口雄三 외, 『中國思想文化事典』, 김석근 외 역, 민족문화문고, 2003, 140쪽 참조.
20) 蒙培元, 『中國人性論史』, 臺灣, 學生書局, 1996, 18쪽. "天道流行而賦予人者爲命."
21) 周敦頤, 『太極圖說』. "五行一陰陽也, …… 惟人也, 得其秀而最靈."
22) 『淵海子平』, 卷二, 「繼善篇」, 註. "人得萬物之靈 乃天地之正氣 方爲人所屬 陰陽五行."
23) 『淵海子平』, 卷四, 「碧淵賦」. "人命稟乎五行."

독자적인 관점에서 종합하고 체계화했다는 점에서 하나의 귀결점이라 할 수 있다.[24] 주자가 말한 명(命)과 명리서에 나타난 명(命)의 내용을 비교해 보면, 주자는 "하늘에는 봄 · 여름 · 가을 · 겨울이 있고 땅에는 금 · 목 · 수 · 화가 있다."[25]라고 하였다. 『적천수』에 "하늘에는 음양이 있어 춘목 · 하화 · 추금 · 동수 · 계토의 계절에 따라 각기 그 공력을 나타낸다."[26]라고 한 대목과 서로 통한다. 또한 주자가 "하늘에 있어서는 오행이 되고 인간에 있어서는 오사가 된다. 천도로 말하면 그것은 원 · 형 · 이 · 정이 되고, 사계절로 말하자면 그것은 봄 · 여름 · 가을 · 겨울이 되고, 인간으로 말하자면 그것은 인 · 의 · 예 · 지가 된다."[27]라고 하였다. 『적천수』에 "오기가 하늘에서는 원 · 형 · 이 · 정이며 사람에게 부여해서는 인 · 의 · 예 · 지 · 신의 · 성(性)이 된다."[28]라고 하는 내용과 상응한다. 이를 보더라도 송대(宋代) 성리학에서 말하는 명(命)과 동시대에 체계화된 자평명리학의 명(命)에 관한 본질적인 의미는 그 근본 줄기에서부터 서로 통하고 있음을 알 수 있다.

지금까지 본 바에 의하면 명(命)의 본질적 의미는 고대 중국에서 통치권과 관련된 천명이었다. 이후 명(命)의 의미는 민중에게 확대되어 되어 인간의 부귀 · 빈천 · 수요 등을 의미하는 운명의 명(命) 개념이 출현하였다. 송대(宋代)에 이르러 체계화된 기명설은 인간의 화복과 부귀 · 궁달 그리고 수요(壽夭)는 모두 부여받은 기(氣)로부터 말미암는다고 생각하였

24) 溝口雄三 외, 앞의 책, 김석근 외 역, 140쪽 참조.

25) 『朱子語類』, 卷之一. "天有春夏秋冬 地有金木水火 人有仁義禮智."

26) 『滴天髓』, 卷一, 「天道」, 原注. "天有陰陽 故春木 夏火 秋金 冬水 季土 隨時顯其神功 命中天地人三元之理 悉本于此."

27) 『朱子語類』. "在天則爲五行 在人則爲五事 以天道言之 爲元亨利貞 以四時言之 爲春夏秋冬 以人言之 爲仁義禮智."

28) 『滴天髓』, 卷四, 「性情」. "五氣在天 則爲元亨利貞 賦在人 則仁義禮智信之性."

다. 송명유학에서 명(命)의 본질적 의미는 천명의 명(命)과 운명의 명(命)이 있다. 유가에서의 명(命)은 세속의 명(命)과 다르다는 것을 말하지만, 유가에서 말하는 천명에는 세속적인 운명이라는 명(命)의 의미를 함께 가지고 있다. 유가에서는 천명을 말하지만 명리학에서는 운명으로서의 명(命)에 무게를 둔다는 점이 다르다. 명리학에서 명(命)은 사주팔자 간지의 음양오행이 상생·상극하는 이치에 의해 화복(禍福)·길흉(吉凶)과 수요(壽夭)·궁달(窮達)이 있게 된다. 이러한 논리는 송대 리학(理學)에서 말하는 명(命)의 개념과 맥을 같이하고 있다.

앞서 살펴본 바와 같이 명(命)에 대한 해석과 이해는 천명과 운명의 두 가지로 구분되었다. 명리학은 운명에 중점을 두는데, 그것은 기명(氣命)으로 파악하는 것이다. 명리학의 명(命)은 기(氣)에 의해서 드러나는 현상적인 길흉·화복 그 자체를 말하는 것이다. 『자평진전』에 나타난 명(命)을 살펴보면 "천지의 기가 음양으로 나누어지고, 음양은 사상으로 나누어진다. 사상은 오행으로 수·화·목·금이다. 토는 음양과 목·화·금·수의 기가 응결된 것이다."[29]라고 하여 오행으로 토(土)는 땅이고 모든 만물은 땅에서 낳고 땅에서 끝을 맺는다. 인간은 하늘의 기(氣)를 받아 땅에서 낳고 땅에서 삶을 이어간다. 그러므로 기에 의하여 삶의 현상을 드러내는 것으로 나타냈다. 『주역』에서는 "땅이 생산하는 모체인 곤원(坤元)에서 만물이 길러지니 이에 순히 하늘을 받든다."[30]라고 하였다. 이는 만물이 땅에서 낳고 땅에서 이루어지지만 그 기는 하늘에서 받은 것임을 이르는 말이다. 주자가 "하늘의 형체가 비록 땅의 밖을 포함하고 있으나 그 기(氣)는 항상 땅의 가운데에 행한다."[31]라고 한 말과 문맥을 같이

---

29) 『子平眞詮』, 卷一, 「論十干十二支」. "天地之間 一氣而已 遂分陰陽 遂分四象. …… 有是四象 而五行具於其中矣. 水火木金也. 土者 陰陽老少木火金水沖氣所結也."

30) 『周易』, 「坤卦」, 「彖傳」. "坤元 萬物資生 乃順承天."

한다. 땅은 항상 그 자리에서 변함없이 만물을 화육하지만, 하늘은 하루에도 밤과 낮으로 바뀌고 계절에 따라 수없이 변화한다. 자연의 질서인 하늘이 반복하여 사계절이 순환하는 데서 해답을 찾고자 하는 것이다. 『자평진전』의 다음 말은 특히 주목된다.

> 토(土)는 금·목·수·화의 기(氣)가 뒤엉킨 것으로 사계절에 기생하여 왕성하고 쇠퇴해진다. 음양과 기질의 이치가 이러하다. 명(命)을 배우는 자는 모름지기 먼저 간지(干支)의 이치를 알아야 한다.[32)]

시간이 멈추지 않고 흐르는 것에 따라 오행은 순환하면서 움직이고 전달하여 사계절로 운행한다. 토(土)는 음양과 목·화·금·수의 기가 한데 엉켜 뭉친 것이니, 땅은 음양오행을 모두 머금은 것이다. 이를 심효첨은 "무릇 오행의 기는 사계절을 운행하는 것."[33)]이라고 하였다. 토(土)는 오행으로 중앙이고 계절로는 정해진 자리가 없이 각 계절의 끝에서 마무리 짓는다. 하늘의 때〔天時〕가 운행하는 사계절은 형체가 없지만 땅은 언제나 있는 그 자리에서 목·화·금·수의 계절마다 변화가 나타냄을 이르는 말이다. 『자평진전』의 다음 구절은 이를 단적으로 말해 주는 대목이다.

> 사계절의 운행은 순환하면 움직이고 전달하여 시간이 멈추지 않고 행한다. 그러므로 사시의 변화는 생(生)과 극(剋)이 쓸모가 같고, 극(剋)과 생(生) 또한

---

31) 『周易傳義』, 「繫辭傳 上」, 第六章, 朱子註. "蓋天之形 雖包於地之外 而其氣 常行乎地之中也."

32) 『子平眞詮』, 卷一, 「論十干十二支」. "惟土爲木火金水沖氣 故寄旺於四時 而陰陽氣質之理亦同此論 欲學命者 必須先知干支之說."

33) 『子平眞詮』, 卷一, 「論十干得時不旺失時不弱」. "夫五行之氣 流行四時."

공이 같다.[34)]

오행의 기가 사계절을 운행하는 것처럼 인간의 명(命) 또한 하늘이 운행하는 때〔天時〕를 만나야 능력을 발휘할 수 있다. 하늘의 운행(運行)은 밤낮이 바뀌고 사계절이 변하여 세월은 멈추지 않고 끊임없이 흐른다. 땅은 언제나 그 자리에서 사계절의 변화를 받아들여 생장수장(生長收藏)의 순환을 반복한다. 인간은 땅에서 살면서 앞날에 대한 기다림으로 살아간다. 앞날에 대한 기다림이란 하늘이 운행 즉, 세월이 바뀜에 따라 좋은 때가 오기를 기대한다. 명리학은 땅에서 태어나 삶은 영위하는 인간이 하늘의 운행〔天時〕에 의해 나타나는 길흉회린(吉凶悔吝)의 운명을 알고자 하는 것이다. 인간의 운명은 이미 정해진 것이라는 두려움 때문에 사람들은 항상 미래에 대한 불안감이 일상을 지배하게 된다.

고대로부터 현대에 이르는 장구한 세월 동안 인간은 운명의 틀 속에서 벗어날 수 없는 존재라는 믿음은 황제나 백성이나 변함이 없었다.[35)] 사람들은 언제나 정해진 운명으로서 자신의 미래에 대해 알고자 한다. 하지만 사람들이 모든 것을 정해진 운명이라 여기고 지나치게 운명에 의존하려 든다면 일상에서 쉽게 좌절하는 경우가 일어나게 될 것이다. 사람들이 알고자 하는 운명의 이치에 대하여 『자평진전』의 다음의 구절에서 찾을 수

---

34) 『子平眞詮』, 卷一, 「論陰陽生剋」. "四時之運. …… 循環迭運 而時行不休. …… 是以四時之運 生與剋同用 剋與生同功."

35) "서자평 이후(宋 · 元 · 明 · 淸)는 사람들이 운명에 희망을 걸고 산명술을 신봉하는 것이 마치 봇물이 터져 나온 것처럼 수습할 수 없을 정도였다. 곧 천하에서 가장 존귀한 황제도 사람을 불러 앞으로 시운이 어떻게 될 것이며 본인이 장수할 수 있는가 등을 묻곤 하였다. 이것은 황제의 보좌에 앉아 있어도 심리적으로는 그토록 안정돼 있지 못했다는 것을 증명한다." 洪丕謨 · 姜玉珍 編著, 『中國古代算命術』, 上海, 上海三聯書店, 2006, 15쪽 참조.

있다.

> 극도로 귀한 사주에서부터 극도로 천한 사주까지 천 가지의 모습이 만 가지로 같지 않으니 말로서 설명할 수가 없다. 그렇지만 그 이치의 대강은 유정과 무정, 유력과 무력의 차이에 있을 뿐이다.[36]

인간의 삶이 천만 가지 모습으로 서로 다르게 나타나는 나는 것은 '유정과 무정, 유력과 무력의 차이일 뿐'이라고 하는데 이는 중화(中和)의 이치를 말한다.

중화(中和)의 원리는 중국 정신이 가장 높고도 깊게 구체화된 것이다.[37] 강함과 부드러움의 보완이 대단히 잘 이루어지는 가장 적절한 화(和)의 상태가 곧 중(中)이다. 중(中)은 적중, 법도에 들어맞는다는 의미이다.[38] 유가(儒家)에서 중화란 때에 따라서 처신할 것이라고 한 것처럼 변화된 상황에 적응하여 상반된 대책을 취하는 시중(時中)으로써 운용됨을 의미한다.[39] 명리학에서 중화는 사주팔자 간지(干支)가 대운을 따라 살아가는 과정에서 상생과 상극의 관계를 조화롭게 소통시키는 조정자 역할을 하는 것이라 할 수 있다. 그러므로 『적천수』에서는 "중화는 자평(子平)의 중요한 법이며, 중화는 명리 중의 정리(正理)이다."[40]라고 하였다. 명

---

36) 『子平眞詮』, 卷二, 「論用神格局高低」. "由極貴而至極賤 萬有不齊 其變千狀 豈可言傳. 然其理之大綱 亦在有情無情有力無力之間而已."

37) 팡둥메이(方東美)著, 『중국인이 보는 삶의 세계』, 정인재 역, 이제이북스, 2004, 77쪽 참조.

38) 양계초 · 풍우란 외, 『음양오행설의 연구』, 김홍경 역, 신지서원, 1993, 400쪽 참조.

39) 고영택, 「中國 古典 命理書에 대한 哲學的 이해 - 中和之氣를 중심으로」, 『철학논총』, 새한철학회, 2006, 43집 1권, 14쪽 참조.

40) 『滴天髓』, 卷二, 「中和」, 原注. "中而且和 子平之要法也."

리학에서 명(命)의 바른 이치가 곧 중화임을 밝히고 있다. 『자평진전』의 다음 구절들은 이 같은 사실을 잘 말해 주는 대목이다.

> 팔자의 묘용은 모두 성패(成敗)를 알고 거기에 잘 적응하는 일에 있으니 그 경중을 살펴야 한다.[41] 그 이치가 이토록 분명한데 사람들이 스스로 살피지 못하고 있을 따름이다.[42]

여기에서 명(命)은 격국의 성패 · 구응을 알고 그에 맞게 잘 적응하는 일이다. 그 이치는 다름 아닌 유정 · 무정 그리고 유력 · 무력하는 것으로 명(命)이 중화됨을 말한다. 『자평진전』에서 "명(命)에는 천간과 지지에 희기가 있는데, 지지는 땅을 주재하니 정적이라 쓰일 때를 기다린다."[43]라고 하였다. 명(命)이 중화(中和)되는 것은 하늘이 운행에 따라 좋은 때가 오기를 기다려 이루는 것이다. 『자평진전』에 나타난 다음의 구절은 중화의 내용으로 참고가 된다.

> 지지의 희기는 천간과 다름이 있다. 운에서 지지의 지장간이 투출하게 되면 고요하게 쓰일 때를 기다리던 지장간이 그 쓰임이 생기고 희기가 영험함을 드러낸다.[44]

비록 좋은 명(命)이라고 해도 때를 만나지 못하면 영웅이 무예를 쓰지

---

41) 『子平眞詮』, 卷二, 「論用神成敗救應」. "八字妙用 全在成敗救應 其中權輕權重 甚是活潑."
42) 『子平眞詮』, 卷二, 「論墓庫刑沖之說」. "其理甚明 人自不察耳."
43) 『子平眞詮』, 卷三, 「論喜忌支干有別」. "命中喜忌 雖支干俱有. …… 支主地 靜以待用."
44) 『子平眞詮』, 卷三, 「論支中喜忌逢運透淸」. "支中喜忌 固與干有別矣. 而運逢透淸, 則靜而待用者 正得其用 而喜忌之驗."

못함과 같다. 팔자가 평범해도 운에서 그 결점을 보완하면 역시 때를 만나 일어남과 같다.[45] 난세에는 영웅이 필요하지만, 평화로운 시대에는 아닐 것이다. 인간의 삶은 기다림이다. 무엇을 기다리는가? 좋은 때가 오기를 기다리는 것이다. 그냥 있으면 좋은 때가 오는 게 아니다. 항상 얻으려고 때를 알려고 노력하면서 준비하고 기다려야 한다. 겸손하게 자신을 수양하면서 기다려야 하는 것이다.

하늘은 낮과 밤, 사계절에 따라 끊임없이 흐르지만 땅은 항상 그 자리에서 가득 차면 기울어지게 바꿔서 겸손한 데로 흐른다. 땅은 사시의 운행을 본받아 때를 기다린다. 이것은 지나치지도 않고 모자라지도 않는 중화(中和)의 상태라 하겠다. 유가에서 말하는 중화로서의 시중은 『자평진전』에서의 명(命)의 중화와 서로 통한다고 볼 수 있다. 『자평진전』에서 중화(中和)의 명(命)을 구하는 것은 다름 아닌 때에 맞게 행위를 해야 된다는 것이다. 인간은 살면서 하늘의 운행에 따라 밝은 미래를 위해 때를 기다리는 것이다. 『자평진전』에 나타난 명(命)의 의미는 지나침도 모자람도 없는 중화(中和)된 명(命)을 이루는 데 궁극의 목적이 있다 하겠다.

2) 인간존재와 명

인간은 삶을 영위하면서 자신의 불확실한 미래의 운명에 대하여 알고 싶어 한다. 인간의 삶에 있어서 명(命)에 대한 추측보다 더 사람의 마음을 움직이는 것은 없다. 산명(算命)은 명(命)을 알고자 하는 바람을 나타낸 것이고, 지명(知命)은 현세에 몸을 편안히 하고 명(命)에 대한 태도를 정하

45) 沈孝瞻原著, 徐樂吾評註, 앞의 책, 卷三, 「論行運」. 評註. "雖有佳命而不逢時, 則英雄無用武地, 反之八字平常而運能補其缺陷, 亦可乘時崛."

기 위한 것이다.[46] 명리학의 명(命) 개념은 사람과 사람, 사람과 사회, 사람과 땅, 사람과 하늘의 관계로 논하여진다. 그러므로 관계성에서 말하자면 나와 만유(萬有)의 관계에 대하여 알고자 하는 데에서 비롯된 것이다.

명리학의 명(命)에는 '천명으로서 명(命)'과 어쩔 수 없이 살아가야 하는 '운명으로서의 명(命)'이 함께 존재한다. 명리학에서는 외재적인 수요장단과 길흉화복이라는 운명에 역점을 두고 있다. 『연해자평』에 "인명 세사가 사람의 임의로 되는 것이 아니고 음양의 소치이다."[47]라고 하고, 하늘의 소생자로서 인간의 명(命)에는 부귀 · 수요(壽夭)가 이미 정해져 있는 것으로 이해되고 있다. 『연해자평』에 "인생의 부귀가 정해졌으니 술사는 모름지기 상세히 논해야 한다."[48]라고 하였다. 그러나 술사들이 간명한 그것이 정해진 '운명'이라고 말하지는 않았다.

인간의 명(命)은 "사주의 배합에 따라 각자(各字)의 생극에 의해 길흉이 나누어진다."[49] 팔자에는 근본적으로 정해진 이치가 있으나[50] 삶에 있어서 운이라는 때(時)가 맞지 않으면 노력해도 이루어질 수가 없다. 세상사 모든 것은 끊임없이 변화하는 것이므로 "팔자의 변화는 한 가지가 아니라 그 변화를 측정하기가 어렵다."[51]라고 하였다. 인간은 주체적 자아의식을 가지고 스스로의 미래를 개척해 갈 수 있는 존재이다. 어떠한 명(命)이든 자신의 결정과 시대의 흐름에 따라 그 삶의 결과는 달라질 것이다. 운명이란 하늘이 최종적으로 결정하지만, 인간은 각자의 주체적 의지와 인위적인 노력 여하에 의해 다르게 나타난다.

---

46) 시에 쑹링, 앞의 책, 김홍경 · 신하령 역, 444쪽 참조.

47) 『淵海子平』, 卷一, 「詳解定眞論」. "皆非人之所爲 造物陰陽之所致."

48) 『淵海子平』, 卷三, 「心鏡歌」. "人生富貴皆前定 術士須詳論."

49) 『子平眞詮』, 卷三, 「論生剋先後分吉凶」. "配以四柱 固有每字之生剋以分吉凶."

50) 『子平眞詮』, 卷三, 「論時說以訛傳訛」. "八字本有定理."

51) 『子平眞詮』, 卷二, 「論用神因成得敗因敗得成」. "八字之中 變化不一 變化不測."

고대 중국에서 명(命)의 의미는 통치권과 관련된 천명에서 점차 민중에게 확대되어 인간의 부귀 · 빈천 · 수요 등을 의미하는 운명의 개념이 출현하였다. 송대에 체계화된 기명설은 인간의 화복과 부귀 · 수요 등은 모두 부여받은 기(氣)로부터 말미암는다고 생각하였다. 유가에서는 천명을 말하지만 명리학에서는 운명으로서의 명(命)에 무게를 둔다는 점이 다르다. 『자평진전』에 나타난 명(命)의 본질적 의미는 인간의 부귀 · 빈천 · 수요 등을 의미하는 운명으로서의 명(命)을 말한다.

인간의 명(命)은 하늘로부터 부여받은 것으로 그 이치는 하늘이 변화하는 만큼이나 조화가 깊고 은미(隱微)하다. 인간의 삶은 기다림이다. 인간의 삶에 있어서 운이라는 때(時)가 맞지 않으면 노력해도 이루어질 수가 없다. 그렇기 때문에 좋은 때가 오기를 기다리는 것이다. 하늘은 낮과 밤, 사계절에 따라 끊임없이 변하고, 땅은 사시의 운행에 따라 만물을 화육한다. 인간은 땅에 살면서 하늘의 운행이라는 때를 기다린다. 인간에게 주어진 명(命)은 시대의 흐름에 따라 그 삶의 결과는 달라진다. 『자평진전』에서의 명(命)은 때에 맞게 행위를 하고자 하는 것이다. 이것은 지나지지도 않고 모자라지도 않는 명(命)이 중화(中和)된 상태를 말한다. 명(命)의 중화란 때에 맞춰서 자신을 제어할 줄 아는 것이라 하겠다. 시대에 따라 역량을 펼치면 최고의 자리에 오를 수 있는 자가 시대의 흐름 반대편에서 있는 모습을 가질 수도 있는 것이다. 그러므로 인간이 삶에 있어 매사에 교만함을 바로잡아야만 한다. 인간은 주체성을 가지고 자신을 제어할 줄 아는 존재이다. 이것은 스스로의 의지로 결정하고 그에 따른 것이다.

3) 『자평진전』에 나타난 자유의지의 특징

인간의 명(命)이란 하늘이 변화하는 때〔天時〕에 맞추어 살아가는 일이다. 『자평진전』에서는 사주를 볼 때 "반드시 기후와의 관계를 참작하여야 한다. 때를 잘못 만나면 아무리 기이한 재능이 있어도 성공하기 힘들다."[52)]라고 하였다. 하늘이 순환이라는 자연의 질서인 사계절의 변화에서 해답을 찾고자 하는 것이다. 또 "일간을 월지에 대조하여 생하고 극하는 데 따라 격국이 나누어진다. 재관인식은 순용하고, 살상겁인은 역용하여 배합이 적당하면 귀격이다."[53)]라고 하였는데, 이로써 사주팔자에서 왕하고 약한 것과 희기에 따라 억제할 것인가 도와줄 것인가를 결정하게 된다. 사주의 배합이 적당하도록 순용하거나 역용하여 좋아지는 것은 운명의 객관적 한계를 알고 어떻게 받아들이느냐 하는 것은 주체적 자유의지의 문제라 하겠다.

하지만 아무리 좋은 명(命)이라 해도 때를 만나지 못하면 이루어지지 않는다. 인생이 좋은 때를 알기 위해서는 배워야 한다. 인간이 명(命)을 알고자 하는 데에는 자신의 부여받은 명(命)을 스스로의 노력을 통해 주체적으로 개선시켜 보려는 의지가 담겨 있다. 때문에 "명리를 배우는 자는 모든 것을 결단코 소홀히 해서는 안 된다."[54)]고 하여 배움을 중요시하고 있다. 『자평진전』의 다음 구절은 이를 잘 말해 주는 대목이다.

> 팔자의 묘용은 모두 성패와 구응을 알고 거기에 잘 적용하는 일에 있으니 그 경중을 살펴야 한다. 배우는 자는 이점에 유의하면 만 가지 변화를 꿰뚫는 하나의 이치로 명(命)의 근본을 깨우칠 수 있을 것이다.[55)]

---

52) 『子平眞詮』, 卷二, 「論用神配氣候得失」. "然亦須配氣侯而互參之. …… 遭時不順 雖有奇才 成功不易."

53) 『子平眞詮』, 卷二, 「論用神」. "以日干配月令地支 而生剋不同 格局分焉. 財官印食 當順而順. 殺傷劫刃 當逆而逆. 配合得宜 皆爲貴格."

54) 『子平眞詮』, 卷二, 「論相神緊要」. "學命者其可忽諸."

명(命)을 배우는 사람은 사주 격국의 경중을 살펴서 성패와 구응을 잘 적용해야 한다. 이 점에 유의한다면 하나의 이치로 만 가지 변화를 꿰뚫어서 명(命)의 근본을 깨우칠 수 있다. "그 이치가 이토록 분명한데 사람들이 스스로 살피지 못하고 있을 따름이다."[56]라고 하였다.

『자평진전』에서 "무릇 오행의 기는 사계절을 운행하는 것이다."[57]라는 것은 사계절의 운행은 오행이 순환하면서 움직이고 전달하여 마치 시간이 멈추지 않고 흐르는 것과 같다는 것이다. 또 "사계절의 변화는 생과 극이 쓸모가 같고, 극과 생은 또한 공이 같다."[58]고 하여 모든 것이 일정하고 지극히 당연한 이치임을 밝히고 있다. 만물은 땅에서 나서 땅으로 돌아간다. 또한 인간은 땅에서 생하고 땅으로 돌아가는 것이기 때문에 항상 쓰일 때를 기다리며 살아간다. 하늘의 때가 변하는 사계절은 인간에게 때에 따라 복(福)이 되기도 하고 화(禍)가 되기도 한다. 그렇기 때문에 때를 알고자 하는 것이며, 그러한 매 순간마다 인간은 끊임없이 자신의 의지로 결정하고 있는 것이다. 『자평진전』의 다음 대목은 여기에 참고할 만하다.

> 토(土)는 금・목・수・화의 기(氣)가 뒤엉킨 것으로 사계절에 기생하여 생성된다. 음양과 기질의 이치가 이러하니 명(命)을 배우는 자는 모름지기 먼저 간지의 이치를 알아야 한다.[59]

---

55) 『子平眞詮』, 卷二, 「論用神成敗救應」. "八字妙用 全在成敗救應 其中權輕權重 甚是活潑 學者從此留心 能於萬變中融以一理 則於命之一道 其庶幾乎."

56) 『子平眞詮』, 卷二, 「論墓庫刑沖之說」. "其理甚明 人自不察耳."

57) 『子平眞詮』, 卷一, 「論十干得時不旺失時不弱」. "夫五行之氣流行四時."

58) 『子平眞詮』, 卷一, 「論陰陽生剋」. "四時之運. …… 循環迭運 而時行不休. …… 是以四時之運 生與剋同用 剋與生同功.

59) 『子平眞詮』, 卷一, 「論十干十二支」. "惟土爲木火金水沖氣 故寄旺於四時 而陰陽氣質之理 亦同此論 欲學命者 必須先知干支之說."

음양과 기질의 이치에 따라 오행의 기는 사계절에 기생하여 생성된 것이므로 먼저 간지(干支) 음양오행의 이치를 알아야 한다. 이치를 알고 나면 "사주의 배합에 따라 팔자 각각의 생극에 의해 길흉이 나누어진다."[60]는 것을 알 수 있다. 이는 결국 인간의 명(命)은 마음먹기에 따라 개선해 나갈 수 있는 기회가 언제든지 주어져 있는 것임을 시사해 준다. 우리가 명(命)이란 정해져 있기 때문에 어쩔 수 없이 운명에 따른다는 것은 확실히 소극적인 삶이다. 이에 대하여 맹자의 다음 대목에서 해답을 찾을 수 있다.

> 하지 않는 것과 불가능한 것에 대하여, 태산을 옆에 끼고 북해를 뛰어넘는 것을 '불가능하다'고 한다면 이것은 진실로 불가능한 것이다. 그러나 나뭇가지를 꺾는 일을 '불가능하다'고 한다면 이것은 하지 않는 것일지언정 불가능한 것은 아니다.[61]

맹자는 여기에서 무엇보다도 인위적 노력을 강조하고 있음을 알 수 있다. 물론 부귀이달(富貴利達)이나 명수(命數)의 길고 짧음 같은 것은 본시 자아 외적인 것으로 주어진 명분(命分)이기 때문에 구하거나 바란다고 해서 얻어지는 것은 아니다.[62] 우리는 살아가는 데 있어서 어려움에 처할 경우를 운이 비색(否塞)한 때라고 한다. 비색한 운을 개선하려면 어떻게 해야 하는가? 공자는 "사람이 할 수 있는 일을 다 하고 천명을 기다린다."[63]

---

60) 『子平眞詮』, 卷三, 「論生剋先後分吉凶」. "配以四柱 固有每字之生剋以分吉凶."

61) 『孟子』, 「梁惠王章句上」, 第七章. "不爲者 與不能者之形 何以異 曰挾太山 以超北海 語人曰我不能 是誠不能也 爲長者折枝 語人曰我不能 是不爲也 非不能也."

62) 송인창, 앞의 논문, 293쪽 참조.

63) 『論語』, 「子罕」. "盡人事 待天命."

라고 하였다. 운이 나쁘다고 탓하지 않고 자신이 할 수 있는 일을 하는 것이 중요하다. 배움과 수신(修身)을 끊임없이 하며 명(命)을 기다려야 하는 것이다. 인간이 어려움에 처했을 때, 그것을 잘 헤쳐 나가느냐 그렇지 못하느냐 하는 것은 결국 자신이 스스로 결정하는 것이다. 운이 비색할 때의 마음가짐에 대하여 소강절(邵康節)이 말한 다음 대목은 유의할 만하다.

> 일에는 크고 작음이 없으며 모두 하늘과 사람의 이치이다. 마음과 몸가짐을 바르게 닦는 것은 사람이 하는 일이다. 때를 만나고 못 만나는 것은 하늘이 하는 일이다. 위태롭게 하고도 요행을 바라는 것은 하늘을 거스르는 것이다. 구하는 것은 사람이 하는 일이고 얻을지 얻지 못할지를 가름하는 것은 하늘이 하는 일이다.[64)]

때를 만나고 못 만나고는 시대의 흐름이지만 자신에게 주어진 기회를 제대로 활용하는 것은 사람마다 하기 나름이다. 사람들은 때를 기다렸다가 큰일을 성취하기도 하고, 소극적으로 운에 맡겨 살아가기도 한다. 그것은 인간 스스로의 결정에 따른 것이다. 모든 일에 요행을 바라기만 한다면 이는 하늘을 거스르는 행위가 된다.

운이 비색한 때 명(命)을 개선하는 것은 세상의 흐름에 내 몸을 맞추어서 비색한 운을 뛰어넘는 것이다. 비색한 운을 뛰어넘는다는 것은 주어진 기질을 변화시키는 것보다 더 혹독한 어려움을 극복했을 때만이 이루어 낼 수 있다. 이에 대해 『자평진전』은 다음과 같은 구절로 표현하고 있다.

---

64) 『皇極經世書』, 「觀物外篇 下」. "事無巨細 皆有天人之理 脩身人也. 遇不遇天也. 行險僥倖是逆天也. 求之者人也 得之與否天也."

"대영웅, 대호걸이 다스리기 어렵지만 잘 다스리면 경천동지하는 공을 세울 수 있다."[65]

인간은 자신을 스스로 통제하고 변화시켜 나아갈 수 있는 자유의지를 갖고 있기에 가능한 것이다. 그러하기 때문에 인간은 스스로를 제어할 수 있어야만 한다. 아무리 귀함을 누리는 사람이라도 "억지로 빼앗아 얻는 것은 천리를 거스르는 것이다. 천리를 거스르면 반드시 근심과 재난이 닥치게 된다."[66]는 것이다. 사람에게 정견이 없으면 이치를 정확히 살피지 못하고 잘못된 이론을 보고도 알지 못한다[67]는 것에 대해 『자평진전』의 다음 대목은 유의할 만하다.

운을 논하는 법은 각각의 사주에 따라 달라서 그 이치가 정묘하고 법칙이 융통성이 많다. 통변은 사람이 하는 것이니 이론에 집착하면 안 된다.[68]

운을 통변하는 법칙은 융통성이 많기 때문에 사주마다 만단으로 다르다. 지금 운이 좋다고 교만해진다면 금방 비색한 운을 만나게 되는 것이다. 또 "비록 천자의 자리에 있어도 하늘의 뜻을 거역할 수는 없는 법이다."[69]라고 하여 교만함을 버리고 수신(修身)해야 함을 강조하는 것이다. 하늘의 뜻을 거역할 수 없다는 것에 대해 공자는 "부(富)가 구해서 얻을 수 있는 것이라면 나는 말채찍을 잡는 일이라도 하겠다. 그러나 만약 구

65) 『子平眞詮』, 卷五, 「論偏官」. "如大英雄大豪傑 似難駕馭 而處之有方 則驚天動地之功."

66) 『皇極經世書』, 「觀物外篇 下」. "强取必得是逆天理也. 逆天理者患禍必至."

67) 『子平眞詮』, 卷三, 「論時說以訛傳訛」. "人苟中無定見 察理不精 睹此謬論 豈能無惑."

68) 『子平眞詮』, 卷四, 「論正官取運」. "取運之道 一八字則有一八字之論 其理甚精 其理甚活 變化在人 不可泥也."

69) 『子平眞詮』, 卷四, 「論正官」. "雖貴極天子 亦有天祖臨之."

해서 얻을 수 있는 것이 아니라면 내가 좋아하는 것을 따르겠다."[70]라고 하였다. 구해서도 부(富)를 얻을 수 없다는 것은 때를 기다려야 함을 말한다. 운이 비색한 때일수록 교만한 마음을 바로잡아야 한다. 내가 좋아하는 것이란 도덕적 의미로 당연히 해야 할 것을 의미한다. 비색한 운을 만났을 때에 도덕적으로 당연히 해야 할 바를 하는 것은 스스로의 자유의지에 따름이다. 이러한 경지가 바로 공자가 말한바 이순(耳順)을 넘어선 마음대로 하고 싶은 것을 해도 법도에 어긋나지 않은 영역에 이르는 것이라 하겠다.

『자평진전』은 인간이 명(命)을 알고자 하는 것이고, 여기에는 자신이 부여받은 명(命)을 스스로의 노력을 통해 주체적으로 개선시켜 보려는 의지가 담겨 있다 하겠다. 인간의 삶에 있어서 좋은 때를 알고자 하는 것이다. 아무리 좋은 명(命)이라 해도 때를 만나지 못하면 이루어지지 않는다. 때를 잘 만나고 못 만나고는 시대의 흐름이지만 자신에게 주어진 기회를 제대로 활용하는 것은 사람 하기 나름이다. 그것은 인간 스스로의 결정에 따르는 것이다. 인간이 수신(修身)하고, 스스로 운에 맞춰 결정하는 것은 삶에 주어진 한계를 바꿀 수 있다. 하지만 할 일을 다 하지 않고 경솔하게 자신의 명(命)을 속단해서는 안 되는 것이다. 한계를 인식해야만이 하늘과 타인을 탓하지 않고 따지지 않을 수 있는 것이다. 주어진 운명이기 때문에 어쩔 수 없다고 좌절하는 그런 소극적인 삶이 아니다. 내게 주어진 기질을 변화시키는 것보다 더 혹독한 어려움을 스스로 극복했을 때만이 이루어 낼 수 있는 것이다. 인간은 자신 스스로를 통제하고 변화시켜 나아갈 수 있는 자유의지를 갖고 있기에 가능한 것이다. 『자평진전』에 나타난 자유의지란 운이 비색한 때 도덕적으로 당연히 해야 할 바에 따르는

70) 『論語』, 「述而」. "富而可求也 雖執鞭之士 吾亦爲之 如不可求 從吾所好."

것이고, 하고 싶은 것을 해도 법도에 어긋나지 않는 경지에 이르는 것이라 하겠다.

3. 결론

지금까지 『자평진전』에 나타난 인간의 명(命)과 자유의지의 문제에 관하여 살펴보았다. 구체적으로 논의된 내용을 정리하면 다음과 같다.

첫째로, 명(命)의 본질적 의미와 함께 『자평진전』에 나타난 명(命)과 인간존재와의 관계 등을 살펴보았다. 고대 중국에서 명(命)의 의미는 통치권과 관련된 천명에서 점차 민중에게 확대 되어 인간의 부귀 · 빈천 · 수요 등을 의미하는 운명의 개념으로 나타났다. 송대에 체계화된 기명설은 인간의 화복과 부귀 · 수요 등은 모두 부여받은 기(氣)로부터 말미암는다고 생각하였다. 이는 명리학의 명(命)개념과 다르지 않다. 유가에서는 천명을 말하지만 명리학에서는 운명으로서의 명(命)에 무게를 둔다는 점이 다르다. 『자평진전』에 나타난 명(命)의 본질적 의미는 인간의 부귀 · 빈천 · 수요 등을 의미하는 운명을 말한다.

인간의 명(命)은 하늘로부터 부여받은 것으로 그 이치는 하늘이 변화하는 만큼이나 조화가 깊고 은미(隱微)하다. 인간의 삶은 기다림이다. 그것은 좋은 때가 오기를 기다리는 것이다. 하늘은 낮과 밤, 사계절에 따라 끊임없이 변하고, 땅은 사시의 운행에 따라 만물을 화육한다. 인간은 땅에 살면서 하늘의 운행이라는 때를 기다린다. 인간에게 주어진 명(命)은 시대의 흐름에 따라 다른 삶의 양상으로 나타난다. 『자평진전』에서의 명(命)은 때에 맞게 행위 하고자 하는 것이다. 이것은 지나지지도 않고 모자라지도 않는 명(命)이 중화(中和)된 상태를 말한다. 명(命)의 중화란 때에 맞춰서 자신을 제어할 줄 아는 것이라 하겠다. 시대에 따라 난세에는 영웅이지만, 평화로운 시대에는 한낱 무뢰한에 불과한 사람도 있다. 그러므로 인간은 삶에 있어 매사에 교만함을 바로잡아야만 한다. 인간은 주체성을 가지고 자신을 제어할 줄 아는 존재이다. 이것은 스스로의 의지에 따른 것이다.

둘째로, 『자평진전』에 나타난 자유의지의 특징 및 이를 통한 명(命) 자각에 대하여 알아보았다. 『자평진전』에서 명(命)은 자아 외적인 것으로 수요와 부귀 · 이달 등이 결정돼 있다는 것을 기본 내용으로 한다. 인간은 하늘로부터 받은 명(命)으로 살아가지만 그 명(命)을 주재하는 것은 바로 나 자신이다. 인간은 매 순간마다 스스로를 결정하면서 살아가지만 명(命)의 객관적 한계를 알아야 한다. 명(命)을 알려면 하늘을 알아야 하고, 하늘을 아는 일은 천명(天命)을 아는 일이다. 천명을 아는 것은 곧 나의 본성이 하늘이고 하늘이 곧 나의 본성임을 깨닫는 것이다. 궁리 · 진성하여 감통하면 영명한 예지능력으로 명(命)을 자각할 수 있고, 인간의 명(命)을 바로 보게 된다.

명리학은 인간의 삶에 있어서 좋은 때를 알고자 하는 것이다. 아무리 좋은 명(命)이라 해도 때를 만나지 못하면 이루기 어렵다. 때를 잘 만나고 못 만나고는 시대의 흐름이다. 삶이 어려운 때라는 비색한 운을 만나면 세상의 흐름에 내 몸을 맞추어야 한다. 내게 주어진 혹독한 어려움을 스스로 극복했을 때, 자신의 명(命)을 개선할 수가 있게 된다. 인간은 자기 스스로를 통제하고 변화시켜 나아갈 수 있는 자유의지를 갖고 있기에 가능하다. 이것이 곧 자유의지를 통하여 명(命)을 자각하는 것이라 하겠다.

『자평진전』에 나타난 자유의지란 운이 비색한 때 도덕적으로 당연히 해야 할 바에 따르는 것이고, 하고 싶은 것을 해도 법도에 어긋나지 않는 경지에 이르는 것이라 하겠다. 이는 인간이 수양을 통하여 마음이 지극한 경지에 이르렀을 때 이루어지게 될 것이다. 자신의 행동을 삼가서 스스로를 수양하고 심사숙고하는 것이 운명의 한계에 임하는 인간의 자세이다.

본고에서는 결론적으로 명(命)과 자유의지를 통하여 수양의 문제와 명(命)실현의 궁극적 목표를 수양으로 세우고자 한다. 인간은 삶에 있어서 어려울 때일수록 중심을 잡고 매사에 공경하고 삼가는 태도를 가져야 한다. 극기(克己)하고 남과 조화를 이루는 것이다. 극기(克己)란 나 자신을 제어하는 것이고, 명리학에서는 정관(正官)으로 나의 교만함을 바로잡는 것이다. 교만함을 바로잡기 위해서는 분수를 알아 겸손하고 인내해야 한다. 그것은 자신을 수양하고 기질을 변화시킴으로써 가능한 것이다. 우리가 운이 비색한 때 스스로의 의지로 극복하는 것은 상극의 삶이다. 오직 이겨서 쟁취하는 것만이 명(命)을 개선하는 것은 아니다. 쉽게 얻어서 욕되게 하기보다는 구해서 안 될 것이면 의리에 편안히 하는 것이다. 어려울 때일수록 자기의 분수를 알고 교만하지 않으며 겸손한 것은 내적인 수양으로 비색한 운을 바꿔서 명(命)을 보전하는 것이다.

명(命)을 자각하고 개선하는 가장 확실한 방법은 공부하는 것이다. 인간은 평생 동안 배우면서 살아가는 존재로 배움 그 자체가 주어진 명(命)을 개선하는 것이다. 우리는 잘못을 저지르지 않기 위해서 배운다. 공부를 하되 잘못이 있으면 꺼리지 말고 고치도록 제대로 배워야 한다. 운명학이란 명(命)을 개선할 방법을 가르치고 지도하는 데 있다. 유학으로 말하면 자신을 갈고 닦아서 내 스스로 군자의 지위까지 올라가는 것이다. 일이 생기는 원인과 책임은 모두 나에게 있음을 철저하게 자각하는 일이다. 그것은 바로 배움이라는 마음의 수양을 통해서 달성되는 것이라고 할 수 있다. 명(命)을 개선하려면 마음이 밝아야만 깨끗한 거울에 사물이 비치듯이 명(命)을 제대로 볼 수 있다. 이를 위해서는 끊임없이 자기를 닦고 수양(修養)해야만 한다.

『자평진전』은 술서(術書)이지만, 자기 수양을 할 수 있는 수양의 교과서로서의 가치를 가졌다 할 것이다. 사람이 제아무리 재능이 있어도 그 재능을 발휘할 수 있는 때와 장소를 만나야 한다. 명리학은 때를 알고자 하는 학문이다. 하늘의 이치를 깨닫기 위해서는 마음을 수양해서 명(命)이 맑아지도록 죽을힘을 다해 노력해야 한다. 하늘의 이치를 깨닫는 것은 곧 천시(天時)의 변화라는 때를 아는 것이다. 천리를 깨달음으로서 명(命)을 자각할 수 있고 나아가 내게 주어진 명(命)을 개선할 수 있다. 단순히 생로병사 등의 조건을 알고자 하는 것이 아니라, 자신의 명(命)을 주체적이며 능동적인 노력을 통해 개선시키려는 의지가 담겨 있는 것이다. 이는 자기수양의 여부에 따라 명(命)이 다르게 나타남을 보여 주는 것이다. 그런 점에서 명리학에서 명(命) 실현의 궁극적 목표는 성현의 가르침을 배워서 명(命)을 자각하고 사회적으로 올바른 윤리 · 도덕을 확립하는 데 기여하는 것이라고 할 수 있다.

명리학(命理學)에 있어서 중화(中和)의 문제*

| 이미영 |

1. 서론

이 논문의 목적은 명리학(命理學)에 있어서 가장 핵심이 되는 '중화(中和)'의 문제를 철학적 관점에서 분석하고 검토하는데 있다. '명리학'은 말 그대로 타고난 '명(命)'의 이치, 즉 사람의 운명을 학술적으로 탐구하는 학문이다. 명리학은 수천 년 동안 전통 문화 속에 뿌리를 내리고 가지를 뻗으면서 인간의 삶에 무시 못 할 영향을 끼쳐 왔다.

'중화(中和)'의 문제는 인간의 삶뿐만 아니라 명리학(命理學)에 있어서도 매우 중요한 문제이다. 인생의 궁극적 목적이나 명리학이 추구하는 세계가 모두 중화를 그 목표로 하고 있기 때문이다. '중화(中和)'란, 간단히 말해서 관계 속에서 자기중심을 잡고, 자기를 지키며 그 안에서 조화를

* 이 논문은 2013년 2월 취득 예정인 석사학위논문을 축약 · 정리한 것임.

이루어 내는 일이라고 할 수 있다. 이와 관련해서 『적천수(滴天髓)』는 사주팔자의 명(命)을 중화(中和)의 개념으로 풀이하여 명리학의 사유(思惟) 계통에서 최고로 완성된 저작으로 여겨진다.[1] 말하자면, 『적천수』는 『주역』의 사유 체계로 말하고 『주역』은 음양론이며 음양은 중화의 구조이다. 그러므로 명리학에 있어서 중화의 문제는 『적천수』를 중심으로 논하고자 한다. 중화(中和)는 명리학에 있어서 매우 중요한 문제이다. 명리학이 추구하는 세계가 모두 중화를 그 목표로 하고 있기 때문이다. 중화란 말은 물론 다양한 의미를 내포하고 있다. 그렇지만 본고에서는 주로 유가적 입장에서 중화의 문제에 접근하고자 한다.

이에 필자는 『적천수』를 비롯한 여러 명리서와 유가의 기본경전인 『사서삼경』에 나타난 중화의 본질적 의미, 구조와 내용, 궁극적 목표 등을 철학적으로 검토하여 명리학을 '학'적으로 체계화시키는 데 일조를 하고자 한다. 아울러 명리학을 공부하는 사람들에게 명리학의 핵심 주제가 '중화'임을 새롭게 인식할 수 있도록 도움을 주고자 한다.

2. 중화(中和)의 철학적 의미

명리학은 명(命)이 중화(中和)되어야 함을 강조한다. 이러한 관점에서 볼 때, 명리학의 명(命)을 이해하기 위해서는 중화(中和)의 개념에 대한 이해가 선행되어야 함은 불문가지(不問可知)이다. 말하자면, 중(中)은 천하의 큰 근본으로 최상의 덕목인 동시에 인간 심성과 세계의 근본이다.

1) 李登貴 編輯, 『八字易象與哲學思維』, 北京, 中國社會科學出版社, 2004, 98쪽. "『滴天髓』中的這些思想在八字易象思想是有重要意義的. …… 這並不妨礙『滴天髓』一書作爲 八字易象之系統 思維的 最高成就的地位."

중(中)이 시간적 · 공간적 상황에 따라 때맞춰 이루어짐은 곧 '화(和)' 하는 것이니 다른 것끼리 서로 평형을 이루는 것이 화(和)이다.

그러므로 천하의 큰 근본이 되는 공통된 도(道)를 중화라 할 수 있다. 이는 차별을 가지는 것 사이의 형평을 이룸으로써 다양성의 통일을 이루는 것이며, 서로 다른 것끼리 때에 맞게 가장 적절하게 법도에 들어맞아서 조화가 이루어진 것이다. 중화가 지극한 상태에 이르면 천지가 제자리를 편안히 하니 만물이 길러진다. 천지와 만물이 근본에서부터 나와 일체가 되는 것이니 나의 마음과 나의 기운 모두는 또한 천지와 같아진다. 이것이 바로 내가 천지와 만물이 하나가 되는 물아일체의 상태에 이른 것으로 '중화' 이다.

『중용』에서 중화를 체(體) · 용(用)의 관계로 말한다. 명리학에서도 명을 체(體) · 용(用)의 관계로 설명한다. 물론 명리학에서의 체용관계는 『중용』에서 말하는 체용관계와는 다르다. 사람이 타고난 명(命)은 체(體)이고, 용(用)이란 대운(大運)을 이르는 말이다. 그래서 명(命)에는 체(體)와 용(用)이 있는데, 어느 한 쪽으로만 논할 수 없고, 명이 중화를 이루어야 됨을 말한다. 인간은 시공간(時空間)적 존재이다. 중화가 시간적 공간적으로 치우치지 않는 것임을 표현한다면, 사주(四柱)에서의 중화는 오행이 편고(偏枯)되지 않음을 말한다. 중화의 개념을 오행의 오묘함으로 이해하고 인간의 운명을 설명하는 개념으로 말하고 있다. 그래서 명(命)의 귀(貴)함은 중화에 있으니 중화의 명을 힘써 구하라고 한다. 명리학에서 명의 중화는 사주팔자 오행이 태심(太甚)하거나 치우치지 않음을 말한다. 이처럼 인간의 삶에 있어서 명의 부귀빈천은 중화의 이치를 떠나서 있는 것이 아니다. 그러므로 중화는 명리학의 가장 핵심적이고 중요한 법칙이다.

『중용』에 "중이란 것은 천하의 큰 근본이요, 화란 것은 천하의 공통된 도이다. 중과 화를 지극히 하면 천지가 제자리를 편안히 하고, 만물이 잘 생육될 것이다."[2]라고 하였다. 인간이 천하의 큰 근본에 따라 사는 것이 중화(中和)를 얻는 길이다. 이렇게 되면 치우치거나 편협하지 않게 살아갈 수 있게 된다. 중화란 말은 유가뿐만 아니라 동양 문화의 핵심적인 코드이다. 그래서 자사(子思)도 "중화를 지극한 경지까지 끌어올리면 천지가 바르게 자리 잡고 만물이 길러진다."[3]고 말하였던 것이다. 이에 대하여 주자는 "큰 근본은 하늘이 명한 성(性)이니, 천하의 이치가 모두 이로 말미암아 나온다."[4]라고 하였다. 자아(自我)의 주체성 확립이 없이는 인간의 어떠한 보편타당함도 존재하지 않는다. 이때 문제되는 것은 물론 천명 자각 주체로서의 인간의 성(性)과 명(命)이다. 이를 본래 하나로 밝히는 일이 인간의 본래적 사명이라 하겠다.

인간이 삶에 있어 부귀빈천은 운명(運命)으로 인정하지만, 인의(仁義)에 통달하거나 이익을 추구하는 데 있어서는 인간의 도덕수양에 의해 군자가 되기도 하고 소인이 되기도 한다는 것이다. 이는 모두 후세에 성리(性理)와 명리(命理)를 구분하는 도덕적 가치의 판단 근거가 되었다.[5] 성리(性理)는 유가에서 도덕적 수양과 인의(仁義)를 최고 선(善)으로 하는 완전한 덕성의 회복을 추구하는 데 중점을 두고 있다. 그에 반해 명리(命理)는 인간의 명(命)에 대해 길흉화복을 추산하고 이익과 재물을 힘써 추구하는 데 역점을 두고 있다.

세상 살아가는 원리로 말하자면 천지간에 음양(陰陽)은 공존한다. 도덕수양을 추구하는 성리(性理)가 있으면 부귀이달(富貴利達)을 추구하는 명

2) 『中庸』, 第一章. "中也者, 天下之大本也. 和也者, 天下之達道也. 致中和, 天地位焉, 萬物育焉."

3) 『中庸』, 第一章. "致中和, 天地位焉, 萬物育焉."

4) 『中庸』, 第一章, 朱子註. "大本者, 天命之性, 天下之理皆由此出."

5) 고영택, 「중국 三大 命理書에 나타난 '命'과 '인간존재'에 대한 철학적 照明」, 대전대학교 대학원 박사학위 논문, 2010, 134쪽.

리(命理)가 있다. 이는 차별을 가지는 것 사이에 때맞춰 이루어지는 다양성의 통일이며, 그것은 바로 인간성명으로서의 중화(中和)라 하겠다. 오행의 기를 다 갖춘 것이 인간이다. 때문에 인간은 영특하다. 하지만 오행의 기를 받고 태어났기 때문에 오행의 편전(偏全)에 의하여 인간의 삶에는 영고(榮枯)·득실(得失)이 생긴다. 중화된 기를 타고났다면 하는 일마다 성공의 경지에 이를 수 있다. 그러므로 중화의 정기를 받은 사람은 일생 동안 편안하게 살면서 억울한 일이 없이 모든 일이 잘된다고 하는 것이다. 그러나 사주가 편고(偏枯)되면 노력과 공부에 의해 밑에서부터 차근차근 이루어야만 하는 것이다.

인간이 하늘로부터 받은 명(命)은 두 가지 의미를 지닌다. 운명(運命)과 사명(使命)이 바로 그것이다. 운명이란 타고난 명에 따라 사는 삶, 즉 개인적인 운명을 말하고, 사명이란 명을 거역하는 삶, 즉 역사적 사명을 말한다. 명리(命理)는 인간이 하늘로부터 품부받은 명(命)을 운명으로 해석하는 것이며, 명리학은 운명을 학(學)적인 차원에서 논하는 것이다. 명리학은 사람과 하늘, 사람과 땅, 사람과 사람의 관계성으로 명을 논한다. 그 중심은 언제나 사람에게 있다. 그런데 명리학은 사람이 살아가는 데 있어서 나타나는 명(命)의 부귀빈천을 중화에서 찾는다.

인간의 명(命)을 구성하는 오행의 기(氣)가 넘치면 덜어 내고 모자라면 보태 주어야 한다는 것이 중화(中和)이다. 그러므로 오직 때에 따라 주어진 시대 상황에 맞게 도와주고 억제하고, 덜어 내고 더해 주는 것으로 중화를 찾아야 한다. 여기서 '지나치면 덜어 내고 모자라면 보태 주어야 귀하게 된다.'는 중화(中和)의 철학적 의미를 발견하게 된다. 다수의 역술가들은 명리학을 논할 때, 이와 같은 명리의 중화(中和)에 대한 철학적 함의는 도외시하는 경우가 허다하다. 이로써 대다수 사람들이 명리학을 불신하게 된 게 아닌가 생각된다.

물론 명리학에서 중화(中和)의 이치는 넘치는 것을 덜어 주고 모자라는 것을 보태 주는 즉 '두 개의 극단을 잡아서 그 가운데를 선택하는 것'만을 뜻하지 않는다. 명리에서는 어느 한쪽에 완전히 치우쳤을 경우에 그 치우친 것을 쫘아가는 경우도 있다. 어떻게 보면 이것도 중화(中和)라고 할 수 있다. 명에서 강유가 같지 않아서 완전하게 강한 쪽으로 치우쳐서 억누를 수 없을 경우에는 그 강한 기세에 순종해야만 한다. 이는 변화된 상황에 적응하여 상반된 대책을 취하는 시중(時中)으로써 운용됨을 의미한다. 그러므로 명리학에서 명(命)의 중화(中和)를 구하는 것은 다름 아닌 때에 맞게 행위해야 됨을 이른다. 물론 명리의 중화는 한쪽 끝단만을 논함도 아니고, 한쪽으로 치우쳐 구함도 아닌 때에 맞게 행위 하는 것이다. 그러므로 명리는 천지자연의 변화하는 이치를 따르는 것이기도 하다. 이처럼 명리에서 중화의 의미는 대단히 중요하다. 명리에서는 명(命)의 귀함은 중화에 있다. 그리고 그 중화는 명리의 핵심이다. 이 점에서 명리는 선진유가에서 강조하고 있는 천명(天命)의 의미도 내함(內含)되어 있다고 할 수 있다. 오행의 기가 부족하고 넘쳐나는 것은 천지자연의 이치이다. 명리에서 중화의 이치를 알려면 오행의 바른 이치를 알아야 하고, 중화의 바른 이치를 알면 오행의 넘쳐나고 부족함이 없게 된다.

그러하기 때문에 중화는 명리학의 가장 핵심적이고 중요한 법칙이다. 명리에서 중화의 이치를 알려면 음양오행의 바른 이치를 알아야 하고, 그것을 알면 음양오행의 묘함에 전능하게 된다. 인간이 살아가는 명(命)은 운이라는 때를 잘 만나야 된다. 때를 잘 만나 명(命)이 중화되었으면 마침내 귀(貴)하게 된다. 그러므로 중화의 명을 힘써 구하라고 하였다. 성명(性命)의 온전한 실현을 위해서는 그 이치에 파고들어 성(性)을 투철하게 자각하여 중화의 명(命)을 구하는 것이다. 중화를 구하는 것이란 경험적 학습과 끊임없는 자기 수양을 통해 대자적인 자기완성을 실천해야 된다.

3. 중화(中和)의 구조와 내용

성명(性命)의 온전한 실현이 이른바 중화이다. 중화에는 선진유가에서 강조하는 천명(天命)의 의미가 내포되어 있다. 이런 점에서 중화란 자기 본성을 깨치는 일체 선진유가의 중화사상과도 상통한다. 그래서 중화의 바른 이치를 알게 되면 오행의 묘함을 알게 된다고 한 것이다.

원시의 음양설은 언제나 아주 오래된 『주역』 팔괘에서 기원한다고 믿는다. 가장 일찍 음양의 관념을 기재한 것이 『역경』이다. 『역경』의 가장 기본적인 부호는 분명 상고시대 선철(先哲)의 음양 관념을 반영한 것이다.[6] 이러한 음양 개념이 철학의 주요한 문제로 등장한 것은 전국시대 초기의 도가 학파의 『노자』에 "도는 하나를 낳고, 하나는 둘을 낳고, 둘은 셋을 낳고, 셋은 만물을 낳는다. 만물은 음을 등에 지고 양을 품으면 충기로써 조화를 이룬다."[7]라고 하여 만물발생의 과정을 묘사한 것이다. 『역전』에서는 음양이라는 두 가지 상반된 기(氣)의 속성이 "한번 음하고 한번 양하는 것을 도라 한다."[8]라고 하였다. 그래서 음양은 자연계의 보편적인 관계 범주로 표현된다.

한편 오행이 가장 일찍 나타나는 비교적 믿을 만한 고대 문헌인 『상서』 「주서 · 홍범」에 "오행은 첫째는 수(水)이고, 둘째는 화(火)이고, 셋째는 목(木)이고, 넷째는 금(金)이고, 다섯째는 토(土)"[9]라고 하였다. 춘추시대의 『좌전』과 『국어』에 나타난 오행은 다섯 가지 재료(五材)라는 기본 인식에 머물러 있었으면서도 오행을 상극(相克)과 상생(相生)의 관점에서 이

6) 張其成, 『한의학의 원류를 찾다』, 정창현 외 공역, 청홍, 2008, 98쪽.

7) 『老子』, 四十二章. "道生一, 一生二, 二生三, 三生萬物, 萬物負陰而抱陽, 冲氣以爲和."

8) 『周易』, 「繫辭上傳」. "一陰一陽之謂道."

9) 『書經』, 「周書 · 洪範」. "五行: 一曰水, 二曰火, 三曰木, 四曰金, 五曰土."

해하려고 하였다.[10] 음양과 기(氣)는 전국 초기에 철학들에 의해 점차 추상적인 함의를 획득한 후에 오행설과 융합되었다. 이후 양한(兩漢)에서 유학(儒學)과 음양오행설이 결합하기 시작하였다. 동중서는 『춘추번로』에서 음양은 끝나면 시작되는 음양종시의 개념[11]과 오행은 이웃하여 상생(相生)하고 하나 건너서 상극(相剋)한다[12]는 오행중화(中和)의 사상을 형성하였다. 이처럼 음양종시와 오행이 상생(相生)과 상극(相剋)하는 논리는 산명술을 포함하여 오늘날에 '음양오행론'으로 해석되는 모든 분야에서 응용되고 있는 가장 근본적인 논법이다.[13] 운명도 음양오행으로 표상된 것이다. 음양오행으로 개인의 운명을 나타내는 가장 대표적인 방법이 명리학이다. 천지자연의 기는 공존하는데, 개인의 운명 또한 음양오행의 기가 치우치거나 온전함에 따라 길흉이 바뀌게 된다. 물론 오행은 상생과 상극은 두 가지만 있는 것이 아니다. 상생 속에는 상극이 있고 상극 속에는 상생이 있다. 하늘의 운행도 음이 강하면 양기를 보충하고 양이 강하면 음기를 보충함으로서 음양의 중화를 이룬다. 때문에 "오행이 중화된 자는 일생 동안 재앙이 없다."[14]고 한 것이다. 인간의 명(命)에서 음양오행이 중화를 이루는 것은 인륜의 근본 바탕이라 할 수 있다. 음양오행의 중화는 명리학에서 가장 중요하게 다루는 문제이다. 그러한 명의 중화를 격국(格局)과 용신(用神)에서 찾는다.

---

10) 陸致極, 『中國命理學史論 一種曆史文化現象的研究』「五行溯源和陰陽五行說」, 上海, 上海人民出版社, 2008, 53쪽. "春秋時期, 『左傳』·『國語』中出現的五行, 還始終停留在五材的基本認識上. 不過, 在這个時期, 還始看得到有關五行之間的連系. 相剋或相生的觀念的萌芽."

11) 『春秋繁露』, 「陰陽終始」. "天之道終而復始, 故北方者, 天之所終始也. 陰陽之所合別也."

12) 『春秋繁露』, 「五行相生」. "五行者, 比相生而間相勝也"

13) 고영택, 앞의 논문, 70쪽.

14) 『滴天髓』, 「人道」. "五行和者, 一世無災."

명리학은 인간의 출생 시점을 기준으로 하는 사주팔자(四柱八字)에 의해 인간의 운명을 예측하는 기법에 관한 학문이다. 명리학에서 사주팔자의 음양오행이 상생(相生)과 상극(相剋)에 의하여 명(命)에 수요(壽夭)와 길흉화복이 나타나는 것으로 본다. 사주팔자 간지의 길흉화복은 명(命)의 중화에 있고, 그것은 격국과 용신으로 해석한다.

격국은 명리학의 기본 틀이며 사주 간명(看命)에 있어서 가장 중요한 요소이고, 생명과도 같은 것이다. 명리학에서의 격국은 일간(日干)과 월지(月支)와의 관계에서 이루어진 사주의 품격(品格)이라 하겠다. 격국이란 사주를 간명하는 데 있어서 가장 중요한 요소로써 명리학의 기본 틀이며 생명이다. 그 격국을 정하는 기본은 일간과 월지의 지장간(支藏干)의 생극(生剋) 제화(制化)하는 이치에 따른다. 명리학에 격국은 정격(正格)과 외격(外格), 즉 변격(變格)으로 나눈다. 정격에 대하여 『적천수』에 "정재(正財), 편재(偏財), 정관(正官), 편관(偏官), 정인(正印), 편인(偏印), 식신(食神), 상관(傷官)을 말한다. 재성(財星), 관성(官星), 인수(印綬)는 편(偏)과 정(正)으로 구분하고, 식신과 상관을 겸하여 팔격을 정한다."[15]라고 하였다. 임철초는 "팔격(八格)이 명리학에서 정리(正理)이다."[16]라고 하였다. 현대 명리학에서 사주의 품격으로서 격국을 정하는 법에 대하여는 술사마다 이론이 있을 수 있지만 가장 기본적인 격국의 구분법은 이와 같다.

격국을 이루는 사주간지의 오행 사이에는 일정한 생극 관계가 존재한다. "생이 없으면 사물의 발전과 성장이 없고, 극이 없으면 발전하고 성장하는 과정 속에서 사물의 평형과 협조를 유지할 수 없기 때문이다."[17] 명

15) 『滴天髓』, 「八格」. "正財, 偏財, 正官, 偏官, 正印, 偏印, 食神, 傷官是也. 財官印綬分偏正, 兼論食傷八格定."

16) 任鐵樵 增注, 袁樹珊 撰輯, 『滴天髓闡微』, 「八格」, 台北, 武陵出版有限公司, 2003, 任注. "八格者, 命中之正理也."

리학에서 명(命)은 '운(運)'이라는 행로(行路), 즉 인간이 살아가는 과정에서 부귀(富貴)와 빈궁(貧窮)의 변화가 나타나게 된다. 명(命)이 아무리 좋아도 동하여 변화하는 중화의 운을 제대로 만나지 못하면 모든 것이 허망하게 된다. 그러므로 명(命)은 대운을 따라 흘러가는 과정에서 중화를 이루어야 한다.

사주팔자의 명이 중화를 이루기 위한 주된 요소를 명리학에서는 용신(用神)이라고 한다. 용신이란 사주팔자 간지를 구성하는 음양오행이 중화를 이루기 위해 소용되는 오행이며, 일주가 처음부터 끝까지 의지하고 힘입어야 하는 신(神)이다. 명리학의 '용신(用神)'을 현대적 의미로 말하자면, 사주팔자 명(命)이 대운을 타고 흐르는 과정에서 음양오행을 중화시키기 위한 오행으로 사주의 '키워드'라 하겠다.

이와 관련하여 서락오는 『자평수언』에서 "억부용신, 통관용신, 병약용신, 조후용신, 전왕용신"으로 세분화하여 용신을 취하는 방법을 자세하게 논하고 있다.[18] 이러한 다섯 가지 종류의 용신법은 오늘날 대다수 명리가들이 공식처럼 취하는 일반적인 용신법이다. 이처럼 명리학에서의 격국과 용신은 사주팔자 간지를 구성하는 오행간의 상호 상생·상극하여 항상 균형 상태에 처하게 하고 인류사회를 위해 봉사할 수 있게 한다. 격국과 용신은 명(命)이 중화를 이루어야 함을 말한다. 이와 같이 명리학이 격국에서 용신을 찾는 것은 명(命)의 중화를 추구하는 일이다. 그러하기 때문에 사주의 격국과 용신은 대단히 중요하다.

명리학에서는 인간의 삶에 나타나는 부귀·빈천·수요(壽夭)의 명(命)

17) 殷南根, 『오행의 새로운 이해』, 이동철 역, 법인문화사, 2000, 91쪽.

18) 徐樂吾, 陳明 点校, 『徐樂吾命理彙編 子平粹言』, 「明体立用」, 北京, 華齡出版社, 2007. "扶抑用神之取用法, 通關之取用法, 疾病之取用法, 調候之取用法, 體用之變(專旺·從旺·合化)."

은 사주팔자 간지에서 음양오행의 기(氣)가 상생 · 상극하는 원리로 추론한다. 다름 아닌 명의 격국 · 용신으로 중화하는 이치를 구하는 것이다. 명리학은 사주팔자로 인생 역정에서 정해져 있는 길흉을 밝히는 일이다. 예를 들면, 농부는 사계절의 순환에 맞춰 언제 씨 뿌리고 언제 추수할 것인가를 미리 알고 그에 따라 행동한다. 이처럼 명리학에서 명(命)을 보고 '감명(鑒命)' 한다는 것은 인간 삶에 있어 정해져 있는 길흉을 밝히는 일이다. 이는 음양오행의 기(氣)의 변화에 의해 명(命)의 미세하고 미묘한 이치를 궁구한다. 인간은 누구나 삶의 과정에서 끊임없는 변화에 대하여 스스로를 결정하게 된다. 여기에서 음양오행의 기(氣)는 사람의 마음으로 생각하고 결정하는 것이니 정신이라 하겠다. 명리서에도 기(氣)를 정신 영역으로 말하는 부분이 있다. 『적천수』에 "사람에게는 정신이 있는 것이니 한쪽으로 치우쳐 구함은 불가한 것이고 중요한 것은 덜어내고 보태는 데 있는 것이니 그 중을 찾아야 한다."[19]라고 한 것이 그것이다. 여기에서 보는 바와 같이 명리서에도 기(氣)를 사람의 정신 영역까지 확대시켜 마음의 수양(修養)에 따라 명이 달라진다고 보는 것이다.

음양오행이 통섭하는 체험 세계는 인생의 전체 상이다. 음양중화와 오행의 상생 · 상극 논리는 산명술을 포함하여 오늘날에 '음양오행론'으로 해석되는 모든 분야에서 응용되고 있는 가장 근본적인 논법이다. 인간의 운명을 해석하는 명리학은 음양오행의 집대성이라고 할 수 있다. 사주팔자가 중화를 이루는 것은 인륜의 근본 바탕이라 하겠다. 그러므로 명(命)의 길흉화복은 음양오행의 중화에 있고, 그것은 격국과 용신으로 해석한다. 격국은 명리학의 기본 틀이며 규칙이고 생명과도 같은 것으로 사주의 품격이다. 격국이 중화를 이루는 중요한 요소는 용신이다. 그것은 일주

19) 『滴天髓』, 「精神」. "人有精神不可以一偏求也. 要在損之益之得其中."

(日柱)가 중화를 이루어야 하는 오행이다.

명리학에서 신체와 마음은 모두 음양오행의 기(氣)에 의해 형성된 것이다. 그 기(氣)는 사람의 정신 영역까지 확대시켜 마음의 수양(修養)에 따라 명이 달라진다고 본다. 인간이 주어진 명(命)에 순응하는 삶을 상생이라 하고, 도전하여 극복하는 삶을 상극이라 할 수 있다. 삶이 어려울 때일수록 몸과 마음을 바르게 다스려야 한다. 마음의 수양은 곧 나를 다스림으로서 나를 변화시키는 것이다. 마음을 다스리고 나를 변화시키는 데 있어 배움보다 나은 것이 없다 하겠다. 힘써 공부하고 지나친 것을 다듬어서 중화를 이루어야 한다. 이를 위해서는 도덕수양이란 공부를 통해야 한다. 명리학에서 중화를 체득하는 것은 운명을 개선할 수 있는 최선의 일이다.

4. 중화(中和)의 궁극적 목표

명리학에서 음양오행으로 표상되는 운명은 중화됨을 근본으로 한다. 이에 음양오행의 기(氣)는 사람의 정신 영역까지 확대시켜 마음의 수양(修養)에 따라 명이 달라진다. 마음의 수양은 곧 나를 다스림으로서 명이 중화를 이루는 것이다.

인간은 누구나 천명을 자각할 수 있는 실재적인 가능태를 자기의 본성 안에 소유하고 있다. 이 가능태는 인간존재의 가장 깊숙하고 가장 진정한 중심이며, 그 근원이다. 그런 면에서 천과 인간은 떼려야 뗄 수 없는 필연적 관계성에 근거하고 있다고 볼 수 있다. 결국 천(天)은 인간의 존재근거이고, 인간은 천의 존재근거가 되어 모든 가치의 근원이며 그 객관적 근거가 된다.[20] 천명의 자각은 곧 인간 본성의 자각이고, 본성의 자각은 명(命)의 이치를 아는 것이다. 명의 이치를 아는 것에 대하여 『적천수』에

"명(命)을 알지 못하는 사람은 농외(聾聵)이다. 순역의 기틀을 알면 능히 명의 이치를 알 수 있으니 천하의 무지함을 열어 줄 것이다."[21]라고 하였다. 인간의 본성을 자각하는 것은 명(命)의 이치를 아는 것이고 명(命)은 중화지도를 이루어야 한다. 본성을 자각하기 위한 명의 중화에 대하여 『적천수』에서는 "오기(五氣)가 어그러지지 않았으면 성정은 중화된 것"[22]이고, "오기(五氣)가 하늘에서는 원 · 형 · 이 · 정이며 사람에게 부여해서는 인 · 의 · 예 · 지 · 신의 성(性)"[23]이라고 하였다. 여기에서 오기(五氣)는 오상(五常)이고 사람에게 부여해서는 인(仁) · 의(義) · 예(禮) · 지(智) · 신(信)의 성(性)인데, 그 정(精)은 목(木) · 화(火) · 토(土) · 금(金) · 수(水)의 오행(五行)이라고 하였다. 그러므로 오기(五氣)는 오행(五行)이 되고 오행의 본성(性)은 인 · 의 · 예 · 지 · 신이 된다.

명리학에서도 오행의 본성은 인 · 의 · 예 · 지 · 신이라는 것을 알 수 있다. 인간은 천성(天性)으로서의 성명(性命)을 가장 완벽하게 부여받았지만 오행(五行)의 기가 편고함에 따라 길흉이 한결같지 않게 된다. 이처럼 천지간에 음양오행을 품수(稟受)한 존재로서 천명을 주체적으로 자각하고 밝히는 일은 인간 존재의 참된 완성이라고 할 수 있다. 그러므로 내 자신이 진실한 마음으로 하늘이 부여한 바 자아의 본성을 깨닫는다면 이는 천리(天理)를 깨닫는 것으로 천명의 자각인 것이다.[24] 인간은 모름지기 자신의 본래적 덕성을 현실적으로 구현해야 한다. 천명 구현의 주체적 참여자로서의 존재는 하늘이 부여한 바 인간 본래성을 의미한다.

---

20) 송인창, 『천명天命과 유교적 인간학』, 심산출판사, 2011, 124쪽.

21) 『滴闡髓』, 「知命」, 原注. "不知命者如聾聵. 知命于順逆之氣而能理會之. 庶可以開天下之聾聵."

22) 『滴闡髓』, 「性情」. "五氣不戾. 性情中和."

23) 『滴闡髓』, 「性情」, 原注. "五氣在天. 則爲元亨利貞. 賦在人. 則仁義禮智信之性."

24) 고영택, 앞의 논문, 104쪽.

천지자연의 낳고 낳는 이치가 곧 자신의 본래성임을 깨닫는 것이다. 그 본래성을 밝혀내는 데 대하여 『적천수』에 "화(火)가 조열하여 성품이 조급한 자는 금수(金水)로 바로잡아야 한다."[25]라고 하였다. 화(火)의 본성은 예(禮)이다. 지나치게 '예(禮)'를 앞세우면 성품이 조급해질 수 있다. 그러므로 금(金)의 본성인 의(義)와 수(水)의 본성인 지(智)로서 바로잡아야 한다. 다시 말해 화극금(火剋金)으로 왕성한 화(火)의 기운을 빼주고 수극화(水剋火)로 조열한 기운을 습윤하게 내려주고 습토(溼土)로 윤택하게 하면 예를 알고 자애로운 덕을 이룰 수 있고, 그 성정이 순수하다.

인간의 삶에 있어서 "수(數)를 지극히 하여 미래를 앎을 점(占)이라 하고, 변하여 통함을 일이라 하고, 음양이 측량할 수 없음을 신(神)이라."[26] 하였다. 그것은 명리학에서 "역(逆)할 곳은 마땅히 역(逆)해야 하고, 순(順)할 곳은 마땅히 순(順)하여야 곧 성정이 바르게 중화된다."[27]라고 하였는데, 이렇게 거스를 것인가 따를 것인가를 아는 것이 다름 아닌 변하여 통하는 것이다. 말하자면 인간이 영명한 예지 능력으로 통변(通辯)하는 것은 곧 감통에 이르는 일이라 하겠다. 인간사 어느 것이나 명(命) 아닌 것이 없다. 지금 우리 앞에 주어져 있는 그 명을 우리가 어떻게 자각하고 해석하느냐에 따라서 운명으로도 또는 사명으로도 나타날 수 있는 것이다. 모든 것은 오직 천명일 뿐이다. 천명을 아는 것은 곧 나의 본성이 하늘이고 하늘이 곧 나의 본성임을 깨닫는 것이다. 인간은 누구나 본성을 자각할 수 있는 존재이다. 이를 위해서는 도덕수양이란 공부를 통해야 한다.

우리 한 개인의 생명은 모두 위대한 정신적 사명을 함유하고 있다. 그

---

25) 『滴天髓』, 「性情」. "火烈而性燥者, 遇金水之激."

26) 『周易』, 「繫辭傳上」, 第五章. "極數知來之謂占 通變之謂事 陰陽不測之謂神."

27) 任鐵樵 增注, 袁樹珊 撰輯, 『滴天髓闡微』, 「性情」, 任注. "逆則宜逆, 順則宜順, 則性正情和矣."

것은 바로 자기를 미루어 남에게까지 미치는 것(推己及人)으로 넓은 사랑의 마음을 실천하는 것이다. 이렇게 자기를 세우면서도 남도 세워 주는 마음은 자기에게 관심을 가질 뿐 아니라 모든 존재에 더욱 많은 관심을 가지게 된다.[28] 인간관계는 결국 두 사람의 관계, 즉 나와 다른 사람과의 관계로 집약될 수 있다. 그러면 인간 사회의 원리인 인(仁)은 사회적으로 어떻게 구현되는가? 여기에서 '충서(忠恕)'의 문제가 제기된다.[29] 이에 대해 주자는 "자기 마음을 다하는 것을 충(忠)이라 이르고, 자기 마음을 미루는 것을 서(恕)라 이른다."[30]라고 하였다. 주자의 해석에서 서(恕)의 논리의 판단기준은 어디까지나 나의 마음에 있고, 그러한 의미에서 내가 중심이 되어 있다. 여기에서 진사이(仁齋, 1627～1705)[31]는 충서의 의미를 나(自)와 너(他)의 관점으로 나누어 해석하고 있다. 이는 명리학에서 명(命)을 천명과 운명으로 나누어 보는 관점과 연관 지어 생각해 볼 수 있다.

명리학에서 운명은 외재적인 것으로 길흉화복, 수명장단 등이 결정되어 있는 것을 그 내용으로 한다. 명리학에서 말하는 운명은 사주팔자라는 정형화된 명리 이론의 틀에 넣고 명을 해석하는 것이다. 이는 '다른 사람〔他者〕의 명을 보는(看命)' 것이기 때문에 '객관적인 명'이다. 따라서 간명(看命)은 다른 사람의 명(命)을 헤아리고 거기에 내 의견을 대입시키는 것이다. 이 또한 진사이가 말한 '서(恕)'의 의미와 같은 대타적인 덕목으로 이해될 수 있겠다.

통변(通辯)이란 자신의 얼굴을 거울에 비추어 객관화된 외부의 사물로

---

28) 팡둥메이(方東美), 『중국인이 보는 삶의 세계』, 정인재 역, 이제이북스, 2004, 78쪽.

29) 송인창, 앞의 책, 188쪽.

30) 『論語』, 「里仁」, 第五章, 朱子注. "盡己之謂忠, 推己之謂恕."

31) 이또오 진사이(伊藤仁齋, 1627～1705), 이름은 유정(維楨), 자는 원좌(源佐) · 원길(源吉), 호는 인재(仁齋) · 당은(堂隱). 일본 에도(江戶)시대의 유학자. 저서로 『語孟字義』가 있다. 이기동, 『동양삼국의 주자학』, 정용선 역, 238쪽 참조.

보고, 그것으로 미루어 자신의 얼굴을 인식하는 과정을 거치듯이, 다른 사람〔他者〕의 명을 보고(看命) 해석하는 것이다. 따라서 통변한다는 것은 자신의 얼굴을 거울에 비추어 보는 것처럼 사주팔자라는 정형화된 이론의 틀에 다른 사람의 명을 대입시켜서 외부의 사물로 객관화시켜 그 명을 해석하게 된다. 그것은 말하자면 『춘추번로』에 "춘추가 다스리는 바는 남(他人)과 나(我)이다. 타인(他人)과 나를 다스리는 바란 인(仁)과 의(義)이다. 인(仁)으로써 남을 편안하게 하고 의(義)로써 나를 바르게 하는 것이다."[32]라는 말로 이해가 될 것이다. 여기에서 인(仁)으로써 남을 편안하게 하는 것은 자기를 미루어 남을 이해하는 것이다. 의(義)로써 나를 바르게 하는 것이란 다른 사람의 마음을 헤아려 자기를 대입시키는 것이다. 타인과 나를 다스린다는 말은 타자(他者)를 아는 것이고 타자를 아는 것이란 사주팔자의 명(命)을 아는 일이 된다. 이처럼 타자를 아는 것은 사주를 아는 것이고, 사주를 아는 것은 소통을 위한 것이다.

소통이란 다른 사람의 마음을 헤아려서〔看命〕 자신의 의견을 대입시키고, 좋아하고 싫어하는 바를 설명하는 것이다. 그러므로 명리학에서 통변이란 신명의 이치를 철저히 궁구하여, 음양의 이치를 인격화하고 덕성을 함양함으로써 윤리 도덕적인 삶을 실현하고자 하는 것이다.

그것은 곧 내가 나 자신을 다스리고, 또 남을 잘 알고 조화를 이루는 것이며, 나를 다스리고 남과 조화를 이루는 것이다. 세상에서 자기를 다스리고, 남과 조화를 이루는 일처럼 어려운 일은 없다. 그렇게 어려운 삶을 명리학은 음양오행이 상생과 상극하는 논리로 해석한다. 그것은 개인적인 삶과 사회적인 삶을 일치시키는 것이기도 하다. 개인적인 삶은 음양의

32) 『春秋繁露』, 「仁義法」. "春秋之所治 人與我也. 所以治 人與我者 仁與義也. 以仁安人 以義正我 故仁之爲言人也 義之爲言我也."

수직적인 삶이라고 한다면 사회적인 삶은 오행의 수평적인 삶이라 하겠다. 이 둘을 일치시키는 것이 소통이다. 그러므로 사주를 아는 것은 타자를 아는 것이고 그것을 알려고 하는 것은 소통하기 위함이다. 이 둘이 조화를 이룰 때, 인간이 갖고 있는 본래적 덕성을 통하여 자아의 존재근거를 밝힐 수 있다. 인간은 삶에 있어서 시행착오를 겪게 된다. 공자는 잘못을 저지르지 말라고 하기보다는 잘못이 있으면 고치는 것을 꺼려하지 말라고 한다. 삶에 있어서 요행을 바란다면 천명을 거스르는 일이며, 잘못된 것인 줄 알면서도 고치지 않는다면 모두를 위태롭게 한다.

인간의 심성에 내재한 존재원리로서의 덕성은 선천적이고 선험적인 것이며, 인간이라면 누구나 공통적으로 구유하고 있는 것이다. 천의(天意)는 인간에 의하여 현실에 구현되고, 사람이 참으로 사람다운 이유는 인간 본래의 도덕성에 있는 것이고, 또한 사람이 사람답게 사는 길은 바로 자기의 본래적인 덕성을 남김없이 발휘하여 이를 윤리 · 도덕적으로 구현하는 데 있는 것이다.[33] 하늘의 성정(性情)인 건(乾)에 내재되어 있는 원 · 형 · 이 · 정의 사덕(四德)은 만물이 시작하고 자라나서 이루어지고 완성되는 원리임을 말하고 있다. 그것은 인간의 마음속에 자아의 본질인 덕성을 구성하고 있음을 설명하고 있다.

이처럼 인간덕성의 내용을 이루고 있는 인의예지 사덕은 건(乾)의 원형이정 사덕에 상응한다. 인간이 참으로 인간다운 근거는 인간이 자기 동일성으로서의 인격적 본질인 덕성을 구유하였다는 데에 있다. 인간은 생래적으로 '건의 사덕'에 상응하는 인의예지의 사덕을 갖추고 있기 때문에 자아의 완성을 통하여 도덕 세계의 건립을 실현할 수 있는 것이다.[34] 인간

33) 송인창, 앞의 책, 82쪽.
34) 송인창, 앞의 책, 87쪽.

의 인격적 본질로서의 인의예지는 그 내용과 근본에서 인의(仁義)로 집약된다. 이에서 알 수 있듯이 인(仁)과 의(義)는 유가의 수많은 덕목 가운데서도 가장 중시하고 높이 평가하는 덕목이다. 『맹자』에 "인(仁)의 핵심은 어버이를 섬기는 데 있고, 의(義)의 핵심은 형을 따르는 데 있고, 지(知)의 핵심은 이 두 가지를 알아서 어기지 않는 것이다."[35]라고 하였다. 물론 유가윤리의 수많은 덕목 가운데서 공자가 중시한 것은 '인(仁)'이다. 그에게서 인은 신명의 희생을 무릅쓰더라도 인을 실현시켜야 하는 소중한 도덕적 가치이기 때문이다. 공자는 "군자가 인을 버리고서야 어찌 사람다운 자라는 이름을 이룰 수 있겠는가? 군자는 밥을 먹는 동안이라도 인을 어기지 말아야 하며, 아무리 다급한 순간이라 할지라도 꼭 인을 지키고, 넘어지는 순간이라 할지라도 꼭 인을 지켜야 한다."[36]라고 하였다. 인(仁)은 하늘로부터 부여받은 자기의 본성으로서 모든 덕의 근본이다. 그러므로 군자는 밥을 먹는 동안이라도 인(仁)을 반드시 지켜야 한다. 즉 인을 남김없이 발휘하는 것은 자기의 본성을 지켜 사람답게 사는 길이다. 의(義)는 모든 덕행으로 하여금 올곧게 하는 필수 조건이다. 의(義)가 결여되고서는 어떠한 덕이든 결코 옳게 제구실을 다할 수 없는 것이다.

여기에서 인(仁)과 의(義)는 상보적(相補的)인 것이지 결코 대립적이라고 할 수 없다. 유가의 이상으로서 인의(仁義) 도덕의 실현은 곧 천명의 도덕적 실현이요, 천리의 구현이라 할 수 있다. 인의(仁義)의 도덕적 실천은 바로 인간이 천명을 주체적으로 자각하는 일인 것이다. 인간은 누구나 천명을 자각할 수 있는 실재적인 가능태를 자기의 본성 안에 소유하고 있다. 천명의 자각은 곧 인간 본성의 자각이다. 본성의 자각은 명(命)의 이치

---

35) 『孟子』, 「離婁章句上」. "仁之實, 事親是也, 義之實, 從兄是也, 智之實, 知斯二者弗去是也."

36) 『論語』, 「里仁」. "君子去仁, 惡乎成名, 君子無終食之間違仁, 造次必於是, 顚沛必於是."

를 아는 것을 의미한다.

인간관계는 나와 너의 관계로 집약될 수 있다. 여기에서 '충서(忠恕)'의 문제가 제기된다. 주자가 이해하는 충서의 판단기준은 모두 자기에게 있고 내가 중심이 되어있다. 그런데 진사이(仁齋)는 충서의 의미를 나(自)와 너(他)의 관점으로 나누어 해석하고 있다. 이는 명리학에서 다른 사람〔他者〕의 명을 보는〔看命〕 것으로 이해할 수 있다. 간명(看命)은 다른 사람의 명(命)을 헤아리는 것이니, 판단의 기준은 다른 사람〔他者〕에게 있다. 그러므로 간명을 위해서는 대자적인 자기 수양이 선행되어야 하고 대타적의 사회교화가 병행되어야 한다. 충서(忠恕)를 실행한다는 것으로 곧 내 자신을 다스리고, 남과 조화를 이루는 것이다. 이는 개인적인 삶과 사회적인 삶을 일치시키는 일이다. 개인적인 수양(修養)은 수기(修己)이고, 사회적 실천의 문제는 치인(治人)이라 할 수 있다. 수기와 치인이 조화를 이룰 때, 인간이 갖고 있는 본래적 덕성을 통하여 자아의 존재근거를 밝힐 수 있다.

인간의 심성에 내재한 존재원리로서의 덕성은 누구나 공통적으로 구유하고 있는 것이다. 사람이 참으로 사람다운 이유는 인간 본래의 도덕성에 있다. 인간의 인격적 본질로서의 사덕(四德), 즉 인의예지는 그 내용과 근본에서 인의(仁義)로 집약된다. 인(仁)은 모든 덕의 근본이고, 하늘로부터 부여 받은 자기의 본성이다. 의(義)는 일체의 덕행으로 하여금 그 올바름을 잃지 않게 하는 필수 조건이다. 인간 본래의 존재원리이고 실존적 존재방식은 인간 본래의 도덕성에 있다 하겠다. 또한 자기의 본래적인 덕성을 남김없이 발휘하여 이를 통해 윤리・도덕적인 사회를 구현하는 것이 사람이 사람답게 사는 길이라 하겠다.

5. 결론

중화란 말은 유가뿐만 아니라 동양에서 핵심적인 개념이며 세계의 가장 보편적인 법칙이다. 인간은 하늘로부터 생명을 부여받은 소산적 존재이다. 하늘로부터 품부(稟賦)한 명(命)에는 운명(運命)과 사명(使命)이 있다. 사명은 하늘이 준 덕성으로 천명 또는 성명(性命)이라고 하여 공자가 자각한 명(命)이고, 운명은 수요(壽夭)·화복(禍福) 등 인간능력을 벗어나서 사람의 힘으로 어찌할 수 없는 명(命)이다. 인간성명으로서의 중화(中和)란 인간이 삶에 있어서 차별을 가지는 것 사이에 때맞춰 이루어지는 다양성의 통일이다.

여기서 중화의 개념은 음양오행의 오묘함으로 인간의 운명을 설명하는 개념으로 나타나고 있다. 하늘로부터 품부 받은 성명(性命)도 음양오행의 기(氣)가 중화되어야만 올바르다. 인간이 삶에 있어서 명의 부귀빈궁은 중화의 이치를 떠나서 있는 것이 아니다. 그러하기 때문에 중화는 명리학의 가장 핵심적이고 중요한 법칙이다. 성명(性命)의 온전한 실현을 위해서는 그 이치에 파고들어 성(性)을 투철하게 자각하고 중화의 명(命)을 구하는 것이다. 중화를 구하는 것이란 경험적 학습과 끊임없는 자기수양을 통해 대자적인 자기완성을 실천해야 된다.

음양오행이 통섭하는 체험 세계는 인생의 전체 상이다. 음양중화와 오행의 상생·상극 논리는 산명술을 포함하여 오늘날에 '음양오행론'으로 해석되는 모든 분야에서 응용되고 있는 가장 근본적인 논법이다. 인간의 운명을 해석하는 명리학은 음양오행의 집대성이다. 그러한 명(命)의 길흉화복은 음양오행의 중화에 있고, 그것은 사주팔자의 격국·용신으로 해석한다. 격국은 명리학의 기본 틀이며 규칙이고 생명과도 같은 것으로 사주의 품격이다. 격국이 중화를 이루는 중요한 요소는 용신이다. 그것은 명(命)이 중화를 이루게 하는 오행이다. 명리학에서 신체와 마음은 모두 음양오행의 기(氣)에 의해 형성된 것이다. 그 기(氣)는 사람의 정신 영역까지 확대시켜 마음의 수양(修養)에 따라 명이 달라진다고 본다. 마음의 수양은 곧 나를 다스림으로서 나를 변화시키는 것이다. 마음을 다스리고 나를 변화시키려면 지나친 것을 다듬어서 중화를 이루어야 한다. 이는 자신의 몸과 마음을 바로잡는 심성수양을 통해서 가능해진다.

인간관계는 나와 너의 관계로 집약될 수 있다. 여기에서 '충서(忠恕)'의 문제가 제기된다. 주자는 충서의 판단기준을 모두 자기에게 있고 내가 중심이 되어있다. 물론 진사이는 충서의 의미를 나(自)와 너(他)의 관점으로 나누어 해석하기도 한다. 이는 명리학에서 다른 사람〔他者〕의 명을 보는〔看命〕 것으로 이해할 수 있다. 간명(看命)은 다른 사람의 명(命)을 헤아리는 것이니, 판단의 기준은 다른 사람〔他者〕에게 있다. 충서(忠恕)를 실행한다는 것으로 곧 내 자신을 다스리고, 남과 조화를 이루는 것이다. 이는 개인적인 삶과 사회적인 삶을 일치시키는 일이다. 개인적인 수양(修養)은 수기(修己)이고, 사회적 실천의 문제는 치인(治人)이라 할 수 있다. 수기와 치인이 조화를 이룰 때, 인간이 갖고 있는 본래적 덕성을 통하여 자아의 존재근거를 밝힐 수 있다.

인간의 심성에 내재한 존재원리로서의 덕성은 누구나 공통적으로 구유하고 있는 것이다. 사람이 참으로 사람다운 이유는 인간 본래의 도덕성에 있다. 인(仁)은 모든 덕의 근본이고, 하늘로부터 부여받은 자기의 본성이다. 의(義)는 일체의 덕행으로 하여금 그 올바름을 잃지 않게 하는 필수조건이다. 인간 본래의 존재원리이고 실존적 존재방식은 인간 본래의 도덕성에 있다 하겠다. 또한 자기의 본래적인 덕성을 남김없이 발휘하여 이를 통해 윤리 · 도덕적인 사회를 구현하는 것이 사람이 사람답게 사는 길이라 하겠다.

고산 윤선도의 풍수사상 연구*

| 현경용 |

1. 서론

고산 윤선도(1587, 선조 20～1671, 현종 12)는 우리나라 시조 시인 가운데 대표적 인물이다. 그리하여 그를 '국문학사상 단가의 제1인자'[1] 혹은 '송강, 노계와 더불어 시가 문학의 중추적 역할을 담당한 문인'[2]으로 이미 국문학계의 깊은 관심을 받아 왔다. 더구나 그는 '시가 시인일 뿐만 아니라, 학자요, 정치인이며, 또 실질적인 면까지 추구한 역사적 인물'[3]이라는 점에서 우리의 관심은 크다. 그리고 이 같은 고산의 발자취는 해남과 보길도 등에 아직까지 남아 있어 그에 대한 연구가 다원적으로 활발하게 진행되어 왔다. 그러나 그가 감식안이 뛰어난 감여가(堪輿家)였다는 사실

* 대전대학교 대학원 논문집 14권 2호에 발표된 논문을 축약 · 정리한 것임.

1) 문영오, 『고산 윤선도 연구』, 영진출판사, 1977, 119쪽.

2) 식익호, 「고산시조의 특질」, 『숭전어문학』, 제2집, 1973, 179쪽.

3) 박준규, 「윤고산론」, 『나손선생추모논총-한국문학작가론』, 현대문학사, 1991, 562쪽.

은 고산 문학의 그늘에 가려 상대적으로 과소평가되어 왔던 것이 사실이다. 『현종실록』의 한 대목인 "윤선도가 강으로 나갔다고 하는데, 숙배하지 말고 자기 집에서 곧바로 나가 산을 보러 간 일행들과 함께 가게 하라."[4], 『홍재 전서』의 "신라 국사 옥룡자 도선이 이른바 서린 용이 구슬을 희롱하는 형국(盤龍弄珠之形)이고, 참의 윤선도가 이른바 용과 혈과 사와 수가 모두 좋고 아름답다는 것이니, 진실로 천 리를 가도 없을 천재일우(千載一遇)의 길지(吉地)이다."[5]라는 말에서 엿볼 수 있듯이 고산은 뛰어난 감여가였다는 사실이 어느 정도 확인된다. 그런 점에서 고산에 관한 연구는 조선 중기에 살았던 한 성리학자라는 범위에만 머무르지 않고, 17세기 조선 지식인들이 궁극적으로 지향하고자 했던 이념의 본질과 성격 및 삶의 태도 등을 규명하는 것도 긴요한 의의를 가진다.

고산에 대한 그간의 연구는 크게 작가론과 작품론으로 나누어 생각할 수 있다. 작가론의 경우에는 이재수의 종합적 검토[6]가 있은 이래 지금까지도 꾸준한 연구가 계속되고 있으며, 작품론의 경우에는 언어적 표현의 우수성에 중점을 두는 경우와 자연미, 자연관을 중심으로 한 연구로 나누어 생각할 수 있다. 언어적 표현의 우수성에 중점을 두는 탐구로는, 이재수의 언급이 있은 이후, 정병욱[7] 등의 천착이 있었다. 특히 자연미, 자연관에 대해서는 조윤제, 최진원, 윤성근 등에 의해 많은 연구가 이루어졌다. 조윤제[8]는 처음으로 벼슬을 버리고 고향으로 돌아가서 유유자적하는 심정을 읊어 낸 일련의 시가들을 '강호가도'라 이름하여 본격적인 관심

4) 『국역 현종 실록』 현종 즉위년 기해 (1659, 순치 16) 7월 2일(신유).

5) 『弘齋全書』, 제57권, 「雜著」 4. "卽新羅國師玉龍子道詵所謂盤龍弄珠之形也 參議尹善道所謂龍穴砂 水盡善盡美 誠千里所無 千載一遇之地也"

6) 이재수, 『윤고산 연구』, 학우사, 1955.

7) 정병욱, 『윤고산론 - 한국 고전의 재인식 소수』, 홍성사, 1979.

8) 조윤제, 『한국시가사망』, 을유문화사, 1954.

을 불러일으키면서 후속되는 여러 연구의 기반을 마련하였다. 이어 최진원[9]은 강호가도 이론을 바탕으로 이것이 나타나게 되는 역사적, 사회적 배경을 밝히고, 여기에 나타난 자연미의 사상적 근거와 서정성을 논함으로써 조윤제의 이론을 작품에 결부시켜 연구의 깊이를 더하였다. 또한 윤경수[10]는 자연관을 유가 사상, 도가 사상 등으로 광범위하게 연관시키면서 그가 자연에 처한 것은 유가적 이론으로 풀이되어야 하고, 그것은 도피와 은둔으로 귀결되는 것이기 때문에 고산의 자연관은 유가 사상이 기본이 되고, 도가 사상은 쓰임이 되었다는 주장을 폈다. 다음으로 윤성근[11]은 자연을 바라보는 다양한 태도와 관점에 따라 작품에 접근하면서 연구의 폭을 더함으로써 고산의 자연관을 새로운 관점에서 해석해 보았다는 데에서 그 의의를 찾을 수 있다. 어떻든 고산은 그의 시가 작품들 속에 풍수 이론을 직설적으로 표백시켜 놓은 바는 없다. 그러나 그의 시 작품을 면밀히 검토해 보면 풍수 이론의 음영을 희미하나마 분명히 찾아 볼 수 있다. 그럼에도 불구하고 학계에서는 이의 구체적 논의는 미진한 상태로 남아 있었다. 다만 문영오[12]에 의해서 그 논의가 보다 심도 있게 연구되었다고 할 것이다. 이는 고산연구의 다각화라는 점에서 퍽 다행스러운 일이다. 이와 같이, 고산의 연구는 다각도로 진행되어 왔으며, 특히 자연관에 관한 연구는 그 어느 분야보다도 깊이 있게 다루어졌다.

그러나 고산의 자연관을 연구함에 있어 단지 그의 문학 작품에 나타나는 자연물을 대상으로 하여 작품의 성격을 조망하는 것은 편협한 연구가

9) 최진원, 「고산의 자연관」, 『성대논문집』, 제10집, 성균관대학교 출판부, 1965.

10) 윤경수, 「고산의 자연관」, 『현대문학』, 12권 2호-10호, 1966.

11) 윤성근, 『윤선도 작품집』, 영진출판사, 1982.

12) 문영오, 「고산의 풍수사상고구」, 『동고학논총』, 2집, 수원대학교동고학연구소, 1998.

될 수 있을 것이다. 왜냐하면 하나의 문학 작품을 이해하는 데에는 작품에 대한 문학적 고찰도 중요하지만 작가에 대한 전기적 고찰을 함께 수반하여야 하기 때문이다. 더구나 우리의 고전 문학 작품은 시대적 배경과 작가 주변의 사실이 적지 않은 영향을 미쳤으리라는 점이 보편적으로 인정되고 있는 만큼, 이 두 가지 면에서의 연구가 상호 유기적으로 관련되어야 할 필요가 있다.

고산 역시 그를 둘러싼 시대적 상황과 전기적 사실을 고려하지 않고서는 그의 철학 사상을 온전히 이해하기는 불가능하다. 따라서 그가 자연에 들게 된 동기나, 자연 속에서의 그의 삶의 모습들이 당시 시대적 상황과 그가 처한 현실적 상황과 깊은 연관이 있을 것이라는 전제 하에서 논지를 전개하고자 한다.

따라서 본고에서는 고산의 시조를 연구 대상으로 하여 다음과 같은 연구 방법을 통해 고산의 풍수사상을 총체적으로 살펴보도록 하겠다. 우선 고산의 생애와 시대 배경을 통해 그가 자연에 들게 된 근본적 동기를 살펴보겠다. 다음으로 고산이 자연을 바라보는 관점이 그의 일생의 중요한 기점을 바탕으로 하여 어떻게 변모되는지, 그리고 그 변모 양상은 시대 상황이나 그가 처한 현실과 어떤 관계가 있는지를 구체적인 작품을 통해 고찰해 보도록 하겠다.

2. 고산 풍수사상의 학문적 연원

1) 고산의 생애

고산은 조선왕조에서 당쟁이 가장 치열했던 소용돌이 시대에 살면서 선명한 당색을 내세우고 정치적 발언과 처신을 하였으므로 격동의 일생을 보냈다. 당파는 애초에 사소한 인간적 갈등과 정치적 이견으로 출발했지만 세월이 지나면서 학문적으로 무장하게 되어 드디어 철저한 이데올로기를 구축하게 되었다. 그런데 그 이데올로기의 뿌리는 이미 잘 알려진 바와 같이 하나는 영남의 이황(1501～1570)과 조식(1501～1572)에 닿아 있고, 다른 하나는 기호의 성혼(1535～1598)과 이이(1536～1584)에 닿아 있다는 것은 주지의 사실이다.

고산이 살던 시대에는 인조반정으로 대북은 소탕되고 소북은 남인에 흡수되어 윤선도가 속한 남인은 반정의 주체 세력들이었던 서인들과 대치하고 있던 상태였다. 서인의 판도 안에 생활의 터전을 잡은 고산은 생활 주변의 대세와는 달리 남인의 당색을 선명하게 내세우고 있었다. 그는 이미 정치적 실세에서 밀려난 남인의 한 사람으로서, 서인의 주도 하에 이루어진 당쟁으로 인해 19년여의 유배 생활과 20여년의 은둔 생활을 체험하였다. 이 같은 유배와 은둔 생활은 투철한 실천가인 고산을 유교 사상 중심에서 도가의 노 · 장등 다양한 사상을 수용하게 하고 실천적 풍수학인으로 성장시켰다. 그 결과 양기(陽基), 산릉(山陵) 및 음택(陰宅)에 대한 저명한 감여 학자로서의 활동이 가능하게 되었으며, 주자의 형세론적 풍수사상을 계승하는 등 한국 풍수사에 일대의 획을 긋게 하는 계기를 마련하게 되었다.

고산이 풍수지리와 필연적인 관계라는 것을 그의 아호에서도 알 수 있는데 필자는 윤선도의 호가 고산이라는 것이 풍수지리와 무관하지 않다고 생각한다. 고산은 선생의 호이면서 또 지명이다. 경기도 남양주시 수석동 왕숙천 일원의 옛 지명으로, 고산이 이곳을 왕래거주하였기 때문에 세칭 호가 되었다 하며, 해옹은 보길도와 해남에 거주하였기 때문에 해옹이라고 하였다[13]고 한다.

여기서 말하는 고산이란 외롭게 따로 떨어져 있는 산을 말하는데, 양주 최씨 족보에 "고산은 형세가 기이하여 얻은 이름인데, 평평한 들에 양쪽 시냇물이 모인 곳으로, 산맥이 끊기어 우뚝 일어난 형상이 마치 미인이 머리를 빗는 것 같고, 반월이 강물 속에 잠긴 것 같은 곳이다."라고 쓰여 있다.[14] 또한 문정공 허목이 작성한 신도 비명을 보면 "고산 선생이라 하니 고산은 바로 나라의 동쪽 교외 강가에 있는 구업이다."[15]라고 하며 위치를 설명하고 있다. 이는 현 경기도 남양주시 수석동에 있는 양주의 동쪽 고산의 실 지명에서 일차적인 호의 유래를 찾을 수 있다.[16]

이 호와 지명의 명명(名命) 선후 관계는 명확하지 않으나, 『고산유고』에서는 고산이란 지명과 호를 같이 쓰고 있다는 것은 고산이 거주하였던 곳이 풍수 지리적 형세와 관련이 있다는 것을 단적으로 보여 주는 대목이다. 고산은 선조(재위 1567～1608년) 20년, 한경 동부 연화방(서울 종로구 연지동)에서 아버지 윤유심과 어머니 순흥 안씨의 차남으로 출생하여 현종(재위 1659～1674) 12년, 보길도 낙선재에서 85세로 생을 마감할 때까지 선조(재위 1567～1608년), 광해군(재위 1698～1623), 인조(재위 1623～1649), 효종(재위 1649～1659)의 5대 임금과 인연을 맺었다. 고산은 26세에 진사시에 합격하였으나 그해 생부 유심의 별세로 3년간 부모의 상을 하느라 매였다가, 30세에 진사의 신분으로 당시 집권 대북의 핵심에게 극렬한 비판의 일격 「병진소」를 가하여 세상 사람들을 놀라게 하고는 그 대가로 양부(유기)의 파직과 자신의 경원(1년), 기장(6년) 유배를 얻게 된다. 이는 매우 파격적인 정치적 노선을 보였으며, 윤선도의 행동 양식을

---

13) 윤승현, 『고산윤선도 연구』, 홍익재, 26~28쪽 참조, 1999.

14) 윤승현, 앞의 책, 23쪽 참조.

15) 『記言別集』, 卷之十九, 「丘墓文」. "孤山先生孤山國東郊江上舊業"

16) 윤승현, 앞의 책, 40쪽 참조.

단적으로 보여 주는 예가 된다.

37세가 되던 3월 인조반정으로 귀양에서 풀려나 의금부 도사에 제수되었다. 이것은 광해조 때에 절의를 세워 「병진소」를 올린 행위의 보답이기도 했다. 하지만 반정 이후 민심 수습 방책으로 남인을 서용하던 시세의 덕택이기도 했다. 그러나 모처럼 얻은 기회를 포기하고 곧 해남으로 돌아와 5년 동안 다시 학문에 전념한다. 특히 인조 6년(1628) 별시 문과 초시에 장원급제를 계기로 봉림대군과 인평대군(1622~1658) 사부에 임명되어 1632년 사부를 그만둘 때까지 약 5년여 간 17대 효종으로 등극한 봉림대군과 인연을 맺었다.[17)]

고산은 해남과 보길도의 별서(別墅)운영, 양주 고산 및 화성 녹우당과의 인연 금쇄동에 안장될 때까지의 과정 등을 통해 그곳들의 길지와 접하게 되고, 또한 그곳을 풍수적으로 비보(裨補)하여 양기 명당 터로 탈바꿈시키려 하였다. 부용동과의 운명적인 만남은 인조 15년(1637) 1월 병자호란으로 강화도에 피난 중인 원손대군과 빈궁을 구출하고자 하는 충정으로 비롯된다. 강화에 닿은 윤선도는 이미 붙잡혀 간 왕자 등을 구하지 못하고 회선하던 중 항복의 소식을 선상에서 듣고 제주도에 은거할 결심으로 항해를 하게 되나, 때마침 불어닥친 태풍으로 길지 보길도에 안착하게 된다.[18)] 보길도 황원 포에 터를 닦아 부용동이라 명명하고, 낙서봉 아래 낙서재란 집을 지어 은거하게 되는데, 그 후 인조 17년(1639) 2월 유배에서 풀려나 해남의 수정동, 문소동, 금쇄동에 각각 회심당, 휘수당, 인소정 등을 지어 차근차근 풍수적인 별서의 경영에 들어가게 된다. 1640년 봄에 금쇄동과 문소동 별서에서 「금쇄동기」를 쓰게 되고 부용동과 금쇄동을

17) 윤승현, 앞의 책, 16~21쪽 참조.

18) 『孤山年譜』 1.2.3 윤승현, 앞의 책, 243~262쪽 재인용.

오가며 별서 운영을 하게 되는데, 효종 2년(1651) 가을 부용동 대명당 터에서 그 유명한 「어부사시가」 4편 춘하추동 각 10수씩 40수를 짓게 된다. 임금의 부름으로 상경하지만 반대파의 모함이나 병을 얻었을 때는 양주 고산 별서에 잠시 머무르기도 하였다.

1653년 2월 부용동으로 다시 들어가 세연정 증축, 석실 구축, 회수당, 무민당, 정성당 등을 새로 짓고 제자들을 가르쳤으며, 효종 9년(1658) 8월에 왕이 임금 곁에 기거토록 화성에 지어 준 녹우당을 1668년 수원에서 해남으로 옮겨 지었으며, 1671년 사망한 고산은 신후지지(身後之地)인 해남 현산면 구시리 금쇄동에 정부인 남원 윤씨와 함께 합장되었다.[19]

1680년 허목(1595～1682)이 고산의 신도비명을 지었고, 사후 57년 만인 1727년 영조(재위 1724～1776)는 특명으로 불천지위(不遷之位)에 배향케 하였다. 윤선도를 부를 때 영조는 "항상 그 이름을 부르지 않고 반드시 고산이라고 부르고, 고산이라고만 부르지 않고 반드시 윤고산 이라고 세 자로 부르는 것은 의도가 있는 것이다."[20]라고 할 정도로 고산의 위상이 사후에 재평가되었다.

2) 학문적 경향성

다음은 그의 학문적 경향성에 관해 살펴보기로 한다. 먼저 그의 사승관계를 보면 직접적으로 그에게 학문을 가르쳐 영향을 미친 이는 없는 것으로 보인다. 가정과 산사에서 독학으로 터득한 것이라 할 수 있다.[21] 다

19) 배상열, 「조선후기 실학파의 풍수관 연구」, 원광대학교 박사논문, 2009, 52쪽 참조.

20) 『弘齋全書』, 17책, 권172, 日得錄十二, 「人物二」. "恒言不呼其名. 而必以孤山呼之. 不特呼以孤山. 必以尹孤山三字呼之者. 其意有在."

21) 『孤山遺稿』, 附錄, 「諡狀」. "甫踰十歲. 嘗讀書于山寺"

만 그의 가계에서 보이는 도학적 기풍의 영향에 주목하지 않을 수 없다. 즉 고산의 고조부인 윤효정은 김종직의 문인이었던 최부에게서 배웠고, 그의 증조부인 윤구는 조광조와 더불어 지치주의(至治主義) 실현에 앞장섰던 기묘명현(己卯名賢)이다. 따라서 이러한 가계의 도학적인 사고방식이 은연중 그의 학문 형성에 많은 영향을 미치지 않았는가 짐작된다.[22] 이는 막연한 추측이 아니라 다음과 같은 그의 학풍으로도 뒷받침되고 있다.

> 기묘사화 뒤에 『소학』이 세상에서 크게 금해져 부모들이 자제들에게 『소학』의 소지를 경계하여 그것을 간직하는 자가 드물었다. 고산이 가장서(家藏書)를 점검하다가 『소학』을 얻어 보고 기뻐해 말하기를 "인자(人子)로서 본받을 만한 것이 여기에 다 있다." 하고, 드디어 이 책을 전공하여 자신에게 절실하고 가까운 '절기근리(切己近裡)의 학(學)'에 종사하였다. 그리고 한결같이 연정(硏精)에 뜻하고 침잠완색(沈潛玩索)하기를 여러 해 반복하고 읽기를 수백 번 하여 저절로 공부가 순숙(純熟)하고 의리(義理)를 관통해서 문장 역시 크게 진보하였다.[23]

이처럼 그는 『소학』을 중시하고 이를 애득하여 학문의 기초로 삼았던 것이다. 그리고 그는 수많은 명문자제, 문인 학생들과 날마다 학문을 갈고닦음을 게을리하지 않았고, 그 가르침은 반드시 『소학』으로 근본을 삼았다. 비록 나이가 많은 자라도 반드시 먼저 『소학』을 배운 후에 비로소 『대학』, 『논어』, 『맹자』, 『중용』을 배우고 나아가 시, 서, 육경에까지 미침

22) 황의동, 「윤선도의 철학사상 연구」, 『도산학보』, 제7집, 도산연구원, 1999.

23) 『孤山遺稿』, 附錄, 「諡狀」. "自己卯士禍之後 小學之書爲世大禁 父兄至以戒其子弟 人鮮有蓄是書者 公嘗點檢舊帙 得是書讀之喜曰 做人樣子盡在於此 遂專攻之 從事於切己近裡之學 一意硏精 沈潛玩索 反覆數年 讀至數百遍 自此工夫純熟 義理貫通 而文章亦大進."

으로써 순서대로 간간히 깨우침을 열어 주고 사람으로서 지켜야 할 떳떳한 도리를 도탑게 하고 사리를 밝혀 수기치인을 주로 하였다 한다.[24] 이와 같이 고산은 자제 문인을 가르침에 있어서도 『소학』을 근본으로 삼고 이후 사서, 육경을 가르쳤으니 그의 학문 독서의 순서 있게 구분하여 벌여 나가는 관계를 짐작할 수 있다. 또한 그는 1628년 봉림, 인평대군의 사부가 되어서도 먼저 『소학』을 가르치는 것으로 엄격한 교육과정을 세웠는데, 그 규모와 차례가 한결같이 옛 사람이 이루어 놓은 법도를 좇아 힘쓰기를 사물의 이치를 따지고 파고들어 지식을 명확히 하였다.[25]

이와 같이 고산에게 있어 젊어서부터 늙을 때까지 시종 깊이 느낀 것은 오직 『소학』 한 책이었다. 그는 항상 동중서의 "그 의(誼)를 바로 하지 리(利)를 도모하지 않으며, 그 도를 밝히지 그 공을 계산하지 않는다."는 말을 항상 외웠는데, 이것이 군자의 마음가짐과 일을 처리하는 요령이라 하였다.[26] 요컨대 고산에 있어 이처럼 그가 소학을 매우 중시하여 학문적 근본으로 삼고 강조한 것은 고산의 실천적 풍수사상을 이해하는 데 중요한 단서가 된다.

그는 또 『소학』을 중요시하였을 뿐 아니라 소학적 실천을 강조하고 그 자신 모범을 보였다. 그는 8세에 관찰공의 양자로 대종(大宗)을 이었는데, 처음에는 좋아하지 않았으나 윤리와 의리와 종사의 중요성을 생각하여 정성껏 효도를 다하자 관찰공은 말하기를 "나는 자식이 없으나 효자를 얻

---

24) 위와 같은 글. "子弟門人日與之講摩不倦 其教以小學爲本 雖年長者 亦必先授小學然後始授大學論孟中庸 以及詩書六經 循循有序 懇懇開曉 以惇彝倫明事理 修己治人爲主."

25) 위와 같은 글. "戊辰春 上命兩大君師傅擇於文南中第一人 公首擬得除 一大君卽孝廟 鳳林潛邸時也 二大君卽麟坪也 公詣講學廳 啓于上 請先授小學 遂嚴立課程 其規模次第 一遵古人成法 務以格致涵養爲主."

26) 위와 같은 글. "自少至老 終始佩服者 唯小學一書 常誦董江都之言曰 正其誼不謀其利 明其道不計其功 此君子持心處事之要也."

었으니 한이 없다."고 하였다.[27] 그리고 친부 부정공이 아파 눕게 되자 그는 밤낮으로 간호하였는데 허리띠를 풀지 않고 곁을 떠나지 않기를 수개월이나 하였다 한다.[28] 이처럼 그는 친부와 양부에게 효성이 지극했던 것으로 보인다.

또한 그는 고조부 윤효정, 증조부 윤구의 영향을 받아 의리적 기풍(義理的 氣風)이 강했던 것으로 보인다. 그것은 그가 30살 때 일개 시골 진사의 신분으로 당시 권력을 전횡하던 이이첨의 만행을 규탄하는 「병진소」를 올려 7년간의 유배 생활을 하게 된 데서 잘 입증된다. 즉 불의를 용납하지 않고 어떠한 위험도 두려워하지 않는 그의 용기와 굽힐 줄 모르는 충직한 기상은 기묘명현(己卯名賢) 내지 도학자의 후손다운 삶의 모습이었다.

이러한 그의 특징적인 학풍은 마음의 문제를 사상의 핵심으로 나타낸다. 고산은 마음이란 한 몸의 주재라 하고, 따라서 오장육부, 구규백맥(九竅百脉), 기혈음양이 그 순하고 역하고 그 성하고 그 쇠하고 그 편안하고 아픈 것이 한 마음에 관계되지 않음이 없다 한다. 한 마음이 편안하면 몸의 온갖 곳이 모두 편안해서 바람, 추위, 더위, 습기, 도깨비 등 온갖 사기(邪氣)가 저절로 들어오지 못하고, 한 마음이 불안하면 이와 반대가 되므로 옛 사람의 말에 "마음이 고요하면 만병이 그치고 마음이 움직이면 만병이 생긴다."는 것이니 아름다운 말이라 한다.[29] 이처럼 마음은 한 몸의 주재로서 개인의 건강을 좌우하는 근본으로 중시하면서 더 나아가 풍수

---

27) 위와 같은 글. "八歲 出繼大宗 公初不樂 旣而思倫義宗事之重 事所後盡誠孝 觀察公曰 吾無子而得孝子 吾無恨矣."

28) 위와 같은 글. "是冬 副正公寢疾 公晝夜侍疾 不解帶不離側者數月."

29) 위와 같은 책, 卷2, 甲申疏. "心者一身之主宰 故五臟六腑九竅百脉氣血 陰陽其順其逆其盛其衰其安其病 無係於一心 一心安則百體皆安 而風寒暑濕鬼魅百邪無自而入 一心不安則反是 故古人有言 心靜萬病息 心動萬病生 旨哉言乎."

적 환경을 강조한 것이라 보인다. 고산의 이러한 생각은 「금쇄동기」의 다음과 같은 서술에서 잘 나타나고 있다.

> "그런즉, 이 집은 정말로 나로 하여금 세상을 버리고 홀로 서서 날개 단 신선이 되도록 하는 곳이다. 그러면서도 나로 하여금 부자 군신의 윤리에서 벗어나지 않게 하고, 정말로 나로 하여금 물에서 낚시질하고 산을 갈고 하는 흥취와 거문고를 켜고 장고를 두드리는 즐거움을 오로지하게 하여 종국에는 나로 하여금 옛 선현들의 꽃다운 발자취를 밟아 가도록 하고 옛날 훌륭한 왕들이 남긴 유풍(遺風)을 노래하게 한다."[30]

이 글에서 보이듯이 고산에게 있어서 흥취라는 것은 자연에 대한 것이든, 예술에 대한 것이든 유학의 도리를 벗어나서는 존재할 수 없으며, 존재 가치도 없게 됨을 알 수 있다. 깊은 산골짜기에 들어가 있든, 신선이 되어 있든 어떤 경우라도 자신이 가진 부자 · 군신의 윤리를 벗어나서는 절대로 안 된다는 것이다.[31]

이제까지 고산의 생애와 그의 학풍을 검토해 보았는데, 그의 특징적인 학풍은 『소학』을 중시하고 소학적 실천에 투철했다는 점이며, 또 하나는 위에서 지적한 것처럼 인간 주체의 마음을 중시하여, 이를 개인에 있어서나 정치에 있어서나 특별히 강조하고 있다는 점이다. 아울러 당시의 실세이었던 이이첨을 비판 공격하는 「병진소」를 올린 데에서 볼 수 있듯이, 그의 불타는 정의감과 강렬한 비판 의식도 돋보이는 일면이다. 이러한 요

---

30) 『孤山遺稿』, 卷之五下, 「金鎖洞記」. "然則此堂固能使我飄飄然有遺世獨立羽化登仙之意. 而終亦使我不外於父子君臣之倫理. 固能使我專釣水耕山之興彈琴鼓缶之樂而終亦使我景仰前哲之芳躅. 歌詠先王之遺風"

31) 원용문, 앞의 논문 참조.

소들을 종합해 볼 때 고산의 학문적 기풍은 윤효정, 윤구의 가학적(家學的) 전통에 영향을 많이 입은 것으로 짐작된다. 즉 『소학』을 중시하는 그의 학풍, 강렬한 비판 의식, 소학적 실천성, 주체적 마음의 중시 태도가 바로 15세기 조선조 도학 시대의 학풍과 그 맥을 함께하는 것이기 때문이다.

3. 고산의 자연합일적 풍수관

고산은 또 동중서의 '도지대원 출어천(道之大原 出於天)'과 같은 의미로 도(道)란 천(天)에서 나왔다 하고, 이것이 소위 천리(天理)라 한다. 이 천리(天理)는 그 큼이 상대할 것이 없고 그 높음이 비교할 수 없다고 한다.[32] 고산은 도의 근원을 천으로 보고 도(道)를 천리(天理)로 이해하면서 그 무엇과 상대하거나 비교할 수 없는 절대적인 가치로 인정하고 있다. 여기에서 볼 때, 고산이 성리학자들 특히 이기이원론(理氣二元論)에서 흔히 보이는 리(理)로 표현하지 않고 '천리(天理)'로 표현하고 있는 점에 유의할 필요가 있다. 이러한 그의 관점은 하늘이 곧 리(理)라는 표현으로 나타난다. 고산에 의하면 하늘은 말이 없으니 무엇으로 천의(天意)를 알아서 이에 좇겠느냐고 반문하면서, 하늘이 곧 리(理)이니 리(理)에 따르면 하늘에 따르는 것이 된다 한다.[33] 결국 고산은 도를 곧 천리로 보고 하늘은 리(理)로 보았던 것이다. 고산의 다음의 글은 이를 입증하는 좋은 단서가 된다.

---

32) 위와 같은 책, 卷6 上, 「詔於天子無北面賦」. "道者出於天 所謂天理也 其大無對 其尊無比."

33) 위와 같은 책, 卷2, 「陳時務八條疏」, 畏天. "然天無言 則何以知天意而順之 天卽理也 順於理則順於天矣."

혼돈(混沌)이 이미 판별되고 음양(陰陽)이 이미 나뉜 후로부터 일원(一元)이 유행하고 오행(五行)이 번갈아 운행하여, 여기에서 기후가 남고 줄고 춥고 따뜻함이 번갈아 있게 되고, 여기에서 물의 변화가 영고성쇠(榮枯盛衰)의 다름이 있게 된다. 인사(人事)는 화(化)에 따라 변함이 있고 인정(人情)은 만남에 따라 느낌이 있게 된다.[34]

위의 글은 자연을 현상계이자 인식의 대상인 천지에서 더 나아가 천지가 가지고 있는 생성 변화, 즉 근본적인 변동의 원리와 그 원리 자체의 존재이유의 의미까지 자연에 부여하고 있다. 이러한 풍수관은 당대 다른 성리학자들과 마찬가지로 주돈이의 태극론에 대한 이해에서부터 출발하여 만물은 오행으로 인하여 생겨나고, 오행은 음과 양으로 인하여, 그리고 음양은 태극으로 인하여 생겨나게 되었다는 것을 받아들인 것이다.

이는 주돈이와 정자 주자의 견해에 따라 태극의 움직임과 멈춤에 의해 음양이 생겨났다는 태극동정론에 의한 일원지기를 받아들인 것이다. 태극은 움직일 수 없으며, 태극(理)과 음양(氣)이 독립되어 존재할 수 없음을 주장하는 것과는 상반되는 것이다. 이러한 자연의 생성에 관한 고산의 생각은 리(理)와 기(氣)의 관계에 대해 풍수를 대하는 관점으로 이어져, 자연을 나누어서 바라봄으로서 무극(無極)이 태극(太極)이며 리일(理一)인 자연의 본연을 찾고자 하였으며, 혼돈의 관점에서는 하늘과 땅 사이에 존재하는 인간이 사단과 칠정을 동시에 가지고 있으므로, 자연 속에서 천명을 따라 사단을 함양하기 위해 경(敬)으로서 칠정을 다스려야 한다는 퇴계의 사상과도 일치한다.

---

34) 위와 같은 글. "自混沌旣判陰陽旣分之後 一元流行 五行迭運 氣候於是而有盈縮 寒暖之代 物化於是而有榮枯盛衰之異 人事隨化而有變 人情隨遇而有感……"

이러한 사상을 이해하기 위해서는 조선의 성리학적 사회에서의 자연에 대한 인식을 살펴볼 필요가 있다. 성리학적 사회에서의 자연의 개념은 현대와는 달리 좀 더 포괄적이었다. 현대의 자연은 인간이 감지할 수 있는 인식의 대상 세계 전체를 뜻하며, 인간과 분리되어 관찰되는 환경을 자연으로 보는 견해가 강하게 내포되지만[35] 성리학적 관점에서의 자연은 천지 만물의 끊임없는 생성 변화에 대한 상태나 원리에 대한 설명으로서 '스스로 혹은 저절로 그러함'이라는 의미로 주로 사용되었으며 천지 만물과 인간의 도덕적 지향점을 포함하는 총괄적인 개념으로 쓰였다.[36]

이러한 자연의 개념은 『주역』에서 말하고 있는 "위로는 천문을 관찰하고 아래로는 지리를 살펴 보이는 것뿐 아니라 보이지 않는 것까지도 그 근원을 안다."[37]라는 말과 서로 통한다. 자연의 묘용(妙用)은 곧 천지의 법칙인 감여(堪輿)라는 것이다. 여기서 감여의 감은 하늘을 뜻하고 여(輿)는 땅을 가리킨다. 이런 점에서 풍수지리는 감여학인 것이다.[38] 즉 현상적으로 나타나는 세계뿐만이 아니라 현상세계에 내재하는 법칙과 원리까지 포괄하는 개념으로 발전되어 있으며, 특히 성리학의 리(理)개념과 결합하여 자연과 감여라는 단어는 형이상학적인 리(理) 혹은 기(氣) 개념으로 대치된다. 이러한 자연, 감여의 개념 확장은 고산 풍수 사상의 이해의 질적 전환과 동시에 객관적 대상이 아닌 추상적 이해의 대상으로 나타난다.

고산이 살았던 시기는 성리학이 지배적인 이념이었다. 따라서 성리학은 고산 풍수관의 사상적 배경으로 자리한다. 경국제민을 기본 이념으로

35) 베이컨의 과학기술에 의한 인간의 자연 지배에서부터 좀 더 명확히 인간과 분리된 존재로서의 자연이 부각된다. 네이버 지식 백과 참조.

36) 한국사상연구회, 『조선유학의 자연철학』, 예문서원, 18쪽 참조, 1998.

37) 『周易』, 「繫辭上傳」, 11장. "仰以觀於天文 俯以察於地理 是故 知幽明之故"

38) 남회근 저, 『주역계사강의』, 신원봉 역, 부키, 2011, 98쪽 참조.

하는 성리학은 산수를 바라봄에 있어 이상적인 사상 체계를 갖고 있는 학문이다. 이전과는 달리 조선조 성리학에서의 산수는 인간의 본성을 탐구하고 진정한 자아를 실현시키고자 하는 또 다른 공간이었다. 성리학은 산수와 인간이 합일을 할 수 있는 천인합일(天人合一)이나 물아일체관(物我一體觀)을 지향한다. 이들은 인간의 심성에 대해 깊이 탐구하고 절의를 숭상했으며 주자성리학을 바탕으로 가치관을 형성하였다. 이러한 가치관이 손상을 받았을 때 산수에 묻혀 문학을 통한 당시 심정을 표현하고 성현의 학문 탐구에 뜻을 두었다.

즉 사림파는 산수와 사물에 대한 관찰로 거기서 찾아진 이치를 인간 생활의 윤리적 달성에 원용하고자 했다. 산수와 인생을 단순히 관찰하는 데 머물지 않고 인생의 인식론적 해명을 구하는 데서 그들의 학문과 문학은 산수에 접근할 수 있었던 것이다. 따라서 조선조 사대부들은 벼슬길에 나아가 임무를 다한 다음에는 산수에 은거하거나 산수를 유람하면서 우주적 진리와 대자연의 이법에서 참다운 즐거움을 찾는 것을 당연시했다. 이는 고산 풍수사상을 논함에 있어 산수 인식이 중요해지는 이유이기도 하다.

따라서 이러한 철학적 배경 속에서 선택되어지는 고산의 산수 은거는 고행적인 은둔의 태도이거나 쾌락적, 유희적인 태도가 아닌, 산수를 통하여 심성을 닦는 행위였다. 경국제민과 동경의 세계는 조선조 사대부들에 있어서는 결코 이율배반적인 모습이 아닌 것이다. 특히 이 시기에 이르러서는 그의 시조 작품 속에 자연에 대한 친화와 애정이 더욱 짙게 드러나는데 그 대표적인 작품이 고산이 56세(1642, 인조 20) 때 귀향에서 풀려 은거지로 처음 찾은 곳인 수정동에서의 생활을 노래한 『산중신곡』 중 「만흥」의 일부분이다.

산슈간 바회 아래 뛰집을 짓노라 ᄒᆞ니 그 몰론 놈들은 웃는다 ᄒᆞᆫ다마는 어리고 햐암의 뜻ᄃᆡ는 내 분인가 ᄒᆞ노라[39]

『산중신곡』의 첫머리에 나오는 작품으로 산수 간에 뛰집을 짓고서 대자연 속에 파묻혀 생활하는 것이야말로 자기의 분수에 맞는다는 은둔사상을 잘 드러낸 작품이다. 치열한 당파 싸움과 병자호란을 치르고 난 후의 참담한 심정과 사회 현실에 실망한 나머지 깊은 골 금쇄동에 찾아들어 때 묻은 세상의 모든 일을 잊고 자연 속에 작은 집을 짓고 자연과 더불어 유유자적하는 고산의 심경을 헤아릴 줄 모르는 남들은 비웃을 것이지만, 순진한 농촌 사람의 마음으로서는 오히려 그것이 자기 본분이라고 여긴 것이다.

따라서 이 노래의 깊은 곳에는 혼탁한 사회 현실을 용납지 않는 고산이 모든 명리를 버리고 나름대로의 바른 길을 찾아 자연에서 정신적 평화를 구하면서 자연과 더불어 살아가겠다는 자연 친화 사상이 담겨 있다고 하겠다. 「병진소」로 인한 유배에서 고산은 현실 세계와의 갈등을 겪고 난 후 자연을 새롭게 인식하고 애틋함이 발로되기 시작되었다면, 이 시기에 이르러서는 풍수와 밀착된 상태로 이르게 된다. 곧 자연은 풍수라는 등식이 성립된다. 곧 자연은 고산에게 있어서 복잡한 현실로부터 벗어날 수 있게 해 주는 안식처로서의 의미를 지니고 있었으며, 이는 더 나아가 자연과 인간의 일치, 혹은 합일의 경지에까지 도달하게 된다. 그 대표적인 예가 자연을 벗으로 여기며 노래한 「오우가」이다.

오우가는 『산중신곡』의 마지막에 있는 작품으로 고산이 56세 때 영덕 유배에서 돌아와 금쇄동의 아름다운 자연 속에 살고 있는 자신의 자연에

---

39) 漫興 1.

대한 친화와 관조의 솔직한 심정을 읊은 작품이다. 또한 이 작품 속에는 현실에서 겪은 갈등과 좌절을 더 이상 외적인 것으로 돌리지 않고, 자기 내면에서 찾으려 하는 의지를 자연과의 대화를 통해 잘 드러내고 있다.

따라서 이 작품 속에서 고산은 자연 속에 몰입, 도취되어 자연에 내재한 풍수사상적 고유 가치를 찾아내기에 이른 것이다. 다음의 「오우가」의 몇 부분에서 이러한 현상들을 잘 보여 주고 있다. 그는 그 자신을 자연의 일부로 용해시켰을 뿐 아니라, 그가 지은 집, 연못, 석실, 시냇가의 정자(세연정)조차도 인공적인 티를 부리는 것이 아니라 완전히 자연스럽게 그곳의 산세, 지세에 순응하여 산수의 일부로 용해시키는 건축을 하였다. 그의 지상낙원인 보길도의 풍수지리와 그의 정원의 꾸밈새를 살펴봄으로써 그 연유를 찾아 볼 수 있다.

보길도는 동쪽으로 노화도와 대수의 바다를 끼고 솟구쳐 올랐는데 특히 노화도와의 사이에 장사도라는 조그만 섬을 안고 있다. 즉 장사도가 안산(案山)의 구실을 하고 있으며 곡수대가 현무(玄武), 노화도가 주작(朱雀)의 형세에 해당이 된다. 보길도에서 가장 높은 격자봉과 망월봉이 청룡 백호(青龍 白虎)다. 격자봉에서 흘러내린 시냇물을 비스듬하게 끌어들여 연못을 팠고 연못 가운데에 섬을 만들었다. 그 연못이 세연지(洗然池)인 바, 여기에 동대, 북대 등의 앉을 자리를 마련하고 그리고 그 옆으로 그가 거처하는 낙서재와 세연정을 지었다.

그가 만들어 낸 시가의 대부분은 풍수적 양기(陽基) 창작으로 이뤄 낸 부용동, 금쇄동, 수정동 등의 양기 명당의 기반 아래 작품 활동이 가능했으리라 생각된다.

내 버디 몇치나 ᄒᆞ니 수석과 송죽이라 동산에 돌 오르니 긔 더욱 반갑고야
두어라 이 다ᄉᆞᆺ 밧긔 ᄯᅩ 더ᄒᆞ야 무엇 ᄒᆞ리.

위는 「오우가」의 서곡으로 자문자답의 형식을 취하고 있는 것이 특색이다. 자연물인 수(水), 석(石), 송(松), 죽(竹)은 작가가 보고 싶을 때 사철 볼 수 있는 리(理)의 존재이고, 월(月)은 작가의 의지와는 상관없이 기후의 변동에 따라 나타나는 기(氣)의 존재로 인식하고 있다. 작자는 특히 '돌'에게 더욱 애착을 가지고 있다. 그는 이러한 자연물에게 그의 마음을 이입시킴으로써 자아를 망각할 수 있었던 것이다. 또한 수에서는 그치지 않는 변화를, 석에서는 불변을, 송에서는 선비의 기개를, 죽에서는 안빈낙도와 높은 절개를, 월에서는 음기(陰氣)의 과묵을 취해 수신(修身)의 통로를 마련하고 있다. 따라서 속세를 떠나 자연을 사랑하고, 자연을 벗 삼으며, 복잡한 현실의 모든 물정을 다 잊어버리려는 작자의 허심탄회한 심정이 솔직하게 노출되어 있다고 하겠다.

구룸 비치 조타 ᄒᆞ나 검기를 ᄌᆞ로ᄒᆞᆫ다 ᄇᆞ람소ᄅᆡ ᄆᆰ다 ᄒᆞ나 그칠 적이 하노매라 조코도 그츨 뉘 업기ᄂᆞᆫ 믈 ᄲᅮᆫ인가 ᄒᆞ노라.

여기서 '구름'과 'ᄇᆞ람'과 '믈'은 모두 흐르는 존재이다. 그러나 작자는 '구름'과 '바람'에 대해서는 부정적인 반응을 보이고 있다. 구름은 검기를 자주 해서 싫고, 바람은 그칠 적이 많아서 사귈 수가 없다는 것이다. 그러나 쉬지 않고 흐르는 물은 보는 이의 심성을 이끈다. 또한, 물은 온갖 희비의 감정을 드러내게 하는 자연물로서 예로부터 많은 시가에서 주요 소재로 자주 사용되었다. 고산 역시 이러한 물을 통해서 자연을 한층 더 미화시켰고, 생활 태도의 규범을 제시해 주었다.[40] 즉, 부단의 영원성인 물의 상징성을 리(理)적인 세계로 인식하여 산수(山水)의 원래 모습에서 풍

40) 문영오, 『고산문학평론』, 태학사, 2001, 전편 5장 참조.

수론을 논하고 있는 형세풍수론(形勢論)을 제시하기에 이른 것이다.

플은 어이 ᄒᆞ야 프르ᄂᆞᆫ ᄃᆞᆺ 느르ᄂᆞ니 아마도 변치 아닐 ᄉᆞᆫ 바회 ᄲᅮᆫ인가 ᄒᆞ노라

앞서 언급하였듯이 그는 바위에서 리(理)의 가치를 찾았고, 아름답기는 하나 이내 소멸해 버리는 가변성의 성질을 지닌 꽃과 풀을 들어 기(氣)의 수법을 쓰고 있다. 결국 고산이 자연물인 「오우가」를 통해서 나타내고자 한 것은 바로 무극이 태극을 본체로 하여 천지음양이 분화되고 음양의 변화로 오행이 되니 음양, 오행을 재료로 만물이 생성된다고 보는[41] 만물의 생성을 5단계로 나누어 설명한 「태극도」를 일원화하여 표현한 것으로 당시 성리학자들의 전통적인 자연관, 우주관과도 일치한다고 보인다. 그리고 더 나아가 자연에 애정을 느끼고 송죽을 이상적으로 설정하는 등 자연물에 유교 의식을 투영한 점 등은 형세론(形勢論) 풍수의 특징인 산수를 유기체(有機體)로 인식하는 고산의 자연합일적 풍수관이라고 볼 수 있다. 이처럼 고산은 보길도를 근거지로 하여 자연을 자신의 삶의 이상적 공간으로 삼았다. 계속되는 현실의 풍파를 견뎌 내던 그에게 비로소 자연은 그에게 삶의 희열을 느낄 수 있게 해 주었던 것이다. 따라서 고산은 이미 이 시기에 이르러서는 자연을 바라보는 데 그치지 않고 자연과 친화된 상태에서 자연과 벗하며 풍수적으로 잘 조화된 공간을 만들게 되는 것이다.

41) 유명종, 「퇴계의 자연관」, 『퇴계학연구논총 1』, 경북대학교 퇴계 연구소, 1997, 103~105쪽 참조.

4. 고산 풍수사상의 특징

1) 고산 풍수사상에 대한 평가

고산이 고산 생존 시 뿐만 아니라 후세에까지 풍수가 중 최고의 안목을 가지고 그 경지가 신안(神眼)에까지 이르렀다. 이 같은 평가는 그가 죽은 130여 년 뒤 정조에 의해 사도세자(1735~1762)의 영우원(永祐園)[42]을 화산으로 천도하는 과정에서 결정적 역할을 하게 된다. 정조 4년(1780)에 정조가 경자춘(庚子春)에 『고산집』을 인입(印入)케 하여 『고산집』에 실려 있는 효종 10년(1659)의 「기해헌의」 「산릉의」를 보고자 함은[43] 그 단적인 예가 될 것이다. 이러한 의미를 고려한다면 영우원을 화산으로 천원(遷園)하는 데 절대적인 영향을 미치게 한 것은 고산의 「기해헌의」라 할 수 있다. 그리고 그의 감여학에 대한 신안(神眼)을 칭찬하여 이 사실을 『홍재전서』 제57권 「잡저」 4에 기록한 것이 아래의 내용이다.

"건방에서 오는 물은 탐랑수(貪狼水)에 해당되고 을방에서 오는 물은 무곡수(武曲水)에 해당되니, 선천과 후천이 서로 만나는 격이 된다. 신방에서 오는 물은 생방수가 되고 또 최관수(催官水)가 되니, 오방의 파문은 수화불상석의 격이 된다. 외수(外水)는 병방(丙方)으로 돌아가 곤방(坤方)에 못이 있으니 율려상생(律呂相生)하는 격이 되고, 정방의 안산과 병방(丙方)의 파문은 천간상생의 격이 된다. 이는 곧 신라 국사 옥룡자 도선이 이른바 "서린 용이 구슬을

---

42) 조선 정조의 아버지 사도 세자의 묘소. 정조 때 현륭원으로 고쳤다가 광무 3년(1899)에 隆陵으로 승격하였다.

43) http://cafe.naver.com/dangmea. 고산 윤선도 선생을 사랑하는 사람들의 모임, 『孤山遺稿』 및 『고산년보 』 간행 경위 참조.

희롱하는 형국(盤龍弄珠之形)"이고, 참의 윤선도가 이른바 "용(龍)과 혈(穴)과 사(砂)와 수(水)가 모두 좋고 아름답다."는 것이니, 진실로 천 리를 가도 없을 천재일우(千載一遇)의 길지(吉地)이다.[44)]

윗 글이 우리의 주목을 끄는 것은 정조가 수원 화산을 관찰하는 데에 이 나라 풍수학의 비조인 옥룡자(도선국사)의 풍수론의 경지에 고산의 풍수론 경지를 대비시키면서 고산을 위대한 감여가로 자리매김해 놓았다는 것이다. 이들의 관점이 정조 자신의 풍수적 견해와도 합치되는 데 기인한 것이다. 고산은 유학자로서 당연한 일이지만 주자의 「산릉의장」에 따라 풍수를 논하고 있다. 따라서 풍수지리의 '두 가지 유파'[45)] 가운데 형세론(形勢論)에 입각하여 풍수를 논하며 좌향 및 수법과 밀접한 관련이 있는 패철론은 전혀 언급이 없다. 특히 패철론 풍수가들의 필수품으로 여겨지는 패철(나침반)에 대해서 "산에 오를 때 반드시 패철을 가지고 갈 필요가 없다."라고 말할 정도였다.

또 조선 초기 천도 과정과 중기 선조 임금 때 잠시 언급되었던 호순신의 이론도 전혀 언급되지 않았다. 다만 용·혈·사·수(龍, 穴, 砂, 水)의 좋고 나쁨만을 가지고 산을 논하였다. 이러한 수원 화산에 대한 평가는 이미 효종 산릉 선정 과정의 논쟁에서 밝혀진 것들이다. 고산이 총호사 심지원에게 보낸 2번의 편지에서도 알 수 있듯이 일관되게 형세론적(形勢論的) 입장에서 풍수론을 논하고 있다. 이러한 고산의 노력에 힘입어 수

---

44) 『弘齋全書』, 제57권, 「雜著」 4. "乾得爲貪狼水. 乙得爲武曲水. 又爲先後天相逢格. 申得爲生方水. 又爲催官水. 午破爲水火不相射之格. 外水歸於丙而坤方有塘. 爲律呂相生之格. 丁案與丙破. 爲天干相生之格也. 卽新羅國師玉龍子道詵所謂盤龍弄珠之形也 參議尹善道所謂龍穴砂 水盡善盡美 誠千里所無 千載一遇之地也"

45) 形勢論(形氣論): 山水의 생김새와 모양을 보고 논하는 풍수학파. 理氣論(패철론): 천간지지를 방위에 배속하여 나침반으로 논하는 풍수학파.

원 호장 뒷산이 최종적으로 효종 산릉지로 결정된다. 그런데 효종의 산릉에 대하여 우암과 서인들은 수원릉에 대한 작업 중지를 요청하게 된다. 수원이 산릉에 합당치 못하다는 내용의 상소를 올려 산릉을 다시 정할 것을 극론하였지만 의견이 반영되지 않자 사직을 너세우며 적극 반대를 강행하였다. 이에 따라 현종은 즉위년(1659) 7월 11일 대신들과 산릉 문제를 논의하고, 건원릉[46] 안 건좌(乾坐)의 산이 수원보다 낫다고 하여 결국 수원 산릉은 공사를 마무리 짖지 못하고 서인이 추천한 건원릉 인근 산릉으로 최종 결정되게 됨을 다음의 기록에서 확인할 수 있다.

> "기해년의 국장(國葬)을 수원에다 정하고 혈(穴)을 가늠하는 일을 시작하니 총상(摠相) 이하 여러 신료들이 서로 길지를 얻은 것을 축하하였는데, 공이 홀로 이르기를, '이곳에 묘를 쓸 것이라는 것을 어떻게 기필할 수 있겠는가? 반드시 현궁(玄宮)을 내린 다음이라야 축하할 수 있다.' 하였는데, 얼마 뒤에 권력의 핵심에 있는 자들이 수원은 나라의 큰 진(鎭)이고 읍을 옮기고 거주민을 옮기는 일은 매우 중요하니 원침의 공사를 하는 것은 불가하다고 하면서 모두 일어나 다투었다. - 홍우원(洪宇遠)지음"[47]

그런데 서인의 주장에 의해 양주의 건원릉 서쪽에 안장되었던 효종의 묘소가 변괴가 일기 시작했다. 이는 다음의 기록에서 알 수 있듯이 이미 그가 예언한 바이기도 하다. "10년이 채 안 가 능에 큰 변고가 있어 반드시 이장을 할 것이요, 나는 이 일을 보지 못하고 죽겠지만 제공들은 보게

46) 경기도 구리시 인창동 산4-2번지 동구릉 안에 있는 조선 제1대 왕 태조의 陵이다.

47) 앞의 책. "己亥國葬. 定于水原. 旣裁穴始役. 摠相以下. 相賀得吉地. 公獨曰. 此地何可必其用也. 必待下玄宮後. 方可賀也. 已而當路者. 以水原國之大鎭. 徙邑遷民甚重. 不可. 遂竝起而爭之. 洪宇遠撰"

될 것이오, 그때 내말 이 생각날 것이오."[48]라고 한다. 그로부터 15년 후 고산의 예언대로 효종 왕릉에 붕괴 사고가 발생하여 경기도 여주군 능서면 왕대리로 옮겨진다. 당시의 상황을 『현종실록』에서 다음과 같이 기록하고 있다.

현종(顯宗) 21권(卷), 14년(1673 癸丑 / 청 강희(康熙) 12년) 3月 24日 영림 부령(靈林副令) 이익수(李翼秀)가 상소하기를, "영릉(寧陵)은 장례를 모신 지가 15년이 되었는데 회를 바르고 수리하는 역사가 거의 없었던 해가 없었습니다."[49]

"구릉을 철거해 보니 묘 · 인 · 축방(卯寅丑方)부터 미 · 오방(未午方)까지 습기가 있고, 기와 두 조각, 나무 여섯 조각이 있었으며 잡석(雜石)이 매우 많았습니다. 상석(裳石) 사이에는 벌레와 뱀이 다닌 흔적이 있었습니다." 하였다.[50]

이상의 기록을 볼 때 간산(看山)과 재혈(裁穴)의 잘못으로 인해 능이 기울고 석문의 틈이 벌어져 15년 후 경기도 여주 홍제동(현재 능서면 왕대리)으로 능을 옮기는 사태가 벌어졌고, 결국 처음 고산이 후보지로 정했던 수원 화산과 여주 두 곳 중 여주로 결정되었으니 이 또한 역사의 아이러니가 아닐 수 없다. 당시 1659년 5월부터 시작된 산릉 문제는 반대 의견

48) 『孤山遺稿』, 「附錄」, 「諡狀」. "公私謂所親曰. 不過十年. 陵上有罔極之變. 必有遷兆之擧. 吾不及見. 諸公當見之思吾言也. 其後十五年. 陵上封樹傾圮. 遂遷于弘濟洞"

49) 『국역조선왕조실록』, 현종 14년 계축(1673, 강희 12), 3월 24일(갑오). "靈林副令翼秀上疏曰 '寧陵因山之葬, 于今十有五年, 而塗灰修理之役, 殆無虛歲.'"

50) 『국역조선왕조실록』, 현종 14년 계축(1673, 강희 12), 10월 10일(병오). "舊陵撤毁, 則自卯, 寅, 丑方, 至未, 午, 方, 有水濕之氣, 有瓦二片木六片, 雜石甚多. 裳石之間, 有蟲蛇往來之跡"

을 가진 당시의 실세들인 서인들과 벌여야 했던 힘든 싸움이기도 했다. 이듬해(현종 1년 4월 18일) 복제 문제를 제기한 「논예소」로 인해 서인들의 미움은 배가되어 유배 길을 재촉하고 만다. 어쨌든 고산이 이렇게 극찬하였던 수원의 땅은 그로부터 130년이 지난 다음에야 정조에 의해 그 진가를 인정받아 정조의 아버지 사도세자의 능(융릉)이 된다. 정조는 사도세자의 능을 이장하는 과정에서 수원 땅이 길지임을 알아본 윤선도를 높이 평가하여 몇 번씩이나 그를 칭찬하였을 뿐만 아니라 윤선도의 후손에게 벼슬을 주도록 하였고 능의 조성으로 옮겨진 신수원에 집터를 사 주도록 할 정도였다.[51] 또한 고산의 탁월한 식견과 간산 감별 능력을 칭송하며, 공적을 기리는 뜻에서 『고산유고』 간행을 명한다.

2) 고산풍수사상의 성향

위에서 본 바와 같이 계속된 유배와 갈등을 겪은 그의 생애만을 놓고 보자면 그의 사상 세계는 비극적 현실 인식으로 점철되었을 것이지만은, 실제로 고산의 작품에서도 알 수 있듯이 고산에게 있어서의 자연은 단지 풍류의 대상만은 아니었다. 비록 고산이 처음 자연을 접한 것은 당쟁 하의 복잡한 현실로부터의 도피처로 선택한 것이었다. 그러나 이후 계속된 자연과의 만남을 통하여 물아일체(物我一體)를 이루게 되고, 결국은 속세를 초탈하여 자연과 함께 동화되고 몰입되어 순수한 자연인으로 자처하며 자연 친화 사상을 보여 줌으로써 자연을 그의 이상향으로까지 인식하기에 이른다.

자연과의 친화 속에서 풍수적 삶의 지혜가 그의 별서(別墅) 경영에 투

51) 『弘齋全書』, 58권, 「遷奉」, 第五. “故參議尹善道錄其後. 又命購給家垈於水原新治”

영되었다는 것은 그 의미를 더욱 크게 한다고 하겠다. 고산의 풍수사상은 기본적으로 리기불상잡(理氣不相雜), 리선기후(理先氣後)와 같이 리(理)와 기(氣)사이의 위계와 질서가 있음을 강조하고 있으며 이러한 풍수사상은 고산의 풍수 적용에 있어 형세풍수론과 패철풍수론의 각각의 영역은 엄격히 분리되도록 하는 근거가 될 수 있다. 또한 리(理)로서 파악되는 형세풍수는 음양의 적용을 기(氣)로 파악하는 패철풍수와는 적극적으로 분리되어 구성되어 나타나도록 한다. 이는 곧 리기불상잡 → 형세패철불상잡(理氣不相雜 → 形勢佩鐵不相雜)이라는 논리가 적용된다. 이처럼 형세풍수론 즉 리(理)를 중시하는 형세풍수사상은 그가 올린 「산릉의」에서도 간명하게 읽을 수 있다.

> "형국은 본체가 되고 음양은 작용이 됩니다. 진실로 참된 형국과 바른 좌향(坐向)을 얻는다면 스스로 천연적인 자연의 묘용(妙用)에 합하므로 음양은 구구하게 구애될 것이 없습니다. 더구나 구슬을 안대로 하고 빈 곳을 향으로 하여 좌우로 옮긴다면 어찌 음양에 맞는 일이 아니겠습니까." [52]

위의 인용문에서 알 수 있는 바와 같이, 고산이 말한 물건의 형상은 자연 자체를 리일(理一)로 봄과 동시에 정신적 유영의 대상으로 파악하고 있음을 알 수 있다. 또한 '형국은 본체가 되고 음양은 작용이 됩니다.'라는 문구는 명확한 영역 분리를 강조한 것이다. 그 점과 관련하여 고산의 다음 말은 매우 흥미롭다.

---

52) 『孤山遺稿』, 卷之四, 「書單」. "形局體也. 陰陽用也. 苟得形局之眞. 對向之正. 則自合於天然自在之妙用. 陰陽不必區區屑屑而拘也. 況對珠向空. 而左右推移. 則亦豈不合於陰陽也. 雖拘於陰陽"

"비록 음양에 구애된다 하더라도 '120분금'[53]이 이미 많아 참된 것을 얻기가 어려운데, 더구나 360분금에서 꼭 참된 것을 얻겠습니까. 그러므로 옛사람이 말하기를 산에 오르면서 반드시 나경패철을 찰 필요는 없다고 하였고, 또 다만 좋은 주인이 어진 손님을 대한다고 하였으니, 이것이 바로 감여가에 있어서 대중지정의 긴요한 의논입니다."[54]

이와 같은 시각에서 바라볼 때 형세풍수론과 패철풍수론을 엄격하게 변별하는 일은 지극히 자연스러운 일인 것이다. 당연한 귀결로서 고산은 천리(天理)를 중시했고 강조했다. '산에 오르면서 반드시 나경패철을 찰 필요는 없다.'라고 말한 것은 이러한 인식의 소산일 것이다. 이러한 이론은 주자가 송나라 효종(1127~1194)의 장지인 산릉(山陵)을 결정하기 위해 송의 녕종(寧宗, 1168~1224)에게 의론을 개진하고 있는 「산릉의장」에서도 유사한 내용을 발견할 수 있는데, 그에 대한 내용은 다음과 같다.

"가령 반드시 '이산(離山)에 좌남향북(坐南向北)'[55]의 땅을 구하여 얻고자 하면, 또한 당연히 먼저 넓고 굳세고 두터우며 높고 평탄하여 장할 곳을 구하고, 그런 후에 이 법(國音說)과 합하는 곳을 택하면 됩니다."[56]라고 하며 형세론적으로 먼저 따지고 나중에 리기론 즉 리법을 취하도록 하고 있음을 알 수

53) 패철 4층의 24산(방위)을 3도식 나누면 120분금이 된다. 1.5도식 나누면 240분금, 1도식 나누면 360분금이 되는 이치. 보통 屍身 하관 시 9층 패철의 120분금을 주로 사용한다.

54) 같은 책. "百二十分金. 已爲多矣. 難得其眞. 況三百六十分金. 必得其眞乎. 是以古人有言曰. 登山不必帶羅經. 又曰. 但將好主對賢賓. 此乃堪輿家大中至正切要之大論也"

55) 여기서 離山이란 팔괘의 離, 즉 남쪽을 말한다.(丙 · 午 · 丁) 북향은 팔괘의 坎, 북쪽을 의미한다.(壬 · 子 · 癸)

56) 朱子, 「山陵議狀」. "政使 必欲求得, 離山坐南向北之地, 亦當且先泛求壯厚高平可葬之處, 然後擇其合於此法者."

있다. "더구나 그 오류와 망령된 불경한 설(說)은 처음에 족히 믿지 못함은 어떻겠습니까? 신이 남쪽에서부터 경유해 오니, 엄주 부양현의, 그 강산의 뛰어남을 보았는데, 웅위(雄偉)함이 비상했습니다."[57)]

이렇듯 패철(佩鐵)풍수론을 중시하지 않고 산수의 좋음을 얻는 형세풍수론(形勢風水論)을 강조하고 있음은 주자와 고산이 서로 형세풍수론의 맥을 같이하고 있음을 알 수 있다.

5. 결론

지금까지 고산 윤선도의 풍수사상을 해명하기 위해 그의 철학의 근본문제라 할 수 있는 고산 풍수사상의 학문적 연유와 그의 풍수사상의 특징을 고찰하였다. 「병진소」에서 알 수 있듯이 그는 불의와 타협하지 않는 절제된 가치관으로, 당시 사회 현실과 정치적 모순에 대해 적극적으로 비판하였으며, 또한 단계적이고 실천적인 학문 방법을 주장하였으며 실천궁행은 그의 풍수사상에 그대로 이어져 그의 작품에 그대로 적용되었음을 살펴보았다.

이처럼 고산은 주자학적인 태도에서 한발 더 나아가 의학, 복서, 지리 등 다양한 사상적 측면을 받아들이고 있음도 확인할 수 있었다. 이러한 특징적인 면모 이외에도 더 나아가 주자학의 가치 덕목 중의 하나인 충효의식이 고산의 풍수사상이나 현실 인식의 문제에 있어서 핵심적 디딤돌

57) 같은 책. "況其謬妄不經之說, 初不足信也耶? 臣自南來經由, 嚴州富陽縣, 見其江山之勝, 雄偉非常."

이라는 것을 「산릉의」를 통하여 살펴보았다. 고산의 풍수관에 있어서는 자연을 현상계이자 인식의 대상인 천지에서 더 나아가 천지가 지니고 있는 생성 변화, 즉 근본적인 변동의 원리와 그 원리 자체의 존재이유의 의미까지 자연에 부여하고 있다.

이러한 풍수관은 당대 다른 성리학자들과 마찬가지로 주돈이의 태극론에 대한 이해에서부터 출발하여 만물은 오행으로 인하여 생겨나고, 오행은 음과 양으로 인하여, 그리고 음양은 태극으로 인하여 생겨나게 되었다는 것을 받아들인 것이다. 이는 주돈이와 정자(程子), 주자의 견해에 따라 태극의 움직임과 멈춤에 의해 음양이 생겨났다는 태극동정론(太極動靜論)에 의한 일원지기를 받아들이고 있음을 확인하였다. 그의 풍수사상은 기(氣)보다 리(理)를 더 중시하는 리귀기천(理貴氣賤)의 관점을 근거로 리(理)와 기(氣)의 분리를 강조하여 형세풍수론과 패철풍수론을 명확히 구분하였음을 살펴보았다.

이상의 고찰에 따른 결론을 내어 보면 다음과 같다.

첫째, 고산이 풍수사상에 관심을 두게 된 외부적 동기는 정치 현실에서의 패배와 이로 인한 좌절이었다. 고산이 살았던 시기는 정치 풍토가 매우 혼란스러웠다. 고산은 그의 나이 30세 때 이이첨을 탄핵하는 상소인 「병진소」를 올렸고 이로 인해 31세 때 유배를 경험하면서 처음으로 산수와 접하게 된다. 이후 19년여의 유배 생활이 말해 주듯 그의 정치 현실에서 숱한 좌절을 겪어야 했고 이는 산수에 은거함으로서 풍수지리에 관심을 가지게 하는 동기를 마련했다.

둘째, 풍수지리에 관심을 두게 된 동기에는 외부적 동기 못지않게 내부적인 동기가 작용했다. 고산은 유배를 겪기 이전부터 산수의 아름다움을 인식하고 있었고, 비록 추상적이기는 하나 산수에 은거하고자 하는 뜻을 갖고 있었다. 이는 외부적 동기와 만나면서 구체화 되었고 산수와 접하는 시간이 길어지면서 산수 은거의 뜻을 깊게 만드는 요인으로 작용했다. 조선조 사대부로서 내면화된 성리학의 천인합일의 사상 또한 내부적 동기의 한 요소로 작용했다.

셋째, 고산의 풍수 사상에 대한 인식을 살펴보면 유배로 인해 산수와의 만남을 갖기 이전에는 산수 공간은 단순히 현실의 삶을 영위하는 공간으로 인식되었다. 산수 은거에 대한 뜻이 있었다고는 하나 이 시기까지는 추상적인 단계에 머물렀고, 고산의 뜻은 산수 은거보다는 경세치용의 이상을 실현하는 쪽에 쏠려 있었음을 「병진소」를 통해 확인할 수 있었다.

넷째, 첫 유배로부터 시작된 정치적 좌절은 고산의 산수 인식에 변화를 가져온다. 부조리한 현실에서 숱하게 정치적 패배를 겪어야 했던 좌절감을 고산은 별서 공간을 통해 정화하고 보상받았다. 현실적인 생활의 공간이었던 별서 공간은 유배와 출사가 되풀이되면서 도피처요, 안식처로 인식하면서 다음과 같이 말할 수 있었던 것이다.

> "그런즉, 이 집은 정말로 나로 하여금 세상을 버리고 홀로 서서 날개 단 신선이 되도록 하는 곳이다. 그러면서도 나로 하여금 부자 군신의 윤리에서 벗어나지 않게 하고, 정말로 나로 하여금 물에서 낚시질하고 산을 갈고 하는 흥취와 거문고를 켜고 장고를 두드리는 즐거움을 오로지하게 하여 종국에는 나로 하여금 옛 선현들의 꽃다운 발자취를 밟아 가도록 하고 옛날 훌륭한 왕들이 남긴 유풍(遺風)을 노래하게 한다." [58]

이 글에서 보이듯이 고산에게 있어서 흥취라는 것은 자연에 대한 것이

---

58) 『孤山遺稿』, 卷之五, 下, 「金鎖洞記」. "然則此堂固能使我飄飄然有遺世獨立羽化登仙之意. 而終亦使我不外於父子君臣之倫理. 固能使我專釣水耕山之興彈琴鼓缶之樂."

든, 예술에 대한 것이든 유학의 도리를 벗어나서는 존재할 수 없으며, 존재 가치도 없게 됨을 알 수 있다. 깊은 산골짜기에 들어가 있든, 신선이 되어 있든 어떤 경우라도 고산에게 있어 풍수 공간은 때로는 최고의 경지인 물아일체의 경지였으며, 때로는 인간 세상과 자아를 격리시켜 주는 훌륭한 장치, 즉 도피와 은둔의 공간으로 존재했다. 고산은 그러한 별서 공간에 은거함으로서 세월을 더할수록 산수가 본래부터 지니고 있는 아름다움을 단지 도피처나 대기소의 공간이기 이전에 그의 이상향이었다고 할 수 있다. 따라서 고산의 은거는 겉으로 보이는 양상과는 달리 긍정적이고 적극적이며 이상적이었던 셈이다. 고산이 산수에서 별서 경영이 가능 한 것은 그의 풍수사상이 중요한 역할을 했음을 부인할 수 없을 것이다.

이렇게 볼 때, 문학적 측면에서만 주로 조명되었던 고산에 있어 철학자 내지 감여가(堪輿家)로서의 면모를 확인할 수 있다는 점에서 그 의미가 있다 할 것이다.